Matemáticas
para la economía
y la empresa

SUSANA CALDERÓN MONTERO
MARÍA LOURDES REY BORREGO
PROFESORAS TITULARES DE UNIVERSIDAD

Colaboradores
TEODORO P. GALACHE LAZA   **FRANCISCO RUIZ DE LA RÚA**
PROFESOR TITULAR DE UNIVERSIDAD   CATEDRÁTICO DE UNIVERSIDAD

DEPARTAMENTO DE ECONOMÍA APLICADA (MATEMÁTICAS).
FACULTAD DE CIENCIAS ECONÓMICAS Y EMPRESARIALES.
FACULTAD DE COMERCIO Y GESTIÓN.
UNIVERSIDAD DE MÁLAGA

Matemáticas para la economía y la empresa

EDICIONES PIRÁMIDE

COLECCIÓN «ECONOMÍA Y EMPRESA»

Director:
Miguel Santesmases Mestre
Catedrático de la Universidad de Alcalá

Diseño de cubierta: Anaí Miguel

© Susana Calderón Montero
    María Lourdes Rey Borrego
© Ediciones Pirámide (Grupo Anaya, S. A.), 2012
Juan Ignacio Luca de Tena, 15. 28027 Madrid
Teléfono: 91 393 89 89
www.edicionespiramide.es
Depósito legal: M. 6.549-2012
ISBN: 978-84-368-2633-3
Printed in Spain

*Para Jorge, Lourdes,
Eugenio y Sonia.*

Índice

Prólogo

Es muy gratificante para nosotros prologar este nuevo trabajo de las profesoras Susana Calderón y Lourdes Rey, que es una evolución positiva de trabajos previos. Una vez más, es adecuado recordar las palabras de Antonio Machado: «caminante no hay camino, se hace camino al andar...», actitud coherente y consustancial dentro del Espacio Europeo de Educación Superior, pues aquí tampoco hay un camino trazado sino *estelas en la mar*. Las autoras han sabido recoger y plasmar en este documento experiencias previas y adaptarlas al nuevo instante docente en el que nos encontramos dentro de la universidad española, donde hay que saber conjugar tanto los nuevos entornos legales y académicos como la experiencia docente, pues como todos sabemos, el ser humano no cambia su forma de aprendizaje porque exista un nuevo marco legal y social en el que se desarrolla.

El trabajo realizado ha sido ampliamente madurado para ser capaz de condensar en este volumen aquellos aspectos básicos y fundamentales que un alumno, de los nuevos grados, debe conocer para poder comprender y asimilar el resto de las materias que se fundamentarán sobre esta disciplina. Somos conscientes, tanto las autoras, como nosotros de que, en algunos de los temas de este libro, se presentan sólo los inicios básicos de aspectos importantes de las matemáticas para la economía y la empresa y sobre las que se soportan pilares fundamentales para el desarrollo armónico y moderno de la economía y la empresa actual. Es, por tanto, un libro pensado para las asignaturas de formación básica donde no existe ni tiempo en horas de clases, ni periodo temporal de maduración suficiente para que los alumnos asimilen en toda su dimensión los conceptos que serían necesarios para una plena coordinación docente.

RAFAEL E. CABALLERO FERNÁNDEZ
ALFONSO C. GONZÁLEZ PAREJA

Nota de los autores

El presente libro de texto es fruto de un largo proceso a través de años de docencia de los autores y varios cambios en los planes de estudios. Su predecesor, *Matemáticas aplicadas a la economía y a la empresa. 434 ejercicios resueltos y comentados* (2000), ha estado vigente durante todos estos años y ha sido utilizado por nuestros alumnos con gran aceptación y aprovechamiento.

Con la entrada de los nuevos planes y la necesidad de adaptación al Espacio Europeo de Educación Superior (EEES), en el curso 2010-2011 se han implantado nuevos Grados donde el enfoque de las matemáticas ha cambiado sustancialmente, no sólo en contenidos sino en su metodología, estructura, etc.

Este motivo nos ha incentivado a la creación, basándonos en el texto anterior, de un nuevo texto donde se recogen las lecciones según los grados actuales, reformando los contenidos y actualizándolos según los programas y metodología que seguimos actualmente en las clases.

La filosofía del libro sigue siendo, en esencia, la misma que la de su predecesor. Se intenta desarrollar de manera pedagógica una serie de ejercicios en cada lección de forma que se capte el concepto. Se explican detalladamente todas las operaciones, si bien en algunas lecciones al final del libro se ha tenido que utilizar un programa de ordenador de apoyo a las operaciones que son imposibles de realizar a mano. En nuestro caso, hemos trabajado con el programa *Mathematica*.

Éste es un libro de problemas resueltos y comentados. En este sentido, queremos destacar que no es una sucesión de problemas similares que se repiten de forma automática. Cada ejercicio aporta algo nuevo, de forma que al finalizar la lección se tiene una visión global de la misma. Es necesario que entendamos el razonamiento teórico en el que nos basamos, por lo que hemos insistido en este aspecto en cada uno de los ejercicios. No obstante, para que el libro se pueda comprender sin tener que hacer continuas referencias a conceptos teóricos, se ha resumido en la mayoría de las lecciones la teoría necesaria para su aplicación, pero sin excesivo formalismo matemático, lo cual nos haría perder el objetivo del mismo, si bien en algunas, por su excesiva longitud, se han hecho referencias bibliográficas. Es muy importante que se entienda el razonamiento y los resultados teóricos en los que nos basamos para poder realizar bien los ejercicios prácticos.

Debido a la experiencia como docentes de los autores, además de las explicaciones de los ejercicios, se ha incidido en los errores más comunes que se cometen cuando nos enfrentamos al estudio de una lección nueva, intentando aportar las claves para no caer en dichos errores.

Los alumnos a los que va dirigido este texto no van a ser expertos en Matemáticas, sino que precisan de ésta como cálculo y apoyo para otras disciplinas. Por ello, la intención no ha sido profundizar en complejos entramados matemáticos, sino intentar hacerla más cercana y destacar su aplicación dentro del campo de la Economía.

Con la implantación de los nuevos Grados a partir del 2010, las asignaturas de matemáticas han sufrido una nueva configuración, cambiando algunas lecciones y el enfoque de las mismas. El alumno necesita un libro donde se realicen ejercicios de forma detallada. Puesto que en los Grados se fomenta el estudio personal del alumno, es un texto que entendemos ofrece una ayuda fundamental para que éste desarrolle por su propia cuenta problemas que se pueden realizar después del estudio de la teoría correspondiente en clase.

El libro se ha estructurado en diecisiete lecciones que abarcan las Matemáticas para la Economía y la Empresa y Programación Matemática, en los programas de Grado de Administración y Dirección de Empresas, Finanzas y Contabilidad, Economía, Marketing e Investigación de Mercados y la doble titulación de Grado de Administración y Dirección de Empresas y Derecho, todas ellas impartidas en la Universidad de Málaga.

El texto se clasifica en tres grandes bloques:

— **Álgebra matricial.** Son las lecciones del 1 al 4. En la lección 1 se estudian sistemas de ecuaciones y operaciones básicas de cálculo matricial, que son ya conocidas por el alumno y le hacen entrar en el estudio de las demás lecciones con una base clara. En la lección 2 se estudian los espacios vectoriales y aplicaciones lineales; en la tercera, diagonalización de matrices, y en la cuarta, formas cuadráticas, conceptos que se utilizan en los siguientes bloques y que son básicos para la resolución posterior.
— **Teoría de funciones.** Comprenden las lecciones desde la 5 hasta la 10. Se comienza estudiando funciones de una variable que ya son conocidas por el alumno y luego se generaliza para un mayor número de variables, estudiando su derivabilidad, teoría de funciones implícitas y cálculo integral, incluyendo las integrales impropias e integrales dobles básicas.
— **Programación matemática.** Son las lecciones desde la 11 hasta la 17. Se empieza estudiando la convexidad de conjuntos y funciones, siguiendo en la lección 12 con los conceptos de óptimo local y global y con el estudio gráfico de problemas sencillos. En la lección 13 se estudian los

problemas sin restricciones y con restricciones de igualdad, generalizando a restricciones de desigualdad en la 14. En la lección 15 se estudian los problemas lineales, estudiando algunos casos particulares dentro de la teoría de grafos en la lección 16 y terminando con el estudio del enfoque multicriterio en la lección 17.

Puntualizamos que este último bloque, de programación matemática, es muy extenso, y que en las lecciones correspondientes se ha intentado dar una visión global de la misma, sin entrar en excesiva profundidad ni tratar todos los casos particulares que existen, lo cual supondría un libro por sí mismo.

Por último, agradecer a todos los miembros de nuestro departamento de Economía Aplicada (Matemáticas) de la Universidad de Málaga sus sugerencias e ideas, así como a todos los compañeros de otras universidades que han utilizado nuestros textos y que nos han ayudado a mejorarlos. Finalmente, agradecer a Ediciones Pirámide su apoyo para la elaboración del presente trabajo, especialmente a su delegado de Promoción Universitaria en Málaga, don Santiago García Cortés.

Málaga, 2012.

SUSANA CALDERÓN MONTERO
LOURDES REY BORREGO

1

Sistemas de ecuaciones y cálculo matricial

- Sistemas de ecuaciones lineales: 1.1, 1.2, 1.3, 1.4
- Enunciados económicos: 1.5, 1.6, 1.12
- Rangos y determinantes: 1.7
- Inversas de matrices: 1.8, 1.9
- Sistemas de ecuaciones con parámetros: 1.10, 1.11

1.1. Halle el carácter de los siguientes sistemas:

a)
$$2x - y = 1$$
$$x - 2y = -1$$
$$x + y = 2$$

c)
$$y - z - 2t = 1$$
$$x - z - t = -2$$
$$x + y - 3t = -1$$

b)
$$2x + 3y - z = 0$$
$$4x + 6y - z = 0$$
$$8x + 12y - 3z = 0$$

d)
$$x + y + z = 3$$
$$x - z = 0$$
$$2x + y = 4$$

Solución

Cuando nos plantean un sistema de ecuaciones lineales, podemos cuestionarnos dos problemas:

1. El estudio del carácter del sistema, es decir, clasificarlo según tenga una única solución (sistema compatible determinado), infinitas soluciones (sistema compatible indeterminado) o no posea solución (sistema incompatible).
2. Calcular sus soluciones, lo que conllevaría, por supuesto, el cálculo de su carácter inicialmente.

Así pues, en este ejercicio debemos llegar a clasificar el sistema, diciendo de qué tipo es, pero sin necesidad de dar las soluciones o solución, en caso de existir.
Para determinar el carácter de un sistema se emplea el teorema de Rouché-Frobenius, el cual afirma lo siguiente:

«Dado un sistema de ecuaciones lineales de la forma:

$$A\vec{x} = \vec{b}$$

llamamos matriz ampliada a $A^* = (A|\vec{b})$. Calculamos los rangos de A y A^*. Si:

1. $\operatorname{rang}(A) \neq \operatorname{rang}(A^*)$, el sistema es incompatible, es decir, no tiene solución.
2. $\operatorname{rang}(A) = \operatorname{rang}(A^*) <$ número de variables, el sistema es compatible indeterminado, o sea, posee infinitas soluciones.
3. $\operatorname{rang}(A) = \operatorname{rang}(A^*) =$ número de variables, el sistema es compatible determinado, esto es, posee una única solución».

Además, en los casos 2 y 3 el teorema proporciona un método para obtener las soluciones, que veremos con detalle en la resolución de los problemas.

a) En este caso, la matriz de coeficientes es:

$$A = \begin{bmatrix} 2 & -1 \\ 1 & -2 \\ 1 & 1 \end{bmatrix}$$

cuyo rango, considerando, por ejemplo, el menor:

$$\begin{vmatrix} 2 & -1 \\ 1 & -2 \end{vmatrix} = -4 + 1 = -3 \neq 0$$

es dos. La matriz ampliada es:

$$A^* = \begin{bmatrix} 2 & -1 & 1 \\ 1 & -2 & -1 \\ 1 & 1 & 2 \end{bmatrix}$$

cuyo determinante vale cero, luego $\operatorname{rang}(A^*) = 2$. Aplicando el teorema, puesto que los rangos son iguales y tenemos dos variables, podemos afirmar que el sistema es compatible determinado, es decir, posee una única solución. Es preciso observar, pues, que en este sistema existía una ecuación redundante, en el sentido que puede ser suprimida sin afectar por ello a la solución; puesto que el menor no nulo 2×2 que hemos escogido contiene a las dos primeras ecuaciones, se podría decir que la tercera ecuación se podría eliminar del enunciado del problema.

b) Este sistema es un caso particular de sistemas lineales, con $\vec{b} = \vec{0}$, denominado sistema homogéneo. Como en estos casos $A^* = (A|0)$, los rangos de A y A^* coinciden, es decir, los sistemas homogéneos son siempre compatibles. Si el rango de A es máximo, coincidiendo con el número de variables [det $(A) \neq 0$], existe una única solución, que será la solución nula (también se suele llamar solución trivial), pues en caso contrario existirán infinitas soluciones.

En nuestro problema, calculando el determinante de la matriz de coeficientes:

$$\begin{vmatrix} 2 & 3 & -1 \\ 4 & 6 & -1 \\ 8 & 12 & -3 \end{vmatrix} = 0$$

por lo que podemos afirmar que el sistema es compatible indeterminado.

c) Al ser un sistema con más variables que ecuaciones, el rango nunca podrá coincidir con el número de variables, desechando, por tanto, la opción de sistema compatible determinado.

En este caso, las matrices A y A^* serían:

$$A = \begin{bmatrix} 0 & 1 & -1 & -2 \\ 1 & 0 & -1 & -1 \\ 1 & 1 & 0 & -3 \end{bmatrix} \qquad A^* = \begin{bmatrix} 0 & 1 & -1 & -2 & 1 \\ 1 & 0 & -1 & -1 & -2 \\ 1 & 1 & 0 & -3 & -1 \end{bmatrix}$$

Si estudiamos el rango de A, considerando, por ejemplo, el siguiente menor:

$$\begin{vmatrix} 0 & 1 & -1 \\ 1 & 0 & -1 \\ 1 & 1 & 0 \end{vmatrix} = -2$$

podemos afirmar que el rango de A es tres; la matriz A^* no nos da opción de rango cuatro, puesto que sólo tenemos tres filas; luego estamos en un caso donde coinciden los rangos y es menor que el número de incógnitas. Por tanto, es un sistema compatible indeterminado.

d) Aquí, las matrices que tenemos que estudiar son:

$$A = \begin{bmatrix} 1 & 1 & 1 \\ 1 & 0 & -1 \\ 2 & 1 & 0 \end{bmatrix} \qquad A^* = \begin{bmatrix} 1 & 1 & 1 & 3 \\ 1 & 0 & -1 & 0 \\ 2 & 1 & 0 & 4 \end{bmatrix}$$

Calculemos el rango de A. Si consideramos:

$$\begin{vmatrix} 1 & 1 \\ 1 & 0 \end{vmatrix} = -1 \neq 0$$

podemos afirmar que rang $(A) = 2$. El determinante ampliado:

$$\begin{vmatrix} 1 & 1 & 1 \\ 1 & 0 & -1 \\ 2 & 1 & 0 \end{vmatrix} = 0$$

por lo que el rango no es tres.

Ahora calculamos el rango de la matriz ampliada; orlando a partir del menor de orden dos no nulo, añadiendo la tercera fila y la cuarta columna:

$$\begin{vmatrix} 1 & 1 & 3 \\ 1 & 0 & 0 \\ 2 & 1 & 4 \end{vmatrix} = -1 \neq 0$$

por lo que, al no coincidir los rangos, es un sistema incompatible, es decir, no tiene solución.

1.2. Resuelva los siguientes sistemas:

$a)$ $\begin{aligned} x - 2y + z &= 5 \\ 5y + 7z &= 10 \\ y + z &= -4 \end{aligned}$

$b)$ $\begin{aligned} x - 2y + z &= 0 \\ 5y + 7z &= 2 \\ y + z &= 4 \end{aligned}$

SOLUCIÓN

$a)$ Para resolver un sistema necesitamos conocer su carácter; para ello, calculamos el rango de la matriz de coeficientes, que en este caso resulta tres, puesto que:

$$\begin{vmatrix} 1 & -2 & 1 \\ 0 & 5 & 7 \\ 0 & 1 & 1 \end{vmatrix} = -2 \neq 0$$

Al ser el rango máximo, coincide con el rango de la matriz ampliada y con el número de variables, por lo que el sistema es compatible determinado.

Matemáticas para la economía y la empresa

Su solución la podemos obtener utilizando la regla de Cramer:

$$x = \frac{\begin{vmatrix} 5 & -2 & 1 \\ 10 & 5 & 7 \\ -4 & 1 & 1 \end{vmatrix}}{\begin{vmatrix} 1 & -2 & 1 \\ 0 & 5 & 7 \\ 0 & 1 & 1 \end{vmatrix}} = -48 \quad , \quad y = \frac{\begin{vmatrix} 1 & 5 & 1 \\ 0 & 10 & 7 \\ 0 & -4 & 1 \end{vmatrix}}{\begin{vmatrix} 1 & -2 & 1 \\ 0 & 5 & 7 \\ 0 & 1 & 1 \end{vmatrix}} = -19$$

$$z = \frac{\begin{vmatrix} 1 & -2 & 5 \\ 0 & 5 & 10 \\ 0 & 1 & -4 \end{vmatrix}}{\begin{vmatrix} 1 & -2 & 1 \\ 0 & 5 & 7 \\ 0 & 1 & 1 \end{vmatrix}} = 15$$

b) Este ejercicio se puede resolver igual que el anterior, puesto que el determinante de A resulta ser distinto de cero. En estos casos, un método alternativo a la regla de Cramer será la resolución directa multiplicando por la inversa de la matriz A, ya que, si det $(A) \neq 0$, se verifica:

$$A\vec{x} = \vec{b} \quad \Rightarrow \quad \vec{x} = A^{-1}\vec{b}$$

siendo esta expresión únicamente válida cuando A es regular. Por tanto:

$$\vec{x} = \begin{bmatrix} 1 & -2 & 1 \\ 0 & 5 & 7 \\ 0 & 1 & 1 \end{bmatrix}^{-1} \begin{bmatrix} 0 \\ 2 \\ 4 \end{bmatrix} = \begin{bmatrix} 35 \\ 13 \\ -9 \end{bmatrix}$$

donde podemos observar que, de esta forma, tendríamos la solución de a) y b) con «aparentemente» menos cálculos (a veces, calcular la inversa de una matriz puede ser realmente complicado).

1.3. Resuelva los siguientes sistemas:

a) $3x - y + z = 1$
$x + 4y - z = 2$

b) $3x - y + z = 3$
$5x + y + 3z = -2$
$x + y + z = 0$

24

S<small>OLUCIÓN</small>

a)   Debemos estudiar previamente el carácter del sistema. El rango de la matriz de coeficientes es dos, ya que, por ejemplo:

$$\det \begin{pmatrix} 3 & -1 \\ 1 & 4 \end{pmatrix} = 13 \neq 0$$

Como el rango es dos (igual al número de ecuaciones) y el número de variables es tres, estamos ante un sistema de ecuaciones compatible indeterminado. Si despejamos las variables que han intervenido en el determinante, en nuestro caso x e y:

$$3x - y = 1 - z$$
$$x + 4y = 2 + z$$

Su solución se puede obtener mediante la regla de Cramer:

$$x = \frac{\begin{vmatrix} 1-z & -1 \\ 2+z & 4 \end{vmatrix}}{\begin{vmatrix} 3 & -1 \\ 1 & 4 \end{vmatrix}} = \frac{6 - 3z}{13}, \qquad y = \frac{\begin{vmatrix} 3 & 1-z \\ 1 & 2+z \end{vmatrix}}{\begin{vmatrix} 3 & -1 \\ 1 & 4 \end{vmatrix}} = \frac{5 + 4z}{13}$$

Puntualizamos que, al ser un sistema indeterminado, podemos despejar de varias formas. Las variables que se han despejado son dependientes de las variables que han quedado «a la derecha», en nuestro caso, z, que sería la variable independiente; por tanto, al darle valores a ésta, obtendremos valores para x e y.

b)   Si calculamos el rango de la matriz de coeficientes observamos que es dos, ya que el determinante 3×3 resulta cero:

$$\det \begin{pmatrix} 3 & -1 & 1 \\ 5 & 1 & 3 \\ 1 & 1 & 1 \end{pmatrix} = 0$$

y sí existen determinantes de tamaño dos distintos de cero, por ejemplo:

$$\det \begin{pmatrix} 3 & -1 \\ 5 & 1 \end{pmatrix} = 8 \neq 0$$

En cambio, el rango de la matriz ampliada es tres, pues si consideramos el siguiente determinante de tamaño 3 resulta distinto de cero:

$$\det \begin{pmatrix} 3 & -1 & 3 \\ 5 & 1 & -2 \\ 1 & 1 & 0 \end{pmatrix} = 20$$

Al no coincidir los rangos de la matriz A y de su ampliada, el sistema es incompatible, es decir, no tiene solución.

1.4. Resuelva los siguientes sistemas:

a) $x - y + z = 0$
    $2x + 3y - z = 0$

b) $3x + 2y - 4z = 0$
    $x - y + 2z = 0$
    $x + y + z = 0$

SOLUCIÓN

a) Los sistemas lineales que se plantean en este ejercicio son homogéneos, esto es, todas las ecuaciones están igualadas a cero. Como el vector nulo no afecta al rango de una matriz, siempre resultan sistemas compatibles, pudiendo ser determinado (si el número de variables coincide con el rango de la matriz) o indeterminado (si no coinciden). En el caso de ser un sistema compatible determinado, la solución es única, el vector cero.

En nuestro caso, si hacemos el determinante de tamaño 2×2:

$$\det \begin{pmatrix} 1 & -1 \\ 2 & 3 \end{pmatrix} = 5 \neq 0$$

sabemos que el rango es dos. Como el número de variables es tres, podemos afirmar que es un sistema compatible indeterminado.

Para resolverlo, si despejamos las variables que han intervenido en el determinante, en nuestro caso, x e y:

$$x - y = -z$$
$$2x + 3y = z$$

Nos queda:

$$x = \frac{\begin{vmatrix} -z & -1 \\ z & 3 \end{vmatrix}}{\begin{vmatrix} 1 & -1 \\ 2 & 3 \end{vmatrix}} = \frac{-2z}{5}, \quad y = \frac{\begin{vmatrix} 1 & -z \\ 2 & z \end{vmatrix}}{\begin{vmatrix} 1 & -1 \\ 2 & 3 \end{vmatrix}} = \frac{3z}{5}$$

Por tanto, este sistema tiene infinitas soluciones, de la forma:

$$\left(\frac{-2z}{5}, \frac{3z}{5}, z\right)$$

para cualquier valor de «z». Esta expresión puede variar si despejamos de otra forma.

b) Si hacemos el determinante de la matriz de coeficientes:

$$\det\begin{pmatrix} 3 & 2 & -4 \\ 1 & -1 & 2 \\ 1 & 1 & 1 \end{pmatrix} = -15$$

observamos que es distinto de cero, por lo que podemos afirmar que el rango es tres. Al ser un sistema de tres ecuaciones, es compatible determinado. Como es un sistema homogéneo, la única solución que admite es la nula, $(0,0,0)$.

1.5. En una fábrica se produce queso y mantequilla. Para fabricar una unidad de queso se precisan 10 unidades de leche y 6 horas de mano de obra. Para la mantequilla, se necesitan 5 unidades de leche y 8 horas de mano de obra por unidad. Sabiendo que tenemos disponibles 100 unidades de leche y 110 de mano de obra, calcule la producción posible de queso y mantequilla, considerando que utilizamos todo lo disponible.

SOLUCIÓN

Los datos de este problema podemos escribirlos de la siguiente forma:

	Leche	Mano de obra
Queso	10	6
Mantequilla	5	8
Disponibles	100	110

Así, notando x las unidades de queso que se producen, e y las unidades de mantequilla, como suponemos que queremos gastar toda la leche disponible y utilizar toda la mano de obra contratada, tenemos que imponer dos restricciones:

— Para la leche:

$$10x + 5y = 100$$

— Para la mano de obra:

$$6x + 8y = 110$$

Por tanto, nos planteamos la resolución de un sistema de ecuaciones lineales, con dos ecuaciones y dos incógnitas. Calculando el determinante de la matriz de coeficientes:

$$\begin{vmatrix} 10 & 5 \\ 6 & 8 \end{vmatrix} = 50 \neq 0$$

resulta que el rango de A es dos, coincidiendo con el rango de la matriz ampliada y con el número de variables del sistema. Por consiguiente, estamos ante un sistema compatible determinado. Su solución podemos hallarla mediante la fórmula de Cramer:

$$x = \frac{\begin{vmatrix} 100 & 5 \\ 110 & 8 \end{vmatrix}}{\begin{vmatrix} 10 & 5 \\ 6 & 8 \end{vmatrix}} = \frac{250}{50} = 5, \quad y = \frac{\begin{vmatrix} 10 & 100 \\ 6 & 110 \end{vmatrix}}{\begin{vmatrix} 10 & 5 \\ 6 & 8 \end{vmatrix}} = \frac{500}{50} = 10$$

llegando a la conclusión de que debemos producir cinco unidades de queso y diez de mantequilla, bajo los requisitos exigidos.

1.6. Supongamos un proceso de fabricación de dos productos, los cuales deben pasar por dos máquinas A y B, consumiendo el primer producto 2 unidades de tiempo (u.t.) de la primera y 5 u.t. de la segunda, y el segundo producto 4 u.t. de A y 3 de B. Si el tiempo disponible es de 40 u.t. en A y 65 u.t. en B, determínese si existe alguna producción posible y en su caso obtenerla, de forma que se agoten los tiempos disponibles.

SOLUCIÓN

Igual que en el problema anterior, podemos escribir los datos en una tabla de la siguiente forma:

	Primer producto	Segundo producto	Disponible
Máquina A	2	4	40
Máquina B	5	3	65

y según las condiciones que impone el enunciado del problema, tenemos un sistema:

$$2x + 4y = 40$$
$$5x + 3y = 65$$

que resulta ser compatible determinado, puesto que:

$$\begin{vmatrix} 2 & 4 \\ 5 & 3 \end{vmatrix} = -14 \neq 0$$

Para resolverlo, volviendo a aplicar la regla de Cramer, obtenemos la siguiente solución:

$$x = \frac{\begin{vmatrix} 40 & 4 \\ 65 & 3 \end{vmatrix}}{-14} = \frac{-140}{-14} = 10, \quad y = \frac{\begin{vmatrix} 2 & 40 \\ 5 & 65 \end{vmatrix}}{-14} = \frac{-70}{-14} = 5$$

pudiendo responder al problema que existe una producción que verifica los requisitos exigidos y que sería precisamente producir diez unidades del primer producto y cinco unidades del segundo.

1.7. Calcule el rango de la matriz:

$$\begin{bmatrix} 0 & 1 & 1 & 2 & 2 \\ 2 & 3 & 5 & 8 & 3 \\ 0 & 2 & 2 & 4 & 5 \\ 0 & 0 & 1 & 1 & 9 \end{bmatrix}$$

SOLUCIÓN

Si empezamos a calcular el rango por la esquina superior izquierda, nos encontramos con un cero. Para evitar este problema, cambiamos la primera y segunda columna, sabiendo que el rango no varía. Así, vamos a estudiar el rango de la matriz equivalente:

$$\begin{bmatrix} 1 & 0 & 1 & 2 & 2 \\ 3 & 2 & 5 & 8 & 3 \\ 2 & 0 & 2 & 4 & 5 \\ 0 & 0 & 1 & 1 & 9 \end{bmatrix}$$

$$\det(1) \neq 0 \quad \Rightarrow \quad \text{el rango, al menos, es uno.}$$

$$\det \begin{bmatrix} 1 & 0 \\ 3 & 2 \end{bmatrix} \neq 0 \quad \Rightarrow \quad \text{el rango, al menos, es dos.}$$

$$\det \begin{bmatrix} 1 & 0 & 1 \\ 3 & 2 & 5 \\ 2 & 0 & 2 \end{bmatrix} = 0$$

Como este determinante es cero, tenemos que orlar el menor de orden dos con todas las combinaciones posibles de tamaño tres. Si todas son cero, podemos afirmar que el rango es dos, y si encontramos alguna distinta de cero, seguiríamos calculando el orden cuatro. Así, si calculamos el menor que resulta añadiendo la tercera fila y la cuarta columna:

$$\det \begin{bmatrix} 1 & 0 & 2 \\ 3 & 2 & 8 \\ 2 & 0 & 4 \end{bmatrix} = 0$$

y si añadimos la tercera fila y la quinta columna:

$$\det \begin{bmatrix} 1 & 0 & 2 \\ 3 & 2 & 3 \\ 2 & 0 & 5 \end{bmatrix} = 2$$

lo que nos afirma que el rango es, al menos, tres. Orlando a partir de éste, añadiendo la cuarta fila y la cuarta columna:

$$\det \begin{bmatrix} 1 & 0 & 2 & 2 \\ 3 & 2 & 3 & 8 \\ 2 & 0 & 5 & 4 \\ 0 & 0 & 9 & 1 \end{bmatrix} = 2 \neq 0$$

quedando de rango, al menos, cuatro.

Como es imposible formar un menor cinco por cinco, podemos concluir que el rango de la matriz dada es cuatro.

30

1.8. Calcule la inversa de las siguientes matrices:

a) $A = \begin{bmatrix} 4 & 1 & 3 \\ 2 & 1 & 4 \\ 2 & 1 & 2 \end{bmatrix}$, *b)* $B = \begin{bmatrix} 1 & 2 & 3 \\ 0 & 1 & 1 \\ 1 & 3 & 0 \end{bmatrix}$

SOLUCIÓN

a) Antes de calcular la inversa, debemos comprobar si el determinante es distinto de cero, para que tengan sentido los cálculos posteriores. Así:

$$\det (A) = -6 \neq 0$$

con lo que la matriz es inversible.

Para calcular la inversa necesitamos el determinante de la matriz y los adjuntos de cada elemento; así:

$$A^{-1} = \frac{(\text{Adjunta de } A)^t}{\det A}$$

Pasemos a calcular los adjuntos:

$$A_{11} = \begin{vmatrix} 1 & 4 \\ 1 & 2 \end{vmatrix} = -2 \quad A_{12} = -\begin{vmatrix} 2 & 4 \\ 0 & 2 \end{vmatrix} = -4 \quad A_{13} = \begin{vmatrix} 2 & 1 \\ 0 & 1 \end{vmatrix} = 2$$

$$A_{21} = -\begin{vmatrix} 1 & 3 \\ 1 & 2 \end{vmatrix} = 1 \quad A_{22} = \begin{vmatrix} 4 & 3 \\ 0 & 2 \end{vmatrix} = 8 \quad A_{23} = -\begin{vmatrix} 4 & 1 \\ 0 & 1 \end{vmatrix} = -4$$

$$A_{31} = \begin{vmatrix} 1 & 3 \\ 1 & 4 \end{vmatrix} = 1 \quad A_{32} = -\begin{vmatrix} 4 & 3 \\ 2 & 4 \end{vmatrix} = -10 \quad A_{23} = \begin{vmatrix} 4 & 1 \\ 2 & 1 \end{vmatrix} = 2$$

Por tanto, la matriz adjunta es:

$$\text{Adjunta de } A = \begin{bmatrix} -2 & -4 & 2 \\ 1 & 8 & -4 \\ 1 & -10 & 2 \end{bmatrix}$$

Como det $A = -6$, obtenemos la inversa:

$$A^{-1} = \frac{1}{-6} = \begin{bmatrix} -2 & 1 & 1 \\ -4 & 8 & -10 \\ 2 & -4 & 2 \end{bmatrix} = \begin{bmatrix} 1/3 & -1/6 & 1/6 \\ 2/3 & -4/3 & 5/3 \\ -1/3 & 2/3 & -1/3 \end{bmatrix}$$

El lector puede comprobar que se verifica:

$$AA^{-1} = A^{-1}A = I$$

b) Comprobando que det $(B) = -4 \neq 0$, B es una matriz inversible y pasamos al cálculo de la inversa.

De igual forma, calculamos la matriz adjunta de B, que en este caso resulta:

$$\text{Adjunta de } B = \begin{bmatrix} -3 & 1 & -1 \\ 9 & -3 & -1 \\ -1 & -1 & 1 \end{bmatrix}$$

y su determinante, det $B = -4$. Así:

$$B^{-1} = \frac{1}{-4} = \begin{bmatrix} -3 & 9 & -1 \\ 1 & -3 & -1 \\ -1 & -1 & 1 \end{bmatrix} = \begin{bmatrix} 3/4 & -9/4 & 1/4 \\ -1/4 & 3/4 & 1/4 \\ 1/4 & 1/4 & -1/4 \end{bmatrix}$$

1.9. De las siguientes operaciones elementales entre matrices, escójanse las que son correctas, demostrándolas en su caso. (*Nota:* en los apartados donde se utilicen inversas se sobreentiende la existencia de éstas.)

a) $(A^t B^t)^{-1} = [(BA)^{-1}]^t$.
b) $(A^t)^{-1} = A$.
c) $(AB)^{-1} = B^{-1}A^{-1}$.
d) $(A^t B^{-1}) = (AB^t)^{-1}$.

SOLUCIÓN

a) **Correcta.** Para demostrarla, observamos que este apartado afirma que la matriz inversa de $A^t B^t$ es $[(BA)^{-1}]^t$. Es obvio que, para probar que es cierto, basta que al multiplicarla por $A^t B^t$ nos dé la matriz unidad. Nos basamos en las siguientes propiedades:

$$(AB)^t = B^t A^t$$
$$(AB)^{-1} = B^{-1} A^{-1}$$
$$(A^t)^{-1} = (A^{-1})^t$$

Así, multiplicando por $A^t B^t$:

$$(A^t B^t)[(BA)^{-1}]^t = A^t B^t (A^{-1}B^{-1})^t = A^t B^t (B^{-1})^t (A^{-1})^t =$$
$$= A^t B^t (B^t)^{-1}(A^t)^{-1} = A^t (A^t)^{-1} = I$$

siendo, por tanto, cierto. De igual forma, tendríamos que probar que es cierto el producto por la izquierda, que es análogo al demostrado aquí.

b) **Falsa.** La inversa de la traspuesta no vuelve a ser la matriz dada. Para verlo, pongamos un contraejemplo.

Sea la matriz:

$$A = \begin{bmatrix} 1 & 2 \\ 0 & 3 \end{bmatrix} \quad \Rightarrow \quad A^t = \begin{bmatrix} 1 & 0 \\ 2 & 3 \end{bmatrix}$$

Pero no es cierto que la inversa de A^t sea A; si se cumpliera, debería verificarse que:

$$A^t A = \begin{bmatrix} 1 & 0 \\ 2 & 3 \end{bmatrix}\begin{bmatrix} 1 & 2 \\ 0 & 3 \end{bmatrix} = \begin{bmatrix} 1 & 2 \\ 2 & 13 \end{bmatrix} \neq \begin{bmatrix} 1 & 0 \\ 0 & 1 \end{bmatrix}$$

Siendo obvio que no se cumple. De hecho, la propiedad correcta sería:

$$(A^t)^{-1} = (A^{-1})^t$$

c) **Correcta.** Puntualizamos que es correcta siempre y cuando las matrices A y B sean cuadradas y existan sus respectivas inversas. Tenemos que comprobar que la inversa de AB es la matriz $B^{-1}A^{-1}$. Para ello, el producto de las matrices nos debe dar la matriz unidad, tanto por la derecha como por la izquierda. Así, se debe cumplir:

$$(AB)(B^{-1}A^{-1}) = I$$

y también,

$$(B^{-1}A^{-1})(AB) = I$$

siendo obvio que las dos expresiones se cumplen.

d) **Falsa.** Por ejemplo:

$$A = \begin{bmatrix} 1 & 2 \\ 0 & 3 \end{bmatrix} \quad , \quad B = \begin{bmatrix} 1 & 0 \\ 0 & 1 \end{bmatrix}$$

La primera expresión es:

$$A^t B^{-1} = \begin{bmatrix} 1 & 0 \\ 2 & 3 \end{bmatrix}\begin{bmatrix} 1 & 0 \\ 0 & 1 \end{bmatrix} = \begin{bmatrix} 1 & 0 \\ 2 & 3 \end{bmatrix}$$

y la segunda:

$$(AB^t)^{-1} = \left[\begin{bmatrix} 1 & 0 \\ 2 & 3 \end{bmatrix}\begin{bmatrix} 1 & 0 \\ 0 & 1 \end{bmatrix}\right]^{-1} = A^{-1} = \begin{bmatrix} 1 & 0 \\ 2 & 3 \end{bmatrix}^{-1} = \begin{bmatrix} 1 & 0 \\ -2/3 & 1/3 \end{bmatrix}$$

Obviamente, no coinciden.

1.10. Discútanse, según el valor de los parámetros que aparecen, los siguientes sistemas:

a)
$$(1+\alpha)x + (1+\alpha)y + z = 2$$
$$x + (1+\alpha)y + z = 3$$
$$2x \qquad - y + z = 1+\alpha$$

b)
$$x + \alpha y + z = 1$$
$$x + \alpha y + z = \alpha$$

c)
$$ax + y + z = 1$$
$$x + ay + z = 1$$
$$x + y + az = 1$$

d)
$$6x + 18y - 2mz = 0$$
$$7x - 2y - 4z = 0$$
$$4x + 10y - 6z = 0$$

SOLUCIÓN

a) Discutir un sistema, al igual que antes, es estudiar su carácter. Ahora bien, el carácter de éste depende de un parámetro, aunque se pueden plantear

34

sistemas que dependan de más. La forma de resolverlos es la misma, teniendo cuidado con los valores de los parámetros que nos determinen el rango. En este caso, la matriz de coeficientes es:

$$A = \begin{bmatrix} 1+\alpha & 1+\alpha & 1 \\ 1 & 1+\alpha & 1 \\ 2 & -1 & 1 \end{bmatrix}$$

cuyo determinante, haciendo operaciones, resulta:

$$\det(A) = (1+\alpha)^2 - 1 + 2(1+\alpha) - [2(1+\alpha) - (1+\alpha) + (1+\alpha)] =$$
$$= (1+\alpha)^2 - 1 = \alpha^2 + 2\alpha = \alpha(\alpha+2)$$

Es obvio que nos interesan los valores que anulan este determinante, que en este caso son $\alpha = 0$ y $\alpha = -2$.

Cuando $\alpha \neq 0$ y $\alpha \neq -2$, el determinante de A es distinto de cero, y puesto que el rango de A^* no puede aumentar, resulta un sistema compatible, y además determinado, ya que el rango coincide con el número de variables.

Cuando $\alpha = 0$ o $\alpha = -2$, podemos sustituir directamente y estudiarlo como un caso normal.

Así, para $\alpha = 0$, la matriz ampliada del sistema es:

$$\begin{bmatrix} 1 & 1 & 1 & 2 \\ 1 & 1 & 1 & 3 \\ 2 & -1 & 1 & 1 \end{bmatrix}$$

En este caso, el rango de A es dos, considerando, por ejemplo:

$$\begin{vmatrix} 1 & 1 \\ 2 & -1 \end{vmatrix} = -3 \neq 0$$

y el determinante tres por tres de A^*, orlando el anterior con la primera fila y la cuarta columna:

$$\begin{vmatrix} 1 & 1 & 2 \\ 1 & 1 & 3 \\ 2 & -1 & 1 \end{vmatrix} = 3 \neq 0$$

siendo, por tanto, rang $(A) = 2$, rang $(A^*) = 3$, un sistema incompatible.

Para $\alpha = -2$, A^* es:

$$\begin{vmatrix} -1 & -1 & 1 & 2 \\ 1 & -1 & 1 & 3 \\ 2 & -1 & 1 & -1 \end{vmatrix}$$

El rango de A es dos, con el menor, por ejemplo:

$$\begin{vmatrix} -1 & -1 \\ 1 & -1 \end{vmatrix} = 2 \neq 0$$

y el determinante tres por tres de A^*, añadiendo igualmente la primera fila y la cuarta columna:

$$\begin{vmatrix} -1 & -1 & 2 \\ 1 & -1 & 3 \\ 2 & -1 & -1 \end{vmatrix} = -9 \neq 0$$

siendo, por tanto, un sistema incompatible.

En conclusión, para $\alpha \neq 0$, $\alpha \neq -2$, el sistema es compatible determinado, y para $\alpha = 0$ o $\alpha = -2$, es incompatible.

b) Estudiemos el rango de la matriz de coeficientes. Es obvio que para cualquier valor de α:

$$\text{rang} \begin{bmatrix} 1 & \alpha & 1 \\ 1 & \alpha & 1 \end{bmatrix} = 1$$

puesto que no podemos construir un menor dos por dos distinto de cero. Veamos cuál es el rango de la matriz ampliada:

$$\begin{bmatrix} 1 & \alpha & 1 & 1 \\ 1 & \alpha & 1 & \alpha \end{bmatrix}$$

Calculando el determinante:

$$\begin{vmatrix} 1 & 1 \\ 1 & \alpha \end{vmatrix} = \alpha - 1$$

podemos llegar a la siguiente conclusión:

— Si $\alpha \neq 1$, el rango de A^* es dos, por lo que el sistema es incompatible.
— Si $\alpha = 1$, el rango de A^* es uno, de forma que coinciden los rangos, siendo un sistema compatible, y puesto que es menor que el número de incógnitas, también un sistema compatible indeterminado.

c) Calculemos el rango de la matriz de coeficientes. Empezando con el determinante de A:

$$\begin{vmatrix} a & 1 & 1 \\ 1 & a & 1 \\ 1 & 1 & a \end{vmatrix} = a^3 - 3a + 2 = 0$$

cuyas raíces, calculándolas, por ejemplo, mediante la regla de Ruffini, resultan ser $a = 1$, doble, y $a = -2$, simple. Por tanto: Si $a \neq 1$, $a \neq -2$, rang $(A) = 3$, siendo un sistema compatible determinado, ya que rang $(A^*) = 3 =$ número de incógnitas.

Estudiemos los casos particulares. Si $a = 1$, sustituyendo en el sistema nos queda:

$$A = \begin{bmatrix} 1 & 1 & 1 \\ 1 & 1 & 1 \\ 1 & 1 & 1 \end{bmatrix} \quad , \quad A^* = \begin{bmatrix} 1 & 1 & 1 & 1 \\ 1 & 1 & 1 & 1 \\ 1 & 1 & 1 & 1 \end{bmatrix}$$

siendo, por tanto, rang $(A) = 1$. Es obvio que el rango de la matriz ampliada no varía, por lo que en este caso estamos en un sistema compatible indeterminado.

Si $a = -2$, rang $(A) = 2$, considerando, por ejemplo:

$$\begin{vmatrix} -2 & 1 \\ 1 & -2 \end{vmatrix} = 3 \neq 0$$

El rango de la matriz ampliada:

$$\begin{bmatrix} -2 & 1 & 1 & 1 \\ 1 & -2 & 1 & 1 \\ 1 & 1 & -2 & 1 \end{bmatrix}$$

tomando, por ejemplo, el siguiente menor tres por tres, donde hemos añadido la tercera fila y la cuarta columna:

$$\begin{vmatrix} -2 & 1 & 1 \\ 1 & -2 & 1 \\ 1 & 1 & 1 \end{vmatrix} = 9 \neq 0$$

resulta que el rango es tres, siendo, pues, un sistema incompatible que, por tanto, no posee solución.

En conclusión, para $a \neq 1$, $a \neq -2$, es un sistema compatible determinado; para $a = 1$, sistema compatible indeterminado, y para $a = -2$, sistema incompatible.

d) Al ser un sistema homogéneo, ya hemos puntualizado que nunca puede resultar incompatible, puesto que la solución nula siempre verifica las ecuaciones. Por tanto, sólo puede ser compatible determinado, en caso de que el determinante de la matriz de coeficientes sea distinto de cero, o indeterminado, cuando sea igual a cero. Calculando ese rango:

$$\begin{vmatrix} 6 & 18 & -2m \\ 7 & -2 & -4 \\ 4 & 10 & -6 \end{vmatrix} = 72 - 288 - 140m - (16m - 240 - 756) =$$

$$= -140m - 216 - 16m + 996 = 780 - 156m$$

Igualando este determinante a cero:

$$780 - 156m = 0 \quad \Rightarrow \quad m = 5$$

por lo que podemos afirmar:

— Si $m = 5$, rang $(A) = 2$, siendo un sistema compatible indeterminado.
— Si $m \neq 5$, rang $(A) = 3$, coincidiendo con el número de incógnitas, por lo que será un sistema compatible determinado.

1.11. Calcule los valores que deben tomar los parámetros a y b para que el siguiente sistema no posea solución:

$$x + 4y + z = b$$
$$3x - y + 2z = 1$$
$$2x - 5y + az = -2$$

SOLUCIÓN

Queremos que el sistema no posea solución, es decir, que sea incompatible. Para ello, es necesario que los rangos de A y A^* no coincidan. Como el rango de A es, al menos, dos, independientemente de los valores de a y b, considerando, por ejemplo, el menor:

$$\begin{vmatrix} 1 & 4 \\ 3 & -1 \end{vmatrix} = -13 \neq 0$$

la única posibilidad existente para que esto ocurra es que el rango de A sea sólo dos y el de la ampliada tres, es decir, obligar al determinante tres por tres a ser cero, y que el rango de A^* sea tres. Por tanto, calculando el determinante de A y obligando a que sea cero, obtenemos:

$$\begin{vmatrix} 1 & 4 & 1 \\ 3 & -1 & 2 \\ 2 & -5 & a \end{vmatrix} = -a - 15 + 16 - (-2 - 10 + 12a) =$$

$$= -13a + 13 = 0 \quad \Rightarrow \quad a = 1$$

La matriz ampliada es:

$$A^* = \left[\begin{array}{ccc|c} 1 & 4 & 1 & b \\ 3 & -1 & 2 & 1 \\ 2 & -5 & a & -2 \end{array} \right]$$

Orlando a partir del menor dos por dos que hemos considerado, el rango de A^* depende de b de la forma:

$$\begin{vmatrix} 1 & 4 & b \\ 3 & -1 & 1 \\ 2 & -5 & -2 \end{vmatrix} = 2 - 15b + 8 - (-2b - 5 - 24) =$$

$$= 39 - 13b = 0 \quad \Rightarrow \quad b = 3$$

Así pues, tomando $a = 1$, rang $(A) = 2$ y para $b \neq 3$, rang $(A^*) = 3$, resultando incompatible; por tanto, no posee solución, como nos exigía el ejercicio.

1.12. Supóngase que en la economía de un país se distinguen básicamente tres sectores productivos: agricultura, industria y servicios. El Servicio de Estudios del Banco Central de dicho país está analizando el comportamiento de esos tres sectores, sabiendo que cada uno de ellos consume como *input* el *output* o producción de los demás sectores. El departamento de Econometría del Servicio de Estudios ha estimado que los flujos de consumo y producción entre los tres sectores considerados están representados por la siguiente matriz de coeficientes técnicos:

$$A = \begin{bmatrix} 0,2 & 0,3 & 0,1 \\ 0,2 & 0,3 & 0,3 \\ 0,1 & 0,2 & 0,3 \end{bmatrix}$$

Con esos datos, lo que se plantea es conocer qué cantidades deben ser producidas por los tres sectores para satisfacer sus respectivas demandas finales, las cuales también son conocidas: 31, 21 y 98 millones de unidades físicas del bien producido por los sectores de agricultura, industria y servicios, respectivamente.

SOLUCIÓN

Los datos de este problema se pueden recoger fácilmente en una tabla *input-output* de la siguiente forma:

	Agricultura	Industria	Servicios	Demanda final
Agricultura	0,2	0,3	0,1	31
Industria	0,2	0,3	0,3	21
Servicios	0,1	0,2	0,3	98

Así, las cantidades que deben producir los tres sectores para atender la demanda final dada se pueden plantear mediante un sistema de la forma:

$$x = 0,2x + 0,3y + 0,1z + 31$$
$$y = 0,2x + 0,3y + 0,3z + 21$$
$$z = 0,1x + 0,2y + 0,3z + 98$$

de donde obtenemos el sistema:

$$
\begin{bmatrix} x \\ y \\ z \end{bmatrix} = \begin{bmatrix} 0,2 & 0,3 & 0,1 \\ 0,2 & 0,3 & 0,3 \\ 0,1 & 0,2 & 0,3 \end{bmatrix} \begin{bmatrix} x \\ y \\ z \end{bmatrix} + \begin{bmatrix} 31 \\ 21 \\ 98 \end{bmatrix}
$$

Queremos despejar las variables (x, y, z); para ello, si notamos:

$$
X = \begin{bmatrix} x \\ y \\ z \end{bmatrix} \quad , \quad A = \begin{bmatrix} 0,2 & 0,3 & 0,1 \\ 0,2 & 0,3 & 0,3 \\ 0,1 & 0,2 & 0,3 \end{bmatrix} \quad , \quad D = \begin{bmatrix} 31 \\ 21 \\ 98 \end{bmatrix}
$$

podemos escribir el sistema de la siguiente forma:

$$ X = AX + D $$

y así, despejando X:

$$ (I - A)X = D \quad \Rightarrow \quad X = (I - A)^{-1} D $$

Calculemos los elementos necesarios. Primero, $I - A$:

$$
I - A = \begin{bmatrix} 1 & 0 & 0 \\ 0 & 1 & 0 \\ 0 & 0 & 1 \end{bmatrix} - \begin{bmatrix} 0,2 & 0,3 & 0,1 \\ 0,2 & 0,3 & 0,3 \\ 0,1 & 0,2 & 0,3 \end{bmatrix} = \begin{bmatrix} 0,8 & -0,3 & -0,1 \\ -0,2 & 0,7 & -0,3 \\ -0,1 & -0,2 & 0,7 \end{bmatrix}
$$

cuya inversa es:

$$
(I - A)^{-1} = \frac{1}{141} \begin{bmatrix} 215 & 115 & 80 \\ 85 & 275 & 130 \\ 55 & 95 & 250 \end{bmatrix}
$$

Resultando la solución:

$$
X = \begin{bmatrix} x \\ y \\ z \end{bmatrix} = \frac{1}{141} \begin{bmatrix} 215 & 115 & 80 \\ 85 & 275 & 130 \\ 55 & 95 & 250 \end{bmatrix} \begin{bmatrix} 31 \\ 21 \\ 98 \end{bmatrix} = \begin{bmatrix} 120 \\ 150 \\ 200 \end{bmatrix}
$$

es decir, las cantidades producidas deben ser: 120, 150 y 200 unidades, respectivamente, en los sectores de agricultura, industria y servicios.

Como es obvio, las tablas *input-output* también se pueden interpretar por columnas, considerando la oferta de cada uno de los sectores.

Espacios vectoriales.
Aplicaciones lineales

Espacios vectoriales:

- Sistemas generadores y base: 2.1, 2.2, 2.3, 2.4, 2.5, 2.6, 2.7
- Cambio de base: 2.8, 2.9

Aplicaciones lineales:

- Matriz asociada y cambio de base: 2.10, 2.11
- Endomorfismos: 2.12, 2.13

2.1. Dado el conjunto de vectores:

$$\{(1,1,1), (-2,1,0), (-1,0,1)\}$$

a) ¿Son linealmente independientes?
b) ¿Son sistema generador de $\mathbb{R}^3$?
c) ¿Forman base de este espacio?

SOLUCIÓN

a) Para probar si son linealmente independientes existen dos formas. Primero, utilizando la propia definición, es decir, igualar una combinación lineal de ellos a cero:

$$\alpha(1,1,1) + \beta(-2,1,0) + \gamma(-1,0,1) = (0,0,0)$$

y obtener la solución del sistema homogéneo resultante:

$$\alpha - 2\beta - \gamma = 0$$
$$\alpha + \beta = 0$$
$$\alpha + \gamma = 0$$

que, en este caso, posee como solución única $(0,0,0)$, ya que el determinante es distinto de cero. Cuando esto ocurre se dice que los vectores son linealmente independientes.

44

Otra forma sería estudiar el rango de la matriz formada por los vectores puestos por columnas (o por filas, ya que el rango no varía de una matriz a su traspuesta):

$$\operatorname{rang} \begin{bmatrix} 1 & -2 & 1 \\ 1 & 1 & 0 \\ 1 & 0 & 1 \end{bmatrix} = 3$$

En este caso el rango es tres, puesto que su determinante es distinto de cero. Esto quiere decir que existen tres vectores linealmente independientes en esta matriz.

Obsérvese que de esta segunda forma lo que hacemos es estudiar la matriz de coeficientes del sistema y, puesto que el sistema es homogéneo, nos limitamos a estudiar si existe una única solución o infinitas, dependiendo, por tanto, del rango de ella.

b)   Para demostrar si son un sistema generador, por definición, debemos probar que dado cualquier vector $(x, y, z) \in \mathbb{R}^3$ se puede escribir como combinación lineal de estos vectores. En nuestro ejercicio sería probar que el siguiente sistema:

$$\begin{bmatrix} 1 & -2 & -1 \\ 1 & 1 & 0 \\ 1 & 0 & 1 \end{bmatrix} \begin{bmatrix} \alpha \\ \beta \\ \gamma \end{bmatrix} = \begin{bmatrix} x \\ y \\ z \end{bmatrix}$$

posee solución, para cualquier (x, y, z) que fijemos. Observamos que para probar que un conjunto de vectores es generador, sólo es necesario que obtengamos una solución del sistema lineal anterior, sin depender, en principio, de que exista solución única o infinitas soluciones; nos basta con que sea un sistema compatible. Ahora bien, para que sean base, esa solución debe ser única, es decir, un sistema compatible determinado.

Como en este caso hemos comprobado que esta matriz es de rango tres, podemos afirmar que tiene solución, y además única, obteniendo:

$$\begin{bmatrix} \alpha \\ \beta \\ \gamma \end{bmatrix} = \begin{bmatrix} 1 & -2 & -1 \\ 1 & 1 & 0 \\ 1 & 0 & 1 \end{bmatrix}^{-1} \begin{bmatrix} x \\ y \\ z \end{bmatrix}$$

Con esto hemos probado que son sistema generador; la solución del sistema no la calculamos, puesto que no la exige el ejercicio.

c) Según los apartados *a*) y *b*), hemos visto que son un sistema linealmente independiente y sistema generador. Ésta es la definición de base; por tanto, son una base de $\mathbb{R}^3$.

Ahora bien, si nos preguntaran únicamente si forman base, podemos hacer uso de la siguiente propiedad:

> *«n vectores linealmente independientes en un espacio vectorial de dimensión n, forman base»*

pudiendo afirmar, por tanto, que forman base, sin tener que comprobar que son sistema generador del espacio, por lo que necesitamos únicamente verificar si son independientes.

2.2. Determine el número máximo de vectores linealmente independientes en el siguiente conjunto:

$$\{(1,2,-1,1), (0,2,-1,1), (2,6,3,-3), (-2,-4,2,-2), (1,9,3,2)\}$$

SOLUCIÓN

Sabemos que el número de vectores linealmente independientes existentes en un conjunto lo mide el rango de la matriz formada por ellos. Así, en nuestro caso, si notamos:

$$A = \begin{bmatrix} 1 & 2 & -1 & 1 \\ 0 & 2 & -1 & 1 \\ 2 & 6 & 3 & -3 \\ -2 & -4 & 2 & -2 \\ 1 & 9 & 3 & 2 \end{bmatrix}$$

es una matriz 5×4, con lo que su rango no puede ser superior a cuatro. Así, de partida, podemos afirmar que, a lo sumo, habrá cuatro vectores linealmente independientes. De hecho, dada una matriz A, de tamaño $m \times n$, se verifica que:

$$\operatorname{rang}(A) \leq \min(m,n)$$

Calculando los menores principales:

$$\det(1) \neq 0, \quad \det\begin{bmatrix} 1 & 2 \\ 0 & 2 \end{bmatrix} = 2 \neq 0$$

$$\det \begin{bmatrix} 1 & 2 & -1 \\ 0 & 2 & -1 \\ 2 & 6 & 3 \end{bmatrix} = 12 \neq 0, \quad \det \begin{bmatrix} 1 & 2 & -1 & 1 \\ 0 & 2 & -1 & 1 \\ 2 & 6 & 3 & -3 \\ -2 & -4 & 2 & -2 \end{bmatrix} = 0$$

Como este determinante vale cero, tenemos que orlar el menor de orden tres distinto de cero que hemos obtenido con todas las posibilidades cuatro por cuatro; si todas salieran cero, podríamos afirmar que el rango es tres. Si tomamos las filas una, dos, tres y cinco, nos queda:

$$\det \begin{bmatrix} 1 & 2 & -1 & 1 \\ 0 & 2 & -1 & 1 \\ 2 & 6 & 3 & -3 \\ 1 & 9 & 3 & 2 \end{bmatrix} = 60 \neq 0$$

por lo que podemos asegurar que el rango es cuatro, existiendo, por tanto, cuatro vectores linealmente independientes. Como han intervenido las filas una, dos, tres y cinco, concluimos que éstos son vectores linealmente independientes.

Es preciso observar que pueden existir otras combinaciones de vectores que nos den rango cuatro, no siendo, por tanto, estos cuatro vectores los únicos linealmente independientes.

2.3. ¿Es expresable el vector $(2, 1, 5)$ en función de los vectores $(1, 2, 3)$, $(3, 2, 1)$ y $(0, 2, 1)$? ¿Cuáles serían sus componentes?

SOLUCIÓN

Para que un vector sea expresable como combinación lineal de otros, éstos deben ser sistema generador del espacio vectorial. En particular, en este caso, se cumple que:

$$\text{rang} \begin{bmatrix} 1 & 2 & 3 \\ 3 & 2 & 1 \\ 0 & 2 & 1 \end{bmatrix} = 3$$

puesto que el determinante es distinto de cero.

Como son tres vectores linealmente independientes en el espacio vectorial $\mathbb{R}^3$, podemos afirmar que forman base del espacio y, por tanto, son generadores. Con esto, podemos contestar a la primera cuestión afirmando que el vector $(2, 1, 5)$ es expresable en función de dichos vectores.

Se puede observar que para calcular el rango de un conjunto de vectores es indiferente ponerlos por filas o columnas, ya que el rango no varía. Por esta razón, no seguiremos una norma fija en su colocación a lo largo de la exposición de este capítulo.

Para la segunda pregunta observamos que un vector siempre se puede escribir como combinación lineal de un sistema generador, pero sus componentes serán únicas sólo cuando formen base. Por tanto, aquí sabemos que las componentes serán únicas. Pasamos a calcularlas:

$$(2, 1, 5) = \alpha(1, 2, 3) + \beta(3, 2, 1) + \gamma(0, 2, 1)$$

De donde:

$$\begin{aligned} \alpha + 3\beta \quad\quad &= 2 \\ 2\alpha + 2\beta + 2\gamma &= 1 \\ 3\alpha + \beta + \gamma &= 5 \end{aligned}$$

obteniendo la solución $(9/4, -1/12, -5/3)$, las coordenadas del vector respecto a esta base.

2.4. ¿El vector $(1, 1, 4)$ en linealmente independiente con $(0, 2, 1)$, $(3, 1, 9)$?

SOLUCIÓN

Para ver si forman un conjunto linealmente independiente, basta estudiar el rango de la matriz que forman. En este caso:

$$\text{rang} \begin{bmatrix} 1 & 1 & 4 \\ 0 & 2 & 1 \\ 3 & 1 & 9 \end{bmatrix} = 3$$

siendo el determinante de la matriz distinto de cero. Por tanto, son linealmente independientes.

2.5. Compruebe si los siguientes conjuntos de vectores forman base de $\mathbb{R}^3$:

a) $\{(2,-1,0),(3,1,-1),(-1,2,1)\}$
b) $\{(-1,2,1),(3,1,-1),(1,3,0),(1,-1,0)\}$

SOLUCIÓN

a) Veamos primero si son linealmente independientes, comprobando el rango:

$$\text{rang}\begin{bmatrix} 2 & -1 & 0 \\ 3 & 1 & -1 \\ -1 & 2 & 1 \end{bmatrix} = 3$$

Puesto que el determinante de orden tres es distinto de cero, podemos afirmar que son linealmente independientes. Además, como nos dan tres vectores en $\mathbb{R}^3$, podemos asegurar que forman base de dicho espacio.

b) El segundo conjunto tiene cuatro vectores en $\mathbb{R}^3$, es decir, nos dan más vectores que dimensión del espacio. Aplicando la siguiente propiedad:

«*En un espacio vectorial de dimensión n, n + 1 vectores son linealmente dependientes*»

podemos concluir que es imposible que formen base.

2.6. Dado el conjunto de vectores:

$$\{(0,1,3,8),(2,1,0,4),(4,3,3,16)\}$$

añada los vectores necesarios para que formen una base del espacio vectorial $\mathbb{R}^4$.

SOLUCIÓN

Veamos la dimensión del subespacio que generan estos vectores. Para ello, consideramos la matriz:

$$\begin{bmatrix} 0 & 1 & 3 & 8 \\ 2 & 1 & 0 & 4 \\ 4 & 3 & 3 & 16 \end{bmatrix}$$

y calculamos su rango:

$$\det\begin{bmatrix} 0 & 1 \\ 2 & 1 \end{bmatrix} \neq 0 \quad \Rightarrow \quad \text{el rango, al menos, es dos}$$

$$\det\begin{bmatrix} 0 & 1 & 3 \\ 2 & 1 & 0 \\ 4 & 3 & 3 \end{bmatrix} = 0 \quad , \quad \det\begin{bmatrix} 0 & 1 & 8 \\ 2 & 1 & 4 \\ 4 & 3 & 16 \end{bmatrix} = 0$$

y como no hay más posibilidades de orlar el menor de orden dos que tenemos, podemos afirmar que el rango es dos. Como eran tres vectores, serán un conjunto linealmente dependiente, siendo imposible que formen base de $\mathbb{R}^4$. Sin embargo, se le pueden añadir vectores, al menos dos, de forma que sean un sistema generador del espacio, puesto que sabemos que un conjunto de vectores en un espacio de dimensión n, para que sea generador, debe tener al menos n vectores. Por tanto, basta encontrar dos vectores de forma que el rango sea cuatro, junto a $(0,1,3,8)$ y $(2,1,0,4)$. Si consideramos $(1,0,0,0)$ y $(0,1,0,0)$, nos queda:

$$\text{rang}\begin{bmatrix} 0 & 1 & 3 & 8 \\ 2 & 1 & 0 & 4 \\ 1 & 0 & 0 & 0 \\ 0 & 1 & 0 & 0 \end{bmatrix} = 4$$

existiendo, como es lógico, otras posibilidades (infinitas) de conseguir una base de $\mathbb{R}^4$ a partir de estos dos vectores.

2.7. Pónganse ejemplos de vectores en el espacio vectorial $\mathbb{R}^3$ que cumplan:

a) Son linealmente independientes.
b) Son sistema generador y linealmente dependientes.
c) Son linealmente independientes y no sistema generador.
d) Forman base del espacio.

SOLUCIÓN

a) Si consideramos los vectores: $\{(2,1,0),(3,-1,2)\}$, están en $\mathbb{R}^3$ y:

$$\text{rang}\begin{bmatrix} 2 & 1 & 0 \\ 3 & -1 & 2 \end{bmatrix} = 2$$

pudiendo afirmar que son linealmente independientes, dado que el rango mide el número de vectores linealmente independientes en un conjunto dado.

b)   El conjunto $\{(1,0,0), (0,1,0), (0,0,1), (3,1,4)\}$ es sistema generador, puesto que los tres primeros son la base canónica y sabíamos que generan el espacio y son linealmente dependientes, ya que son cuatro vectores en el espacio vectorial $\mathbb{R}^3$.

c)   El conjunto $\{(1,0,0), (0,1,0)\}$ es linealmente independiente, puesto que el rango es dos y no es generador, pues en $\mathbb{R}^3$, para que sea generador, necesitamos al menos tres vectores.

d)   La base más fácil que podemos dar en $\mathbb{R}^3$ es la canónica, es decir:

$$\{(1,0,0), (0,1,0), (0,0,1)\}$$

2.8.   Calcule las coordenadas de los vectores de $\mathbb{R}^3$:

$$(1,2,4) \quad \text{y} \quad (2,3,-1)$$

respecto de la base:

$$\{(1,0,0), (0,2,1), (0,0,-1)\}$$

SOLUCIÓN

Antes de comenzar el ejercicio podemos comprobar que realmente el conjunto:

$$\{(1,0,0), (0,2,1), (0,0,-1)\}$$

forma base de $\mathbb{R}^3$. Como son tres vectores y trabajamos en un espacio de dimensión tres, aplicando la propiedad anterior basta con verificar que estos vectores son linealmente independientes, es decir, que su rango sea tres. Formamos la matriz:

$$\begin{bmatrix} 1 & 0 & 0 \\ 0 & 2 & 1 \\ 0 & 0 & -1 \end{bmatrix}$$

---

donde insistimos que es lo mismo colocar los vectores por filas o por columnas. Comenzamos con el menor:

$$\det\begin{bmatrix} 1 & 0 \\ 0 & 2 \end{bmatrix} = 2 \neq 0$$

con lo que el rango es, al menos, dos.

Cuando calculamos el rango tenemos que ir construyendo menores, añadiendo una fila y una columna al que ya teníamos; este proceso se denomina «orlar».

Así pues, orlando este menor para construir una matriz tres por tres:

$$\det\begin{bmatrix} 1 & 0 & 0 \\ 0 & 2 & 1 \\ 0 & 0 & -1 \end{bmatrix} = -2 \neq 0$$

con lo que podemos afirmar que el rango es tres y que, por tanto, forman base de $\mathbb{R}^3$.

Pasando concretamente a la resolución del ejercicio, para calcular las coordenadas sólo tenemos que escribirlos como combinación lineal de los elementos de la base y resolver el sistema de ecuaciones que resulta. Observamos que estas coordenadas son únicas cuando el sistema es base, es decir, el sistema resultante siempre debe ser compatible determinado.

Para el primer vector:

$$(1,2,4) = \alpha(1,0,0) + \beta(0,2,1) + \gamma(0,0,-1)$$

de donde obtenemos el sistema lineal:

$$\begin{aligned} \alpha & & = 1 \\ 2\beta & & = 2 \\ \beta - \gamma & = 4 \end{aligned}$$

cuya solución es $(1,1,-3)$, coordenadas del primer vector con respecto a esta base.

Para el segundo vector procedemos de forma análoga:

$$(2,3,-1) = \alpha(1,0,0) + \beta(0,2,1) + \gamma(0,0,-1)$$

y obtenemos el sistema lineal:

$$\alpha \qquad = 2$$
$$2\beta \qquad = 3$$
$$\beta - \gamma = -1$$

cuya solución es $(2, 3/2, 5/2)$, coordenadas del segundo vector con respecto a esta base.

2.9. Dado el vector $(1, 2, 3)$ referido a la base:

$$\mathcal{B} = \{(1, 0, 2), (0, 2, 1), (1, 2, 0)\}$$

determine sus componentes respecto de la base:

$$\mathcal{B}' = \{(3, 0, 4), (0, 3, 4), (3, 4, 0)\}$$

SOLUCIÓN

Antes de comenzar el ejercicio queremos hacer constar que las componentes de un vector dependen de la base que consideremos. Así, se puede entender que una base es un sistema de referencia y las componentes serían las coordenadas respecto de ella. Es obvio que, al cambiar la base, cambiarán las coordenadas, pero debe quedar claro que el vector es el mismo.

En este problema tenemos que realizar un cambio de base en el espacio vectorial $\mathbb{R}^3$. Dado un espacio vectorial y dos bases, conocidas las coordenadas de un vector con respecto a una base queremos conocer sus coordenadas respecto de la otra base. Podemos utilizar, para ello, tres planteamientos, aunque realmente son el mismo, resuelto desde distintos puntos de vista.

1. Si utilizamos la fórmula del cambio de base:

$$\mathcal{B} x_{\mathcal{B}} = \mathcal{B}' x_{\mathcal{B}'}$$

como $x_{\mathcal{B}} = (1, 2, 3)$, despejamos de esta expresión $x_{\mathcal{B}'}$, que es lo que nos interesa, quedando:

$$x_{\mathcal{B}'} = (\mathcal{B}')^{-1} \mathcal{B} x_{\mathcal{B}}$$

Por tanto, sólo necesitamos calcular la inversa de una matriz y los productos señalados. En nuestro caso:

$$\mathcal{B}' = \begin{bmatrix} 3 & 0 & 3 \\ 0 & 3 & 4 \\ 4 & 4 & 0 \end{bmatrix} \Rightarrow (\mathcal{B}')^{-1} = \begin{bmatrix} 4/21 & -1/7 & 3/28 \\ -4/21 & 1/7 & 1/7 \\ 1/7 & 1/7 & -3/28 \end{bmatrix}$$

Así, las nuevas cordenadas serán:

$$x_{\mathcal{B}'} = (\mathcal{B}')^{-1}\mathcal{B}x_{\mathcal{B}} = \begin{bmatrix} 4/21 & -1/7 & 3/28 \\ -4/21 & 1/7 & 1/7 \\ 1/7 & 1/7 & -3/28 \end{bmatrix}\begin{bmatrix} 1 & 0 & 1 \\ 0 & 2 & 2 \\ 2 & 1 & 0 \end{bmatrix}\begin{bmatrix} 1 \\ 2 \\ 3 \end{bmatrix} = \begin{bmatrix} -5/21 \\ 26/21 \\ 11/7 \end{bmatrix}$$

2. Otra forma de calcular las coordenadas respecto de una nueva base sería:

$$x_{\mathcal{B}'} = (P)^{-1}x_{\mathcal{B}}$$

donde P se llama matriz de paso, que recoge por columnas las coordenadas de los vectores de la nueva base con respecto a la primera. Obviamente:

$$(\mathcal{B}')^{-1}\mathcal{B} = (P)^{-1}$$

El problema dará la misma solución por este método; calculando las coordenadas de los vectores de $\mathcal{B}'$ con respecto a la base $\mathcal{B}$:

$$(3,0,4) = a_{11}(1,0,2) + a_{21}(0,2,1) + a_{31}(1,2,0)$$
$$(0,3,4) = a_{12}(1,0,2) + a_{22}(0,2,1) + a_{32}(1,2,0)$$
$$(3,4,0) = a_{13}(1,0,2) + a_{23}(0,2,1) + a_{33}(1,2,0)$$

calculamos P:

$$P = \begin{bmatrix} a_{11} & a_{12} & a_{13} \\ a_{21} & a_{22} & a_{23} \\ a_{31} & a_{32} & a_{33} \end{bmatrix}$$

y su inversa, siguiendo el mismo proceso.

54

3. Existe otra forma de resolver el problema, en principio más intuitiva. El vector tiene coordenadas $(1, 2, 3)$ en la primera base, es decir:

$$\vec{v} = 1(1, 0, 2) + 2(0, 2, 1) + 3(1, 2, 0)$$

Nos piden sus coordenadas con respecto a otra base; si las notamos (x, y, z), se cumplirá:

$$\vec{v} = x(3, 0, 4) + y(0, 3, 4) + z(3, 4, 0)$$

y nosotros estamos interesados en calcular (x, y, z). Igualando las dos expresiones:

$$1(1, 0, 2) + 2(0, 2, 1) + 3(1, 2, 0) = x(3, 0, 4) + y(0, 3, 4) + z(3, 4, 0)$$

resulta el siguiente sistema compatible determinado:

$$\begin{aligned} 3x + \quad\;\; 3z &= 4 \\ 3y + 4z &= 10 \\ 4x + 4y \quad\;\; &= 4 \end{aligned}$$

cuya solución es $(-5/21, 26/21, 11/7)$, coincidiendo, como es lógico, con la calculada por el otro método.

2.10. Dada la aplicación lineal $f: \mathbb{R}^3 \to \mathbb{R}^2$

$$f(x, y, z) = (x - y, 3y - z)$$

obténgase su expresión matricial en los siguientes casos:

a) Si en ambos espacios consideramos las bases canónicas.
b) Si en $\mathbb{R}^2$ consideramos la base $\{(1, 2), (0, 3)\}$.

SOLUCIÓN

a) Para obtener la expresión matricial de una aplicación lineal respecto de una base, sabemos que la matriz asociada se construye tomando los transformados de la base inicial en función de los de la base final, puestos por columnas:

$$f(1,0,0) = (1,0)$$
$$f(0,1,0) = (-1,3)$$
$$f(0,0,1) = (0,-1)$$

y ahora hay que obtener las coordenadas de estos vectores de $\mathbb{R}^2$ con respecto a la segunda base que, según el enunciado del problema, vuelve a ser la base canónica. Así, para el primero:

$$(1,0) = a_{11}(1,0) + a_{21}(0,1) = (a_{11}, a_{21})$$

de donde resulta que $a_{11} = 1$, $a_{21} = 0$, y ésta es la primera columna de la matriz que buscamos.

Para el segundo vector:

$$(-1,3) = a_{12}(1,0) + a_{22}(0,1) = (a_{12}, a_{22})$$

resultando $a_{12} = -1$, $a_{22} = 3$, segunda columna. Y para el tercero:

$$(0,-1) = a_{13}(1,0) + a_{23}(0,1) \quad \Rightarrow \quad a_{13} = 0, a_{23} = -1$$

Siendo la matriz, por tanto:

$$A = \begin{bmatrix} 1 & -1 & 0 \\ 0 & 3 & -1 \end{bmatrix}$$

Ahora bien, cuando en una aplicación lineal nos pidan su expresión respecto a las bases canónicas, todo este proceso resulta innecesario, pudiendo calcular los elementos de A directamente de la siguiente forma, como se puede observar en la matriz A obtenida: los números que acompañan a la primera variable (x, en nuestro caso), forman la primera columna, los números que acompañan a la segunda variable son la segunda columna, y así sucesivamente. Se puede comprobar que esta regla nos da la matriz A, ahorrándonos todas las operaciones intermedias, pero, ¡cuidado!, esto *sólo es válido si las bases son las canónicas*.

b) Para aplicaciones lineales, en general, la expresión del cambio de base es:

$$A^* = Q^{-1}AP$$

Ahora bien, Q sería la matriz del cambio de base en el espacio de llegada o final, en este caso $\mathbb{R}^2$, siendo, por tanto:

$$Q = \begin{bmatrix} 1 & 0 \\ 2 & 3 \end{bmatrix} \Rightarrow Q^{-1} = \begin{bmatrix} 1 & 0 \\ -2/3 & 1/3 \end{bmatrix}$$

y P la matriz del cambio de base en el espacio de salida o inicial, en este caso $\mathbb{R}^3$. Como en este problema no hemos hecho cambio en este espacio, $P = I$ (matriz identidad).

En definitiva:

$$A^* = Q^{-1}AP = Q^{-1}AI = \begin{bmatrix} 1 & 0 \\ -2/3 & 1/3 \end{bmatrix}\begin{bmatrix} 1 & -1 & 0 \\ 0 & 3 & -1 \end{bmatrix} = \begin{bmatrix} 1 & -1 & 0 \\ -2/3 & 5/3 & -1/3 \end{bmatrix}$$

2.11. Dada la aplicación lineal $f\colon \mathbb{R}^2 \to \mathbb{R}^3$

$$f(x,y) = (x - 2y, y, 3x + y)$$

a) Obtenga su matriz asociada si en ambos espacios consideramos las bases canónicas.

b) Halle la matriz asociada a la aplicación lineal si consideramos las bases:

$$B_2 = \{(2,1), (0,3)\}, \quad B_3 = \{(1,0,0), (1,1,0), (0,0,2)\}$$

SOLUCIÓN

a) Dado que f es una aplicación lineal de $\mathbb{R}^2$ a $\mathbb{R}^3$, sabemos que su matriz será de tamaño 3×2. Como nos piden su matriz asociada respecto a la base canónica, gracias al ejercicio anterior sabemos que se puede obtener directamente formando tres filas: la primera con los números que acompañan a la primera componente, la segunda a la segunda componente y la tercera con la tercera componente. Así, la matriz queda:

$$A = \begin{bmatrix} 1 & -2 \\ 0 & 1 \\ 3 & 1 \end{bmatrix}$$

b) Nos plantean un cambio de base en los dos espacios. Sabemos que la relación que se verifica es:

$$A^* = Q^{-1}AP$$

donde Q es la matriz del cambio de base en el espacio de llegada y P en el espacio de salida. En nuestro caso, como sería de la base canónica a B_3 y B_2, respectivamente, resulta:

$$Q = \begin{bmatrix} 1 & 1 & 0 \\ 0 & 1 & 0 \\ 0 & 0 & 2 \end{bmatrix} \quad , \quad P = \begin{bmatrix} 2 & 0 \\ 1 & 3 \end{bmatrix}$$

Calculando la inversa de Q:

$$Q^{-1} = \begin{bmatrix} 1 & -1 & 0 \\ 0 & 1 & 0 \\ 0 & 0 & 1/2 \end{bmatrix}$$

Quedando, en definitiva:

$$A^* = Q^{-1}AP = \begin{bmatrix} 1 & -1 & 0 \\ 0 & 1 & 0 \\ 0 & 0 & 1/2 \end{bmatrix} \begin{bmatrix} 1 & -2 \\ 0 & 1 \\ 3 & 1 \end{bmatrix} \begin{bmatrix} 2 & 0 \\ 1 & 3 \end{bmatrix} = \begin{bmatrix} 1 & -3 \\ 0 & 1 \\ 3/2 & 1/2 \end{bmatrix} \begin{bmatrix} 2 & 0 \\ 1 & 3 \end{bmatrix} =$$

$$= \begin{bmatrix} -1 & -9 \\ 1 & 3 \\ 7/2 & 3/2 \end{bmatrix}$$

2.12. Dada la siguiente matriz asociada a un endomorfismo:

$$A = \begin{bmatrix} 2 & -1 & 0 \\ -1 & 3 & 1 \\ 0 & 1 & 1 \end{bmatrix}$$

a) Calcular la expresión del endomorfismo respecto de la base:

$$\{(2,0,2), (1,0,0), (0,1,2)\}$$

b) Dado el vector $(3,-2,-1)$ expresado en la base anterior, obtener su imagen mediante dicho endomorfismo.

SOLUCIÓN

a)   Puesto que no nos dicen explícitamente nada, suponemos que el endomorfismo está expresado respecto a la base canónica de $\mathbb{R}^3$; como nos dan otra base, tenemos que calcular A^*, matriz asociada en esta base al endomorfismo, para después calcular la imagen de ese vector. Sabemos que la relación entre dos matrices A y A^*, asociadas a un mismo endomorfismo, pero con respecto a bases distintas, es:

$$A^* = P^{-1}AP$$

donde P es la matriz del cambio de base en el espacio vectorial, y puesto que el espacio de partida y de llegada coinciden, $Q = P$, aspecto que hay que resaltar en los endomorfismos con respecto a las aplicaciones lineales.

En nuestro caso, P estará formada por los vectores de la nueva base puestos por columnas:

$$P = \begin{bmatrix} 2 & 1 & 0 \\ 0 & 0 & 1 \\ 2 & 0 & 2 \end{bmatrix}$$

Calculando su inversa:

$$P^{-1} = \begin{bmatrix} 0 & -1 & 1/2 \\ 1 & 2 & -1 \\ 0 & 1 & 0 \end{bmatrix}$$

En definitiva:

$$A^* = P^{-1}AP = \begin{bmatrix} 0 & -1 & 1/2 \\ 1 & 2 & -1 \\ 0 & 1 & 0 \end{bmatrix}\begin{bmatrix} 2 & -1 & 0 \\ -1 & 3 & 1 \\ 0 & 1 & 1 \end{bmatrix}\begin{bmatrix} 2 & 1 & 0 \\ 0 & 0 & 1 \\ 2 & 0 & 2 \end{bmatrix} =$$

$$= \begin{bmatrix} 1 & -5/2 & -1/2 \\ 0 & 4 & 1 \\ -1 & 3 & 1 \end{bmatrix}\begin{bmatrix} 2 & 1 & 0 \\ 0 & 0 & 1 \\ 2 & 0 & 2 \end{bmatrix} = \begin{bmatrix} 1 & 1 & -7/2 \\ 2 & 0 & 6 \\ 0 & -1 & 5 \end{bmatrix}$$

Así, para todo $\vec{x} \in \mathbb{R}^3$, expresado en la base dada, f se puede expresar como:

$$f(\vec{x}) = A^* \, \vec{x}$$

De donde:

$$f(x, y, z) = \left(x + y - \frac{7}{2}z, 2x + 6z, -y + 5z\right)$$

b) En particular, para $\vec{x} = (3, -2, -1)$, resulta:

$$f(\vec{x}) = \begin{bmatrix} 1 & 1 & -7/2 \\ 2 & 0 & 6 \\ 0 & -1 & 5 \end{bmatrix} \begin{bmatrix} 3 \\ -2 \\ -1 \end{bmatrix} = \begin{bmatrix} 9/2 \\ 0 \\ -3 \end{bmatrix}$$

2.13. Dada la siguiente matriz:

$$a = \begin{bmatrix} -1 & 2 \\ -1/2 & 3/2 \end{bmatrix}$$

asociada a un endomorfismo, determine la matriz asociada a dicho endomorfismo respecto a la base $B = \{(0,1), (-1,2)\}$.

SOLUCIÓN

Puesto que A es la matriz asociada a un endomorfismo $f: \mathbb{R}^2 \to \mathbb{R}^2$ y no se especifica qué base se considera, suponemos que se trata de la matriz asociada a f respecto de la base canónica.

En este ejercicio nos plantean un cambio de base; es decir, tenemos que obtener una matriz A^* asociada al mismo endomorfismo, pero considerando la base $\{(0,1), (-1,2)\}$. Para este tipo de problemas, sabemos que existe una relación entre A y A^* que viene dada por:

$$A^* = P^{-1}AP$$

donde P es la matriz del cambio de base en $\mathbb{R}^2$, formada por columnas, por las coordenadas de los vectores de la nueva base en función de los de la antigua, en este caso, de la base canónica a la base $B = \{(0,1), (-1,2)\}$; por tanto, en nuestro caso, P es simplemente:

$$P = \begin{bmatrix} 0 & -1 \\ 1 & 2 \end{bmatrix}$$

calculando su inversa, resulta:

$$P^{-1} = \begin{bmatrix} 2 & 1 \\ -1 & 0 \end{bmatrix}$$

y sólo nos falta multiplicar las tres matrices, resultando:

$$A^* = P^{-1}AP = \begin{bmatrix} 2 & 1 \\ -1 & 0 \end{bmatrix}\begin{bmatrix} -1 & 2 \\ -1/2 & 3/2 \end{bmatrix}\begin{bmatrix} 0 & -1 \\ 1 & 2 \end{bmatrix} = \begin{bmatrix} -5/2 & 11/2 \\ 1 & -2 \end{bmatrix}\begin{bmatrix} 0 & -1 \\ 1 & 2 \end{bmatrix} =$$

$$= \begin{bmatrix} 11/2 & 27/2 \\ -2 & -5 \end{bmatrix}$$

En este ejercicio también se podría hacer directamente, es decir, queremos hallar la matriz del endomorfismo:

$$f(x, y) = [-x + 2y, (-x + 3y)/2]$$

expresada respecto de la base $B = \{(0, 1), (-1, 2)\}$. Para ello, calculamos las coordenadas de los transformados de la base con respecto a sí misma, puesto que estamos en endormorfismos, resultando:

$$f(0, 1) = (2, 3/2) = a_{11}(0, 1) + a_{21}(-1, 2)$$
$$f(-1, 2) = (5, 7/2) = a_{12}(0, 1) + a_{22}(-1, 2)$$

De donde:

$$a_{11} = \frac{11}{2} \quad , \quad a_{21} = -2 \quad , \quad a_{12} = \frac{27}{2} \quad , \quad a_{22} = -5$$

quedando, como es natural, la misma matriz que obtuvimos mediante el otro planteamiento.

3

Diagonalización de matrices

- Valores y vectores propios: 3.1, 3.2
- Diagonalización de matrices: 3.3, 3.4, 3.5, 3.7
- Teorema del rango: 3.6, 3.8, 3.9

3.1. Calcule los valores y vectores propios de las siguientes matrices:

$$A = \begin{bmatrix} 3 & 1 \\ 0 & 3 \end{bmatrix} \quad , \quad B = \begin{bmatrix} 1 & 2 & 0 \\ 0 & 1 & 2 \\ 0 & 0 & 3 \end{bmatrix}$$

Solución

a) Para el cálculo de los valores propios, calculamos la ecuación característica asociada a la matriz A:

$$P(A) = \det \begin{bmatrix} 3 - \lambda & 1 \\ 0 & 3 - \lambda \end{bmatrix} = (3 - \lambda)^2 = 0$$

De donde $\lambda = 3$ con orden de multiplicidad dos, esto es, $\alpha = 2$. Observamos que, al ser una matriz triangular, los valores propios son los elementos de la diagonal, con lo cual no tenemos que hacer operaciones para su cálculo.

Para obtener los vectores propios, sustituimos el valor propio en la expresión:

$$(A - \lambda I)\vec{v} = 0$$

y resolvemos el sistema lineal compatible indeterminado que resulta:

$$\begin{bmatrix} 0 & 1 \\ 0 & 0 \end{bmatrix} \begin{bmatrix} v_1 \\ v_2 \end{bmatrix} = \begin{bmatrix} 0 \\ 0 \end{bmatrix}$$

De aquí, obviamente, $v_2 = 0$, por lo que v_1 puede tomar cualquier valor, esto es, las soluciones del sistema son de la forma $(\alpha, 0)$, donde $\alpha \neq 0$.

b) Para la matriz *B*, observamos que vuelve a ser triangular, de forma que podemos obtener los valores propios directamente de la diagonal. Este hecho viene del siguiente cálculo:

$$P(A) = \det \begin{bmatrix} 1-\lambda & 2 & 0 \\ 0 & 1-\lambda & 2 \\ 0 & 0 & 3-\lambda \end{bmatrix} = (1-\lambda)^2(3-\lambda) = 0$$

De donde obtenemos los tres valores propios de esta matriz, $\lambda_1 = 1$ con orden de multiplicidad dos, esto es, $\alpha_1 = 2$ y $\lambda_2 = 3$ con orden de multiplicidad $\alpha_2 = 1$.

Para el cálculo de los vectores propios asociados a cada valor propio procedemos:

$\lambda_1 = 1$:

Partiendo de la ecuación:

$$(A - \lambda_1 I)\vec{v} = 0$$

Sustituimos el valor propio:

$$\begin{bmatrix} 0 & 2 & 0 \\ 0 & 0 & 2 \\ 0 & 0 & 2 \end{bmatrix} \begin{bmatrix} v_1 \\ v_2 \\ v_3 \end{bmatrix} = \begin{bmatrix} 0 \\ 0 \\ 0 \end{bmatrix}$$

de donde obtenemos:

$$2v_2 = 0$$
$$2v_3 = 0$$

Como v_1 no aparece en el sistema, puede tomar cualquier valor, de forma que las soluciones del sistema son de la forma $(\alpha, 0, 0)$, donde $\alpha \neq 0$.

$\lambda_2 = 3$:

$$(A - \lambda_2 I)\vec{v} = 0$$

Sustituyendo el valor propio:

$$\begin{bmatrix} -2 & 2 & 0 \\ 0 & -2 & 2 \\ 0 & 0 & 2 \end{bmatrix} \begin{bmatrix} v_1 \\ v_2 \\ v_3 \end{bmatrix} = \begin{bmatrix} 0 \\ 0 \\ 0 \end{bmatrix}$$

Obtenemos el sistema:

$$-2v_1 + 2v_2 = 0$$
$$-2v_2 + 2v_3 = 0$$

De forma que:

$$v_1 = v_2$$
$$v_2 = v_3$$

Así, obtenemos que los vectores propios asociados a este valor propio son de la forma (β, β, β), donde $\beta \neq 0$.

3.2. Calcúlense los valores y vectores propios asociados a las siguientes matrices:

$$A = \begin{bmatrix} 3 & 3 & 0 \\ 3 & 3 & 0 \\ 0 & 0 & 2 \end{bmatrix} \quad , \quad B = \begin{bmatrix} 4 & 2 \\ 1 & 3 \end{bmatrix}$$

SOLUCIÓN

a) Calculamos los valores propios de A:

$$P(A) = \det \begin{bmatrix} 3 - \lambda & 3 & 0 \\ 3 & 3 - \lambda & 0 \\ 0 & 0 & 2 - \lambda \end{bmatrix} = (2 - \lambda)[(3 - \lambda)^2 - 9] =$$

$$= (2 - \lambda)(\lambda^2 - 6\lambda) = (2 - \lambda)\lambda(\lambda - 6) = 0$$

De donde obtenemos los autovalores $\lambda_1 = 2$, $\lambda_2 = 0$ y $\lambda_3 = 6$, con orden de multiplicidad uno, respectivamente. Calculemos sus vectores propios asociados.

Para $\lambda_1 = 2$:

$$\begin{bmatrix} 1 & 3 & 0 \\ 3 & 1 & 0 \\ 0 & 0 & 2 \end{bmatrix} \begin{bmatrix} v_1 \\ v_2 \\ v_3 \end{bmatrix} = \begin{bmatrix} 0 \\ 0 \\ 0 \end{bmatrix}$$

Obteniendo, tras eliminar la tercera ecuación, el sistema lineal:

$$v_1 + 3v_2 = 0$$
$$3v_1 + v_2 = 0$$

cuya solución es:

$$v_1 = 0 \quad , \quad v_2 = 0$$

sistema indeterminado, el cual debe depender de un parámetro; como v_3 no aparece explícitamente, es obvio que las soluciones son de la forma $(0, 0, \alpha)$, $\forall \alpha \neq 0$, puesto que la tercera variable no interviene en el sistema, quedando libre.

Para $\lambda_2 = 0$:

$$\begin{bmatrix} 3 & 3 & 0 \\ 3 & 3 & 0 \\ 0 & 0 & 2 \end{bmatrix} \begin{bmatrix} v_1 \\ v_2 \\ v_3 \end{bmatrix} = \begin{bmatrix} 0 \\ 0 \\ 0 \end{bmatrix}$$

Observamos que esta matriz nunca puede tener rango máximo, puesto que los autovalores se calculan de forma que el determinante se anule. En particular, si nos fijamos en el menor correspondiente a la segunda y tercera fila, con las columnas primera y tercera:

$$\det \begin{bmatrix} 3 & 0 \\ 0 & 2 \end{bmatrix} = 6 \neq 0$$

podemos asegurar que el rango es dos; así, eliminamos la primera ecuación, obteniendo el sistema lineal:

$$\left. \begin{array}{r} 3v_1 + 3v_2 = 0 \\ 2v_3 = 0 \end{array} \right\}$$

De donde:

$$v_1 = -v_2 \quad , \quad v_3 = 0$$

cuya solución es $(-\beta, \beta, 0)$, $\forall \beta \neq 0$.

Para $\lambda_3 = 6$:

$$\begin{bmatrix} -3 & 3 & 0 \\ 3 & -3 & 0 \\ 0 & 0 & -4 \end{bmatrix} \begin{bmatrix} v_1 \\ v_2 \\ v_3 \end{bmatrix} = \begin{bmatrix} 0 \\ 0 \\ 0 \end{bmatrix}$$

Estudiando el rango, podemos eliminar la primera ecuación, obteniendo el sistema lineal:

$$\left. \begin{array}{r} 3v_1 - 3v_2 \quad\quad = 0 \\ - 4v_3 = 0 \end{array} \right\}$$

Despejando:

$$v_1 = v_2 \quad , \quad v_3 = 0$$

cuya solución es $(\gamma, \gamma, 0)$, $\forall \gamma \neq 0$.

$$b) \quad P(B) = \det \begin{bmatrix} 4 - \lambda & 2 \\ 1 & 3 - \lambda \end{bmatrix} = (4 - \lambda)(3 - \lambda) - 2 = \lambda^2 - 7\lambda + 10 = 0$$

cuyos autovalores asociados son $\lambda_1 = 5$, $\lambda_2 = 2$.

Para $\lambda_1 = 5$, los vectores propios serán:

$$\begin{bmatrix} -1 & 2 \\ 1 & -2 \end{bmatrix} \begin{bmatrix} v_1 \\ v_2 \end{bmatrix} = \begin{bmatrix} 0 \\ 0 \end{bmatrix}$$

obteniendo el sistema lineal:

$$\left. \begin{array}{r} -v_1 + 2v_2 = 0 \\ v_1 - 2v_2 = 0 \end{array} \right\}$$

El sistema posee una matriz de coeficientes de rango uno, pudiendo eliminar una ecuación, con lo que nos queda:

$$v_1 = 2v_2$$

cuya solución es $(2\alpha, \alpha)$, $\forall \alpha \neq 0$.

Para $\lambda_2 = 2$, los vectores propios serán:

$$\begin{bmatrix} 2 & 2 \\ 1 & 1 \end{bmatrix} \begin{bmatrix} v_1 \\ v_2 \end{bmatrix} = \begin{bmatrix} 0 \\ 0 \end{bmatrix}$$

obteniendo el sistema lineal:

$$\left. \begin{array}{r} 2v_1 + 2v_2 = 0 \\ v_1 + v_2 = 0 \end{array} \right\}$$

Este sistema posee una matriz de coeficientes de rango uno; si eliminamos la primera ecuación, nos queda:

$$v_1 = -v_2$$

cuya solución es $(-\beta, \beta)$, $\forall \beta \neq 0$.

3.3. Calcúlense los valores y vectores propios y comprobar si son diagonalizables las siguientes matrices:

$$A = \begin{bmatrix} 3 & -2 & 1 \\ 2 & -2 & 2 \\ 1 & -2 & -5 \end{bmatrix} \quad , \quad B = \begin{bmatrix} 0 & -1 & -1 \\ -2 & 1 & -1 \\ -2 & 2 & 2 \end{bmatrix}$$

SOLUCIÓN

a) Como en este problema nos piden el cálculo de valores y vectores propios, veremos si es diagonalizable utilizando el teorema fundamental de diagonalización.

Observamos que el cálculo de valores y vectores propios va dirigido hacia la diagonalización de la matriz, es decir, si la matriz es semejante a una matriz diagonal. Para ello, el teorema fundamental de diagonalización exige la existencia de una base formada por vectores propios. Por tanto, nuestro objetivo es calcular los valores propios e intentar encontrar una base formada por los vectores propios asociados; si es posible, la matriz será diagonalizable, y en caso contrario no diagonalizable.

Empezamos calculando los valores propios de la matriz:

$$\det(A - \lambda I) = \det\begin{bmatrix} 3-\lambda & -2 & 1 \\ 2 & -2-\lambda & 2 \\ 1 & -2 & -5-\lambda \end{bmatrix} = (2-\lambda)(-2-\lambda)(-4-\lambda) = 0$$

de donde obtenemos que sus valores propios asociados son $\lambda_1 = 2$, $\lambda_2 = -2$ y $\lambda_3 = -4$, todos con orden de multiplicidad uno. Como son todos simples, podemos afirmar que esta matriz será diagonalizable.

Pasamos a calcular los vectores propios asociados a cada valor propio. Para el primero, $\lambda_1 = 2$,

$$\begin{bmatrix} 1 & -2 & 1 \\ 2 & -4 & 2 \\ 1 & -2 & -7 \end{bmatrix}\begin{bmatrix} v_1 \\ v_2 \\ v_3 \end{bmatrix} = \begin{bmatrix} 0 \\ 0 \\ 0 \end{bmatrix}$$

obteniendo el sistema lineal:

$$v_1 - 2v_2 + v_3 = 0$$
$$2v_1 - 4v_2 + 2v_3 = 0$$
$$v_1 - 2v_2 - 7v_3 = 0$$

Puesto que el rango de la matriz de coeficientes es dos, considerando, por ejemplo, el menor:

$$\det\begin{bmatrix} -4 & 2 \\ -2 & -7 \end{bmatrix} \neq 0$$

podemos quedarnos con la segunda y tercera ecuación, despejando en función de la primera variable:

$$-4v_2 + 2v_3 = -2v_1$$
$$-2v_2 - 7v_3 = -v_1$$

cuya solución es de la forma $(\alpha, \alpha/2, 0)$, $\forall \alpha \neq 0$.

Para $\lambda_2 = -2$:

$$\begin{bmatrix} 5 & -2 & 1 \\ 2 & 0 & 2 \\ 1 & -2 & -3 \end{bmatrix} \begin{bmatrix} v_1 \\ v_2 \\ v_3 \end{bmatrix} = \begin{bmatrix} 0 \\ 0 \\ 0 \end{bmatrix}$$

cuyo rango es dos, considerando, por ejemplo, el menor:

$$\det \begin{bmatrix} 5 & -2 \\ 2 & 0 \end{bmatrix} = 4 \neq 0$$

Así, podemos quedarnos con la primera y segunda ecuación, obteniendo el sistema lineal:

$$5v_1 - 2v_2 = -v_3$$
$$2v_1 \qquad = -2v_3$$

de donde obtenemos las soluciones $(\beta, 2\beta, -\beta)$, $\forall \beta \neq 0$.

Para $\lambda_3 = -4$:

$$\begin{bmatrix} 7 & -2 & 1 \\ 2 & 2 & 2 \\ 1 & -2 & -1 \end{bmatrix} \begin{bmatrix} v_1 \\ v_2 \\ v_3 \end{bmatrix} = \begin{bmatrix} 0 \\ 0 \\ 0 \end{bmatrix}$$

Dado que el menor:

$$\det \begin{bmatrix} 7 & -2 \\ 2 & 2 \end{bmatrix} \neq 0$$

podemos afirmar que el rango es dos; eliminando, en este caso, la tercera ecuación y pasando la tercera variable como independiente, nos queda:

$$7v_1 - 2v_2 = -v_3$$
$$2v_1 + 2v_2 = -2v_3$$

cuya solución es $(\gamma, 2\gamma, -3\gamma)$, $\forall \gamma \neq 0$.

b) Siguiendo el mismo proceso, calculamos los valores propios de la matriz:

$$\det(B - \lambda I) = \det \begin{bmatrix} -\lambda & -1 & -1 \\ -2 & 1-\lambda & -1 \\ -2 & 2 & 2-\lambda \end{bmatrix} = -\lambda^3 + 3\lambda^2 - 4 = 0$$

de donde obtenemos que sus valores propios asociados son $\lambda_1 = -1$, con orden de multiplicidad $\alpha_1 = 1$ y $\lambda_2 = 2$, con $\alpha_2 = 2$.

Para $\lambda_1 = -1$, los vectores propios asociados serán:

$$\begin{bmatrix} 1 & -1 & -1 \\ -2 & 2 & -1 \\ -2 & 2 & 3 \end{bmatrix} \begin{bmatrix} v_1 \\ v_2 \\ v_3 \end{bmatrix} = \begin{bmatrix} 0 \\ 0 \\ 0 \end{bmatrix}$$

obteniendo el sistema lineal:

$$v_1 - v_2 - v_3 = 0$$
$$-2v_1 + 2v_2 - v_3 = 0$$
$$-2v_1 + 2v_2 + 3v_3 = 0$$

Puesto que el rango de la matriz de coeficientes es dos, considerando, por ejemplo, el menor:

$$\det \begin{bmatrix} -1 & -1 \\ 2 & -1 \end{bmatrix} \neq 0$$

podemos quedarnos con las ecuaciones primera y segunda, despejando en función de la primera variable:

$$-v_2 - v_3 = -v_1$$
$$2v_2 - v_3 = 2v_1$$

cuya solución es de la forma $(\alpha, \alpha, 0)$, $\forall \alpha \neq 0$.

Para $\lambda_2 = 2$:

$$\begin{bmatrix} -2 & -1 & -1 \\ -2 & -1 & -1 \\ -2 & 2 & 0 \end{bmatrix} \begin{bmatrix} v_1 \\ v_2 \\ v_3 \end{bmatrix} = \begin{bmatrix} 0 \\ 0 \\ 0 \end{bmatrix}$$

cuyo rango es dos, considerando, por ejemplo, el menor:

$$\det\begin{bmatrix} -1 & -1 \\ 2 & 0 \end{bmatrix} = 2 \neq 0$$

Así, podemos quedarnos con la segunda y tercera ecuación, resultando el sistema lineal:

$$-v_2 - v_3 = 2v_1$$
$$2v_2 \quad\;\; = 2v_1$$

de donde obtenemos las soluciones $(\alpha, \alpha, -3\alpha)$, $\forall\, \alpha \neq 0$.

Puesto que el segundo autovalor es de orden de multiplicidad dos, necesitaríamos dos vectores propios linealmente independientes, asociados a él, lo cual no ocurre, ya que el sistema sólo depende de un parámetro, con lo que concluimos que esta matriz no es diagonalizable.

3.4. Obtenga una matriz P que cumpla que $P^{-1}AP$ sea una matriz diagonal, siendo A:

$$\begin{bmatrix} 1 & -1 & 8 \\ 1 & 1 & 1 \\ 2 & 0 & 3 \end{bmatrix}$$

SOLUCIÓN

En este ejercicio nos están pidiendo que calculemos la matriz de un cambio de base, de forma que la matriz sea semejante a una matriz diagonal; esto sabemos que sólo es posible en el caso en que la matriz sea diagonalizable.

$$\det(A - \lambda I) = \det\begin{bmatrix} 1-\lambda & -1 & 8 \\ 1 & 1-\lambda & 1 \\ 2 & 0 & 3-\lambda \end{bmatrix} = -\lambda^3 + 5\lambda^2 + 8\lambda - 12 = 0$$

de donde obtenemos los valores propios $\lambda_1 = 1$, $\lambda_2 = -2$ y $\lambda_3 = 6$.

Como los valores propios han resultado todos de multiplicidad uno, podemos afirmar que esta matriz es diagonalizable. Por consiguiente, existe una base formada por vectores propios, los cuales, puestos por columnas, formarán la matriz de paso P que queremos calcular.

Pasamos, por tanto, a calcular los factores propios asociados.

Para $\lambda_1 = 1$:

$$\begin{bmatrix} 0 & -1 & 8 \\ 1 & 0 & 1 \\ 2 & 0 & 2 \end{bmatrix}\begin{bmatrix} v_1 \\ v_2 \\ v_3 \end{bmatrix} = \begin{bmatrix} 0 \\ 0 \\ 0 \end{bmatrix}$$

cuyo sistema asociado:

$$\left.\begin{array}{r} -v_2 + 8v_3 = 0 \\ v_1 + v_3 = 0 \\ 2v_1 + 2v_3 = 0 \end{array}\right\}$$

Aquí el rango es dos, considerando el menor, por ejemplo:

$$\det\begin{bmatrix} -1 & 8 \\ 0 & 1 \end{bmatrix} \neq 0$$

Así, nos queda:

$$-v_2 + 8v_3 = 0$$
$$v_1 = -v_3$$

obteniendo las soluciones $(\alpha, -8\alpha, -\alpha)$. De aquí tomamos, por ejemplo, para $\alpha = 1$, el vector $(1, -8, -1)$.

Para $\lambda_2 = -2$:

$$\begin{bmatrix} 3 & -1 & 8 \\ 1 & 3 & 1 \\ 2 & 0 & 5 \end{bmatrix}\begin{bmatrix} v_1 \\ v_2 \\ v_3 \end{bmatrix} = \begin{bmatrix} 0 \\ 0 \\ 0 \end{bmatrix}$$

cuyo sistema asociado es:

$$\left.\begin{array}{r} 3v_1 - v_2 + 8v_3 = 0 \\ v_1 + 3v_2 + v_3 = 0 \\ 2v_1 + 5v_3 = 0 \end{array}\right\}$$

Aquí el rango es dos, considerando, por ejemplo, el menor:

$$\det \begin{bmatrix} -1 & 8 \\ 3 & 1 \end{bmatrix} \neq 0$$

de donde las soluciones son $(\beta, -\beta/5, -2\beta/5)$. De igual forma, escogemos un sistema generador del subespacio, por ejemplo, el vector $(5, -1, -2)$.

Para $\lambda_3 = 6$:

$$\begin{bmatrix} -5 & -1 & 8 \\ 1 & -5 & 1 \\ 2 & 0 & -3 \end{bmatrix} \begin{bmatrix} v_1 \\ v_2 \\ v_3 \end{bmatrix} = \begin{bmatrix} 0 \\ 0 \\ 0 \end{bmatrix}$$

que tiene como sistema asociado:

$$\left. \begin{array}{r} -5v_1 - v_2 + 8v_3 = 0 \\ v_1 - 5v_2 + v_3 = 0 \\ 2v_1 \quad\quad - 3v_3 = 0 \end{array} \right\}$$

Aquí el rango es dos, considerando, por ejemplo, el menor:

$$\det \begin{bmatrix} -5 & 1 \\ 0 & -3 \end{bmatrix} \neq 0$$

siendo sus soluciones $(\gamma, \gamma/3, 2\gamma/3)$ y escogiendo el vector $(3, 1, 2)$.

Por tanto, una matriz P que cumple lo exigido es:

$$P = \begin{bmatrix} 1 & 5 & 3 \\ -8 & -1 & 1 \\ -1 & -2 & 2 \end{bmatrix}$$

3.5. Construyase una matriz cuyos valores propios sean 1, −1 y 2, con vectores propios asociados respectivamente:

$$(1, 0, -1), (-1, 1, 0) \text{ y } (3, -3, 1)$$

S<small>OLUCIÓN</small>

Sabemos que, dados unos valores propios y unos vectores propios asociados, podemos construir una matriz D, diagonal, y una matriz de paso P, de tal forma que:

$$D = P^{-1}AP$$

Nosotros queremos construir A. Por tanto, sólo tenemos que despejar A de la expresión anterior:

$$A = PDP^{-1}$$

y tener en cuenta que:

$$P = \begin{bmatrix} 1 & -1 & 3 \\ 0 & 1 & -3 \\ -1 & 0 & 1 \end{bmatrix} \quad , \quad D = \begin{bmatrix} 1 & 0 & 0 \\ 0 & -1 & 0 \\ 0 & 0 & 2 \end{bmatrix}$$

Nos falta conocer el valor de la inversa de P. Haciendo los cálculos oportunos, resulta:

$$P^{-1} = \begin{bmatrix} 1 & 1 & 0 \\ 3 & 4 & 3 \\ 1 & 1 & 1 \end{bmatrix}$$

Sustituyendo todas las matrices y teniendo cuidado con el producto, ya que no es conmutativo, obtenemos la matriz que nos pedían:

$$A = \begin{bmatrix} 1 & -1 & 3 \\ 0 & 1 & -3 \\ -1 & 0 & 1 \end{bmatrix} \begin{bmatrix} 1 & 0 & 0 \\ 0 & -1 & 0 \\ 0 & 0 & 2 \end{bmatrix} \begin{bmatrix} 1 & 1 & 0 \\ 3 & 4 & 3 \\ 1 & 1 & 1 \end{bmatrix} =$$

$$= \begin{bmatrix} 1 & 1 & 6 \\ 0 & -1 & -6 \\ -1 & 0 & 2 \end{bmatrix} \begin{bmatrix} 1 & 1 & 0 \\ 3 & 4 & 3 \\ 1 & 1 & 1 \end{bmatrix} = \begin{bmatrix} 10 & 11 & 9 \\ -9 & -10 & -9 \\ 1 & 1 & 2 \end{bmatrix}$$

3.6. Compruébese si son diagonalizables las siguientes matrices:

$$A = \begin{bmatrix} 1 & 1 \\ 0 & 1 \end{bmatrix} \quad , \quad B = \begin{bmatrix} 1 & 1 \\ 0 & 2 \end{bmatrix} \quad , \quad C = \begin{bmatrix} 2 & 1 \\ 0 & 2 \end{bmatrix}$$

SOLUCIÓN

Para comprobar si es diagonalizable una matriz cuadrada, utilizamos el teorema siguiente.

Teorema. Una matriz es diagonalizable si, y sólo si, se verifica:

$$\text{rang}\,(A - \lambda_i I) = n - \alpha_i$$

para cada autovalor λ_i, donde n es el orden de la matriz y α_i es el orden de multiplicidad de dicho autovalor.

Así, apliquemos el teorema a cada matriz dada.

a) Primero, calculamos los autovalores mediante la resolución del polinomio característico:

$$P(A) = \det\,(A - \lambda I) = \det \begin{bmatrix} 1 - \lambda & 1 \\ 0 & 1 - \lambda \end{bmatrix} = (1 - \lambda)^2 = 0$$

De donde $\lambda = 1$, con orden de multiplicidad $\alpha = 2$.
Aplicamos el teorema. En este caso, sustituyendo $\lambda = 1$:

$$\text{rang}\,(A - I) = \text{rang} \begin{bmatrix} 0 & 1 \\ 0 & 0 \end{bmatrix} = 1$$

Y, por otro lado, debería ser igual a:

$$n - \alpha = 2 - 2 = 0$$

Como no se cumple, podemos afirmar que esta matriz no es diagonalizable.

b) $P(B) = \det\,(B - \lambda I) = \det \begin{bmatrix} 1 - \lambda & 1 \\ 0 & 2 - \lambda \end{bmatrix} = (1 - \lambda)(2 - \lambda) = 0$

De donde:

$$\lambda_1 = 1, \text{ con orden de multiplicidad } \alpha_1 = 1$$
$$\lambda_2 = 2, \text{ con orden de multiplicidad } \alpha_2 = 1$$

Como obtenemos dos autovalores distintos en una matriz de orden dos, podemos afirmar directamente, sin comprobar el teorema, que la matriz es diagonalizable, aplicando la siguiente propiedad:

«*Los vectores propios asociados a valores propios distintos son independientes.*»

Así, puesto que la matriz tiene dos autovalores distintos, tendrá un sistema de dos vectores linealmente independientes, pudiendo afirmar que forman base, siendo la matriz, por tanto, diagonalizable.

c) $P(C) = \det(C - \lambda I) = \det \begin{bmatrix} 2 - \lambda & 1 \\ 0 & 2 - \lambda \end{bmatrix} = (2 - \lambda)^2 = 0$

De donde $\lambda = 2$, con orden de multiplicidad $\alpha = 2$.
Aplicando el teorema, sustituyendo $\lambda = 2$:

$$\operatorname{rang}(C - 2I) = \operatorname{rang} \begin{bmatrix} 0 & 1 \\ 0 & 0 \end{bmatrix} = 1 \neq (n - \alpha = 2 - 2 = 0)$$

pudiendo afirmar que no es diagonalizable.

3.7.   Dada la matriz:

$$A = \begin{bmatrix} 1 & 0 & 0 \\ 0 & 1 & -3 \\ 0 & 0 & -2 \end{bmatrix}$$

¿Es diagonalizable? En caso afirmativo, calcule una matriz de paso P y una matriz diagonal D y compruebe que $P^{-1}AP = D$.

SOLUCIÓN

Calculemos en primer lugar sus autovalores asociados:

$$P(A) = \det \begin{bmatrix} 1 - \lambda & 0 & 0 \\ 0 & 1 - \lambda & -3 \\ 0 & 0 & -2 - \lambda \end{bmatrix} = (1 - \lambda)^2(-2 - \lambda) = 0$$

donde volvemos a observar que el determinante se obtiene como producto de los elementos de la diagonal, por ser triangular.

© Ediciones Pirámide

Así, los autovalores son $\lambda_1 = 1$ con $\alpha_1 = 2$, y $\lambda_2 = -2$ con $\alpha_2 = 1$.

Para el cálculo de los vectores propios asociados a cada valor propio, procedemos:

$\lambda_1 = 1$:

$$\begin{bmatrix} 0 & 0 & 0 \\ 0 & 0 & -3 \\ 0 & 0 & -3 \end{bmatrix} \begin{bmatrix} v_1 \\ v_2 \\ v_3 \end{bmatrix} = \begin{bmatrix} 0 \\ 0 \\ 0 \end{bmatrix}$$

de donde obtenemos:

$$-3v_3 = 0$$

Como v_1 y v_2 no aparecen en el sistema, pueden tomar cualquier valor, de forma que las soluciones del sistema son de la forma $(\alpha, \beta, 0)$, donde $\alpha \neq 0$, $\beta \neq 0$. Por tanto, como hay dos parámetros, podemos elegir dos vectores linealmente independientes, por ejemplo $(1, 0, 0)$ y $(0, 1, 0)$.

$\lambda_2 = -2$:

$$\begin{bmatrix} 3 & 0 & 0 \\ 0 & 3 & -3 \\ 0 & 0 & 0 \end{bmatrix} \begin{bmatrix} v_1 \\ v_2 \\ v_3 \end{bmatrix} = \begin{bmatrix} 0 \\ 0 \\ 0 \end{bmatrix}$$

de donde obtenemos:

$$3v_1 \qquad\qquad = 0$$
$$3v_2 - 3v_3 = 0$$

De forma que:

$$v_1 = 0 \quad , \quad v_2 = v_3$$

Así obtenemos que los vectores propios asociados a este valor propio son de la forma $(0, \beta, \beta)$, donde $\beta \neq 0$. Por ejemplo, podemos tomar $(0, 1, 1)$.

Hemos escogido, por tanto, una matriz de paso de la forma:

$$P = \begin{bmatrix} 1 & 0 & 0 \\ 0 & 1 & 1 \\ 0 & 0 & 1 \end{bmatrix}$$

Cuya inversa es:

$$P^{-1} = \begin{bmatrix} 1 & 0 & 0 \\ 0 & 1 & -1 \\ 0 & 0 & 1 \end{bmatrix}$$

Si hacemos:

$$P^{-1}AP = \begin{bmatrix} 1 & 0 & 0 \\ 0 & 1 & -1 \\ 0 & 0 & 1 \end{bmatrix} \begin{bmatrix} 1 & 0 & 0 \\ 0 & 1 & -3 \\ 0 & 0 & -2 \end{bmatrix} \begin{bmatrix} 1 & 0 & 0 \\ 0 & 1 & 1 \\ 0 & 0 & 1 \end{bmatrix} =$$

$$= \begin{bmatrix} 1 & 0 & 0 \\ 0 & 1 & -1 \\ 0 & 0 & -2 \end{bmatrix} \begin{bmatrix} 1 & 0 & 0 \\ 0 & 1 & 1 \\ 0 & 0 & 1 \end{bmatrix} = \begin{bmatrix} 1 & 0 & 0 \\ 0 & 1 & 0 \\ 0 & 0 & -2 \end{bmatrix}$$

Obtenemos la matriz diagonal donde aparecen los valores propios en dicha diagonal.

3.8. Dada la matriz:

$$A = \begin{bmatrix} 1 & a \\ 2 & b \end{bmatrix}$$

calcúlense los valores de los parámetros a y b de forma que $(-2, 1)$ sea vector propio de A, asociado al valor propio que $\lambda = 5$.

SOLUCIÓN

El enunciado del problema está afirmando de partida que $\lambda = 5$ es autovalor de la matriz A, para lo cual:

$$\det (A - 5I) = 0$$

Es decir:

$$\det \begin{bmatrix} -4 & a \\ 2 & b-5 \end{bmatrix} = -4(b-5) - 2a = 0 \quad \Rightarrow \quad a + 2b = 10$$

Por tanto, $\lambda = 5$ es autovalor de A siempre que:

$$a + 2b = 10$$

siendo ésta una primera condición que deben verificar los parámetros. Pasemos ahora a considerar el hecho de que $(-2, 1)$ sea vector propio asociado a este autovalor. Para ello, se debe verificar:

$$(A - 5I) \cdot \begin{bmatrix} -2 \\ 1 \end{bmatrix} = \begin{bmatrix} 0 \\ 0 \end{bmatrix}$$

Sustituyendo:

$$\begin{bmatrix} -4 & a \\ 2 & b-5 \end{bmatrix} \begin{bmatrix} -2 \\ 1 \end{bmatrix} = \begin{bmatrix} 0 \\ 0 \end{bmatrix}$$

Y despejando de esta expresión:

$$8 + a = 0 \quad \Rightarrow \quad a = -8$$
$$-4 + b - 5 = 0 \quad \Rightarrow \quad b = 9$$

Es obvio comprobar que estos valores de los parámetros cumplen la condición que hemos deducido para que $\lambda = 5$ sea autovalor, por lo que concluimos que es posible que este autovalor posea a $(-2, 1)$ como vector propio asociado, dándole a los parámetros estos valores.

3.9. Estudie, según el valor de los parámetros, si las siguientes matrices son diagonalizables o no:

$$A = \begin{bmatrix} 3 & 0 & -1 \\ -1 & 3 & 0 \\ 0 & 0 & a \end{bmatrix}, \quad B = \begin{bmatrix} 1 & -4 & 0 \\ 0 & 4a & 0 \\ 0 & 0 & 3 \end{bmatrix}, \quad C = \begin{bmatrix} 5 & 0 & 0 \\ 0 & -1 & b \\ 3 & 0 & a \end{bmatrix}, \quad D = \begin{bmatrix} a & 1 & 0 \\ 0 & 3 & 0 \\ b & 0 & 1 \end{bmatrix}$$

SOLUCIÓN

a) Apliquemos el teorema del rango; para ello, necesitamos los valores propios de la matriz:

$$P(A) = \det(A - \lambda I) = \det \begin{bmatrix} 3-\lambda & 0 & -1 \\ -1 & 3-\lambda & 0 \\ 0 & 0 & \gamma-\lambda \end{bmatrix} = (a - \lambda)(3 - \lambda)^2 = 0$$

de donde deducimos que sus autovalores son $\lambda_1 = a$ con orden de multiplicidad $\alpha_1 = 1$ y $\lambda_2 = 3$, con $\alpha_2 = 2$.

Estudiemos los casos según los valores de a.

1. Si $a = 3$, tenemos la matriz:

$$\begin{bmatrix} 3 & 0 & -1 \\ -1 & 3 & 0 \\ 0 & 0 & 3 \end{bmatrix}$$

con $\lambda = 3$, autovalor triple. Comprobando el teorema:

$$\text{rang}(A - 3I) = \text{rang} \begin{bmatrix} 0 & 0 & -1 \\ -1 & 0 & 0 \\ 0 & 0 & 0 \end{bmatrix} = 2 \neq 3 - 3$$

pudiendo afirmar, por tanto, que en este caso no es diagonalizable.

2. Si $a \neq 3$, la matriz es:

$$\begin{bmatrix} 3 & 0 & -1 \\ -1 & 3 & 0 \\ 0 & 0 & a \end{bmatrix}$$

y posee dos autovalores, $\lambda_1 = a$ con orden de multiplicidad $\alpha_1 = 1$ y $\lambda_2 = 3$ con $\alpha_2 = 2$. Comprobando el teorema para $\lambda_2 = 3$:

$$\text{rang}(A - 3I) = \text{rang} \begin{bmatrix} 0 & 0 & -1 \\ -1 & 0 & 0 \\ 0 & 0 & a-3 \end{bmatrix} = 2 \neq 3 - 2$$

ya que:

$$\det \begin{bmatrix} -1 & 0 \\ 0 & a-3 \end{bmatrix} \neq 0$$

82

No se cumple para este valor propio, y aunque el otro autovalor es simple y se cumplirá el teorema para él, en el momento que uno falla podemos afirmar que no es diagonalizable.

Como conclusión, esta matriz no es diagonalizable para ningún valor del parámetro a.

b)

$$\det(B - \lambda I) = \det \begin{bmatrix} 1 - \lambda & -4 & 0 \\ 0 & 4a - \lambda & 0 \\ 0 & 0 & 3 - \lambda \end{bmatrix} = (1 - \lambda)(4a - \lambda)(3 - \lambda) = 0$$

Por tanto, sus autovalores son $\lambda_1 = 1$, $\lambda_2 = 4a$ y $\lambda_3 = 3$.

Estudiemos los casos según los valores de a.

1. Si $a \neq 1/4$, $a \neq 3/4$, la matriz posee tres autovalores distintos, siendo, por tanto, diagonalizable.

2. Si $a = 1/4$, la matriz es:

$$\begin{bmatrix} 1 & -4 & 0 \\ 0 & 1 & 0 \\ 0 & 0 & 3 \end{bmatrix}$$

con $\lambda_1 = 1$, $\alpha_1 = 2$ y $\lambda_2 = 3$, $\alpha_2 = 1$. Aplicando el teorema al autovalor doble:

$$\text{rang}(B - I) = \text{rang} \begin{bmatrix} 0 & -4 & 0 \\ 0 & 0 & 0 \\ 0 & 0 & 2 \end{bmatrix} = 2 \neq 3 - 2$$

ya que:

$$\det \begin{bmatrix} -4 & 0 \\ 0 & 2 \end{bmatrix} \neq 0$$

y como no se cumple para este autovalor, podemos afirmar que en este caso no es diagonalizable.

3. Si $a = 3/4$, la matriz es:

$$\begin{bmatrix} 1 & -4 & 0 \\ 0 & 3 & 0 \\ 0 & 0 & 3 \end{bmatrix}$$

y posee dos autovalores, $\lambda_1 = 1$ con orden de multiplicidad $\alpha_1 = 1$ y $\lambda_2 = 3$ con $\alpha_2 = 2$. Comprobando el teorema para $\lambda_2 = 3$:

$$\text{rang}(B - 3I) = \text{rang}\begin{bmatrix} -2 & -4 & 0 \\ 0 & 0 & 0 \\ 0 & 0 & 0 \end{bmatrix} = 1 = 3 - 2$$

Como se cumple para este autovalor y el otro es simple, es diagonalizable.

Como conclusión, podemos afirmar que esta matriz es diagonalizable para todo $a \neq 1/4$.

c) Calculamos los valores propios asociados:

$$P(C) = \det(C - \lambda I) = \det\begin{bmatrix} 5 - \lambda & 0 & 0 \\ 0 & -1 - \lambda & \beta \\ 3 & 0 & \gamma - \lambda \end{bmatrix} = (5 - \lambda)(-1 - \lambda)(a - \lambda) = 0$$

de donde deducimos que sus autovalores son $\lambda_1 = 5$, $\lambda_2 = -1$ y $\lambda_3 = a$. Hay que señalar que esta matriz no es triangular y, por tanto, hemos tenido que resolver el determinante.

Estudiemos los casos según los valores de a.

1. Si $a \neq 5$, $a \neq -1$, la matriz posee tres autovalores distintos, siendo directamente diagonalizable.

2. Si $a = 5$, la matriz queda:

$$\begin{bmatrix} 5 & 0 & 0 \\ 0 & -1 & b \\ 3 & 0 & 5 \end{bmatrix}$$

y posee dos valores propios, $\lambda_1 = 5$, con orden de multiplicidad $\alpha_1 = 2$ y $\lambda_2 = -1$, con $\alpha_2 = 1$. Comprobando el teorema para el autovalor doble, $\lambda_1 = 5$:

$$\text{rang}(C - 5I) = \text{rang}\begin{bmatrix} 0 & 0 & 0 \\ 0 & -6 & b \\ 3 & 0 & 0 \end{bmatrix} = 2 \neq 3 - 2$$

ya que:

$$\det \begin{bmatrix} 0 & -6 \\ 3 & 0 \end{bmatrix} \neq 0$$

y como no se cumple para este valor propio, podemos afirmar que no es diagonalizable en este caso.

3. Si $a = -1$, la matriz queda:

$$\begin{bmatrix} 5 & 0 & 0 \\ 0 & -1 & b \\ 3 & 0 & -1 \end{bmatrix}$$

y posee dos autovalores, $\lambda_1 = -1$, con $\alpha_1 = 2$ y $\lambda_2 = 5$, con $\alpha_2 = 1$. Verificando el teorema para $\lambda_1 = -1$:

$$\text{rang}\,(C + I) = \text{rang} \begin{bmatrix} 6 & 0 & 0 \\ 0 & 0 & b \\ 3 & 0 & 0 \end{bmatrix}$$

siendo evidente que el rango depende del valor de b. El menor:

$$\det \begin{bmatrix} 6 & 0 \\ 0 & b \end{bmatrix} = 6b$$

será distinto de cero si $b \neq 0$, siendo en este caso el rango dos, que no coincide con:

$$n - \alpha_1 = 3 - 2 = 1$$

Así, si $b = 0$ es diagonalizable y si $b \neq 0$ no lo es.
En conclusión, la matriz dada es diagonalizable para los valores:

$$a \neq 5,\, a \neq -1,\, \forall b \quad \text{y si} \quad a = -1,\, b = 0$$

siendo, en cualquier otro caso, no diagonalizable.

d) Calculamos los valores propios asociados:

$$P(D) = \det(D - \lambda I) = \det\begin{bmatrix} a-\lambda & 1 & 0 \\ 0 & 3-\lambda & 0 \\ b & 0 & 1-\lambda \end{bmatrix} = (a-\lambda)(3-\lambda)(1-\lambda) = 0$$

de donde deducimos que sus autovalores son $\lambda_1 = a$, $\lambda_2 = 3$ y $\lambda_3 = 1$. Hay que señalar que esta matriz no es triangular y, por tanto, hemos tenido que resolver el determinante.

Estudiemos los casos según los valores de a.

1. Si $a \neq 1$, $a \neq 3$, la matriz posee tres autovalores distintos, siendo directamente diagonalizable.

2. Si $a = 1$, la matriz queda:

$$\begin{bmatrix} 1 & 0 & 0 \\ 0 & 3 & 0 \\ b & 0 & 1 \end{bmatrix}$$

que posee dos autovalores, $\lambda_1 = 1$, con $\alpha_1 = 2$, y $\lambda_2 = 3$, con $\alpha_2 = 1$. Comprobando el teorema para $\lambda_1 = 1$:

$$\operatorname{rang}(D - I) = \operatorname{rang}\begin{bmatrix} 0 & 1 & 0 \\ 0 & 2 & 0 \\ b & 0 & 0 \end{bmatrix}$$

Aquí el rango vuelve a depender de b. Consideramos el menor:

$$\det\begin{bmatrix} 0 & 2 \\ b & 0 \end{bmatrix} = -2b = 0 \quad \Leftrightarrow \quad b = 0$$

Así, si $b = 0$, la matriz es diagonalizable, puesto que el rango es uno y el otro autovalor es simple, y si $b \neq 0$ no lo es, ya que el rango es dos, no verificándose el teorema.

3. Si $a = 3$, la matriz queda:

$$\begin{bmatrix} 3 & 1 & 0 \\ 0 & 3 & 0 \\ b & 0 & 1 \end{bmatrix}$$

y posee dos autovalores, $\lambda_1 = 3$, con $\alpha_1 = 2$ y $\lambda_2 = 1$, con $\alpha_2 = 1$. Comprobando el teorema para $\lambda_1 = 3$:

$$\text{rang}\,(C - 3I) = \text{rang} \begin{bmatrix} 0 & 1 & 0 \\ 0 & 0 & 0 \\ b & 0 & -2 \end{bmatrix} = 2 \neq 3 - 2$$

y no depende de b, ya que:

$$\det \begin{bmatrix} 1 & 0 \\ 0 & -2 \end{bmatrix} = -2 \neq 0$$

Como no se cumple para este autovalor y el otro autovalor es simple, en este caso no es diagonalizable.

En conclusión, la matriz dada es diagonalizable para los valores:

$$a \neq 1,\, a \neq 3,\, \forall b \quad \text{y si} \quad a = 1,\, b = 0$$

siendo en cualquier otro caso no diagonalizable.

4

Formas cuadráticas

- Clasificación de formas cuadráticas: 4.1, 4.2, 4.3, 4.4, 4.5, 4.6
- Formas cuadráticas restringidas: 4.8, 4.9, 4.10, 4.11, 4.12, 4.13, 4.14
- Aplicaciones económicas: 4.7, 4.15

4.1. Determine el signo de la forma cuadrática expresada por la matriz:

$$\begin{bmatrix} 1 & 4 & 2 \\ 0 & 1 & 1 \\ 0 & 1 & 5 \end{bmatrix}$$

SOLUCIÓN

En primer lugar, debemos obtener la expresión de la forma cuadrática mediante una matriz simétrica. Sea, pues:

$$B = \frac{1}{2}(A + A^t) = \begin{bmatrix} 1 & 2 & 1 \\ 2 & 1 & 1 \\ 1 & 1 & 5 \end{bmatrix}$$

Apliquemos el método de los menores principales:

$$D_1 = 1 > 0$$

$$D_2 = \begin{vmatrix} 1 & 2 \\ 2 & 1 \end{vmatrix} = 1 - 4 < 0$$

Como D_2 es negativo, podemos deducir, sin necesidad de calcular D_3, que la forma cuadrática es indefinida.

Obsérvese que es preceptivo simetrizar la matriz de la forma cuadrática antes de proceder a aplicar cualquier método de clasificación. En efecto, si aplicamos dicho método directamente a la matriz A, resulta:

$$D_1 = 1 > 0$$

$$D_2 = \begin{vmatrix} 1 & 4 \\ 0 & 1 \end{vmatrix} = 1 > 0$$

$$D_3 = \det(A) = 4 > 0$$

lo que correspondería a un carácter definido positivo que no responde a la realidad.

4.2. Dada la forma cuadrática ϕ expresada por la matriz:

$$A = \begin{bmatrix} -2 & 2 & 0 \\ 0 & -1 & 0 \\ 0 & 0 & -5 \end{bmatrix}$$

determínese su signo.

SOLUCIÓN

Para clasificar la forma cuadrática determinada por A, por el método de los menores principales, es necesario, en primer lugar, hallar su expresión con respecto a una matriz simétrica. Simetrizando A obtenemos:

$$B = \frac{1}{2}(A + A^t) = \begin{bmatrix} -2 & 1 & 0 \\ 1 & -1 & 0 \\ 0 & 0 & -5 \end{bmatrix}$$

Calculamos ahora los menores principales:

$$D_1 = -2 < 0$$

$$D_2 = \begin{vmatrix} -2 & 1 \\ 1 & -1 \end{vmatrix} = 1 > 0$$

$$D_3 = \det(B) = -5 < 0$$

Por tanto, la forma cuadrática representada por la matriz A es definida negativa.

4.3. Clasifíquese la forma cuadrática:

$$\phi(\vec{x}) = \vec{x}^t \begin{bmatrix} -2 & 0 & 0 & 1 \\ 0 & 0 & -3 & 0 \\ 0 & -3 & 4 & 2 \\ 1 & 0 & 2 & 1 \end{bmatrix} \vec{x}$$

SOLUCIÓN

Sea:

$$A = \begin{bmatrix} -2 & 0 & 0 & 1 \\ 0 & 0 & -3 & 0 \\ 0 & -3 & 4 & 2 \\ 1 & 0 & 2 & 1 \end{bmatrix}$$

la matriz asociada a la forma cuadrática. A es ya una matriz simétrica, por lo que se le puede aplicar directamente el método de los menores principales. Sea, por tanto:

$$D_1 = -2 < 0$$

Esto nos indica que ϕ sólo puede ser semidefinida, definida negativa o indefinida.

$$D_2 = \begin{vmatrix} -2 & 0 \\ 0 & 0 \end{vmatrix} = 0$$

Luego ϕ sólo puede ser ya semidefinida negativa o indefinida.

$$D_3 = \begin{vmatrix} -2 & 0 & 0 \\ 0 & 0 & -3 \\ 0 & -3 & 4 \end{vmatrix} = 18 > 0$$

Luego ϕ es indefinida.

Obsérvese que la matriz A tiene elementos de signo contrario en la diagonal principal. Esto nos permite asegurar, sin necesidad de realizar los cálculos anteriores, que la correspondiente forma cuadrática es indefinida. Esto es así porque los elementos de la diagonal principal determinan el signo de ϕ aplicada a vectores que sólo tienen una coordenada no nula. Por tanto, si estos signos son distintos, ϕ es indefinida. En nuestro ejemplo:

$$\phi(x_1, 0, 0, 0) = -2x_1^2 < 0$$
$$\phi(0, 0, x_3, 0) = 4x_3^2 > 0$$

Luego, en efecto, ϕ es indefinida, puesto que hemos encontrado vectores donde presenta signos distintos.

4.4. Determine, sin realizar ningún cálculo, el carácter de la forma cuadrática definida por la matriz:

$$A = \begin{bmatrix} 1 & 0 & 4 \\ 3 & -2 & 1 \\ 0 & 7 & 14 \end{bmatrix}$$

SOLUCIÓN

Al igual que en el problema 4.3, la matriz A tiene en su diagonal principal elementos de distinto signo. Obsérvese que para hacer este razonamiento no es necesario simetrizar la matriz A, ya que los elementos de la diagonal principal no varían en este proceso. Por ello, podemos afirmar, sin realizar ningún cálculo, que la forma cuadrática correspondiente es indefinida.

4.5. Determine el carácter de la forma cuadrática:

$$\phi(x, y, z) = 2x^2 + 2xy + 3y^2 + 2yz + z^2$$

SOLUCIÓN

Para clasificar la forma cuadrática ϕ, construimos la matriz simétrica A asociada:

$$A = \begin{bmatrix} 2 & 1 & 0 \\ 1 & 3 & 1 \\ 0 & 1 & 1 \end{bmatrix}$$

Ahora clasificamos A por el método de los menores principales:

$$D_1 = 2 > 0$$

$$D_2 = \begin{vmatrix} 2 & 1 \\ 1 & 3 \end{vmatrix} = 5 > 0$$

$$D_3 = \det(A) = 3 > 0$$

Luego ϕ es una forma cuadrática definida positiva.

4.6. Clasifique la forma cuadrática determinada por la matriz:

$$A = \begin{bmatrix} 2 & 0 & 2 \\ 0 & 0 & 0 \\ 2 & 0 & 1 \end{bmatrix}$$

SOLUCIÓN

Vamos a utilizar el método de los menores principales, que podemos aplicar a A directamente por ser ésta simétrica. En este caso:

$$D_1 = 2 > 0$$

$$D_2 = \begin{vmatrix} 2 & 0 \\ 0 & 0 \end{vmatrix} = 0$$

$$D_3 = \det(A) = 0$$

En principio, podría ser semidefinida positiva, pero no se puede afirmar sin hacer todas las transformaciones fila-columna y comprobar que se mantiene el carácter. Con la transformación 1-2, obtenemos la matriz:

$$\begin{bmatrix} 0 & 0 & 0 \\ 0 & 2 & 2 \\ 0 & 2 & 1 \end{bmatrix}$$

cuyos menores son:

$$D_1 = 0$$

$$D_2 = \begin{vmatrix} 0 & 0 \\ 0 & 2 \end{vmatrix} = 0$$

$$D_3 = 0$$

Haciendo la transformación 1-3, obtenemos la matriz:

$$\begin{bmatrix} 1 & 0 & 2 \\ 0 & 0 & 0 \\ 2 & 0 & 2 \end{bmatrix}$$

que tiene como menores principales:

$$D_1 = 1 > 0$$

$$D_2 = \begin{vmatrix} 1 & 0 \\ 0 & 0 \end{vmatrix} = 0$$

$$D_3 = 0$$

Finalmente, con la transformación 2-3 se obtiene la matriz:

$$\begin{bmatrix} 2 & 2 & 0 \\ 2 & 1 & 0 \\ 0 & 0 & 0 \end{bmatrix}$$

cuyos menores son:

$$D_1 = 2 > 0$$

$$D_2 = \begin{vmatrix} 2 & 2 \\ 2 & 1 \end{vmatrix} = -2 < 0$$

$$D_3 = 0$$

Luego la forma cuadrática es, en realidad, indefinida. Éste es un ejemplo sencillo en el que se pone de manifiesto que no se puede afirmar el carácter semidefinido de una forma cuadrática hasta comprobarlo en todas y cada una de las transformaciones fila-columna.

> **4.7.** Con el fin de conseguir una reducción del déficit público, el gobierno está estudiando la posibilidad de introducir un nuevo impuesto complementario del impuesto sobre la renta de las personas físicas y el impuesto sobre el patrimonio, pero de tal forma que dependa de ellos, según:
>
> $$T = 2R^2 + 4P^2 - 4RP$$
>
> donde R y P son, respectivamente, las cantidades ingresadas por el impuesto sobre la renta y el del patrimonio.
>
> Justifique que ningún contribuyente conseguirá, con este nuevo impuesto, que su declaración le salga «a devolver».

SOLUCIÓN

El nuevo impuesto puede considerarse como una forma cuadrática en las variables R y P:

$$T(R, P) = 2R^2 + 4P^2 - 4RP$$

que, por tanto, tiene como matriz simétrica asociada:

$$A = \begin{bmatrix} 2 & -2 \\ -2 & 4 \end{bmatrix}$$

El hecho de que el gobierno no quiera devolver dinero con este impuesto se traduce en que la forma cuadrática no debe tomar valores negativos para ningún R, P; es decir, tiene que verificarse que:

$$T(R, P) \geqslant 0, \quad \text{para cualesquiera } R \text{ y } P$$

Por tanto, T debe ser al menos semidefinida positiva. Veamos si esto es así, calculando los menores principales de A:

$$D_1 = 2 > 0$$
$$D_2 = \det(A) = 4 > 0$$

luego T es definida positiva, por lo que se verifica lo pedido. Así pues, el impuesto reúne las condiciones exigidas para su aplicación.

4.8. Calcule el signo de la forma cuadrática restringida:

$$\phi(x, y, z) = x^2 - y^2 + 2z^2 + 2xy - 4yz$$

sujeta a $x - y = 0$.

SOLUCIÓN

Calculemos primero el signo sin restringir. La matriz simétrica asociada es:

$$A = \begin{bmatrix} 1 & 1 & 0 \\ 1 & -1 & -2 \\ 0 & -2 & 2 \end{bmatrix}$$

la cual es indefinida, pues podemos observar que los elementos de la diagonal presentan cambio de signo.

Despejando de la restricción, obtenemos:

$$x = y$$

Sustituyendo, obtenemos una forma cuadrática restringida que depende de dos variables, en este caso y y z:

$$\phi_R(y, z) = y^2 - y^2 + 2z^2 + 2y^2 - 4yz = 2y^2 + 2z^2 - 4yz$$

La matriz simétrica asociada a esta forma cuadrática es:

$$\begin{bmatrix} 2 & -2 \\ -2 & 2 \end{bmatrix}$$

de donde obtenemos:

$$D_1 = 2 > 0$$
$$D_2 = 0$$

Al ser mayores o iguales que cero y existir un D_j nulo, tenemos que realizar las transformaciones fila-columna para ver el signo. En una matriz de tamaño dos sólo tenemos que hacer T_{12}:

$$T_{12}: \begin{bmatrix} 2 & -2 \\ -2 & 2 \end{bmatrix} \underline{F_{12}} \begin{bmatrix} -2 & 2 \\ 2 & -2 \end{bmatrix} \underline{C_{12}} \begin{bmatrix} 2 & -2 \\ -2 & 2 \end{bmatrix}$$

Cuyos menores son:

$$D_1 = 2 > 0$$
$$D_2 = 0$$

Por tanto, podemos concluir que la forma cuadrática restringida es semidefinida positiva.

4.9. Dada la forma cuadrática $\phi(\vec{x}) = \vec{x}^t A \vec{x}$, donde

$$A = \begin{bmatrix} 1 & 1 & 0 \\ 1 & 1 & 0 \\ 0 & 0 & 3 \end{bmatrix}$$

clasifíquela restringida a cada uno de los siguientes casos:

a) $x_1 - x_2 + x_3 = 0$.
b) $x_3 = 0$.

SOLUCIÓN

En primer lugar vamos a clasificar la forma cuadrática sin restringir. Para ello utilizamos el método de los menores principales:

$$D_1 = 1 > 0$$
$$D_2 = 0$$
$$D_3 = 0$$

Por tanto, es necesario realizar transformaciones fila-columna.

Con la transformación 1-2 obtenemos la misma matriz y, por tanto, los mismos signos en los menores. Con la 1-3 obtenemos la matriz:

$$\begin{bmatrix} 3 & 0 & 0 \\ 0 & 1 & 1 \\ 0 & 1 & 1 \end{bmatrix}$$

$$D_1 = 3 > 0$$
$$D_2 = 3 > 0$$
$$D_3 = 0$$

Finalmente, la transformación 2-3 proporciona la matriz:

$$\begin{bmatrix} 1 & 0 & 1 \\ 0 & 3 & 0 \\ 1 & 0 & 1 \end{bmatrix}$$

cuyos menores son:

$$D_1 = 1 > 0$$
$$D_2 = 3 > 0$$
$$D_3 = 0$$

Por tanto, la forma cuadrática sin restringir es semidefinida positiva. Ello implica que, al restringirla a cualquier conjunto, sólo podrá ser semidefinida positiva, o bien definida positiva. Debe observarse que, en realidad, no es necesario clasificar la forma cuadrática sin restringir para resolver el problema, pero es aconsejable hacerlo porque puede evitarnos tener que clasificarla restringida (en el caso en que la forma irrestricta sea definida) o, al menos, nos proporciona información sobre los posibles signos de la forma cuadrática restringida. Analíticamente, nuestra forma cuadrática es la siguiente:

$$\phi(x_1, x_2, x_3) = x_1^2 + x_2^2 + 3x_3^2 + 2x_1x_2$$

a) En este caso, la restricción es:

$$x_1 - x_2 + x_3 = 0$$

Despejando, obtenemos:

$$x_1 = x_2 - x_3$$

Al sustituir esta expresión en ϕ, queda una forma cuadrática que depende de dos variables:

$$\phi(x_2, x_3) = (x_2 - x_3)^2 + x_2^2 + 3x_3^2 + 2(x_2 - x_3)x_2 =$$
$$= x_2^2 + x_3^2 - 2x_2x_3 + x_2^2 + 3x_3^2 + 2x_2^2 - 2x_2x_3 =$$
$$= 4x_2^2 + 4x_3^2 - 4x_2x_3$$

que tiene como matriz asociada:

$$\begin{bmatrix} 4 & -2 \\ -2 & 4 \end{bmatrix}$$

cuyos menores son:

$$D_1 = 4 > 0$$
$$D_2 = 12 > 0$$

luego la forma cuadrática restringida es definida positiva.

b) En este caso, la restricción es $x_3 = 0$. Basta, pues, sustituir esta expresión en ϕ, obteniendo una forma cuadrática de dos variables:

$$\phi_R(x_1, x_2) = x_1^2 + x_2^2 + 2x_1x_2$$

cuya matriz es:

$$\begin{bmatrix} 1 & 1 \\ 1 & 1 \end{bmatrix}$$

Los menores principales de esta matriz valen:

$$D_1 = 1 > 0$$
$$D_2 = 0$$

y, obviamente, la matriz no cambia al hacer transformaciones fila-columna, luego la forma cuadrática restringida es semidefinida positiva.

4.10. Clasifique la forma cuadrática restringida:

$$\phi(x, y, z) = -2x^2 + y^2 + 2z^2 + 2yz$$

$$\text{s. a} \qquad x - \frac{1}{2}y - z = 0$$

SOLUCIÓN

La matriz de la forma cuadrática sin restringir es:

$$\begin{bmatrix} -2 & 0 & 0 \\ 0 & 1 & 1 \\ 0 & 1 & 2 \end{bmatrix}$$

por lo que ϕ, sin restringir, es indefinida. Despejemos x de la restricción:

$$x - \frac{1}{2}y - z = 0 \quad \Rightarrow \quad x = \frac{1}{2}y + z$$

Sustituyendo esta expresión en ϕ obtenemos una forma cuadrática de dos variables, por tener tres variables iniciales y sólo una restricción:

$$\phi_R(y, z) = -2\left(\frac{1}{2}y + z\right)^2 + y^2 + 2z^2 + 2yz =$$

$$= -2\left(\frac{1}{4}y^2 + z^2 + yz\right) + y^2 + 2z^2 + 2yz =$$

$$= -\frac{1}{2}y^2 - 2z^2 - 2yz + y^2 + 2z^2 + 2yz = \frac{1}{2}y^2$$

Obsérvese que, aunque en su expresión final ϕ_R sólo depende de y, es, en realidad, una forma cuadrática en las variables y, z, ya que sólo hemos sustituido la x haciendo uso de la única restricción del problema. Así pues, la matriz asociada a ϕ_R es:

$$\begin{bmatrix} 1/2 & 0 \\ 0 & 0 \end{bmatrix}$$

por lo que la forma cuadrática restringida es semidefinida positiva. Nótese que en este caso no es necesario realizar transformaciones fila-columna, ya que la matriz está dada en forma diagonal, por lo que sus autovalores son 1/2 y 0, lo que nos permite afirmar directamente su carácter.

4.11. Clasifique la forma cuadrática restringida:

$$\phi(x, y, z) = x^2 + 3y^2 - z^2 - 6xy$$

$$\text{s. a} \qquad x + 3y + z = 0$$

SOLUCIÓN

La matriz de la forma cuadrática sin restringir es:

$$\begin{bmatrix} 1 & -3 & 0 \\ -3 & 3 & 0 \\ 0 & 0 & -1 \end{bmatrix}$$

por lo que ϕ es indefinida.

Vamos ahora a despejar la variable z de la restricción (en realidad, podíamos haber despejado cualquier variable; hemos elegido z por comodidad, ya que sólo interviene en un sumando de ϕ):

$$z = -x - 3y$$

Sustituyendo esta expresión en ϕ obtenemos una forma cuadrática que depende de $3 - 1 = 2$ variables:

$$\phi_R(x, y) = x^2 + 3y^2 - (-x - 3y)^2 - 6xy = x^2 + 3y^2 - x^2 - 6xy - 9y^2 - 6xy =$$
$$= -6y^2 - 12xy$$

cuya matriz asociada es:

$$\begin{bmatrix} 0 & -6 \\ -6 & -6 \end{bmatrix}$$

Los menores principales toman los siguientes valores:

$$D_1 = 0$$
$$D_2 = -36 < 0$$

luego la forma cuadrática restringida es indefinida.

4.12. Clasifique la forma cuadrática restringida:

$$\phi(x, y, z) = x^2 - 2y^2 + z^2 + 4xy$$
$$\text{s. a} \qquad x - y - z = 0$$

SOLUCIÓN

La matriz asociada a ϕ, sin restringir, es la siguiente:

$$A = \begin{bmatrix} 1 & 2 & 0 \\ 2 & -2 & 0 \\ 0 & 0 & 1 \end{bmatrix}$$

por lo que nuevamente ϕ es indefinida. Despejamos z de la restricción, y obtenemos:

$$z = x - y$$

expresión que sustituimos en ϕ para obtener una forma cuadrática de dos variables:

$$\phi_R(x, y) = x^2 - 2y^2 + (x - y)^2 + 4xy = x^2 - 2y^2 + x^2 + y^2 - 2xy + 4xy =$$
$$= 2x^2 - y^2 + 2xy$$

forma cuadrática cuya matriz es:

$$\begin{bmatrix} 2 & 1 \\ 1 & -1 \end{bmatrix}$$

Como esta matriz tiene elementos de distinto signo en la diagonal principal, la forma cuadrática restringida es indefinida.

4.13. Clasifique la forma cuadrática restringida:

$$\phi(x_1, x_2, x_3) = 2x_1^2 - 2x_2^2 + 2x_3^2$$
$$\text{s. a} \quad x_1 + x_2 + x_3 = 0$$
$$x_1 - x_2 - 5x_3 = 0$$

SOLUCIÓN

La matriz de la forma cuadrática sin restringir es:

$$A = \begin{bmatrix} 2 & 0 & 0 \\ 0 & -2 & 0 \\ 0 & 0 & 2 \end{bmatrix}$$

que define una forma cuadrática indefinida, ya que posee elementos de signo distinto en la diagonal principal. Por tanto, al restringirla, la forma cuadrática puede tener cualquier carácter. Las restricciones, en este caso, forman un sistema de dos ecuaciones con tres incógnitas, donde el menor $\begin{vmatrix} 1 & 1 \\ 1 & -1 \end{vmatrix}$ es no nulo, por lo que podemos resolver el sistema determinado por él:

$$x_1 + x_2 = -x_3$$
$$x_1 - x_2 = 5x_3$$

cuya solución es:

$$x_1 = 2x_3$$
$$x_2 = -3x_3$$

Sustituyendo estas expresiones en ϕ obtenemos una forma cuadrática que depende de una sola variable, ya que $n - m = 3 - 2 = 1$:

$$\phi_R(x_3) = 2(2x_3)^2 - 2(-3x_3)^2 + 2x_3^2 = 8x_3^2 - 18x_3^2 + 2x_3^2 = -8x_3^2$$

por lo que la forma cuadrática restringida es definida negativa.

4.14. Clasifíquense las siguientes formas cuadráticas restringidas:

$a)$ $\phi(x_1, x_2, x_3) = 3x_1^2 - 2x_2^2 + x_3^2$ sujeto a $x_1 - x_2 = 0$

$b)$ $\phi(x_1, x_2, x_3) = 2x_1^2 + x_2^2 + x_3^2 + 2x_1x_2 + 3x_2x_3 + x_1x_3$

$$\text{sujeto a } \begin{cases} x_1 + x_2 + x_3 = 0 \\ x_1 + 2x_2 - 5x_3 = 0 \end{cases}$$

Solución

$a)$ Vamos a determinar el carácter de la forma cuadrática restringida resolviendo el sistema dado por las restricciones y sustituyendo en la forma cuadrática original (la forma cuadrática sin restringir es indefinida, por tener elementos de signo distinto en la diagonal principal). Tenemos, pues:

$$\phi(x_1, x_2, x_3) = 3x_1^2 - 2x_2^2 + x_3^2$$

con la restricción $x_1 - x_2 = 0$. De aquí obtenemos $x_1 = x_2$, es decir, una restricción nos permite despejar una variable en función de las demás, por lo que, al sustituir en ϕ, obtendremos una forma cuadrática reducida ϕ_R, que depende de $n - m = 2$ variables:

$$\phi_R(x_2, x_3) = 3x_2^2 - 2x_2^2 + x_3^2 = x_2^2 + x_3^2$$

que es una forma cuadrática con matriz asociada:

$$\begin{bmatrix} 1 & 0 \\ 0 & 1 \end{bmatrix}$$

y, por tanto, definida positiva, por lo que la forma cuadrática restringida es definida positiva.

b) Tenemos la forma cuadrática:

$$\phi(x_1, x_2, x_3) = 2x_1^2 + x_2^2 + x_3^2 + 2x_1x_2 + 3x_2x_3 + x_1x_3$$

con el sistema de restricciones:

$$\begin{cases} x_1 + x_2 + x_3 = 0 \\ x_1 + 2x_2 - 5x_3 = 0 \end{cases}$$

que es un sistema de dos ecuaciones con tres incógnitas. Como el menor $\begin{vmatrix} 1 & 1 \\ 1 & 2 \end{vmatrix}$ es no nulo, resolvemos el sistema:

$$\begin{cases} x_1 + x_2 = -x_3 \\ x_1 + 2x_2 = 5x_3 \end{cases}, \quad \text{cuya solución es:} \quad \begin{cases} x_1 = -7x_3 \\ x_2 = 6x_3 \end{cases}$$

Sustituyendo estas relaciones en ϕ obtenemos una forma cuadrática de $n - m$ variables, es decir, en nuestro caso, de una sola variable:

$$\phi_R(x_3) = 2(-7x_3)^2 + (6x_3)^2 + x_3^2 + 2(-7x_3)(6x_3) + 3(6x_3)x_3 + (-7x_3)x_3 =$$
$$= 98x_3^2 + 36x_3^2 + x_3^2 - 84x_3^2 + 18x_3^2 - 7x_3^2 = 62x_3^2$$

luego la forma cuadrática restringida es definida positiva.

4.15. El nivel de contaminación que produce una empresa se mide mediante la siguiente función índice:

$$K = x_1^2 - 3x_2^2 - 2x_3^2 - 2x_1x_2$$

donde x_1, x_2, x_3 son, respectivamente, las cantidades de materias primas A, B y C utilizadas en el proceso y K es el nivel de contaminación. Además, en su proceso de producción la empresa utiliza la misma cantidad de la materia prima A que la suma de las de B y C.

El gobierno no autoriza los procesos productivos que generen niveles de contaminación con índice K positivo. Si usted es el gerente de esta empresa, ¿pediría la autorización para su apertura? ¿Por qué?

SOLUCIÓN

El nivel de contaminación C se puede interpretar como una forma cuadrática en las variables x_1, x_2, x_3:

$$C(x_1, x_2, x_3) = x_1^2 - 3x_2^2 - 2x_3^2 - 2x_1x_2$$

Como no se permiten niveles de contaminación positivos, esta forma cuadrática tiene que tomar valores menores o iguales que cero. Es decir, debe ser al menos semidefinida negativa. Pero en este caso no tiene por qué poseer ese carácter en todo $\mathbb{R}^3$ (de hecho, es fácil ver que C sin restringir es indefinida), ya que sabemos que debe verificarse la igualdad $x_1 = x_2 + x_3$. Por tanto, debe ser semidefinida negativa la forma cuadrática:

$$C(x_1, x_2, x_3) = x_1^2 - 3x_2^2 - 2x_3^2 - 2x_1x_2$$
$$\text{s. a} \quad x_1 = x_2 + x_3$$

Veamos si esto es así. Sustituyendo la igualdad de la restricción en C, obtenemos:

$$
\begin{aligned}
C(x_2, x_3) &= (x_2 + x_3)^2 - 3x_2^2 - 2x_3^2 - 2(x_2 + x_3)x_2 = \\
&= x_2^2 + x_3^2 + 2x_2x_3 - 3x_2^2 - 2x_3^2 - 2x_2^2 - 2x_2x_3 = \\
&= -4x_2^2 - x_3^2
\end{aligned}
$$

que es una forma cuadrática con matriz asociada:

$$\begin{bmatrix} -4 & 0 \\ 0 & -1 \end{bmatrix}$$

y, por tanto, es, en efecto, definida negativa. Así pues, sí se puede solicitar la autorización.

Funciones reales de variable real

- Concepto de función: 5.1
- Cálculo de dominios: 5.2
- Composición: 5.3
- Derivadas: 5.4, 5.5, 5.6
- Representación gráfica, obtención de óptimos: 5.7, 5.8
- Desarrollo de Taylor: 5.9
- Aplicaciones económicas: 5.10, 5.11

5.1. Compruébese si las siguientes expresiones son «funciones»:

a) $f(x) = 2x$
b) $g(x) = \sqrt{x}$

En caso afirmativo, calcúlense evaluadas en $x_0 = 3$.

SOLUCIÓN

Cada vez que queramos expresar la dependencia de unas variables con respecto a otras hemos de recurrir al concepto matemático de función, el cual, en el capítulo que nos ocupa, relaciona dos variables: la primera, que llamaremos dependiente, y, resulta de un único valor dado de la otra variable, x, que llamaremos independiente, hecho que notaremos de la forma:

$$f: \mathbb{R} \to \mathbb{R}$$

y diremos que $f(x) = y$ es una función real de variable real.

Las funciones tienen una importancia fundamental en cualquier área de las matemáticas; en Economía, se utilizan constantemente términos como funciones de oferta y demanda, producción, consumo, etc. En este capítulo vamos a definir y a desarrollar algunas de las propiedades de las funciones reales de una variable real.

Para conocer estas funciones hemos de estudiar, entre otras cosas, sus dominios, su derivada, su crecimiento o su convexidad, lo cual nos llevará a poder realizar una representación gráfica de las mismas y conocerlas en profundidad, cuestiones que desarrollaremos en la presente lección.

La definición matemática de una función es la siguiente: entendemos por función a una expresión matemática en la cual, para cada valor de la variable independiente, x, existe un único valor de la variable dependiente asociada, $y = f(x)$.

a)   En nuestros ejemplos, $f(x) = 2x$ sí es una función, que podemos observar gráficamente:

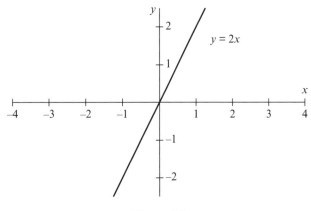

Figura 5.1

Para evaluar la función en el punto dado, no tenemos más que sustituir el valor de x por dicho valor, resultando:

$$f(3) = 6$$

b)   En cambio, $g(x) = \sqrt{x}$ no es una función, ya que para un valor de x, variable independiente, obtenemos **dos valores posibles** de la variable dependiente y (positivo y negativo).

A partir de ahora, siempre que escribamos una raíz cuadrada entenderemos que estamos escogiendo el signo positivo, para que tenga sentido como función.

$$g(3) = \sqrt{3} = 1{,}73205$$

5.2.   Calcule el dominio de las siguientes funciones:

a) $f(x) = \dfrac{x}{x - 3}$

b) $f(x) = \sqrt{x - 5}$

c) $f(x) = \dfrac{x - 2}{\sqrt{x - 7}}$

d) $f(x) = \ln(x - 2)$

e) $f(x) = \dfrac{\ln(x - 4)}{\sqrt{x - 3}}$

f) $f(x) = \dfrac{x^2}{e^x - 5}$

SOLUCIÓN

El dominio de una función consta de todos los valores de la variable independiente para los cuales la expresión tiene sentido (a menos que se mencione explícitamente otro). Denotaremos el dominio de una función f por Dom (f).

a) $f(x) = \dfrac{x}{x - 3}$

Para calcular el dominio procedemos de la siguiente forma; la función $f(x)$ está definida como un cociente, en el cual el numerador no plantea problemas, pero en el denominador, para $x = 3$, dividimos por cero; por tanto, el dominio de la función es:

$$\text{Dom}(f) = \{x \in \mathbb{R} / x \neq 3\} = (-\infty, 3) \cup (3, \infty) = \mathbb{R} - \{3\}.$$

b) $f(x) = \sqrt{x - 5}$

Esta función está definida por una raíz cuadrada; para determinar su dominio hemos de tener en cuenta que el radicando debe ser mayor o igual que cero; por tanto:

$$\text{Dom}(f) = \{x \in \mathbb{R} / x \geq 5\} = (5, \infty).$$

c) $f(x) = \dfrac{x - 2}{\sqrt{x - 7}}$

Esta función está definida por una raíz cuadrada en el denominador; el numerador, al ser una función polinómica, no plantea problemas; para determinar su dominio tendremos que tener en cuenta que el radicando debe ser, en este caso, mayor estricto que cero, por lo que:

$$\text{Dom}(f) = \{x \in \mathbb{R} / x > 7\} = (7, \infty)$$

d) $f(x) = \ln(x - 2)$

La función logaritmo neperiano, $\ln(x)$, está definida en $\mathbb{R}^+ - \{0\}$; en este ejemplo tendremos que tener en cuenta que $x - 2$ tiene que ser siempre una expresión positiva. Por tanto:

$$\text{Dom}(f) = \{x \in \mathbb{R} / x > 2\} = (2, \infty)$$

e) $f(x) = \dfrac{\ln(x - 4)}{\sqrt{x - 3}}$

Esta función está definida por un cociente, donde el numerador está definido por la función logaritmo; por tanto, $x - 4 > 0$ y el denominador es una raíz cuadrada, por lo que el radicando tiene que ser estrictamente mayor que cero. Así:

$$\text{Dom}(f) = \{x \in \mathbb{R} / x > 4\} \cap \{x \in \mathbb{R} / x > 3\} = (4, \infty) \cap (3, \infty) = (4, \infty)$$

f) $f(x) = \dfrac{x^2}{e^x - 5}$

En esta función sólo tenemos problemas en el denominador, el cual no se puede anular; por tanto:

$$\text{Dom}(f) = \{x \in \mathbb{R} / e^x \neq 5\} = \{x \in \mathbb{R} / x \neq \ln(5)\} = \mathbb{R} - \{\ln(5)\}$$

5.3. Calcule la composición $g \circ f$, en el caso que tenga sentido, de las siguientes funciones:

a) $f(x) = x^2 + 5, \quad g(x) = \sqrt{x}$

b) $f(x) = x^2, \quad g(x) = e^{2x + 5}$

c) $f(x) = x^2 - e^x, \quad g(x) = \cos(x)$

SOLUCIÓN

Dadas dos funciones reales de variable real, se pueden componer siempre y cuando la imagen del dominio de la primera esté contenida en el dominio de la segunda; esto es, si tenemos las funciones $f\colon D \subseteq \mathbb{R} \to \mathbb{R}$ y $g\colon H \subseteq \mathbb{R} \to \mathbb{R}$, hemos de exigir que $f(D) \subseteq H$ y escribiremos por definición:

$$(g \circ f)(x) = g[f(x)]$$

a) En nuestro ejemplo, el dominio de g son los números no negativos, y puesto que la expresión de f siempre es positiva, se pueden componer, resultando:

$$(g \circ f)(x) = g[f(x)] = g(x^2 + 5) = \sqrt{x^2 + 5}$$

También se pueden componer en sentido inverso, puesto que el dominio de f no presenta restricciones:

$$(f \circ g)(x) = f[g(x)] = f(\sqrt{x}) = x + 5$$

Es fundamental manejar la composición de funciones, puesto que pasaremos a derivarlas más adelante. Además, como se verá en la lección correspondiente, generalizaremos este concepto para funciones de más de una variable.

b) Puesto que aquí el dominio de las funciones que intervienen es todo $\mathbb{R}$, resulta:

$$(g \circ f)(x) = g(x^2) = e^{2x^2 + 5}$$

c) Igual que en el apartado anterior, los dominios no presentan restricciones, por lo que obtenemos:

$$(g \circ f)(x) = g(x^2 - e^x) = \cos(x^2 - e^x)$$

5.4. Dada la función $f(x) = x^2$, hallar:

a) La tasa de variación media en el punto x para un incremento h.
b) La tasa de variación instantánea.
c) La derivada en $x = 2$.
d) La función derivada.
e) La recta tangente a la curva en $x = 2$.

SOLUCIÓN

a) La tasa de variación media en el punto x para un incremento h vendrá dada por:

$$t_m = \frac{\Delta y}{\Delta x} = \frac{f(x+h) - f(x)}{h} = \frac{(x+h)^2 - x^2}{h} = 2x + h$$

b) La tasa de variación instantánea es el límite de la tasa de variación media cuando los intervalos de la variable independiente se hacen cada vez más pequeños; es decir:

$$t_i = \lim_{h \to 0} \frac{f(x+h) - f(x)}{h} = \lim_{h \to 0} \frac{(x+h)^2 - x^2}{h} = \lim_{h \to 0} (2x + h) = 2x$$

c) El desarrollo de todos los conceptos basados en las tasas de variación se engloba dentro de las matemáticas en el llamado Cálculo Diferencial. En este apartado tenemos que calcular la derivada de una función en un punto.

Definimos derivada de la función *f* en un punto $x = a$ y lo denotamos por $f'(a)$, al límite, si existe, de:

$$f'(a) = \lim_{h \to 0} \frac{f(a+h) - f(a)}{h}$$

en nuestro ejemplo:

$$f'(2) = \lim_{h \to 0} \frac{f(2+h) - f(2)}{h} = \lim_{h \to 0} \frac{(2+h)^2 - 2^2}{h} = \lim_{h \to 0} \frac{2^2 + h^2 + 4h - 2^2}{h} = 4$$

Por tanto, la tasa de variación instantánea no es más que la derivada de una función en un punto.

d) Diremos que una función es derivable en un conjunto *D* si existe su derivada para todo punto perteneciente a *D*, y a la función que asigna a cada punto del conjunto *D* el valor de su derivada se le denomina función derivada, y se denota generalmente por $y' = f'(x)$.

Por tanto, $f'(x) = 2x$.

«La derivada de una función en un punto es un número, y la función derivada, o simplemente la derivada, es una función.»

e) La ecuación de la recta tangente a la gráfica de $y = f(x)$ en el punto $[a, f(a)]$ es:

$$y - f(a) = f'(a)(x - a)$$

La recta tangente a la curva en $x = 2$ es:

$$y - f(2) = f'(2)(x - 2) \quad \Rightarrow \quad y - 4 = 4(x - 2) \quad \Rightarrow \quad y = 4x - 4$$

Gráficamente:

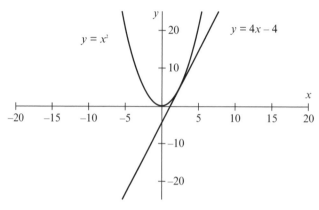

Figura 5.2

5.5. Dada la función $f(x) = \ln(x)$, hallar:

a) La función derivada.
b) La derivada en $x = 2$.
c) La recta tangente a la curva $f(x)$ en $x = 2$.

SOLUCIÓN

a) La función derivada es:

$$f'(x) = \frac{1}{x}$$

b) La derivada en $x = 2$ es:

$$f'(2) = \frac{1}{2}$$

c) La recta tangente a la curva en $x = 2$:

$$y - f(2) = f'(2)(x - 2) \quad \Rightarrow \quad y - \ln(2) = \frac{1}{2}(x - 2) \quad \Rightarrow \quad y = \frac{x}{2} - 1 + \ln(2)$$

Gráficamente:

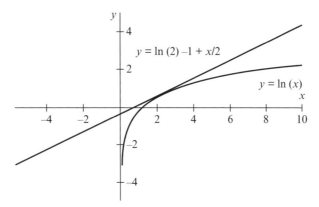

Figura 5.3

5.6. Calcule las derivadas de las siguientes funciones:

a) $f(x) = (x^3 - 7x + 3)^7$

b) $f(x) = \ln(x^2 - 7x)$

c) $f(x) = e^{x^2 - 1}$

d) $f(x) = 5^{x^3 - \operatorname{sen} x}$

e) $f(x) = \sqrt{\cos(x^2 - e^x)}$

SOLUCIÓN

El cálculo de estas derivadas, dado que son funciones compuestas, está basado en la aplicación de la denominada regla de la cadena, la cual nos proporciona la derivada de la composición de funciones, estando todas ellas dentro de las derivadas que denominamos «inmediatas», por su fácil resolución.

Si definimos $(g \circ f)(x) = g[f(x)]$, entonces:

$$(g \circ f)'(x) = g'[f(x)]f'(x)$$

a) Este primer ejemplo lo vamos a realizar desarrollándolo paso a paso; los siguientes se realizarán aplicando la regla de la cadena sin especificar la composición real.

$$h(x) = (x^3 - 7x + 3)^7 = (g \circ f)(x) = g[f(x)]$$

Siendo:

$$f(x) = x^3 - 7x + 3 \quad \Rightarrow \quad f'(x) = 3x^2 - 7$$
$$g(y) = y^7 \quad \Rightarrow \quad g'(y) = 7y^6$$

luego:

$$h'(x) = (g \circ f)'(x) = g'[f(x)]f'(x)$$
$$h'(x) = 7(x^3 - 7x + 3)^6(3x^2 - 7)$$

b) $f(x) = \ln(x^2 - 7x)$

$$f'(x) = \frac{2x - 7}{x^2 - 7x}$$

c) $f(x) = e^{x^2 - 1}$

$$f'(x) = 2xe^{x^2 - 1}$$

d) $f(x) = 5^{x^3 - \operatorname{sen} x}$

$$f'(x) = (3x^2 - \cos x)5^{x^3 - \operatorname{sen} x}[\ln(5)]$$

e) $f(x) = \sqrt{\cos(x^2 - e^x)}$

$$f'(x) = \frac{1}{2}[\cos(x^2 - e^x)]^{-1/2}[-\operatorname{sen}(x^2 - e^x)](2x - e^x) =$$

$$= \frac{[-\operatorname{sen}(x^2 - e^x)](2x - e^x)}{2\sqrt{\cos(x^2 - e^x)}}$$

5.7.   Dada la siguiente función:

$$f(x) = 3x^2 + 5x + 7$$

a)   Calcule sus puntos de corte con el eje OX y el eje OY.

---

  b) Estudie su crecimiento o decrecimiento.
  c) Estudie su concavidad o convexidad.
  d) Calcule sus puntos óptimos.

SOLUCIÓN

a) Los puntos de corte con los ejes suelen ser una información importante a la hora de realizar un estudio gráfico de una función, pues nos proporcionan una buena base para empezar dicho estudio.

Para calcular los puntos de corte con el eje OX, tenemos que hallar aquellos puntos para los que $y = 0$, esto es:

$$3x^2 + 5x + 7 = 0$$

de donde resulta que no existen raíces reales, lo que en nuestro caso nos lleva a afirmar que no hay puntos de corte con este eje.

En cuanto al eje OY, son aquellos puntos donde $x = 0$, y sustituyendo en nuestro caso resulta $y = 7$, por lo que el punto de corte será $(0, 7)$.

b) Cuando tengamos una función derivable, estudiar su crecimiento o decrecimiento se realiza a partir del cálculo de su primera derivada, aplicando el resultado que nos afirma lo siguiente:

$$\text{Si } f'(x_0) > 0 \quad \Rightarrow \quad \text{La función es creciente en el punto } x_0$$
$$\text{Si } f'(x_0) < 0 \quad \Rightarrow \quad \text{La función es decreciente en el punto } x_0$$

Los puntos que verifiquen que $f'(x_0) = 0$ se denominan singulares o críticos, y entre ellos están los óptimos del problema (máximos o mínimos), los cuales clasificaremos a partir del signo de la segunda derivada, como detallaremos a continuación.

Para aplicar lo dicho a este problema, calculamos la primera derivada, que resulta:

$$f'(x) = 6x + 5$$

la cual se anula para $x = -5/6$, con lo que podemos afirmar que la función es decreciente en el intervalo $(-\infty, -5/6)$ y creciente en $(-5/6, \infty)$, siendo el punto $-5/6$ un posible óptimo que clasificaremos después.

c)   La convexidad de una función que sea dos veces derivable se caracteriza a través del estudio del signo de su segunda derivada, pudiendo afirmar lo siguiente:

$$\text{Si } f''(x_0) > 0 \quad \Rightarrow \quad \text{La función es convexa en } x_0$$
$$\text{Si } f''(x_0) < 0 \quad \Rightarrow \quad \text{La función es cóncava en } x_0$$

En el supuesto de que la segunda derivada se anule, pasaríamos al cálculo de la tercera derivada en dicho punto, y si ésta resulta distinta de cero, el punto será punto de inflexión, es decir, un punto singular donde la función pasa de cóncava a convexa o viceversa.

En nuestro ejemplo, $f''(x) = 6$, resultando positiva para todo punto, por lo que podemos afirmar que es convexa en todo su dominio.

d)   Para que un punto singular sea óptimo se ha de cumplir:

$$\text{Mínimo local si } f''(x_0) > 0$$
$$\text{Máximo local si } f''(x_0) < 0$$

Así, el punto $x = -5/6$ es mínimo local del problema, con $f(-5/6) = 4{,}91667$. Gráficamente, podemos observar todo lo dicho:

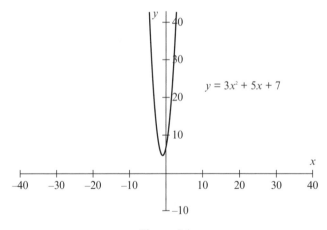

Figura 5.4

donde vemos que, además, el punto es mínimo global, es decir, mínimo en todo el espacio y no únicamente en un entorno, como ocurre con los óptimos locales.

Además, esta afirmación la podíamos realizar de antemano, al ser la función convexa en todo el espacio.

120

5.8. Dada la función:

$$f(x) = \sqrt{x^2 - 4x + 7}$$

a) Estudie el crecimiento o decrecimiento de la función.
b) Estudie su convexidad o concavidad.
c) Obtenga sus puntos óptimos.

SOLUCIÓN

Antes de comenzar el problema es interesante calcular el dominio de la función. Puesto que es una raíz cuadrada, hemos de elegir los puntos que hacen la expresión no negativa. Si igualamos a cero:

$$x^2 - 4x + 7 = 0$$

observamos que no existen raíces reales, por lo que la expresión se mantendrá siempre positiva.

a) Para estudiar el crecimiento o decrecimiento de una función hemos de calcular el signo de la primera derivada, que resulta:

$$f'(x) = \frac{2x - 4}{2\sqrt{x^2 - 4x + 7}} = \frac{x - 2}{\sqrt{x^2 - 4x + 7}}$$

El denominador es siempre positivo, por lo que el signo lo proporciona el numerador, de forma que:

$$x - 2 > 0 \implies x > 2 \text{ La función es creciente.}$$
$$x - 2 < 0 \implies x < 2 \text{ La función es decreciente.}$$
$$x - 2 = 0 \implies x = 2 \text{ Es un punto singular.}$$

b) En cuanto a la segunda derivada:

$$f''(x) = \frac{3}{(x^2 - 4x + 7)^{3/2}}$$

la cual es siempre positiva, por lo que la función es convexa en todo su dominio.

c) Si evaluamos en el punto $x = 2$:

$$f''(2) = \frac{I}{\sqrt{3}} > 0 \quad \Rightarrow \quad x = 2 \text{ es un mínimo local, con } f(2) = \sqrt{3}$$

Gráficamente, podemos observar todo lo dicho:

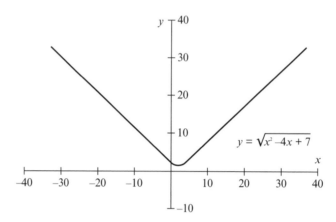

Figura 5.5

5.9. Obtener el desarrollo de Taylor alrededor de cero de la función:

$$f(x) = \operatorname{sen}(x)$$

a) De grado uno.
b) De grado dos.
c) De grado tres.

SOLUCIÓN

Dada una función real de variable real, que sea de clase infinito (esto es, que podamos derivarla con continuidad indefinidamente), llamamos desarrollo de Taylor de dicha función alrededor de un punto $x = x_0$ de grado n, a la siguiente expresión:

$$f(x) \cong f(x_0) + f'(x_0)(x - x_0) + \frac{f''(x_0)}{2!}(x - x_0)^2 + \cdots + \frac{f^n(x_0)}{n!}(x - x_0)^n$$

la cual es válida para valores de x en un entorno del punto dado, $x \in N(x_0)$ y nos sirve para aproximar la función por expresiones polinómicas más sencillas en un entorno de dicho punto; cuanto mayor sea el grado, mejor será la aproximación.

En nuestro ejemplo, la función se representa gráficamente:

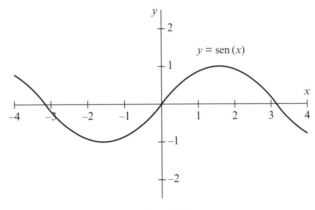

Figura 5.6

Y las derivadas evaluadas en el punto resultan:

$$f(x) = \text{sen}(x) \quad \Rightarrow \quad f(0) = 0$$
$$f'(x) = \cos(x) \quad \Rightarrow \quad f'(0) = 1$$
$$f''(x) = -\text{sen}(x) \quad \Rightarrow \quad f''(0) = 0$$
$$f'''(x) = -\cos(x) \quad \Rightarrow \quad f'''(0) = -1$$

sustituyendo en la fórmula, obtenemos:

a) $f(x) = 0 + 1(x - 0) = x$

b) $f(x) = 0 + 1(x - 0) + 0 = x$

c) $f(x) = 0 + 1(x - 0) + 0 - \dfrac{1}{3!}(x - 0)^3 = x - \dfrac{x^3}{6}$

de cuyas expresiones observamos que el desarrollo de orden uno y de orden dos coinciden, ya que la segunda derivada es cero y no incorpora términos nuevos. Así, en a) y b) tenemos que:

$$\text{sen}(x) \approx x$$

la cual gráficamente es:

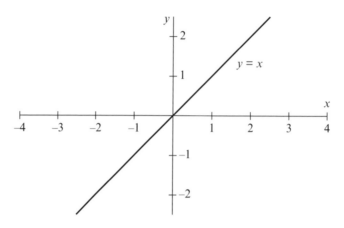

Figura 5.7

y en el apartado *c*):

$$\text{sen}(x) \cong x - \frac{x^3}{6}$$

representando gráficamente:

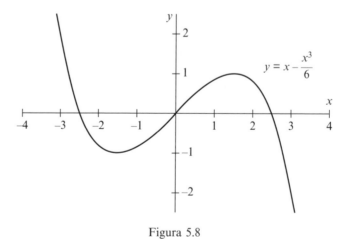

Figura 5.8

Si unimos las tres gráficas, observamos que la última es la mejor aproximación de nuestra función alrededor de cero:

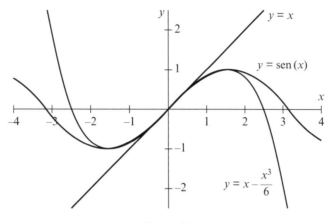

Figura 5.9

Este hecho también lo podemos verificar analíticamente, evaluando en puntos cercanos a cero, por ejemplo, $x = 0,01$, y observando cuánto vale la función y las dos aproximaciones obtenidas:

$$f(x) = \text{sen}(x) \quad \Rightarrow \quad f(0,01) = 0,099833$$
$$g(x) = x \quad \Rightarrow \quad g(0,01) = 0,01$$
$$h(x) = x - \frac{x^3}{6} \quad \Rightarrow \quad h(0,01) = 0,099667$$

Así, h aproxima tres decimales correctos con respecto a f, mientras que g sólo proporciona uno, si bien esta diferencia se hace inapreciable cuanto más cerca está el punto de cero.

5.10. Dada la función de beneficios de una empresa:

$$B(x) = xe^{x - x^2}$$

donde x es la cantidad producida de un cierto bien, compruebe que dicha función alcanza un máximo cuando x toma el valor 1.

SOLUCIÓN

Para obtener dónde alcanza el máximo esta función de beneficios, calculamos su derivada y la igualamos a cero:

Matemáticas para la economía y la empresa

$$B(x) = xe^{x-x^2} \quad \Rightarrow \quad B'(x) = e^{x-x^2} + x(1-2x)e^{x-x^2} = (1+x-2x^2)e^{x-x^2} = 0$$

$$-2x^2 + x + 1 = 0 \quad \Leftrightarrow \quad x = 1, \quad x = \frac{-1}{2}$$

Obtenemos dos valores para la variable que nos anulan la derivada, pero el valor:

$$x = \frac{-1}{2}$$

no tiene sentido económico, dado que x representa la cantidad producida de un cierto bien.

Vamos a calcular la derivada segunda para comprobar si en $x = 1$ tenemos un máximo:

$$B''(x) = (1-4x)e^{x-x^2} + (1+x-2x^2)(1-2x)e^{x-x^2} =$$
$$= (4x^3 - 4x^2 - 5x + 2)e^{x-x^2}$$

$B''(1) = -3 < 0$, lo cual implica que para la cantidad $x = 1$ nuestra función de beneficios alcanza un máximo, y el beneficio máximo obtenido es $B(1) = 1$.

Gráficamente, vemos claramente el máximo y el comportamiento de la función; como la variable x sólo toma valores positivos, dado que representa cantidades producidas de un cierto bien, su mínimo estaría en $x = 0$, y el beneficio en este punto es también cero.

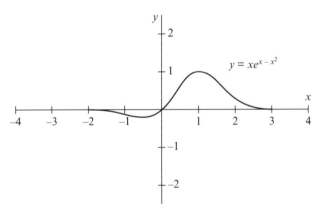

Figura 5.10

5.11. La función de costes de una empresa que produce un bien en cantidad x es:

$$C(x) = e^{x^2 - 5x + 4}$$

Se pide:

a) Determine el dominio matemático y el dominio económico de esta función y analice el crecimiento y decrecimiento de la misma.
b) ¿Para qué nivel de producción es el coste de esta empresa mínimo? ¿Cuál es el coste mínimo?

SOLUCIÓN

a) El dominio matemático de esta función, al ser una exponencial, es todo $\mathbb{R}$:

$$\text{Dom}(f) = \mathbb{R}$$

Sin embargo, al considerar el dominio económico, dado que la variable x representa la cantidad producida de un cierto bien, el dominio se reduce a considerar sólo valores de x positivos; por tanto, $\text{Dom}_{EC}(f) = \mathbb{R}^+$.

Para determinar el crecimiento y decrecimiento de esta función de costes, necesitamos calcular la derivada primera y estudiar su signo; entonces:

$$C'(x) = (2x - 5)e^{x^2 - 5x + 4} = 0 \quad \Leftrightarrow \quad x = \frac{5}{2}$$

Como la exponencial es una función positiva, el signo de la derivada nos lo determina el factor que multiplica, es decir $(2x - 5)$; por tanto:

— En el intervalo:

$$\left[0, \frac{5}{2}\right] \quad C'(x) \leq 0$$

y la función es decreciente; por tanto, los costes decrecen.

— En el intervalo:

$$\left[\frac{5}{2}, \infty\right) \quad C'(x) \geq 0$$

y la función es creciente; por tanto, los costes crecen.

Este estudio nos determina que en:

$$x = \frac{5}{2}$$

la función alcanza un mínimo. Gráficamente, nuestra función de costes es:

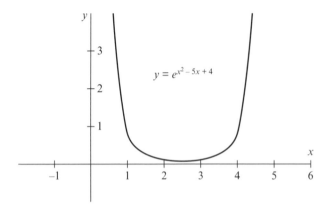

Figura 5.11

b) En este apartado, nos piden que determinemos dónde la función alcanza el mínimo; de hecho, este estudio ya está realizado en el apartado anterior, al haber determinado el crecimiento y decrecimiento; de todas formas, el desarrollo sería:

$$C'(x) = (2x - 5)e^{x^2 - 5x + 4} = 0 \quad \Leftrightarrow \quad x = \frac{5}{2}$$

Si calculamos la derivada segunda y sustituimos:

$$C''(x) = 2e^{x^2 - 5x + 4} + (2x - 5)^2 e^{x^2 - 5x + 4} > 0 \quad \Rightarrow \quad C''\left(\frac{5}{2}\right) > 0$$

Observamos que esta derivada siempre es positiva; por tanto, efectivamente tenemos un mínimo en $x = \frac{5}{2}$; es más, podemos afirmar también que nuestra función de costes es convexa en todo su dominio.

Por último, el coste mínimo asociado es:

$$C\left(\frac{5}{2}\right) = e^{-9/4} \simeq 0{,}1053992$$

LECCIÓN

6

El espacio $\mathbb{R}^n$.
Funciones de $\mathbb{R}^n$ a $\mathbb{R}^m$

- Conjunto abierto, cerrado en $\mathbb{R}$: 6.1, 6.2, 6.3
- Conjunto abierto, cerrado, frontera en $\mathbb{R}^n$: 6.4, 6.5, 6.6
- Cálculo de dominios de funciones: 6.7, 6.10
- Composición de funciones: 6.8, 6.9, 6.10, 6.11, 6.12

6.1. Dado el conjunto $A = (2,3) \cup \{4\}$, discuta la veracidad de las siguientes afirmaciones:

a) 2 y 3 no son puntos frontera de A.
b) 2 y 3 son puntos de A.
c) A es cerrado.
d) A es abierto.
e) 4 es punto aislado

SOLUCIÓN

a) 2 y 3 no son puntos frontera de A.

Falso. Diremos que un punto $\vec{x} \in \mathbb{R}^n$ es punto frontera de un conjunto A si para todo entorno del punto, $N(\vec{x})$, siempre existen puntos del conjunto y puntos que no son del conjunto; es decir, si:

$$N(\vec{x}) \cap A \neq \phi \quad \text{y} \quad N(\vec{x}) \cap A^c \neq \phi$$

donde A^c representa al complementario del conjunto A. Los puntos frontera son aquellos puntos adherentes que no son interiores.

2 y 3 *sí son puntos frontera,* pues al tomar un entorno del punto 2 $(2 - \varepsilon, 2 + \varepsilon)$ se verifica que:

$$(2 - \varepsilon, 2 + \varepsilon) \cap [(2,3) \cup \{4\}] = (2, 2 + \varepsilon) \neq \phi$$

y

$$(2 - \varepsilon, 2 + \varepsilon) \cap [(2,3) \cup \{4\}]^c = (2 - \varepsilon, 2) \neq \phi$$

130

$$
\begin{array}{c}
\overset{2-\varepsilon \quad 2+\varepsilon}{\underset{2 \qquad 3 \qquad 4}{[\text{—}(\text{—})\text{———}]\text{———}\bullet\text{——}}}
\end{array}
$$

Para el punto 3 razonamos de forma análoga:

$$(3 - \varepsilon, 3 + \varepsilon) \cap [(2, 3) \cup \{4\}] = (3 - \varepsilon, 3) \neq \phi$$

y

$$(3 - \varepsilon, 3 + \varepsilon) \cap [(2, 3) \cup \{4\}]^c = [3, 3 + \varepsilon) \neq \phi$$

$$
\begin{array}{c}
\overset{3-\varepsilon \quad 3+\varepsilon}{\underset{2 \qquad 3 \qquad 4}{[\text{———}(\text{—})\text{—}]\text{———}\bullet\text{——}}}
\end{array}
$$

Es decir, si un punto es punto frontera, es porque en un entorno de él existirán siempre puntos del conjunto y puntos que no estén en el conjunto, que, por tanto, estarán en el complementario. La idea gráfica es que son los puntos que se encuentran en el borde del conjunto.

b)   2 y 3 son puntos de *A*.

Falso. Evidentemente, esta afirmación es falsa, por la propia definición del conjunto *A*, que es unión de un punto aislado con un intervalo abierto cuyos extremos son 2 y 3, que no pertenecen al conjunto.

c)   *A* es cerrado.

Falso. Un conjunto es cerrado cuando coincide con su adherencia, es decir, contiene a todos sus puntos adherentes. Como 2 y 3 son adherentes (por el apartado *b*) y no pertenecen al conjunto *A*, dicho conjunto no es cerrado. De hecho, la adherencia o el cierre de *A* es el conjunto:

$$\text{Adh}\,(A) = \bar{A} = [2, 3] \cup \{4\}$$

d)   *A* es abierto.

Falso. Puesto que el punto 4 es un punto aislado y, por tanto, no es interior al conjunto *A*.

Recordamos que, dado un conjunto $A \subset \mathbb{R}^n$, diremos que un punto $\vec{x} \in A$ es punto interior de *A*, si existe al menos un entorno de $\vec{x}$, $N(\vec{x})$, totalmente contenido en *A*. Luego, evidentemente, el propio *A* es entorno de $\vec{x}$, y es obvio que Int $(A) \subset A$.

e)   4 es punto aislado.

Verdadero. Puesto que existe un entorno del punto 4, por ejemplo (3,9, 4,1), cuya intersección con el conjunto A es el propio punto.

$$[(2, 3) \cup \{4\}] \cap (3,9, 4,1) = \{4\}$$

6.2.   Dado el conjunto $A = (2, 4) \cap (3, 5)$, discuta la veracidad de las siguientes afirmaciones:

a) A es cerrado.
b)   2 y 4 son puntos adherentes de A.
c)   3 y 4 son puntos frontera de A.
d)   2 y 5 son puntos frontera.

SOLUCIÓN

Si representamos el conjunto en la recta real tenemos:

a) A es cerrado.

Falso. El conjunto A es intersección de dos abiertos, y el resultado es otro conjunto abierto:

$$A = (2, 4) \cap (3, 5) = (3, 4)$$

b)   2 y 4 son puntos adherentes de A.

Falso. El conjunto A es abierto.

Como $2 \notin A$, al no ser punto frontera no es adherente.

Para el punto 4 tomemos un entorno de la forma $(4 - \varepsilon, 4 + \varepsilon)$, con $\varepsilon > 0$; si calculamos:

$$(3, 4) \cap (4 - \varepsilon, 4 + \varepsilon) = (4 - \varepsilon, 4)$$

132

con lo cual 4 es punto adherente, al ser siempre la intersección distinta del vacío.

c) 3 y 4 son puntos frontera de A.

Verdadero. Tomamos un entorno del punto 3, por ejemplo, $(3 - \varepsilon, 3 + \varepsilon)$ con $\varepsilon > 0$; si calculamos:

$$(3 - \varepsilon, 3 + \varepsilon) \cap (3, 4) = (3, 3 + \varepsilon) \neq \phi$$

y

$$(3 - \varepsilon, 3 + \varepsilon) \cap (3, 4)^c = (3 - \varepsilon, 3) \neq \phi$$

Esto nos indica que hay puntos del entorno que pertenecen al conjunto A y puntos que no; por tanto, el punto 3 es punto frontera.

Para el punto 4 se razona de forma análoga:

$$(4 - \varepsilon, 4 + \varepsilon) \cap (3, 4) = (4 - \varepsilon, 4) \neq \phi$$

y

$$(4 - \varepsilon, 4 + \varepsilon) \cap (3, 4)^c = (4, 4 + \varepsilon) \neq \phi$$

Por consiguiente, el punto 4 es punto frontera.

d) 2 y 5 son puntos frontera.

Falso. Estos puntos no son frontera. Para verlo tomamos un entorno del punto 2, por ejemplo $(1,9, 2,1)$; si calculamos:

$$(1,9, 2,1) \cap (3, 4) = \phi$$

y esto nos demuestra que 2 no es punto frontera.

Para el punto 5, si tomamos $(4,9, 5,1)$:

$$(4,9, 5,1) \cap (3, 4) = \phi$$

por lo que tampoco es punto frontera.

6.3. Dado el conjunto $A = (2,4] \cap [3,5)$, discuta la veracidad de las siguientes afirmaciones:

a) A es cerrado.
b) 3 y 4 son puntos aislados de A.
c) 2 y 5 son puntos frontera.

SOLUCIÓN

Gráficamente, el conjunto sería:

a) A es cerrado.
Verdadero. Si es cerrado, dado que $A = (2,4] \cap [3,5) = [3,4]$, que es un intervalo cerrado.
En este problema tenemos la intersección de dos conjuntos que no son ni abiertos ni cerrados, y el resultado de la intersección es un conjunto cerrado.

b) 3 y 4 son puntos aislados de A.
Falso. Si tomamos un entorno del punto 3, $(3 - \varepsilon, 3 + \varepsilon)$, la intersección con A no es sólo el punto 3, luego el punto 3 no es punto aislado. Con el 4 se razona de igual forma.

c) 2 y 5 son puntos frontera.
Falso. Ni 2 ni 5 pertenecen al conjunto, y no son extremos del intervalo que define al conjunto A, luego no son puntos frontera.

Teoría

Vamos a generalizar los conceptos que hemos visto en $\mathbb{R}$ para $\mathbb{R}^n$; en el caso particular de $\mathbb{R}^2$, haremos las gráficas de los conjuntos más usuales, como son las rectas, circunferencias, parábolas, elipses e hipérbolas, las cuales repasamos a continuación.

1. *Ecuación general de una recta:* $y = ax + b$, cuya representación geométrica es:

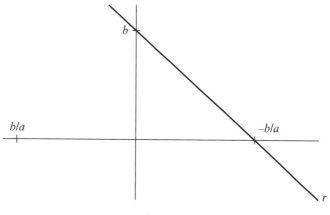

Figura 6.1

2. *Ecuación general de una circunferencia:* $(x - a)^2 + (y - b)^2 = r^2$, cuyo centro es el punto (a, b) y el radio es r. La representación gráfica es:

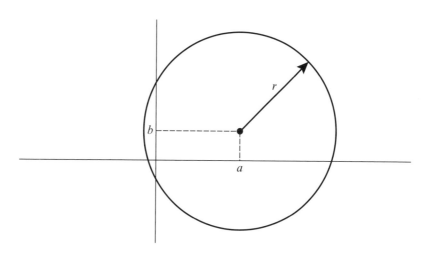

Figura 6.2

3. *Ecuación general de una parábola:* $y = a(x - x_0)^2 + y_0$, donde el punto (x_0, y_0) es el vértice; además, si a es positivo, la representación gráfica es:

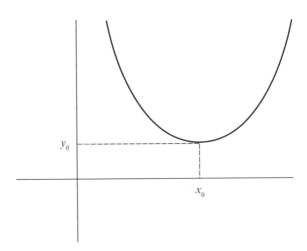

Figura 6.3

y si a es negativo, la representación gráfica es:

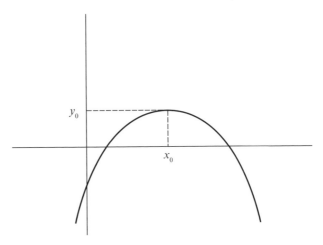

Figura 6.4

El módulo de a, $|a|$, nos indica la apertura de la parábola en ambos casos.

Ecuación general de una parábola, con una traslación de ejes:

$$x = a(y - y_0)^2 + x_0$$

donde el punto (x_0, y_0) es el vértice; además, si a es positivo, la representación gráfica es:

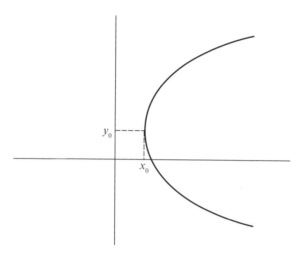

Figura 6.5

y si a es negativo, la representación gráfica es:

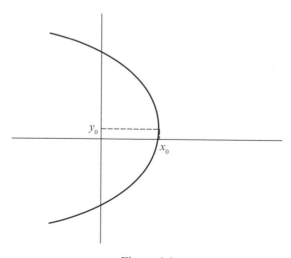

Figura 6.6

4. *Ecuación general de una elipse:* $\dfrac{(x-\alpha)^2}{a^2} + \dfrac{(y-\beta)^2}{b^2} = 1$, donde el punto (α, β) es el centro de la elipse, y a y b son, respectivamente, los semiejes de abscisas y ordenadas.

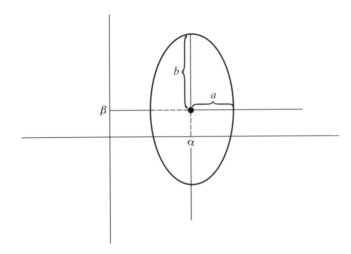

Figura 6.7

5. Como caso particular de *hipérbolas,* consideramos $xy = K$, que es simétrica respecto al eje *OX* y al eje *OY*, cuya representación gráfica es:

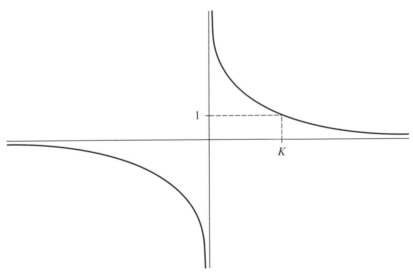

Figura 6.8

6.4. Sea el conjunto $A = \{(x,y) \in \mathbb{R}^2 / (x-1)^2 + (y+1)^2 \leq 4\}$. Describa: Int (A), la frontera de A. ¿Es A cerrado? ¿Es A abierto? ¿Está acotado?

SOLUCIÓN

$$\text{Int } (A) = \{(x,y) \in \mathbb{R}^2 / (x-1)^2 + (y+1)^2 < 4\}$$

El conjunto Int (A) correspondería al círculo sin el borde. La frontera:

$$\text{fr } (A) = \{(x,y) \in \mathbb{R}^2 / (x-1)^2 + (y+1)^2 = 4\}$$

El conjunto fr (A) corresponde sólo al borde o, lo que es lo mismo, la circunferencia que lo define.

El conjunto A es un círculo definido por una circunferencia de radio 2, centrada en el punto $(1, -1)$. Como la circunferencia que lo define pertenece al conjunto por estar definido con el signo $\leq$, el conjunto A es cerrado.

Está acotado por poderse englobar en una bola de centro el origen y radio, por ejemplo $r = 10$.

Recordamos que un conjunto $A \subset \mathbb{R}^n$ es acotado si está contenido en una bola de radio finito, $A \subset B(\vec{x}, r)$.

La frontera es la circunferencia que se representa por la igualdad, y el interior es el círculo menos la frontera.

Gráficamente:

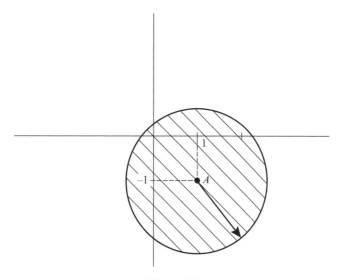

Figura 6.9

6.5. Sea el conjunto $A = \{(x, y) \in \mathbb{R}^2 / x^2 + y^2 < 4;\ x + y > 1\}$:

a) Dibuje el conjunto A.

b) Describa: Int (A), la frontera de A. ¿Es A cerrado? ¿Es A abierto? ¿Es A convexo?

SOLUCIÓN

a) La representación gráfica se muestra en la figura 6.10.

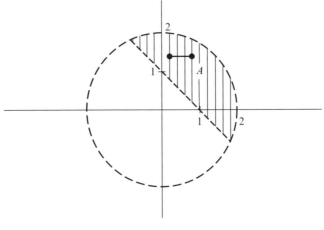

Figura 6.10

b) Al estar definido por restricciones estrictas, el conjunto A es abierto; por tanto, coincide con su interior.

$$\text{Int}\,(A) = \{(x, y) \in \mathbb{R}^2 / x^2 + y^2 < 4;\ x + y > 1\} = A$$

La frontera se muestra en la figura 6.11.
Y analíticamente es:

$$\text{fr}\,(A) = \{(x, y) \in \mathbb{R}^2 / x^2 + y^2 = 4;\ x + y \geq 1\} \cup \{(x, y) \in \mathbb{R}^2 / x^2 + y^2 \leq 4;\ x + y = 1\}$$

correspondientes a la unión de las dos porciones que se observa en la figura 6.11.

El conjunto es convexo, como se puede ver claramente en la figura 6.10, pues dados dos puntos distintos, la línea o segmento que los une está totalmente contenida en el conjunto.

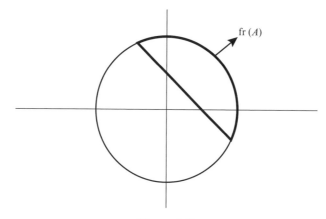

Figura 6.11

6.6.   Sea el conjunto $A = \{(x, y) \in \mathbb{R}^2 / x^2 + y^2 \leq 4; \ x^2 + y^2 \geq 1\}$:

   a)   Dibuje el conjunto A.
   b)   Describa: Int (A), la frontera de A. ¿Es A cerrado? ¿Es A abierto? ¿Es A convexo?

SOLUCIÓN

$$\text{Int }(A) = \{(x, y) \in \mathbb{R}^2 / x^2 + y^2 < 4; \ x^2 + y^2 > 1\}$$
$$\text{fr }(A) = \{(x, y) \in \mathbb{R}^2 / x^2 + y^2 = 4\} \cup \{(x, y) \in \mathbb{R}^2 / x^2 + y^2 = 1\}$$

a)   La figura 6.12 nos muestra la gráfica del conjunto.

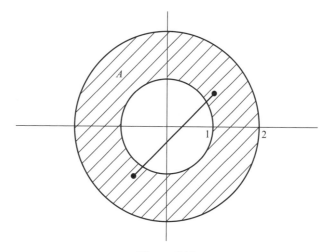

Figura 6.12

b) El conjunto A es cerrado, puesto que, al estar definido por restricciones de la forma $\leqslant$ y $\geqslant$, contiene a su frontera.

No es abierto, y su interior está formado por la intersección de los dos conjuntos que se describen; uno es un círculo, y el otro es el complementario de otro círculo sin incluir la frontera.

No es convexo; gráficamente, si tomamos dos puntos, por ejemplo uno en el primer cuadrante y otro en el tercero, la línea o segmento que los une tiene partes fuera del conjunto.

6.7. Calcule los dominios de las siguientes funciones y aplique sobre ellos los conocimientos del capítulo anterior (cerrado, abierto, convexo, frontera...):

a) $\quad f(x, y) = \dfrac{1}{\sqrt{\ln(y - x^2)}}$

b) $\quad f(x, y) = \sqrt{\ln(y - x^2)}$

c) $\quad f(x, y, z) = \sqrt{x \cdot y \cdot z}$

d) $\quad f(x, y) = \sqrt{x + y}$

e) $\quad f(x, y) = \dfrac{1}{\sqrt{x + y}}$

SOLUCIÓN

a) $\quad f(x, y) = \dfrac{1}{\sqrt{\ln(y - x^2)}}$

Dado que la función viene definida como cociente de dos funciones, tenemos que estudiar dónde se anula el denominador.

El denominador es la función $g(x, y) = \sqrt{\ln(y - x)^2}$, luego hemos de tener en cuenta que al ser una raíz cuadrada, el radicando tiene que ser positivo y además estricto por estar dividiendo, es decir:

$$\ln(y - x)^2 > 0$$

Al ser el radicando un logaritmo, para que se verifique que sea estrictamente positivo ha de verificarse la siguiente relación entre las variables x e y:

$$\ln(y - x^2) > 0 \quad \Rightarrow \quad y - x^2 > 1$$

Por tanto, el dominio de esta función será el conjunto:

$$D = \{(x, y) \in \mathbb{R}^2 / y - x^2 > 1\}$$

Gráficamente sería:

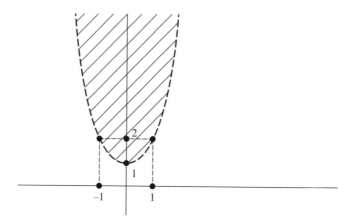

Figura 6.13

El conjunto es convexo y abierto, la frontera es la parábola $y = 1 + x^2$, y no está acotado, como se puede ver en la figura.

b) $\quad f(x, y) = \sqrt{\ln(y - x^2)}$

En este caso no tenemos cocientes, luego esta función estará definida donde el logaritmo sea positivo o cero; así, el dominio es:

$$D = \{(x, y) \in \mathbb{R}^2 / y - x^2 \geq 1\}$$

Gráficamente sería:

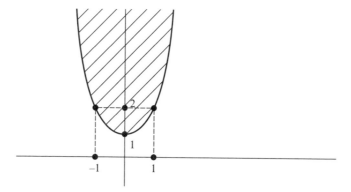

Figura 6.14

El conjunto es convexo y cerrado, la frontera es la parábola $y = 1 + x^2$ y no está acotado.

c) $f(x, y, z) = \sqrt{x \cdot y \cdot z}$

Volvemos a encontrarnos con una función donde aparece una raíz cuadrada, lo que implica que el radicando tiene que ser positivo:

$$\sqrt{x \cdot y \cdot z} \geq 0 \quad \Rightarrow \quad x \cdot y \cdot z \geq 0$$

El dominio será el conjunto de puntos donde este producto sea positivo. Para ello, o las tres coordenadas son positivas, o si una de ellas es negativa tiene que haber otra, para que el producto sea positivo:

$$D = \{(x, y, z) \in \mathbb{R}^3 / x \cdot y \cdot z \geq 0\}$$

d) $f(x, y) = \sqrt{x + y}$

Razonando de la misma forma que en los apartados anteriores, donde estudiábamos raíces cuadradas, el dominio de la función estará formado por los puntos que verifiquen:

$$D = \{(x, y) \in \mathbb{R}^2 / x + y \geq 0\}$$

Gráficamente:

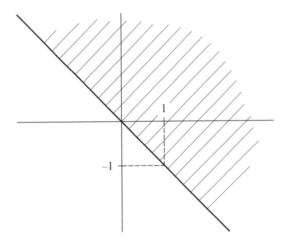

Figura 6.15

El conjunto es cerrado, convexo, la frontera la forma la recta $x + y = 0$, y no está acotado.

e) $\quad f(x, y) = \dfrac{1}{\sqrt{x + y}}$

Al ser un cociente cuyo denominador tiene una raíz cuadrada, no se debe anular y además el radicando tiene que ser siempre positivo, con lo que el dominio de la función estará formado por los puntos que verifiquen:

$$D = \{(x, y) \in \mathbb{R}^2 / x + y > 0\}$$

Gráficamente:

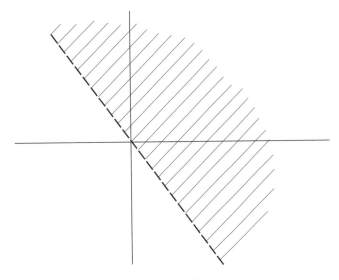

Figura 6.16

El conjunto es abierto, convexo, la frontera la forma la recta $x + y = 0$, y no está acotado.

6.8. Sea $\vec{f}(x, y) = (x^y, y^x)$, $g(u, v) = \ln(u \cdot v)$. Calcule los dominios de $\vec{f}$ y de g. Compruebe si se pueden componer y, en caso afirmativo, realizar dicha composición.

SOLUCIÓN

$\vec{f}$ es una función vectorial y g es una función escalar, definidas:

$$\vec{f}: B \subset \mathbb{R}^2 \to \mathbb{R}^2, \quad g: D \subset \mathbb{R}^2 \to \mathbb{R}$$

Para poder componer estas dos funciones se tiene que verificar:

$$\vec{f}(B) \subset D$$

Veamos primero el dominio de la función $\vec{f}$. Al ser exponenciales, las bases tienen que ser positivas; luego:

$$B = \{(x, y) \in \mathbb{R}^2 / x > 0, y > 0\}$$

El dominio de la función $g(u, v) = \ln(u \cdot v)$ estará formado por los puntos donde el signo de las variables es el mismo, es decir:

$$D = \{(u, v) / u \cdot v > 0\}$$

Como los puntos que pertenecen al conjunto $\vec{f}(B)$ son positivos, dado que son exponenciales de la forma $x^y > 0$ e $y^x > 0$, tenemos que sig $(x^y) =$ sig (y^x). Entonces, $\vec{f}(B) \subset D$, y podemos realizar la composición:

$$(g \circ \vec{f})(x, y) = g[\vec{f}(x, y)] = g(x^y, y^x) = \ln(x^y \cdot y^x) =$$
$$= \ln(x^y) + \ln(y^x) = y \cdot \ln(x) + x \cdot \ln(y)$$

6.9. Sea $\vec{f}(x, y) = (x^2 + y^2, 2x + y, x + 2y)$, $\vec{g}(u, v, w) = (\operatorname{sen}(u \cdot v), \cos(v \cdot w))$. Calcule los dominios de $\vec{f}$ y de $\vec{g}$. Compruebe si se pueden componer y, en caso afirmativo, realice dicha composición.

SOLUCIÓN

Las funciones $\vec{f}$ y $\vec{g}$ son vectoriales, definidas:

$$\vec{f}: B \subset \mathbb{R}^2 \to \mathbb{R}^3, \quad \vec{g}: D \subset \mathbb{R}^3 \to \mathbb{R}^2$$

Tendremos que comprobar si $\vec{f}(B) \subset D$, para poderlas componer, dado que el conjunto imagen de la primera función que actúa debe estar contenido en el dominio de la segunda.

En este ejercicio, las funciones componentes de la función vectorial $\vec{f}$ son polinómicas, luego su dominio es $B = \mathbb{R}^2$.

146

Para la función $\vec{g}$, al estar definida como las funciones seno y coseno, su dominio es $D = \mathbb{R}^3$.

Luego $\vec{f}(B) \subset \mathbb{R}^3$, y podemos realizar la composición:

$$(\vec{g} \circ \vec{f})(x, y) = \vec{g}(\vec{f}(x, y)) = g(x^2 + y^2, 2x + y, x + 2y) =$$
$$= \operatorname{sen}((x^2 + y^2 \cdot (2x + y)), \cos((2x + y) \cdot (x + 2y)) =$$
$$= (\operatorname{sen}(2x^3 + x^2 y + 2y^2 x + y^3), \cos(2x^2 + 5xy + 2y^2))$$

6.10. Dada $\vec{f}(x, y, z, t) = (x \cdot y, \ln(z \cdot t), x + y, z + t)$, calcule su dominio y sus proyecciones.

SOLUCIÓN

Todas las coordenadas de la función $\vec{f}$ son funciones polinómicas salvo la segunda, que es un logaritmo, por lo que hemos de imponer que las coordenadas z y t tengan el mismo signo y sean no nulas.

Por tanto, el dominio será:

$$D = \{(x, y, z, t) \in \mathbb{R}^4 / \operatorname{sig}(z) = \operatorname{sig}(t), \text{ con } z, t \neq 0\}$$

Dada:

$$\vec{f}: D \subset \mathbb{R}^n \to \mathbb{R}^m$$
$$(x_1, x_2, ..., x_n) \to \vec{f}(x) = (y_1, y_2, ..., y_m)$$

La proyección i-ésima se denota por p_i y se define como:

$$p_1 : D \subset \mathbb{R}^n \to \mathbb{R}$$
$$(x_1, x_2, ..., x_n) \to p_i(x) = x_i$$
$$(p_i \circ \vec{f})(x_1, x_2, ..., x_n) = p_i(y_1, y_2, ..., y_m) = y_i = f_i(x)$$
$$f_i : D \subset \mathbb{R}^n \to \mathbb{R} \text{ tal que } f_i(\vec{x}) = y_i, \quad i = 1, ..., m$$

Aplicándolo ahora a nuestro ejemplo como $\vec{f} : \mathbb{R}^4 \to \mathbb{R}^4$, tendrá asociada cuatro proyecciones:

$$(p_1 \circ \vec{f})(x, y, z, t) = p_1(x \cdot y, \ln(z \cdot t), x + y, z + t) = x \cdot y = f_1(x, y, z, t)$$

$$(p_2 \circ \vec{f})(x, y, z, t) = p_2(x \cdot y, \ln(z \cdot t), x + y, z + t) = \ln(z \cdot t) = f_2(x, y, z, t)$$
$$(p_3 \circ \vec{f})(x, y, z, t) = p_3(x \cdot y, \ln(z \cdot t), x + y, z + t) = x + y = f_3(x, y, z, t)$$
$$(p_4 \circ \vec{f})(x, y, z, t) = p_4(x \cdot y, \ln(z \cdot t), x + y, z + t) = z + t = f_4(x, y, z, t)$$

6.11. Dadas las funciones $f_1 = x \cdot y^2$, $f_2 = \sqrt{x + y}$, si se consideran como componentes de una función vectorial $\vec{f} = (f_1, f_2)$, calcule $\vec{f}^2 = \vec{f} \circ \vec{f}$.

SOLUCIÓN

Esta composición se podrá realizar siempre que $x \cdot y^2 + \sqrt{x + y} \geqslant 0$, con lo que tendremos que imponer que $x \geqslant 0$ y que $x + y \geqslant 0$.

$$\vec{f}^2(x, y) = (\vec{f} \circ \vec{f})(x, y) = \vec{f}[\vec{f}(x, y)] = \vec{f}(x \cdot y^2, \sqrt{x + y})$$

Si llamamos $z_1 = x \cdot y^2$, $z_2 = \sqrt{x + y}$:

$$\vec{f}^2(x, y) = \vec{f}(z_1, z_2) = (z_1 \cdot z_2^2, \sqrt{z_1 + z_2}) = \left(x \cdot y^2 \cdot \left(\sqrt{x + y}\right)^2, \sqrt{x \cdot y^2 + \sqrt{x + y}}\right) =$$
$$= \left(x \cdot y^2(x + y), \sqrt{x \cdot y^2 + \sqrt{x + y}}\right)$$

6.12. Dadas las relaciones $x = \operatorname{sen} t$, $y = \cos t$, $z = 2$ y $\vec{f}(x, y, z) = (x^2 + y^2, 2xy)$, exprese dicha relación como una composición especificando sus dominios, si es posible.

SOLUCIÓN

Ésta es una forma muy común de expresar composición de funciones, como se verá en temas posteriores.

La relación que se establece aquí es la siguiente: como se puede ver, las variables x, y, z dependen de forma explícita de una variable t, con lo que tenemos una función vectorial definida de la siguiente forma:

$$\vec{g}: D \subset \mathbb{R} \to \mathbb{R}^3$$

$$t \to \vec{g}(t) = \begin{cases} x = \operatorname{sen} t \\ y = \cos t \\ z = 2 \end{cases}$$

$$\vec{g}(t) = (\operatorname{sen} t, \cos t, 2) = (x, y, z)$$

La función $\vec{f}(x, y, z) = (x^2 + y^2, 2xy)$ es también una función vectorial, definida en todo $\mathbb{R}^3$, por ser sus funciones componentes polinómicas.

El dominio D para la función $\vec{g}$ es todo $\mathbb{R}$, por ser sus funciones componentes la función coseno, seno y constante, las cuales están definidas en todo $\mathbb{R}$. Por tanto:

$$(\vec{f} \circ \vec{g})(t) = \vec{f}(\vec{g}(t)) = \vec{f}(\operatorname{sen} t, \cos t, 2) = (\operatorname{sen}^2 t + \cos^2 t, 2\operatorname{sen} t \cdot \cos t)$$

Aplicando el teorema fundamental de trigonometría y la fórmula del seno del ángulo doble, resulta:

$$(\vec{f} \circ \vec{g})(t) = (1, \operatorname{sen} 2t)$$

Derivabilidad en $\mathbb{R}^n$

7.1. Calcúlese, aplicando la definición, las derivadas parciales de primer orden de la función:

$$f(x, y) = \frac{x + y}{x - y}$$

en el punto $(1, 5)$.

SOLUCIÓN

La derivada parcial de una función f con respecto a una variable x_i no es sino la derivada direccional de f según el i-ésimo vector de la base canónica. Por tanto, en nuestro caso:

$$\frac{\partial f}{\partial x}(1, 5) = D_{(1,0)}f(1, 5) = \lim_{\lambda \to 0} \frac{f(1 + \lambda, 5) - f(1, 5)}{\lambda} = \lim_{\lambda \to 0} \frac{\dfrac{1 + \lambda + 5}{1 + \lambda - 5} - \dfrac{6}{-4}}{\lambda} =$$

$$= \lim_{\lambda \to 0} \frac{\dfrac{\lambda + 6}{\lambda - 4} + \dfrac{6}{4}}{\lambda} = \lim_{\lambda \to 0} \frac{\dfrac{4(\lambda + 6) + 6(\lambda - 4)}{4(\lambda - 4)}}{\lambda} = \lim_{\lambda \to 0} \frac{10\lambda}{4\lambda^2 - 16\lambda} =$$

$$= \lim_{\lambda \to 0} \frac{10}{4\lambda - 16} = -\frac{10}{16} = -\frac{5}{8}$$

$$\frac{\partial f}{\partial y}(1,5) = D_{(0,1)}f(1,5) = \lim_{\lambda \to 0} \frac{f(1,5+\lambda) - f(1,5)}{\lambda} = \lim_{\lambda \to 0} \frac{\dfrac{1+5+\lambda}{1-5-\lambda} - \dfrac{6}{-4}}{\lambda} =$$

$$= \lim_{\lambda \to 0} \frac{\dfrac{\lambda+6}{-\lambda-4} + \dfrac{6}{4}}{\lambda} = \lim_{\lambda \to 0} \frac{\dfrac{4(\lambda+6) - 6(\lambda+4)}{-4(\lambda+4)}}{\lambda} = \lim_{\lambda \to 0} \frac{-2\lambda}{-4\lambda^2 - 16\lambda} =$$

$$= \lim_{\lambda \to 0} \frac{-2}{-4\lambda - 16} = \frac{2}{16} = \frac{1}{8}$$

Veamos, no obstante, que estos valores coinciden con los calculados considerando la derivada parcial respecto a la variable x_i como la derivada de f sólo con respecto a dicha variable, considerando las demás fijas:

$$\frac{\partial f}{\partial x}(x,y) = \frac{x-y-(x+y)}{(x-y)^2} = -\frac{2y}{(x-y)^2} \quad \Rightarrow \quad \frac{\partial f}{\partial x}(1,5) = -\frac{5}{8}$$

$$\frac{\partial f}{\partial y}(x,y) = \frac{x-y+x+y}{(x-y)^2} = \frac{2x}{(x-y)^2} \quad \Rightarrow \quad \frac{\partial f}{\partial y}(1,5) = \frac{1}{8}$$

observándose, por tanto, que coinciden los resultados por ambos métodos. Por tanto, el concepto de derivada parcial permite estudiar el cambio que se producirá en la función al hacer variar sólo una de las variables, considerando las demás como constantes. Obsérvese que esta idea se corresponde exactamente con el supuesto teórico clásico en economía de *ceteris paribus*, usado para estudiar la dependencia de funciones (de demanda, producción, costes...) respecto de uno de sus factores, considerando constantes el resto de ellos.

7.2. Determínese el gradiente de la función:

$$f: \mathbb{R}^3 \to \mathbb{R}$$
$$(x_1, x_2, x_3) \to \operatorname{sen}(x_1 + x_2) - x_3^2 + \ln(x_1 + x_3)$$

en el punto $(0, \pi, 1)$.

SOLUCIÓN

El gradiente de una función escalar en un punto es el vector columna formado por las derivadas parciales de la función en dicho punto. Así pues:

$$\frac{\partial f}{\partial x_1}(x_1, x_2, x_3) = \cos(x_1 + x_2) + \frac{1}{x_1 + x_3}$$

$$\frac{\partial f}{\partial x_2}(x_1, x_2, x_3) = \cos(x_1 + x_2)$$

$$\frac{\partial f}{\partial x_3}(x_1, x_2, x_3) = -2x_3 + \frac{1}{x_1 + x_3}$$

Sustituyendo las expresiones anteriores en el punto $(0, \pi, 1)$, obtenemos:

$$\frac{\partial f}{\partial x_1}(0, \pi, 1) = \cos(\pi) + \frac{1}{1} = -1 + 1 = 0$$

$$\frac{\partial f}{\partial x_2}(0, \pi, 1) = \cos(\pi) = -1$$

$$\frac{\partial f}{\partial x_3}(0, \pi, 1) = -2 + \frac{1}{1} = -2 + 1 = -1$$

Por tanto, el gradiente de f en $(0, \pi, 1)$ es:

$$\nabla f(0, \pi, 1) = \begin{bmatrix} 0 \\ -1 \\ -1 \end{bmatrix}$$

7.3. Hállese, en la función f definida en el ejercicio anterior, la derivada direccional de dicha función según el vector $\vec{v} = (3, 2, -2)^t$ en el punto $(0, \pi, 1)$. ¿Qué interpretación le daría al resultado obtenido?

SOLUCIÓN

La función f es diferenciable en su dominio de definición, ya que en ella intervienen funciones polinómicas, trigonométricas y logarítmicas. Además, el punto $(0, \pi, 1)$ está en el dominio de f, ya que $x_1 + x_3 = 1 > 0$.

Por tanto, para cualquier vector $\vec{v}$:

$$D_{\vec{v}} f(0,\pi,1) = \nabla f(0,\pi,1)^t \cdot \vec{v}$$

Así pues, en este caso:

$$D_{(3,2,-2)} f(0,\pi,1) = [0 \quad -1 \quad -1] \cdot \begin{bmatrix} 3 \\ 2 \\ -2 \end{bmatrix} = 0$$

Este resultado quiere decir que, al movernos, a partir del punto $(0,\pi,1)$, en la dirección dada por el vector $(3,2,-2)$, se produce una variación infinitesimal nula en la función, y esto es así porque el vector $\vec{v}$ es precisamente ortogonal al gradiente de la función en el punto, es decir:

$$\nabla f(0,\pi,1)^t \cdot \vec{v} = 0$$

7.4. Una empresa oferta un bien A, según la función:

$$q(p) = -1 + \alpha p \quad , \quad \alpha > 0$$

donde p es el precio unitario de A. Un estudio de mercado permite conocer explícitamente la función de demanda del bien:

$$d(p) = 3 - \beta p \quad , \quad \beta > 0$$

a) Calcule, en función de α y β, el precio p^* de equilibrio de mercado.

b) ¿Tiene sentido calcular las derivadas $\dfrac{\partial p^*}{\partial \alpha}$ y $\dfrac{\partial p^*}{\partial \beta}$? Calcúlelas en su caso.

c) Interprete gráficamente los resultados.

SOLUCIÓN

a) El precio de equilibrio del mercado es aquel para el que la oferta es igual a la demanda, es decir, p^* debe verificar la relación:

$$q(p^*) = d(p^*) \iff -1 + \alpha p^* = 3 - \beta p^* \Rightarrow (\alpha + \beta)p^* = 4 \Rightarrow p^* = \frac{4}{\alpha + \beta}$$

Por tanto, el precio de equilibrio del mercado es $p^* = \dfrac{4}{\alpha + \beta}$.

b) Como se puede observar, p^* se expresa como función de α y β:

$$p^*(\alpha, \beta) = \frac{4}{\alpha + \beta}$$

Tiene, pues, sentido calcular las derivadas parciales de p^* con respecto a α y β, resultando:

$$\frac{\partial p^*}{\partial \alpha}(\alpha, \beta) = -\frac{4}{(\alpha + \beta)^2}$$

$$\frac{\partial p^*}{\partial \beta}(\alpha, \beta) = -\frac{4}{(\alpha + \beta)^2}$$

c) La representación gráfica de las funciones $q(p)$ y $d(p)$ son sendas rectas con pendientes α y $-\beta$, respectivamente. La coordenada según el eje de abscisas del punto de corte de ambas rectas corresponde al precio de equilibrio p^*, mientras que la del eje de ordenadas es la producción de equilibrio q^* (figura 7.1).

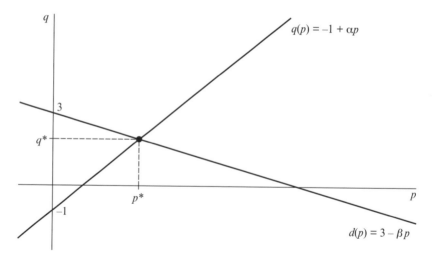

Figura 7.1

El hecho de que la parcial $\frac{\partial p^*}{\partial \alpha}(\alpha, \beta)$ sea negativa, quiere decir que un aumento del parámetro α a otro α', $\alpha' > \alpha$ [lo que equivale a un aumento de la pendiente de la recta $q(p)$], provoca una disminución del precio de equilibrio, lo cual puede observarse en la figura 7.2. Desde un punto de vista económico, el paso de α a α' provoca un aumento en las cantidades ofertadas para precios de mercado fijos, lo que lleva consigo una saturación del mercado que trae como consecuencia lógica la disminución del precio de equilibrio.

Por otro lado, $\dfrac{\partial p^*}{\partial \beta}(\alpha, \beta)$ es también negativa. Así pues, al pasar de β a β', con $\beta' > \beta$ [lo que equivale a una disminución en la pendiente de la recta $d(p)$], se produce nuevamente una disminución en el precio de equilibrio p^*, como puede observarse en la figura 7.3. Económicamente, el aumento del parámetro β provoca una disminución en la cantidad demandada para precios fijos. Ello hace que vuelva a producirse un exceso de oferta y, como consecuencia, una disminución en el precio de equilibrio.

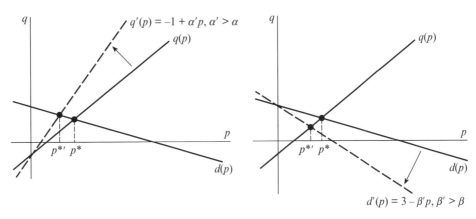

Figura 7.2   Figura 7.3

7.5. Dada la función:

$$f: \mathbb{R}^2 \to \mathbb{R}$$
$$f(x, y) = \ln(x^2 y^2) - 2y + e^x$$

calcule $D_{\vec{v}} f(\vec{x}_0)$, donde $\vec{v} = (1,1)$, $\vec{x}_0 = (1,2)$.

SOLUCIÓN

Como la función f es diferenciable en el punto $(1, 2)$, entonces sabemos que:

$$D_{\vec{v}} f(1, 2) = \nabla f(1, 2)^t \vec{v}, \text{ para cualquier } \vec{v} \in \mathbb{R}^2$$

Por tanto, debemos, en primer lugar, calcular el gradiente de f en $(1,2)$:

$$\frac{\partial f}{\partial x}(x,y) = \frac{2}{x} + e^x$$

$$\frac{\partial f}{\partial y}(x,y) = \frac{2}{y} - 2$$

Sustituyendo en el punto $(1,2)$, obtenemos:

$$\frac{\partial f}{\partial x}(1,2) = \frac{2}{1} + e^1 = 2 + e$$

$$\frac{\partial f}{\partial y}(1,2) = \frac{2}{2} - 2 = -1$$

Así pues, $\nabla f(1,2) = \begin{bmatrix} 2+e \\ -1 \end{bmatrix}$, con lo que:

$$D_{(1,1)}f(1,2) = \nabla f(1,2)^t \begin{bmatrix} 1 \\ 1 \end{bmatrix} = [2+e \ -1]\begin{bmatrix} 1 \\ 1 \end{bmatrix} = 2 + e - 1 = 1 + e$$

7.6. Una empresa produce pañuelos según la siguiente función de producción:

$$Q(M_1, M_2, L) = M_1^2 + 2M_2^2 + 3L^2 - \frac{M_1 M_2 L}{100}$$

donde M_1 es el tiempo que se utiliza la máquina 1, M_2 el de la máquina 2, y L la cantidad de mano de obra. Calcule la productividad marginal respecto de las horas empleadas en las máquinas 1 y 2, y respecto de L.

SOLUCIÓN

En general, dada una función de producción $q(x_1,...,x_n)$, la productividad marginal del factor i-ésimo es la derivada parcial de q con respecto a la variable x_i: $\frac{\partial q}{\partial x_i}$, y expresa la variación infinitesimal en la producción ante un cambio en la cantidad utilizada de dicho factor.

Así pues, en nuestro problema, debemos calcular las tres derivadas parciales de Q con respecto a sus tres factores:

$$\frac{\partial Q}{\partial M_1} = 2M_1 - \frac{M_2 L}{100}$$

$$\frac{\partial Q}{\partial M_2} = 4M_2 - \frac{M_1 L}{100}$$

$$\frac{\partial Q}{\partial L} = 6L - \frac{M_1 M_2}{100}$$

7.7. Dada la función de demanda de un bien:

$$d(p,r) = \ln\frac{r}{p}$$

donde p es el precio del bien y r la renta media del individuo, calcule la variación infinitesimal de la cantidad demandada si, a partir de un precio $p = 2$ y renta $r = 10$, suponemos que la renta duplica el precio.

SOLUCIÓN

En el instante actual, el precio del bien es $p = 2$, y la renta del consumidor es $r = 10$. Moverse a partir de este punto $(2, 10)$ en la dirección $(1, 2)$ quiere decir incrementar p en una unidad y r en 2 o, más concretamente, aumentar r en 2 unidades por cada unidad que se incremente p. El cambio infinitesimal que experimentaría la función d en este caso viene dado por la derivada direccional de $d(p,r)$ a partir del punto $(2, 10)$ y según el vector $\vec{v} = (1, 2)$:

$$D_{(1,2)}d(2,10) = \nabla d(2,10)^t \begin{bmatrix} 1 \\ 2 \end{bmatrix}$$

Así pues, debemos hallar el gradiente de la función $d(p,r)$ en $(2,10)$ y, para ello, debemos calcular las derivadas parciales de la función:

$$\frac{\partial d}{\partial p}(p,r) = -\frac{1}{p}$$

$$\frac{\partial d}{\partial r}(p,r) = \frac{1}{r}$$

Sustituyendo en el punto $(2, 10)$ obtenemos:

$$\frac{\partial d}{\partial p}(2, 10) = -\frac{1}{2}$$

$$\frac{\partial d}{\partial r}(2, 10) = \frac{1}{10}$$

Así pues, $\nabla d(2, 10) = \begin{bmatrix} -\dfrac{1}{2} \\ \dfrac{1}{10} \end{bmatrix}$ y, por consiguiente:

$$D_{(1,2)}d(2, 10) = \begin{bmatrix} -\dfrac{1}{2} & \dfrac{1}{10} \end{bmatrix}\begin{bmatrix} 1 \\ 2 \end{bmatrix} = -\frac{1}{2} + \frac{1}{5} = -\frac{3}{10}$$

Por tanto, al variar p y r según la dirección dada, la demanda tiende a disminuir, aunque en una cantidad pequeña en comparación con estas variaciones.

7.8. Dada la función $f(x, y, z) = x^2 y + \operatorname{sen}(xz)$, calcule $D_{\vec{v}} f(1, 1, 0)$, donde $\vec{v}$ es un vector arbitrario de $\mathbb{R}^3$.

SOLUCIÓN

Según sabemos:

$$D_{\vec{v}} f(1, 1, 0) = \nabla f(1, 1, 0)^t \vec{v}$$

Calculemos entonces las derivadas parciales de la función f:

$$\frac{\partial f}{\partial x}(x, y, z) = 2xy + z \cdot \cos(xz)$$

$$\frac{\partial f}{\partial y}(x, y, z) = x^2$$

$$\frac{\partial f}{\partial z}(x, y, z) = x \cdot \cos(xz)$$

Sustituyamos las parciales en el punto $(1, 1, 0)$:

$$\frac{\partial f}{\partial x}(1, 1, 0) = 2$$

$$\frac{\partial f}{\partial y}(1, 1, 0) = 1$$

$$\frac{\partial f}{\partial z}(1, 1, 0) = 1$$

Así pues, $\nabla f(1, 1, 0) = \begin{bmatrix} 2 \\ 1 \\ 1 \end{bmatrix}$. Por otro lado, si $v = \begin{bmatrix} v_1 \\ v_2 \\ v_3 \end{bmatrix}$, entonces:

$$D_{\vec{v}} f(1, 1, 0) = \begin{bmatrix} 2 & 1 & 1 \end{bmatrix} \begin{bmatrix} v_1 \\ v_2 \\ v_3 \end{bmatrix} = 2v_1 + v_2 + v_3$$

7.9. Dada la función:

$$f(x, y, z) = \text{sen}\,(x^2 z) + \cos\,(x^2 y)$$

a) Calcule la dirección de máximo crecimiento a partir de un punto $(x, y, z) \in \mathbb{R}^3$.

b) Determine el valor de la derivada direccional de f en el punto $(1, 0, 0)$, según la dirección determinada en el apartado anterior.

SOLUCIÓN

a) Dada una función f diferenciable en (x, y, z), sabemos que su derivada según la dirección del vector $\vec{v}$, a partir del punto (x, y, z), es:

$$D_{\vec{v}} f(x, y, z) = \nabla f(x, y, z)^t \vec{v}$$

Por otro lado, teniendo en cuenta la expresión de un producto escalar:

$$\nabla f(x, y, z)^t \vec{v} = \| \nabla f(x, y, z) \| \cdot \| \vec{v} \| \cdot \cos \alpha$$

donde α es el ángulo que forman los dos vectores. A fin de poder comparar los crecimientos direccionales, consideramos vectores $\vec{v}$ unitarios ($\|\vec{v}\| = 1$), ya que lo significativo es la dirección en sí y no el tamaño del vector, con lo que:

$$\nabla f(x, y, z)^t \vec{v} = \|\nabla f(x, y, z)\| \cdot \cos \alpha$$

En esta expresión, la única magnitud variable es α, por lo que alcanzará su valor máximo cuando lo alcance $\cos \alpha$, es decir, cuando $\alpha = 0$, ya que $\cos 0 = 1$ y, por tanto, el ángulo que deben formar el vector gradiente y el vector v tiene que ser 0. Así pues, la dirección de máximo crecimiento es precisamente la dada por el vector gradiente. En nuestro ejemplo:

$$\frac{\partial f}{\partial x}(x, y, z) = 2xz \cdot \cos(x^2 z) - 2xy \cdot \operatorname{sen}(x^2 y)$$

$$\frac{\partial f}{\partial y}(x, y, z) = -x^2 \cdot \operatorname{sen}(x^2 y)$$

$$\frac{\partial f}{\partial z}(x, y, z) = x^2 \cdot \cos(x^2 z)$$

Así pues, a partir de cualquier punto (x, y, z), la dirección de máximo crecimiento es la definida por el vector:

$$\vec{v} = \begin{bmatrix} 2xz \cdot \cos(x^2 z) - 2xy \cdot \operatorname{sen}(x^2 y) \\ -x^2 \cdot \operatorname{sen}(x^2 y) \\ x^2 \cdot \cos(x^2 z) \end{bmatrix}$$

b) En el punto $(1, 0, 0)$, el gradiente toma el valor:

$$\nabla f(1, 0, 0) = \begin{bmatrix} 0 \\ 0 \\ 1 \end{bmatrix}$$

Así pues, la derivada direccional según este vector tomará el valor:

$$D_{\nabla f(1,0,0)} f(1, 0, 0) = \nabla f(1, 0, 0)^t \cdot \nabla f(1, 0, 0) = \begin{bmatrix} 0 & 0 & 1 \end{bmatrix} \begin{bmatrix} 0 \\ 0 \\ 1 \end{bmatrix} = 1$$

7.10. Dada la función $f(x,y) = x + y + xy$, y el punto $\vec{x}_0 = (2,1)$:

a) Calcule una dirección $\vec{v}$ para la que $D_{\vec{v}}f(\vec{x}_0) = 0$.

b) Determine un vector $\vec{v}$ para el que $D_{\vec{v}}f(\vec{x}_0)$ tome el mínimo valor, y calcule dicho valor mínimo.

SOLUCIÓN

a) Siguiendo el mismo razonamiento que en el problema anterior, en este caso buscamos un vector $\vec{v}$ tal que:

$$D_{\vec{v}}f(2,1) = \nabla f(2,1)^t\vec{v} = \|\nabla f(2,1)\| \cdot \|\vec{v}\| \cdot \cos\alpha = 0$$

Para vectores $\vec{v}$ unitarios, esto sólo ocurrirá [a no ser que el gradiente de f en $(2,1)$ sea nulo, en cuyo caso se verificaría lo exigido para cualquier vector de dirección] en vectores que verifiquen que $\cos\alpha = 0$, es decir, $\alpha = \pi/2$. Por consiguiente, el vector $\vec{v}$ buscado tendrá que ser ortogonal a $\nabla f(2,1)$. Obsérvese que en este ejercicio estamos calculando una dirección de crecimiento infinitesimal nulo, a diferencia del anterior, en el que hallábamos la de máximo crecimiento. Calculemos, pues, $\nabla f(2,1)$:

$$\frac{\partial f}{\partial x}(x,y) = 1 + y$$

$$\frac{\partial f}{\partial y}(x,y) = 1 + x$$

Sustituyendo en el punto $(2,1)$, obtenemos:

$$\frac{\partial f}{\partial x}(2,1) = 2$$

$$\frac{\partial f}{\partial y}(2,1) = 3$$

Por tanto, $\nabla f(2,1) = \begin{bmatrix} 2 \\ 3 \end{bmatrix}$. Así pues, el vector $\vec{v} = \begin{bmatrix} v_1 \\ v_2 \end{bmatrix}$ debe verificar:

$$[2 \quad 3]\begin{bmatrix} v_1 \\ v_2 \end{bmatrix} = 0 \quad \Leftrightarrow \quad 2v_1 + 3v_2 = 0 \quad \Leftrightarrow \quad v_1 = -\frac{3}{2}v_2$$

Tomando, por ejemplo,

$$v_2 = 2 \quad \Rightarrow \quad v_1 = -3$$

obtenemos el vector:

$$\vec{v} = \begin{bmatrix} -3 \\ 2 \end{bmatrix}$$

que verifica lo pedido.

b) Mediante razonamientos análogos a los del problema 7.9 y el apartado *a)* de éste, podemos deducir fácilmente que la dirección de máximo decrecimiento es precisamente la determinada por el opuesto del vector gradiente de *f* en el punto en cuestión. En este caso:

$$\nabla f(2,1) = \begin{bmatrix} 2 \\ 3 \end{bmatrix}$$

luego el vector $\vec{v}$ buscado es:

$$\vec{v} = \begin{bmatrix} -2 \\ -3 \end{bmatrix}$$

El valor de máximo decrecimiento vendrá dado por la derivada de *f* en $(2,1)$ según la dirección de $\vec{v}$, es decir:

$$D_{\vec{v}} f(2,1) = \nabla f(2,1)^t \cdot \vec{v} = [2 \quad 3]\begin{bmatrix} -2 \\ -3 \end{bmatrix} = -13$$

7.11. Dada la función:

$$\vec{f}: D \subset \mathbb{R}^3 \to \mathbb{R}^2$$
$$\vec{f}(x, y, z) = (\ln(xy), xyz)$$

calcule $J\vec{f}(e, 2, 1)$.

SOLUCIÓN

$\vec{f}$ es una función vectorial, que, en cierta medida, puede ser considerada como un vector de funciones, formado por dos funciones componentes escalares. Así, notaremos:

$$f_1(x, y, z) = \ln(xy)$$
$$f_2(x, y, z) = xyz$$

Cada una de estas funciones, como función escalar que es, tendrá su vector gradiente en el punto dado. Pues bien, la matriz jacobiana de $\vec{f}$ está formada por los gradientes de las funciones componentes colocados por columnas (de forma que la matriz jacobiana es la extensión al caso vectorial del concepto de gradiente). Así pues, necesitamos calcular las derivadas parciales de ambas funciones componentes en el punto dado:

$$\frac{\partial f_1}{\partial x}(x, y, z) = \frac{1}{x} \quad \Rightarrow \quad \frac{\partial f_1}{\partial x}(e, 2, 1) = \frac{1}{e}$$

$$\frac{\partial f_1}{\partial y}(x, y, z) = \frac{1}{y} \quad \Rightarrow \quad \frac{\partial f_1}{\partial y}(e, 2, 1) = \frac{1}{2}$$

$$\frac{\partial f_1}{\partial z}(x, y, z) = 0 \quad \Rightarrow \quad \frac{\partial f_1}{\partial z}(e, 2, 1) = 0$$

Para la segunda función componente, tenemos las siguientes parciales:

$$\frac{\partial f_2}{\partial x}(x, y, z) = yz \quad \Rightarrow \quad \frac{\partial f_2}{\partial x}(e, 2, 1) = 2$$

$$\frac{\partial f_2}{\partial y}(x, y, z) = xz \quad \Rightarrow \quad \frac{\partial f_2}{\partial y}(e, 2, 1) = e$$

$$\frac{\partial f_2}{\partial z}(x, y, z) = xy \quad \Rightarrow \quad \frac{\partial f_2}{\partial z}(e, 2, 1) = 2e$$

Por tanto, la matriz jacobiana de $\vec{f}$ en el punto $(e, 2, 1)$ es:

$$J\vec{f}(e, 2, 1) = \begin{bmatrix} \dfrac{1}{e} & 2 \\ \dfrac{1}{2} & e \\ 0 & 2e \end{bmatrix}$$

7.12. Hállese la matriz jacobiana de la función:

$$\vec{f}(x,y) = (x^2 + 3\sqrt{y}, 2y^x)$$

en el punto $(3,1)$.

SOLUCIÓN

Al igual que en el problema anterior, $\vec{f}$ es una función vectorial con dos funciones componentes. Hallemos, pues, las parciales de dichas funciones:

$$\frac{\partial f_1}{\partial x}(x,y) = 2x \quad \Rightarrow \quad \frac{\partial f_1}{\partial x}(3,1) = 6$$

$$\frac{\partial f_1}{\partial y}(x,y) = \frac{3}{2\sqrt{y}} \quad \Rightarrow \quad \frac{\partial f_1}{\partial y}(3,1) = \frac{3}{2}$$

Por otro lado, para f_2,

$$\frac{\partial f_2}{\partial x}(x,y) = 2y^x \ln y \quad \Rightarrow \quad \frac{\partial f_2}{\partial x}(3,1) = 0$$

$$\frac{\partial f_2}{\partial y}(x,y) = 2xy^{x-1} \quad \Rightarrow \quad \frac{\partial f_2}{\partial y}(3,1) = 6$$

Por tanto, la matriz jacobiana buscada es:

$$J\vec{f}(3,1) = \begin{bmatrix} 6 & 0 \\ \dfrac{3}{2} & 6 \end{bmatrix}$$

7.13. Calcule la matriz hessiana de la función:

$$f: D \subset \mathbb{R}^3 \to \mathbb{R}$$

$$f(x,y,z) = 2x^2y + \frac{\ln x}{z}$$

en el punto $(1,1,1)$.

SOLUCIÓN

Al igual que el gradiente (o la matriz jacobiana, en su caso) de una función de varias variables generaliza el concepto de la primera derivada, en funciones reales, el de segunda derivada se generaliza mediante la matriz hessiana, matriz que sólo tiene sentido calcular para funciones escalares. Cada una de las primeras derivadas parciales de una función escalar f es, a su vez, otra función escalar que depende de las mismas variables que f y que, por tanto, vuelve a admitir n derivadas parciales (segundas derivadas parciales). La matriz hessiana está formada por las segundas derivadas parciales de la función en el punto. Como ya veremos, la matriz hessiana será en general una matriz simétrica, por lo que se podrá considerar como la matriz de una forma cuadrática. La clasificación de esta forma cuadrática es la generalización al caso de varias variables del hecho de estudiar el signo de la segunda derivada en funciones reales para resolver problemas de optimización.

Debemos, por tanto, calcular en primer lugar las primeras derivadas parciales:

$$\frac{\partial f}{\partial x}(x, y, z) = 4xy + \frac{1}{xz}$$

$$\frac{\partial f}{\partial y}(x, y, z) = 2x^2$$

$$\frac{\partial f}{\partial z}(x, y, z) = -\frac{\ln x}{z^2}$$

Para calcular las segundas parciales, volvemos a derivar cada una de estas tres funciones con respecto a las tres variables:

$$\frac{\partial^2 f}{\partial x^2}(x, y, z) = \frac{\partial}{\partial x}\left[\frac{\partial f}{\partial x}(x, y, z)\right] = \frac{\partial}{\partial x}\left(4xy + \frac{1}{xz}\right) = 4y - \frac{1}{x^2 z}$$

$$\frac{\partial^2 f}{\partial y\, \partial x}(x, y, z) = \frac{\partial}{\partial y}\left[\frac{\partial f}{\partial x}(x, y, z)\right] = \frac{\partial}{\partial y}\left(4xy + \frac{1}{xz}\right) = 4x$$

$$\frac{\partial^2 f}{\partial z\, \partial x}(x, y, z) = \frac{\partial}{\partial z}\left[\frac{\partial f}{\partial x}(x, y, z)\right] = \frac{\partial}{\partial z}\left(4xy + \frac{1}{xz}\right) = -\frac{1}{xz^2}$$

Sustituyendo en el punto $(1, 1, 1)$, obtenemos:

$$\frac{\partial^2 f}{\partial x^2}(1, 1, 1) = 3$$

$$\frac{\partial^2 f}{\partial y\,\partial x}(1, 1, 1) = 4$$

$$\frac{\partial^2 f}{\partial z\,\partial x}(1, 1, 1) = -1$$

Repetimos ahora el proceso para la parcial con respecto a y, pero teniendo en cuenta que, al ser f diferenciable, podemos aplicar el teorema de Schwarz, que nos indica que:

$$\frac{\partial^2 f}{\partial x_i\,\partial x_j} = \frac{\partial^2 f}{\partial x_j\,\partial x_i}, \quad \text{para cualesquiera} \quad i, j.$$

Por tanto, sólo necesitamos calcular:

$$\frac{\partial^2 f}{\partial y^2}(x, y, z) = \frac{\partial}{\partial y}\left[\frac{\partial f}{\partial y}(x, y, z)\right] = \frac{\partial}{\partial y}(2x^2) = 0$$

$$\frac{\partial^2 f}{\partial z\,\partial y}(x, y, z) = \frac{\partial}{\partial z}\left[\frac{\partial f}{\partial y}(x, y, z)\right] = \frac{\partial}{\partial z}(2x^2) = 0$$

Luego en el punto $(1, 1, 1)$:

$$\frac{\partial^2 f}{\partial y^2}(1, 1, 1) = 0$$

$$\frac{\partial^2 f}{\partial z\,\partial y}(1, 1, 1) = 0$$

Veamos, de todas formas, que, en efecto, $\dfrac{\partial^2 f}{\partial x\,\partial y}(x, y, z) = \dfrac{\partial^2 f}{\partial y\,\partial x}(x, y, z)$:

$$\frac{\partial^2 f}{\partial x\,\partial y}(x, y, z) = \frac{\partial}{\partial x}\left[\frac{\partial f}{\partial y}(x, y, z)\right] = \frac{\partial}{\partial x}(2x^2) = 4x = \frac{\partial^2 f}{\partial y\,\partial x}(x, y, z)$$

igualdad que es válida en cualquier punto (x, y, z) y, en particular, en el punto en consideración $(1, 1, 1)$.

Por último, para la parcial con respecto a z, necesitamos conocer:

$$\frac{\partial^2 f}{\partial z^2}(x, y, z) = \frac{\partial}{\partial z}\left[\frac{\partial f}{\partial z}(x, y, z)\right] = \frac{\partial}{\partial z}\left(-\frac{\ln x}{z^2}\right) = \frac{2 \ln x}{z^3}$$

que, en el punto $(1, 1, 1)$, resulta:

$$\frac{\partial^2 f}{\partial z^2}(1, 1, 1) = 0$$

Así pues, la matriz hessiana de f en $(1, 1, 1)$ es:

$$Hf(1, 1, 1) = \begin{bmatrix} 3 & 4 & -1 \\ 4 & 0 & 0 \\ -1 & 0 & 0 \end{bmatrix}$$

7.14. Determine el vector gradiente y la matriz hessiana de las siguientes funciones. Clasifique además dicha hessiana en el punto $(1, 1)$:

a) $f(x, y) = x^2 + y^2 + 2xy$.

b) $f(x, y) = \dfrac{8}{xy}$.

c) $f(x, y) = Ax^\alpha y^{1-\alpha}$, $A > 0$, $0 < \alpha < 1$.

SOLUCIÓN

a) Para hallar el vector gradiente, calculamos en primer lugar las derivadas parciales:

$$\frac{\partial f}{\partial x}(x, y) = 2x + 2y$$

$$\frac{\partial f}{\partial y}(x, y) = 2y + 2x$$

Así pues:

$$\nabla f(x, y) = \begin{bmatrix} 2x + 2y \\ 2y + 2x \end{bmatrix}$$

Calculemos ahora las segundas parciales:

$$\frac{\partial^2 f}{\partial x^2}(x, y) = \frac{\partial}{\partial x}\left[\frac{\partial f}{\partial x}(x, y)\right] = \frac{\partial}{\partial x}(2x + 2y) = 2$$

$$\frac{\partial^2 f}{\partial y\,\partial x}(x, y) = \frac{\partial}{\partial y}\left[\frac{\partial f}{\partial x}(x, y)\right] = \frac{\partial}{\partial y}(2x + 2y) = 2$$

$$\frac{\partial^2 f}{\partial y^2}(x, y) = \frac{\partial}{\partial y}\left[\frac{\partial f}{\partial y}(x, y)\right] = \frac{\partial}{\partial y}(2y + 2x) = 2$$

Por tanto, para cualquier $(x, y) \in \mathbb{R}^2$:

$$Hf(x, y) = \begin{bmatrix} 2 & 2 \\ 2 & 2 \end{bmatrix}$$

La matriz hessiana de f en el punto $(1, 1)$ es:

$$Hf(1,1) = \begin{bmatrix} 2 & 2 \\ 2 & 2 \end{bmatrix}$$

Clasifiquémosla por el método de los menores principales:

$$D_1 = 2 > 0$$
$$D_2 = \det[Hf(1,1)] = 0$$

Obviamente, la transformación 1-2 produce la misma matriz y, por tanto, los mismos menores principales. Por tanto, la forma cuadrática definida por $Hf(1,1)$ es semidefinida positiva.

b) Calculemos de nuevo las parciales de f en (x, y):

$$\frac{\partial f}{\partial x}(x, y) = -\frac{8}{x^2 y}$$

$$\frac{\partial f}{\partial y}(x, y) = -\frac{8}{x y^2}$$

Así, el gradiente buscado es:

$$\nabla f(x, y) = \begin{bmatrix} -\dfrac{8}{x^2 y} \\ -\dfrac{8}{x y^2} \end{bmatrix}$$

Por otro lado, las segundas parciales son:

$$\frac{\partial^2 f}{\partial x^2}(x, y) = \frac{\partial}{\partial x}\left[\frac{\partial f}{\partial x}(x, y)\right] = \frac{\partial}{\partial x}\left(-\frac{8}{x^2 y}\right) = \frac{16}{x^3 y}$$

$$\frac{\partial^2 f}{\partial y \partial x}(x, y) = \frac{\partial}{\partial y}\left[\frac{\partial f}{\partial x}(x, y)\right] = \frac{\partial}{\partial y}\left(-\frac{8}{x^2 y}\right) = \frac{8}{x^2 y^2}$$

$$\frac{\partial^2 f}{\partial y^2}(x, y) = \frac{\partial}{\partial y}\left[\frac{\partial f}{\partial y}(x, y)\right] = \frac{\partial}{\partial y}\left(-\frac{8}{x y^2}\right) = \frac{16}{x y^3}$$

La matriz hessiana, por tanto, resulta:

$$Hf(x, y) = \begin{bmatrix} \dfrac{16}{x^3 y} & \dfrac{8}{x^2 y^2} \\ \dfrac{8}{x^2 y^2} & \dfrac{16}{x y^3} \end{bmatrix}$$

En el punto $(1, 1)$,

$$Hf(1, 1) = \begin{bmatrix} 16 & 8 \\ 8 & 16 \end{bmatrix}$$

Clasificando esta matriz por el método de los menores principales, obtenemos:

$$D_1 = 16 > 0$$
$$D_2 = \det[Hf(1,1)] = 192 > 0$$

luego la forma cuadrática determinada por $Hf(1,1)$ es definida positiva.

c) La función $f(x,y) = Ax^{\alpha}y^{1-\alpha}$ es una función de producción de Cobb-Douglas con rendimientos constantes a escala. Calculemos sus derivadas parciales, que corresponden al concepto de productividad marginal de cada uno de sus factores (capital y trabajo); es decir, la variación que experimentaría la producción al variar las cantidades utilizadas de dichos factores (más adelante insistiremos en este concepto):

$$\frac{\partial f}{\partial x}(x,y) = A\alpha x^{\alpha-1}y^{1-\alpha}$$

$$\frac{\partial f}{\partial y}(x,y) = A(1-\alpha)x^{\alpha}y^{-\alpha}$$

Así pues, el gradiente o vector de productividades marginales de esta función de producción es el siguiente:

$$\nabla f(x,y) = \begin{bmatrix} A\alpha x^{\alpha-1}y^{1-\alpha} \\ A(1-\alpha)x^{\alpha}y^{-\alpha} \end{bmatrix}$$

Calculemos ahora las segundas derivadas parciales de la función:

$$\frac{\partial^2 f}{\partial x^2}(x,y) = \frac{\partial}{\partial x}\left[\frac{\partial f}{\partial x}(x,y)\right] = \frac{\partial}{\partial x}(A\alpha x^{\alpha-1}y^{1-\alpha}) = A\alpha(\alpha-1)x^{\alpha-2}y^{1-\alpha}$$

$$\frac{\partial^2 f}{\partial y\,\partial x}(x,y) = \frac{\partial}{\partial y}\left[\frac{\partial f}{\partial x}(x,y)\right] = \frac{\partial}{\partial y}(A\alpha x^{\alpha-1}y^{1-\alpha}) = A\alpha(1-\alpha)x^{\alpha-1}y^{-\alpha}$$

$$\frac{\partial^2 f}{\partial y^2}(x,y) = \frac{\partial}{\partial y}\left[\frac{\partial f}{\partial y}(x,y)\right] = \frac{\partial}{\partial y}[A(1-\alpha)x^{\alpha}y^{-\alpha}] = A(-\alpha)(1-\alpha)x^{\alpha}y^{-\alpha-1} =$$

$$= A\alpha(\alpha-1)x^{\alpha}y^{-\alpha-1}$$

Finalmente, la matriz hessiana de esta función de producción es:

$$Hf(x, y) = \begin{bmatrix} A\alpha(\alpha - 1)x^{\alpha - 2}y^{1-\alpha} & A\alpha(1 - \alpha)x^{\alpha - 1}y^{-\alpha} \\ A\alpha(1 - \alpha)x^{\alpha - 1}y^{-\alpha} & A\alpha(\alpha - 1)x^{\alpha}y^{-\alpha - 1} \end{bmatrix}$$

Sustituyendo en el punto $(1, 1)$, obtenemos:

$$Hf(1, 1) = \begin{bmatrix} A\alpha(\alpha - 1) & A\alpha(1 - \alpha) \\ A\alpha(1 - \alpha) & A\alpha(\alpha - 1) \end{bmatrix}$$

Apliquemos el método de los menores principales para la clasificación de esta forma cuadrática:

$$D_1 = A\alpha(\alpha - 1) < 0, \text{ ya que } A > 0, 0 < \alpha < 1$$
$$D_2 = \det[Hf(1, 1)] = A^2\alpha^2(\alpha - 1)^2 - A^2\alpha^2(1 - \alpha)^2 = 0$$

La transformación 1-2 devuelve la misma matriz, por lo que los menores principales se conservan y, por tanto, la forma cuadrática determinada por $Hf(1, 1)$ es semidefinida negativa.

7.15. Dadas las relaciones:

$$\begin{cases} u = xe^y \\ v = ze^t \\ h = \text{sen}\,(uv) \end{cases}$$

calcule $\dfrac{\partial h}{\partial x}(x, y, z, t)$.

SOLUCIÓN

Consideremos las dos funciones siguientes:

$$\vec{f}: \mathbb{R}^4 \to \mathbb{R}^2$$
$$\vec{f}(x, y, z, t) = (xe^y, ze^t)$$

$$g: \mathbb{R}^2 \to \mathbb{R}$$
$$g(u, v) = \text{sen}\,(uv)$$

En estas condiciones, se verifica que $h = g \circ f$. Por tanto, para calcular una parcial de h debemos aplicar la regla de la cadena. Según esta regla (donde hemos escrito gradiente o jacobiana según que la función correspondiente sea escalar o vectorial):

$$\nabla(g \circ \vec{f})(x, y, z, t) = J\vec{f}(x, y, z, t) \cdot \nabla g[\vec{f}(x, y, z, t)]$$

Calculemos, pues, las derivadas parciales que forman estas matrices:

$$\frac{\partial f_1}{\partial x}(x, y, z, t) = e^y \ ; \ \frac{\partial f_1}{\partial y}(x, y, z, t) = xe^y \ ; \ \frac{\partial f_1}{\partial z}(x, y, z, t) = 0 \ ; \ \frac{\partial f_1}{\partial t}(x, y, z, t) = 0$$

$$\frac{\partial f_2}{\partial x}(x, y, z, t) = 0 \ ; \ \frac{\partial f_2}{\partial y}(x, y, z, t) = 0 \ ; \ \frac{\partial f_2}{\partial z}(x, y, z, t) = e^t \ ; \ \frac{\partial f_2}{\partial t}(x, y, z, t) = ze^t$$

Por tanto:

$$J\vec{f}(x, y, z, t) = \begin{bmatrix} e^y & 0 \\ xe^y & 0 \\ 0 & e^t \\ 0 & ze^t \end{bmatrix}$$

Por otro lado:

$$\frac{\partial g}{\partial u}(u, v) = v \cdot \cos(uv) \ \Rightarrow \ \frac{\partial g}{\partial u}[\vec{f}(x, y, z, t)] = \frac{\partial g}{\partial u}(xe^y, ze^t) = ze^t \cos(xze^{y+t})$$

$$\frac{\partial g}{\partial v}(u, v) = u \cdot \cos(uv) \ \Rightarrow \ \frac{\partial g}{\partial v}[\vec{f}(x, y, z, t)] = \frac{\partial g}{\partial v}(xe^y, ze^t) = xe^y \cos(xze^{y+t})$$

Consecuentemente:

$$\nabla g[\vec{f}(x, y, z, t)] = \begin{bmatrix} ze^t \cos(xze^{y+t}) \\ xe^y \cos(xze^{y+t}) \end{bmatrix}$$

En conclusión:

$$
\nabla(g \circ \vec{f})(x,y,z,t) = \begin{bmatrix} e^y & 0 \\ xe^y & 0 \\ 0 & e^t \\ 0 & ze^t \end{bmatrix} \begin{bmatrix} ze^t \cos(xze^{y+t}) \\ xe^y \cos(xze^{y+t}) \end{bmatrix} = \begin{bmatrix} e^y ze^t \cos(xze^{y+t}) \\ xe^y ze^t \cos(xze^{y+t}) \\ e^t xe^y \cos(xze^{y+t}) \\ ze^t xe^y \cos(xze^{y+t}) \end{bmatrix} =
$$

$$
= \begin{bmatrix} ze^{y+t} \cos(xze^{y+t}) \\ xze^{y+t} \cos(xze^{y+t}) \\ xe^{y+t} \cos(xze^{y+t}) \\ zxe^{y+t} \cos(xze^{y+t}) \end{bmatrix}
$$

Por tanto, la parcial buscada es:

$$
\frac{\partial h}{\partial x}(x,y,z,t) = \frac{\partial(g \circ \vec{f})}{\partial x}(x,y,z,t) = ze^{y+t} \cos(xze^{y+t})
$$

En el desarrollo precedente puede observarse que, como sólo necesitamos la parcial con respecto a x, hemos hecho cálculos para hallar las diferentes matrices, que luego no se han usado. Para evitar esto, en el caso en que sólo debamos calcular una de las parciales, podemos hacerlo directamente. En efecto, en el problema puede verse que únicamente se utiliza la primera fila de $J\vec{f}(x,y,z,t)$. Para determinar qué parciales debemos calcular en cada caso, es aconsejable expresar la cadena de dependencias en forma de árbol:

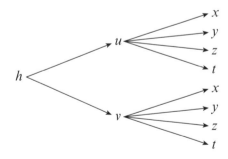

Ello quiere decir que h depende de las variables u y v, cada una de las cuales depende a su vez de x, y, z y t. Obsérvese que, de la expresión inicial de u y v se deduce que u sólo depende de x e y, mientras que v depende de z y t. Pero al expresar la dependencia global como la composición de las funciones f y g, es necesario considerar, al menos teóricamente, que ambas dependen de las cuatro variables x, y, z y t. Así pues, siguiendo los dos caminos posibles para llegar a la variable x, obtenemos:

$$\frac{\partial h}{\partial x}(x,y,z,t) = \frac{\partial h}{\partial u}[\vec{f}(x,y,z,t)] \cdot \frac{\partial u}{\partial x}(x,y,z,t) + \frac{\partial h}{\partial v}[\vec{f}(x,y,z,t)] \cdot \frac{\partial v}{\partial x}(x,y,z,t) =$$

$$= \frac{\partial g}{\partial u}[\vec{f}(x,y,z,t)] \cdot \frac{\partial f_1}{\partial x}(x,y,z,t) + \frac{\partial g}{\partial v}[\vec{f}(x,y,z,t)] \cdot \frac{\partial f_2}{\partial x}(x,y,z,t)$$

Así pues, haciendo uso de las expresiones obtenidas anteriormente para estas parciales, resulta:

$$\frac{\partial h}{\partial x}(x,y,z,t) = ze^t \cos(xze^{y+t})e^y + xe^y \cos(xze^{y+t})0 = ze^{y+t} \cos(xze^{y+t})$$

que es, en efecto, el resultado que habíamos obtenido previamente.

7.16. Dadas las funciones:

$$\vec{f}(x,y,z) = (x^2 \ln y, z \cos y)$$

$$\vec{g}(u,v) = (u - v, u^v, u^2 v)$$

calcule $D_{e_2}(\vec{f} \circ \vec{g})(u,v)$.

SOLUCIÓN

La derivada direccional de una función según el vector e_2 no es sino la parcial de dicha función con respecto a su segunda variable. Por ello, debemos calcular:

$$\frac{\partial(\vec{f} \circ \vec{g})}{\partial v}(u,v)$$

donde

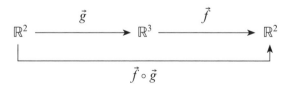

Una vez más, necesitamos calcular sólo una de las parciales, aunque teniendo en cuenta que $\vec{f} \circ \vec{g}$ es una función vectorial de dos componentes, por lo que debemos hallar la parcial con respecto a v de cada una de ellas, y determinar el vector de $\mathbb{R}^2$ formado por ambas. Estudiemos, una vez más, el árbol de dependencias, donde hemos denotado $\vec{f} = (f_1, f_2)$, $\vec{g} = (g_1, g_2, g_3)$:

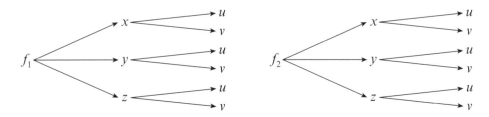

Así pues:

(I) $\quad \dfrac{\partial(\vec{f} \circ \vec{g})_1}{\partial v}(u,v) = \dfrac{\partial f_1}{\partial x}[\vec{g}(u,v)]\dfrac{\partial x}{\partial v}(u,v) + \dfrac{\partial f_1}{\partial y}[\vec{g}(u,v)]\dfrac{\partial y}{\partial v}(u,v) + \dfrac{\partial f_1}{\partial z}[\vec{g}(u,v)]\dfrac{\partial z}{\partial v}(u,v) =$

$\quad = \dfrac{\partial f_1}{\partial x}[\vec{g}(u,v)]\dfrac{\partial g_1}{\partial v}(u,v) + \dfrac{\partial f_1}{\partial y}[\vec{g}(u,v)]\dfrac{\partial g_2}{\partial v}(u,v) + \dfrac{\partial f_1}{\partial z}[\vec{g}(u,v)]\dfrac{\partial g_3}{\partial v}(u,v)$

(II) $\quad \dfrac{\partial(\vec{f} \circ \vec{g})_2}{\partial v}(u,v) = \dfrac{\partial f_2}{\partial x}[\vec{g}(u,v)]\dfrac{\partial x}{\partial v}(u,v) + \dfrac{\partial f_2}{\partial y}[\vec{g}(u,v)]\dfrac{\partial y}{\partial v}(u,v) + \dfrac{\partial f_2}{\partial z}[\vec{g}(u,v)]\dfrac{\partial z}{\partial v}(u,v) =$

$\quad = \dfrac{\partial f_2}{\partial x}[\vec{g}(u,v)]\dfrac{\partial g_1}{\partial v}(u,v) + \dfrac{\partial f_2}{\partial y}[\vec{g}(u,v)]\dfrac{\partial g_2}{\partial v}(u,v) + \dfrac{\partial f_2}{\partial z}[\vec{g}(u,v)]\dfrac{\partial g_3}{\partial v}(u,v)$

Calculemos estas parciales:

$$\frac{\partial f_1}{\partial x}(x,y,z) = 2x \ln y \quad \Rightarrow \quad \frac{\partial f_1}{\partial x}[g(u,v)] = \frac{\partial f_1}{\partial x}(u-v, u^v, u^2 v) = 2(u-v)\ln(u^v)$$

$$\frac{\partial f_1}{\partial y}(x,y,z) = \frac{x^2}{y} \quad \Rightarrow \quad \frac{\partial f_1}{\partial y}[g(u,v)] = \frac{\partial f_1}{\partial y}(u-v, u^v, u^2 v) = \frac{(u-v)^2}{u^v}$$

$$\frac{\partial f_1}{\partial z}(x,y,z) = 0 \quad \Rightarrow \quad \frac{\partial f_1}{\partial z}[g(u,v)] = 0$$

$$\frac{\partial f_2}{\partial x}(x,y,z) = 0 \quad \Rightarrow \quad \frac{\partial f_2}{\partial x}[g(u,v)] = 0$$

$$\frac{\partial f_2}{\partial y}(x,y,z) = -z \operatorname{sen} y \quad \Rightarrow \quad \frac{\partial f_2}{\partial y}[g(u,v)] = \frac{\partial f_2}{\partial y}(u-v, u^v, u^2 v) = -u^2 v \operatorname{sen}(u^v)$$

$$\frac{\partial f_2}{\partial z}(x, y, z) = \cos y \quad \Rightarrow \quad \frac{\partial f_2}{\partial z}[g(u, v)] = \frac{\partial f_2}{\partial z}(u - v, u^v, u^2 v) = \cos(u^v)$$

$$\frac{\partial g_1}{\partial v}(u, v) = -1$$

$$\frac{\partial g_2}{\partial v}(u, v) = u^v \ln u$$

$$\frac{\partial g_3}{\partial v}(u, v) = u^2$$

Así pues:

$$\frac{\partial(\vec{f} \circ \vec{g})_1}{\partial v}(u, v) = 2(u - v)\ln(u^v)(-1) + \frac{(u - v)^2}{u^v} u^v \ln u + 0 \cdot u^2 =$$

$$= -2(u - v)\ln(u^v) + (u - v)^2 \ln u$$

$$\frac{\partial(\vec{f} \circ \vec{g})_2}{\partial v}(u, v) = 0 \cdot (-1) - u^2 v \operatorname{sen}(u^v)u^v \ln u + \cos(u^v)u^2 =$$

$$= -u^{v+2} v \operatorname{sen}(u^v)\ln u + u^2 \cos(u^v)$$

Por tanto:

$$D_{e_2}(\vec{f} \circ \vec{g})(u, v) = \begin{bmatrix} -2(u - v)\ln(u^v) + (u - v)^2 \ln u \\ -u^{v+2} v \operatorname{sen}(u^v)\ln u + u^2 \cos(u^v) \end{bmatrix}$$

7.17. Una empresa produce un bien A a partir de tres materias primas M_1, M_2 y M_3, en un proceso de dos fases. En la primera, se fabrican dos productos semiterminados S_1 y S_2, según la función de producción conjunta:

$$(u, v) = \vec{f}(x, y, z) = \left(\sqrt{x^2 y z}, 1 + \ln \frac{y^2}{z}\right)$$

donde x, y y z son las cantidades de materias primas M_1, M_2 y M_3, y u y v las cantidades producidas de S_1 y S_2. En la segunda fase se fabrica el producto terminado A, a partir de los semiterminados S_1 y S_2, de acuerdo con la función $q(u, v) = \ln(uv)$. Calcule la productividad marginal de la materia prima M_2 en la producción final, suponiendo que el proceso se encuentra en la situación en la que $(x, y, z) = (1, 1, 1)$.

SOLUCIÓN

El proceso productivo se puede representar como una composición de las funciones que definen cada etapa. Así, siendo:

$$\vec{f}: \mathbb{R}^3 \to \mathbb{R}^2$$

$$\vec{f}(x, y, z) = \left(\sqrt{x^2 yz}, 1 + \ln \frac{y^2}{z} \right)$$

$$q: \mathbb{R}^2 \to \mathbb{R}$$
$$q(u, v) = \ln(uv)$$

La función que expresa la dependencia de la cantidad final producida con respecto a las cantidades de materias primas utilizadas es, precisamente, $(q \circ \vec{f})(x, y, z)$. Así pues, la productividad marginal que debemos calcular es la correspondiente a la materia prima M_2, que se emplea en cantidad y, en el punto $(1, 1, 1)$; es decir:

$$\frac{\partial(q \circ \vec{f})}{\partial y}(1, 1, 1)$$

Estudiemos nuevamente el árbol de dependencias:

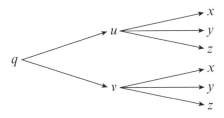

Por otro lado, $\vec{f}(1, 1, 1) = (1, 1)$, por lo que la parcial que buscamos es:

$$\frac{\partial(q \circ \vec{f})}{\partial y}(1, 1, 1) = \frac{\partial q}{\partial u}[\vec{f}(1, 1, 1)] \frac{\partial u}{\partial y}(1, 1, 1) + \frac{\partial q}{\partial v}[\vec{f}(1, 1, 1)] \frac{\partial v}{\partial y}(1, 1, 1) =$$

$$= \frac{\partial q}{\partial u}(1, 1) \frac{\partial f_1}{\partial y}(1, 1, 1) + \frac{\partial q}{\partial v}(1, 1) + \frac{\partial f_2}{\partial y}(1, 1, 1)$$

Calculemos estas derivadas parciales:

$$\frac{\partial q}{\partial u}(u,v) = \frac{1}{u} \quad \Rightarrow \quad \frac{\partial q}{\partial u}(1,1) = 1$$

$$\frac{\partial q}{\partial v}(u,v) = \frac{1}{v} \quad \Rightarrow \quad \frac{\partial q}{\partial v}(1,1) = 1$$

$$\frac{\partial f_1}{\partial y}(x,y,z) = \frac{x^2 z}{2\sqrt{x^2 yz}} \quad \Rightarrow \quad \frac{\partial f_1}{\partial y}(1,1,1) = \frac{1}{2}$$

$$\frac{\partial f_2}{\partial y}(x,y,z) = \frac{2}{y} \quad \Rightarrow \quad \frac{\partial f_2}{\partial y}(1,1,1) = 2$$

En conclusión:

$$\frac{\partial(q \circ \vec{f})}{\partial y}(1,1,1) = 1 \cdot \frac{1}{2} + 1 \cdot 2 = \frac{5}{2}$$

7.18. Dadas las funciones:

$$f: \mathbb{R}^2 \to \mathbb{R} \qquad\qquad \vec{g}: \mathbb{R} \to \mathbb{R}^2$$
$$(x_1, x_2) \to x_1^{x_2} \qquad\qquad y \to (y^2, \sqrt{y})$$

determínese la matriz jacobiana de $\vec{g} \circ f$, en el punto $(2,3)$, mediante la regla de la cadena, obteniendo, asimismo, la expresión de $\vec{g} \circ f$.

SOLUCIÓN

Según la regla de la cadena:

$$J(\vec{g} \circ f)(2,3) = \nabla f(2,3) \cdot J\vec{g}[f(2,3)]$$

Como $f(2,3) = 2^3 = 8$, entonces:

$$J(\vec{g} \circ f)(2,3) = \nabla f(2,3) \cdot J\vec{g}(8)$$

Para calcular estas matrices, vamos a hallar las derivadas parciales correspondientes:

$$\frac{\partial f}{\partial x_1}(x_1, x_2) = x_2 x_1^{x_2-1} \quad \Rightarrow \quad \frac{\partial f}{\partial x_1}(2,3) = 12$$

$$\frac{\partial f}{\partial x_2}(x_1, x_2) = x_1^{x_2} \ln x_1 \quad \Rightarrow \quad \frac{\partial f}{\partial x_2}(2,3) = 8\ln 2$$

Así pues:

$$\nabla f(2,3) = \begin{bmatrix} 12 \\ 8\ln 2 \end{bmatrix}$$

Por otro lado:

$$\frac{\partial g_1}{\partial y}(y) = 2y \quad \Rightarrow \quad \frac{\partial g_1}{\partial y}(8) = 16$$

$$\frac{\partial g_2}{\partial y}(y) = \frac{1}{2\sqrt{y}} \quad \Rightarrow \quad \frac{\partial g_2}{\partial y}(8) = \frac{1}{4\sqrt{2}}$$

En consecuencia:

$$J\vec{g}(8) = \begin{bmatrix} 16 & \dfrac{1}{4\sqrt{2}} \end{bmatrix}$$

Por tanto, en conclusión:

$$J(\vec{g} \circ f)(2,3) = \begin{bmatrix} 12 \\ 8\ln 2 \end{bmatrix} \cdot \begin{bmatrix} 16 & \dfrac{1}{4\sqrt{2}} \end{bmatrix} = \begin{bmatrix} 192 & \dfrac{3}{\sqrt{2}} \\ 128\ln 2 & \dfrac{2\ln 2}{\sqrt{2}} \end{bmatrix}$$

Por último, vamos a calcular la expresión de $\vec{g} \circ f$. Para ello, estudiemos en primer lugar los dominios de f y $\vec{g}$. Para la función f, el dominio es:

$$D_f = \{(x_1, x_2) \in \mathbb{R}^2 / x_1 > 0\}$$

ya que la función $x_1^{x_2}$, para x_2 real, no tiene sentido para bases negativas o nulas.

Por otro lado, para la función $\vec{g}$,

$$D_{\vec{g}} = \{y \in \mathbb{R}/y \geq 0\}$$

Obsérvese que si $(x_1, x_2) \in D_f$, entonces $f(x_1, x_2) > 0$, ya que la función exponencial (con base positiva) es siempre positiva, luego $f(x_1, x_2) \in D_{\vec{g}}$. Así pues, $f(D_f) \subseteq D_{\vec{g}}$, luego las funciones se pueden componer en todo el dominio de f. Por tanto, obtenemos:

$$\vec{g} \circ f: D_f \subset \mathbb{R}^2 \to \mathbb{R}^2$$

$$(\vec{g} \circ f)(x_1, x_2) = \vec{g}[f(x_1, x_2)] = \vec{g}(x_1^{x_2}) = \left((x_1^{x_2})^2, \sqrt{x_1^{x_2}}\right)$$

7.19. Dada la función:

$$z^a = y^{-n}(x^n + xy^{n-1})$$

a) Estúdiese su homogeneidad, determinando, en su caso, el grado.

b) Calcúlese $\dfrac{\partial z}{\partial x}$. ¿Es homogénea?

c) Determínese cuánto vale:

$$x\frac{\partial z}{\partial x} + y\frac{\partial z}{\partial y}$$

SOLUCIÓN

a) En general, una función $f(\vec{x})$ se dice que es homogénea de grado r si, para cualquier $\vec{x}$ en el dominio de f, y para cualquier $\lambda > 0$, se verifica la relación:

$$f(\lambda\vec{x}) = \lambda^r f(\vec{x})$$

Por otro lado, z es una función de $\mathbb{R}^2$ en $\mathbb{R}$; es decir, se puede expresar de la forma $z(x, y)$. Pues bien, según la expresión dada:

$$z^a(\lambda x, \lambda y) = (\lambda y)^{-n}[(\lambda x)^n + (\lambda x)(\lambda y)^{n-1}] = \lambda^{-n}y^{-n}(\lambda^n x^n + \lambda^n xy^{n-1}) =$$
$$= \lambda^{-n}\lambda^n y^{-n}(x^n + xy^{n-1}) = y^{-n}(x^n + xy^{n-1}) = z^a(x, y)$$

Por tanto:

$$z(\lambda x, \lambda y) = z(x, y)$$

por lo que z es homogénea de grado 0.

b)
$$z(x, y) = y^{-(n/a)}(x^n + xy^{n-1})^{1/a}$$

luego:

$$\frac{\partial z}{\partial x}(x, y) = y^{-(n/a)}\frac{1}{a}(nx^{n-1} + y^{n-1})(x^n + xy^{n-1})^{(1/a)-1}$$

Veamos si esta función es homogénea:

$$\frac{\partial z}{\partial x}(\lambda x, \lambda y) = (\lambda y)^{-(n/a)}\frac{1}{a}[n(\lambda x)^{n-1} + (\lambda y)^{n-1}][(\lambda x)^n + \lambda x(\lambda y)^{n-1}]^{(1/a)-1} =$$

$$= \lambda^{-(n/a)}y^{-(n/a)}\frac{1}{a}(\lambda^{n-1}nx^{n-1} + \lambda^{n-1}y^{n-1})(\lambda^n x^n + \lambda^n xy^{n-1})^{(1/a)-1} =$$

$$= \lambda^{-(n/a)}y^{-(n/a)}\frac{1}{a}\lambda^{n-1}(nx^{n-1} + y^{n-1})\lambda^{(n/a)-n}(x^n + xy^{n-1})^{(1/a)-1} =$$

(sacando λ factor común)

$$= \lambda^{-(n/a)}\lambda^{n-1}\lambda^{(n/a)-n}y^{-(n/a)}\frac{1}{a}(nx^{n-1} + y^{n-1})(x^n + xy^{n-1})^{(1/a)-1} =$$

(reordenando los λ)

$$= \lambda^{-1}y^{-(n/a)}\frac{1}{a}(nx^{n-1} + y^{n-1})(x^n + xy^{n-1})^{(1/a)-1} = \lambda^{-1}\frac{\partial z}{\partial x}(x, y)$$

Consecuentemente, $\dfrac{\partial z}{\partial x}(x, y)$ es una función homogénea de grado -1. En general, siempre es cierto que si f es una función homogénea de grado r, cualquier primera derivada parcial suya es homogénea de grado $r - 1$.

c) Por ser z homogénea de grado 0, podemos aplicar el teorema de Euler, con lo que:

$$x\frac{\partial z}{\partial x}(x, y) + y\frac{\partial z}{\partial y}(x, y) = 0 \cdot z(x, y) = 0$$

7.20. Dada la función:

$$[z(x,y)]^{-a} = y^{-n}(x^n + xy^{n-1})$$

Se pide:

a) Estúdiese su homogeneidad, calculando, en su caso, su grado.

b) Calcúlese $\dfrac{\partial z}{\partial x}$. ¿Es homogénea?

c) Aplíquese, en los casos en que sea posible, el teorema de Euler.

SOLUCIÓN

a) Nuevamente, z es una función de dos variables de la forma $z(x,y)$, por lo que podemos escribir:

$$z^{-a}(\lambda x, \lambda y) = (\lambda y)^{-n}[(\lambda x)^n + \lambda x(\lambda y)^{n-1}] = \lambda^{-n}y^{-n}(\lambda^n x^n + \lambda^n xy^{n-1}) =$$
$$= \lambda^{-n}\lambda^n y^{-n}(x^n + xy^{n-1}) = y^{-n}(x^n + xy^{n-1}) = z^{-a}(x,y)$$

Así pues, $z^{-a}(\lambda x, \lambda y) = z^{-a}(x,y)$, por lo que $z(\lambda x, \lambda y) = z(x,y)$, y, por tanto, $z(x,y)$ es una función homogénea de grado 0.

b)
$$z(x,y) = y^{(n/a)}(x^n + xy^{n-1})^{-(1/a)}$$

Por consiguiente:

$$\frac{\partial z}{\partial x}(x,y) = -y^{(n/a)}\frac{1}{a}(nx^{n-1} + y^{n-1})(x^n + xy^{n-1})^{-(1/a)-1}$$

Veamos si esta función es homogénea:

$$\frac{\partial z}{\partial x}(\lambda x, \lambda y) = -(\lambda y)^{(n/a)}\frac{1}{a}[n(\lambda x)^{n-1} + (\lambda y)^{n-1}][(\lambda x)^n + \lambda x(\lambda y)^{n-1}]^{-(1/a)-1} =$$

$$= -\lambda^{(n/a)}y^{(n/a)}\frac{1}{a}(n\lambda^{n-1}x^{n-1} + \lambda^{n-1}y^{n-1})(\lambda^n x^n + \lambda^n xy^{n-1})^{-(1/a)-1} =$$

$$= -\lambda^{(n/a)}y^{(n/a)}\frac{1}{a}\lambda^{n-1}(nx^{n-1} + y^{n-1})\lambda^{-(n/a)-n}(x^n + xy^{n-1})^{-(1/a)-1} =$$

$$= -\lambda^{(n/a)}\lambda^{n-1}\lambda^{-(n/a)-n}y^{(n/a)}\frac{1}{a}(nx^{n-1} + y^{n-1})(x^n + xy^{n-1})^{-(1/a)-1} =$$

$$= \lambda^{-1}y^{(n/a)}\frac{1}{a}(nx^{n-1} + y^{n-1})(x^n + xy^{n-1})^{-(1/a)-1} = \lambda^{-1}\frac{\partial z}{\partial x}(x,y)$$

En consecuencia, $\dfrac{\partial z}{\partial x}(x, y)$ es una función homogénea de grado -1, como ya cabía esperar según la observación hecha en el problema anterior.

c) Aplicando el teorema de Euler a z, obtenemos la siguiente relación:

$$x\frac{\partial z}{\partial x}(x, y) + y\frac{\partial z}{\partial y}(x, y) = 0 \cdot z(x, y) = 0$$

Por otro lado, también podemos aplicar el teorema de Euler a la función $\dfrac{\partial z}{\partial x}$, con lo que obtenemos:

$$x\frac{\partial}{\partial x}\left[\frac{\partial z}{\partial x}(x, y)\right] + y\frac{\partial}{\partial y}\left[\frac{\partial z}{\partial y}(x, y)\right] = -1 \cdot \frac{\partial z}{\partial x}(x, y)$$

Es decir:

$$x\frac{\partial^2 z}{\partial x^2}(x, y) + y\frac{\partial^2 z}{\partial y\,\partial x}(x, y) = -\frac{\partial z}{\partial x}(x, y)$$

7.21. Dada la función: $z^{-a} = x^{-a} + y^{-a}$, véase si es homogénea, determinando, en su caso, el grado de homogeneidad. Verifíquese el teorema de Euler, aplicándolo a dicha función.

SOLUCIÓN

$$z^{-a}(\lambda x, \lambda y) = (\lambda x)^{-a} + (\lambda y)^{-a} = \lambda^{-a}x^{-a} + \lambda^{-a}y^{-a} = \lambda^{-a}(x^{-a} + y^{-a}) = \lambda^{-a}z^{-a}(x, y)$$

Así pues:

$$z^{-a}(\lambda x, \lambda y) = \lambda^{-a}z^{-a}(x, y) \quad \Rightarrow \quad z(\lambda x, \lambda y) = \lambda z(x, y)$$

por lo que z es una función homogénea de grado 1. En consecuencia, el teorema de Euler asegura que se verifica la relación:

$$x\frac{\partial z}{\partial x}(x, y) + y\frac{\partial z}{\partial y}(x, y) = z(x, y)$$

Comprobemos que esta expresión se verifica para la función z. Para ello, calculemos sus dos derivadas parciales:

$$z(x, y) = (x^{-a} + y^{-a})^{-(1/a)}$$

Por tanto:

$$\frac{\partial z}{\partial x}(x, y) = -\frac{1}{a}(-a)x^{-a-1}(x^{-a} + y^{-a})^{-(1/a)-1} = x^{-a-1}(x^{-a} + y^{-a})^{-(1/a)-1}$$

$$\frac{\partial z}{\partial y}(x, y) = -\frac{1}{a}(-a)y^{-a-1}(x^{-a} + y^{-a})^{-(1/a)-1} = y^{-a-1}(x^{-a} + y^{-a})^{-(1/a)-1}$$

Así pues:

$$x\frac{\partial z}{\partial x}(x, y) + y\frac{\partial z}{\partial y}(x, y) = xx^{-a-1}(x^{-a} + y^{-a})^{-(1/a)-1} + yy^{-a-1}(x^{-a} + y^{-a})^{-(1/a)-1} =$$

$$= x^{-a}(x^{-a} + y^{-a})^{-(1/a)-1} + y^{-a}(x^{-a} + y^{-a})^{-(1/a)-1} =$$

$$= (x^{-a} + y^{-a})(x^{-a} + y^{-a})^{-(1/a)-1} = (x^{-a} + y^{-a})^{-(1/a)} = z(x, y)$$

como, en efecto, debía verificarse.

7.22. Dada la función:

$$f(x, y) = \frac{3x^2 + xy - y^2}{(xy + x^2)^{1/4}}$$

demuestre, sin calcular las derivadas parciales, que:

$$x\frac{\partial f}{\partial x} + y\frac{\partial f}{\partial y} = \frac{3}{2}f(x, y)$$

SOLUCIÓN

Veamos, en primer lugar, si f es una función homogénea en sus variables x e y:

186

$$f(\lambda x, \lambda y) = \frac{3(\lambda x)^2 + \lambda x \lambda y - (\lambda y)^2}{[\lambda x \lambda y + (\lambda x)^2]^{1/4}} = \frac{3\lambda^2 x^2 + \lambda^2 xy - \lambda^2 y^2}{(\lambda^2 xy + \lambda^2 x^2)^{1/4}} =$$

$$= \frac{\lambda^2 (3x^2 + xy - y^2)}{\lambda^{1/2}(xy + x^2)^{1/4}} = \lambda^{3/2} \frac{3x^2 + xy - y^2}{(xy + x^2)^{1/4}} = \lambda^{3/2} f(x, y)$$

Así pues, f es una función homogénea de grado $\dfrac{3}{2}$. Por tanto, se puede aplicar el teorema de Euler para funciones homogéneas, que asegura que se verifica la siguiente igualdad:

$$x \frac{\partial f}{\partial x} + y \frac{\partial f}{\partial y} = \frac{3}{2} f(x, y)$$

que es la relación que pretendíamos establecer.

7.23. Dada la función:

$$f(x, y) = \frac{x^3 - y^3}{xy}$$

calcule:

$$x \frac{\partial f}{\partial x} + y \frac{\partial f}{\partial y}$$

SOLUCIÓN

Nuevamente, vamos a ver si f es una función homogénea y, en su caso, a determinar su grado de homogeneidad.

$$f(\lambda x, \lambda y) = \frac{(\lambda x)^3 - (\lambda y)^3}{\lambda x \lambda y} = \frac{\lambda^3 (x^3 - y^3)}{\lambda^2 xy} = \lambda \frac{x^3 - y^3}{xy} = \lambda f(x, y)$$

luego f es una función homogénea de grado 1. Así pues, una vez más, podemos aplicar el teorema de Euler para funciones homogéneas, y tenemos garantizada la siguiente relación:

$$x \frac{\partial f}{\partial x}(x, y) + y \frac{\partial f}{\partial y}(x, y) = 1 \cdot f(x, y) = \frac{x^3 - y^3}{xy}$$

7.24. Sea la función de producción de Cobb-Douglas:

$$q = q(K, L) = 3K^{2\alpha} L^{\alpha/2}$$

a) Determine el valor de α para el cual la función q sea de rendimientos constantes de escala.

b) Para dicho valor de α, calcule las funciones de productividad marginal:

$$f(K, L) = \frac{\partial q}{\partial L}(K, L) \quad \text{y} \quad g(K, L) = \frac{\partial q}{\partial K}(K, L)$$

c) ¿Son f y g homogéneas? ¿De qué grado?

d) Interprete económicamente los resultados obtenidos.

SOLUCIÓN

a) En el estudio de la función de producción de una empresa, desde el punto de vista económico es muy importante distinguir si se trabaja en el corto o en el largo plazo. En este último, se considera que la empresa tiene la posibilidad de alterar la cantidad de cualquiera de sus factores productivos. En conexión con esto, surge el concepto de *rendimientos de escala*, que es válido sólo para el caso en que *todos* los factores varíen en la *misma* proporción. En tal caso, diremos que existen rendimientos o economías de escala *crecientes* si la cantidad de producto obtenida varía en una proporción mayor de la que lo han hecho los factores; economías *decrecientes* de escala si la proporción en la que varía la producción es menor, y rendimientos *constantes* de escala cuando la cantidad utilizada de todos los factores y la cantidad obtenida de producto varían todos en la misma proporción. Desde el punto de vista matemático, esta última propiedad, aplicada a la función q que estamos estudiando, se expresaría:

$$q(\lambda K, \lambda L) = \lambda q(K, L)$$

Pero ésta es precisamente la definición de una función homogénea de grado 1 [en general, se dice que una función es homogénea de grado r si $f(\lambda x) = \lambda^r f(x)$]. Por tanto, para que una función de producción sea de rendimientos constantes de escala ha de ser homogénea de grado 1. Así pues, vamos a calcular primero el grado de homogeneidad de la función q en función de α, y luego el valor de parámetro que hace 1 dicho grado:

$$q(\lambda K, \lambda L) = 3(\lambda K)^{2\alpha}(\lambda L)^{\alpha/2} = 3\lambda^{2\alpha}K^{2\alpha}\lambda^{\alpha/2}L^{\alpha/2} = \lambda^{2\alpha+\alpha/2}3K^{2\alpha}L^{\alpha/2} =$$
$$= \lambda^{(5\alpha)/2}3K^{2\alpha}L^{\alpha/2} = \lambda^{(5\alpha)/2}q(K, L)$$

En consecuencia, q es una función homogénea de grado $\dfrac{5\alpha}{2}$, por lo que será de rendimientos constantes a escala si, y sólo si:

$$\frac{5\alpha}{2} = 1 \quad \Leftrightarrow \quad 5\alpha = 2 \quad \Leftrightarrow \quad \alpha = \frac{2}{5}$$

b) Para $\alpha = \dfrac{2}{5}$,

$$q(K, L) = 3K^{4/5}L^{1/5}$$

Calculemos las funciones derivadas parciales de q, que nos indicarán las productividades marginales de los dos factores considerados. Desde un punto de vista económico, el producto marginal de un factor muestra el aumento en la producción que se obtiene utilizando una unidad adicional de dicho factor. Por otro lado, al producto medio de un factor (nivel de producción por unidad de factor) se le suele denominar productividad del citado factor. Una combinación de los dos conceptos, considerando cambios infinitesimales en las cantidades utilizadas, da lugar al de productividad marginal de los factores, que es lo que calculamos a continuación:

$$f(K, L) = \frac{\partial q}{\partial L}(K, L) = \frac{3}{5}K^{4/5}L^{-4/5} = \frac{3}{5}\left[\frac{K}{L}\right]^{4/5} \text{ (productividad marginal del trabajo)}$$

$$g(K, L) = \frac{\partial q}{\partial K}(K, L) = \frac{12}{5}K^{-1/5}L^{1/5} = \frac{12}{5}\left[\frac{L}{K}\right]^{1/5} \text{ (productividad marginal del capital)}$$

c) Veamos si estas dos funciones son homogéneas. En primer lugar, para f:

$$f(\lambda K, \lambda L) = \frac{3}{5}\left[\frac{\lambda K}{\lambda L}\right]^{4/5} = \frac{3}{5}\left[\frac{K}{L}\right]^{4/5} = f(K, L)$$

por lo que *f* es una función homogénea de grado 0. De la misma forma, para la función *g*, obtenemos:

$$g(\lambda K, \lambda L) = \frac{12}{5}\left[\frac{\lambda L}{\lambda K}\right]^{1/5} = \frac{12}{5}\left[\frac{L}{K}\right]^{1/5} = g(K, L)$$

luego *g* también es una función homogénea de grado 0. Ya se ha comentado anteriormente que, en efecto, si una función es homogénea de grado *r*, cualquier función derivada parcial suya es homogénea de grado *r* – 1, luego era de esperar que *f* y *g* lo fueran de grado 0.

d)   Supongamos por un momento que se está produciendo en la zona de la función de producción donde existen economías de escala crecientes (es decir, se trabaja por debajo de la capacidad productiva, infrautilizando ésta). En estas condiciones, es lógico pensar que un incremento de los dos factores de producción en idéntica proporción traiga como consecuencia un incremento en la productividad marginal del factor trabajo y del factor capital, debido a que, tras el incremento en la utilización de ambos factores, estamos mejorando la capacidad productiva.

Supongamos ahora que estamos produciendo en la zona de la función de producción donde existen economías de escala decrecientes (utilización casi al límite de la capacidad productiva). En estas condiciones, es lógico pensar que un incremento de los dos factores de producción en la misma proporción traiga consigo un decremento en la productividad marginal del factor trabajo y del factor capital, puesto que, tras el nuevo incremento en la utilización de los dos factores, nos hemos acercado aún más a ese límite de la capacidad productiva.

De lo dicho anteriormente se desprende que si estamos en la zona de la función de producción en la que existen economías de escala constantes (el caso que estamos analizando), un incremento de los dos factores de producción en la misma proporción traerá como consecuencia que la productividad marginal de ambos permanezca invariable.

Estos comentarios se pueden ver reforzados considerando la ley de rendimientos decrecientes, que establece que el producto marginal de un factor variable disminuye, traspasado un cierto nivel, al incrementarse la cantidad empleada de dicho factor. En efecto, la aportación de una unidad adicional de factor al proceso productivo empieza a decrecer cuando se traspasa el umbral que podríamos denominar de saturación de la capacidad productiva. Este punto donde se empieza a decrecer es, precisamente, el momento en el que existen economías constantes de escala, instante a partir del cual, como se ha visto, la producción empieza a variar en proporción menor que aquella en la que varían los factores.

7.25. Desarróllese en serie de Taylor alrededor del punto $(0,0)$ la función:

$$f(x,y) = \operatorname{sen}(x+y)$$

SOLUCIÓN

El desarrollo en serie de potencias de Taylor de una función diferenciable es una *forma de aproximar* ésta mediante una función más manejable. En general, las funciones que aparecen en cualquier proceso real suelen ser bastante complejas, mientras que una función polinómica es sencilla para trabajar con ella. Cuando sólo interesan propiedades *locales* de la función, cerca de un determinado punto, Taylor permite aproximarla (mejor cuanto mayor grado se considere en el polinomio), con un error pequeño, en un entorno de dicho punto. El desarrollo de grado uno no es sino una *linealización de f*, mientras que el de grado dos es una cuadratización de la misma. Parece, por tanto, lógico que, a medida que aumenta el grado de diferenciabilidad de *f* y se van obteniendo derivadas sucesivas, aumente también la precisión con la que se puede aproximar dicha función, precisión que se traduce en el grado de dicha aproximación.

Para hacer el desarrollo de Taylor de grado dos de *f* alrededor del punto $(0,0)$, debemos calcular $f(0,0)$, $\nabla f(0,0)$ y $Hf(0,0)$:

$$f(0,0) = \operatorname{sen} 0 = 0$$

$$\frac{\partial f}{\partial x}(x,y) = \cos(x+y) \quad \Rightarrow \quad \frac{\partial f}{\partial x}(0,0) = \cos 0 = 1$$

$$\frac{\partial f}{\partial y}(x,y) = \cos(x+y) \quad \Rightarrow \quad \frac{\partial f}{\partial y}(0,0) = \cos 0 = 1$$

Por consiguiente:

$$\nabla f(0,0) = \begin{bmatrix} 1 \\ 1 \end{bmatrix}$$

Calculemos ahora las segundas derivadas parciales de *f* en $(0,0)$:

$$\frac{\partial^2 f}{\partial x^2}(x,y) = \frac{\partial^2 f}{\partial y^2}(x,y) = \frac{\partial^2 f}{\partial y\,\partial x}(x,y) = -\operatorname{sen}(x+y)$$

Y, por tanto:

$$\frac{\partial^2 f}{\partial x^2}(0,0) = \frac{\partial^2 f}{\partial y^2}(0,0) = \frac{\partial^2 f}{\partial y\, \partial x}(0,0) = 0$$

Así pues:

$$Hf(0,0) = \begin{bmatrix} 0 & 0 \\ 0 & 0 \end{bmatrix}$$

De esta forma, el desarrollo de Taylor de f, hasta el segundo orden, en un entorno del punto $(0,0)$ es:

$$f(x,y) \simeq f(0,0) + \nabla f(0,0)^t \begin{bmatrix} x \\ y \end{bmatrix} + \frac{1}{2}[x \;\; y]Hf(0,0)\begin{bmatrix} x \\ y \end{bmatrix} =$$

$$= 0 + [1 \;\; 1]\begin{bmatrix} x \\ y \end{bmatrix} + \frac{1}{2}[x \;\; y]\begin{bmatrix} 0 & 0 \\ 0 & 0 \end{bmatrix}\begin{bmatrix} x \\ y \end{bmatrix} = x + y$$

Por tanto, en un entorno de $(0,0)$:

$$\text{sen}\,(x+y) \simeq x + y$$

7.26. Utilícese la fórmula de Taylor de grado 2 para aproximar las siguientes funciones:

    a) $f(x,y) = x^4 + 2xy - y^2$ en potencias de $(x+2)$ e $(y-3)$.
    b) $g(x,y) = \text{sen}\,(x+y) + \cos\,(x+y)$ en el entorno de $(0,0)$.

SOLUCIÓN

    a)   Debemos calcular el desarrollo de Taylor de f alrededor del punto $(-2,3)$, y, para ello, es necesario calcular $f(-2,3)$, $\nabla f(-2,3)$ y $Hf(-2,3)$. Pues bien:

$$f(-2,3) = (-2)^4 + 2(-2)^3 - 3^2 = -5$$

$$\frac{\partial f}{\partial x}(x,y) = 4x^3 + 2y \quad \Rightarrow \quad \frac{\partial f}{\partial x}(-2,3) = 4(-2)^3 + 2\cdot 3 = -26$$

$$\frac{\partial f}{\partial y}(x,y) = 2x - 2y \quad \Rightarrow \quad \frac{\partial f}{\partial y}(-2,3) = 2(-2) - 2\cdot 3 = -10$$

Así pues:

$$\nabla f(-2,3) = \begin{bmatrix} -26 \\ -10 \end{bmatrix}$$

Calculemos ahora las segundas derivadas parciales:

$$\frac{\partial^2 f}{\partial x^2}(x,y) = 12x^2 \quad \Rightarrow \quad \frac{\partial^2 f}{\partial x^2}(-2,3) = 12(-2)^2 = 48$$

$$\frac{\partial^2 f}{\partial y\,\partial x}(x,y) = 2 \quad \Rightarrow \quad \frac{\partial^2 f}{\partial y\,\partial x}(-2,3) = 2$$

$$\frac{\partial^2 f}{\partial y^2}(x,y) = -2 \quad \Rightarrow \quad \frac{\partial^2 f}{\partial y^2}(-2,3) = -2$$

De esta forma:

$$Hf(-2,3) = \begin{bmatrix} 48 & 2 \\ 2 & -2 \end{bmatrix}$$

Por tanto, el desarrollo de Taylor de f hasta el orden 2, alrededor del punto $(-2,3)$ es:

$$f(x,y) \simeq f(-2,3) + \nabla f(-2,3)^t \begin{bmatrix} x+2 \\ y-3 \end{bmatrix} + \frac{1}{2}[x+2 \quad y-3]Hf(-2,3)\begin{bmatrix} x+2 \\ y-3 \end{bmatrix} =$$

$$= -5 + [-26 \quad -10]\begin{bmatrix} x+2 \\ y-3 \end{bmatrix} + \frac{1}{2}[x+2 \quad y-3]\begin{bmatrix} 48 & 2 \\ 2 & -2 \end{bmatrix}\begin{bmatrix} x+2 \\ y-3 \end{bmatrix} =$$

$$= -5 - 26(x+2) - 10(y-3) + \frac{1}{2}[48(x+2)^2 + 4(x+2)(y-3) - 2(y-3)^2] =$$

$$= -5 - 26(x+2) - 10(y-3) + 24(x+2)^2 + 2(x+2)(y-3) - (y-3)^2$$

b) Nuevamente, debemos calcular $g(0,0)$, $\nabla g(0,0)$ y $Hg(0,0)$:

$$g(0,0) = \operatorname{sen} 0 + \cos 0 = 1$$

$$\frac{\partial g}{\partial x}(x,y) = \cos(x+y) - \operatorname{sen}(x+y) \quad \Rightarrow \quad \frac{\partial g}{\partial x}(0,0) = \cos 0 - \operatorname{sen} 0 = 1$$

$$\frac{\partial g}{\partial y}(x,y) = \cos(x+y) - \operatorname{sen}(x+y) \quad \Rightarrow \quad \frac{\partial g}{\partial y}(0,0) = \cos 0 - \operatorname{sen} 0 = 1$$

Así pues:

$$\nabla g(0,0) = \begin{bmatrix} 1 \\ 1 \end{bmatrix}$$

Calculemos ahora las segundas derivadas parciales de *g*:

$$\frac{\partial^2 g}{\partial x^2}(x,y) = \frac{\partial^2 g}{\partial y\,\partial x}(x,y) = \frac{\partial^2 g}{\partial y^2}(x,y) = -\operatorname{sen}(x+y) - \cos(x+y)$$

Luego:

$$\frac{\partial^2 g}{\partial x^2}(0,0) = \frac{\partial^2 g}{\partial y\,\partial x}(0,0) = \frac{\partial^2 g}{\partial y^2}(0,0) = -\operatorname{sen} 0 - \cos 0 = -1$$

Por tanto:

$$Hg(0,0) = \begin{bmatrix} -1 & -1 \\ -1 & -1 \end{bmatrix}$$

Así, el desarrollo de Taylor de *g* alrededor del punto $(0,0)$, hasta el segundo orden, es:

$$g(x,y) \simeq g(0,0) + \nabla g(0,0)^t \begin{bmatrix} x \\ y \end{bmatrix} + \frac{1}{2}[x \quad y] Hg(0,0) \begin{bmatrix} x \\ y \end{bmatrix} =$$

$$= 1 + [1 \quad 1] \begin{bmatrix} x \\ y \end{bmatrix} + \frac{1}{2}[x \quad y] \begin{bmatrix} -1 & -1 \\ -1 & -1 \end{bmatrix} \begin{bmatrix} x \\ y \end{bmatrix} =$$

$$= 1 + x + y + \frac{1}{2}(-x^2 - 2xy - y^2) =$$

$$= 1 + x + y - \frac{1}{2}x^2 - xy - \frac{1}{2}y^2$$

7.27. Una empresa produce un bien A, a partir de dos factores F_1 y F_2, que utiliza en cantidades x_1 y x_2, respectivamente. En el instante actual del proceso productivo, se sabe que la empresa emplea 4 unidades de F_1 y 5 de F_2, y obtiene un beneficio neto de 40 millones de euros. La expresión del beneficio en función de las cantidades de factores utilizadas, $B = B(x_1, x_2)$, no se conoce explícitamente, pero un estudio realizado por una prestigiosa firma consultora ha permitido conocer con un pequeño margen de error los siguientes datos:

$$\nabla B(4,5) \simeq \begin{bmatrix} 25 \\ 20 \end{bmatrix} \quad y \quad HB(4,5) \simeq \begin{bmatrix} 0 & 5 \\ 5 & 0 \end{bmatrix}$$

La empresa está estudiando la posibilidad de utilizar más cantidades de factores y, por ello, desea conocer, aproximadamente, la variación en el beneficio al utilizar una unidad más de cada factor.

Solución

Como conocemos el valor aproximado del gradiente y de la matriz hessiana de la función B en el punto $(4,5)$, podemos utilizarlos para obtener el desarrollo de Taylor de esta función alrededor de dicho punto hasta el segundo orden de derivación, y obtener así una aproximación del valor de $B(5,6)$, ya que, al aumentar en una unidad las cantidades de F_1 y F_2, resulta $B(5,6)$. Por otro lado,

$$x - x_0 = (5,6) - (4,5) = (1,1)$$

Teniendo todo esto en cuenta, el desarrollo de Taylor queda como sigue:

$$B(5,6) \simeq B(4,5) + \nabla B(4,5)^t \begin{bmatrix} 1 \\ 1 \end{bmatrix} + \frac{1}{2}[1 \ \ 1]HB(4,5)\begin{bmatrix} 1 \\ 1 \end{bmatrix} \simeq$$

$$\simeq B(4,5) + [25 \ \ 20]\begin{bmatrix} 1 \\ 1 \end{bmatrix} + \frac{1}{2}[1 \ \ 1]\begin{bmatrix} 0 & 5 \\ 5 & 0 \end{bmatrix}\begin{bmatrix} 1 \\ 1 \end{bmatrix} =$$

$$= B(4,5) + 25 + 20 + \frac{1}{2}10 = B(4,5) + 50$$

Así pues, la aproximación obtenida de la variación en el beneficio al utilizar una unidad más de cada factor es:

$$\Delta B = B(5,6) - B(4,5) \simeq 50$$

es decir, se espera un incremento aproximado de 50 millones de euros en el beneficio neto de la empresa.

Funciones implícitas

- Relaciones implícitas: 8.2, 8.13, 8.22
- Teoremas de la función implícita:

  - Una función de varias variables: 8.1, 8.2, 8.3, 8.4, 8.5, 8.6, 8.7, 8.8, 8.9, 8.10, 8.11, 8.12
  - Dos funciones de varias variables: 8.13, 8.14, 8.15, 8.16, 8.17, 8.18, 8.19, 8.20, 8.21
  - Varias funciones de varias variables: 8.22

- Relaciones de sustitución: 8.7, 8.12, 8.21
- Curvas de nivel: 8.8
- Aplicaciones económicas: 8.7, 8.8, 8.12, 8.21

Teoría

En general, dada una relación del tipo:

$$f(x_1, ..., x_n) = 0$$

y un punto $(x_{10}, ..., x_{n0})$, el teorema de la función implícita asegura la existencia de x_i como función implícita de las restantes variables:

$$x_i = \varphi(x_1, ..., x_{i-1}, x_{i+1}, ..., x_n)$$

cerca del punto en cuestión, si se verifican las siguientes condiciones:

a) $f(x_{10}, ..., x_{n0}) = 0$.
b) f es de clase 1 en algún entorno de $(x_{10}, ..., x_{n0})$.

c) $\dfrac{\partial f}{\partial x_i}(x_{10}, ..., x_{n0}) \neq 0$.

En esencia, el teorema de la función implícita proporciona condiciones bajo las cuales podemos asegurar que se puede *despejar*, sin ambigüedad y de forma única, una de las variables en función de las restantes, de forma que se verifique la relación $f(x) = 0$ en todos los puntos. Cabe hacer varias observaciones:

— El teorema de la función implícita proporciona sólo *condiciones suficientes* para la existencia de dicha función implícita, de forma que, en caso de no verificarse las condiciones de su hipótesis, no se puede afirmar la existencia, pero tampoco se puede asegurar que no exista.

198

— La existencia asegurada por el teorema es, en general, *local,* es decir, en algún entorno del punto. De ninguna forma se puede asegurar directamente que la función implícita existe en todo el espacio.
— Si se cumplen las condiciones del teorema, éste asegura que existe la funcion implícita, pero no proporciona una expresión explícita de ella. Sin embargo, sí permite obtener una expresión para las derivadas parciales, de forma que:

$$\frac{\partial x_i}{\partial x_j} = -\frac{\dfrac{\partial f}{\partial x_j}}{\dfrac{\partial f}{\partial x_i}}$$

expresión que es, por tanto, válida para todos los puntos del entorno de $(x_{10}, ..., x_{n0})$ en el cual hemos obtenido la función implícita. La utilidad de disponer de las derivadas parciales es clara, ya que no sólo proporcionan por sí mismas una valiosa información sobre el comportamiento local de la función, sino que además permiten construir una aproximación (lineal, al menos) de ella, a través del uso del desarrollo de Taylor.

8.1. Estúdiese la existencia de funciones implícitas a partir de la relación:

$$x^2 + y^2 - 4 = 0$$

en un entorno de los puntos $(\sqrt{2}, \sqrt{2})$ y $(2, 0)$.

SOLUCIÓN

Sea la función:

$$f(x, y) = x^2 + y^2 - 4$$

Comprobemos que se verifican las condiciones del teorema de la función implícita en los dos puntos dados:

a) $f(2, 0) = 0; f(\sqrt{2}, \sqrt{2}) = 0$.
b) f es de clase 1, por ser una función polinómica, en todo el espacio $\mathbb{R}^2$.
c) $\dfrac{\partial f}{\partial x}(x, y) = 2x; \dfrac{\partial f}{\partial y}(x, y) = 2y$.

Por tanto:

$$\frac{\partial f}{\partial x}(\sqrt{2}, \sqrt{2}) = 2\sqrt{2} \neq 0$$

$$\frac{\partial f}{\partial y}(\sqrt{2}, \sqrt{2}) = 2\sqrt{2} \neq 0$$

Así pues, se puede asegurar la existencia de las funciones implícitas $x = x(y)$ e $y = y(x)$ en sendos entornos del punto $(\sqrt{2}, \sqrt{2})$. Por otro lado:

$$\frac{\partial f}{\partial x}(2,0) = 4 \neq 0$$

$$\frac{\partial f}{\partial y}(2,0) = 0$$

Por tanto, se puede asegurar la existencia de la función implícita $x = x(y)$ en algún entorno del punto $(2,0)$, pero no así la de la función $y = y(x)$. En efecto, si partimos de la relación inicial:

$$x^2 + y^2 - 4 = 0$$

podemos intentar despejar directamente las variables:

$$x = \pm\sqrt{4 - y^2} \quad ; \quad y = \pm\sqrt{4 - x^2}$$

En principio, parece que hay ambigüedad en ambas. Pero en un entorno del punto $(2,0)$ x es mayor que cero, luego para la primera variable podemos tomar la función:

$$x = \sqrt{4 - y^2}$$

por lo que, en efecto, existe la función implícita. Sin embargo, en un entorno de dicho punto la variable y puede tomar valores tanto positivos como negativos, por lo que no podemos elegir qué expresión tomar para $y = y(x)$, y esta circunstancia hace que la relación dada no defina implícitamente la función $y = y(x)$ cerca del punto $(2,0)$. Así pues, en este caso, en el que no se verifican las condiciones suficientes del teorema de la función implícita, hemos visto que, en efecto, no está determinada, en ningún entorno del punto $(2,0)$ la relación $y = y(x)$.

8.2. Dada la relación $x^2y + y^2z + z^2x - 3 = 0$, determine la existencia de $y = \phi(x, z)$ en un entorno del punto $(1, 1, 1)$. En caso afirmativo, calcule su derivada parcial respecto de la variable x.

SOLUCIÓN

Si llamamos:

$$f(x, y, z) = x^2y + y^2z + z^2x - 3$$

debemos comprobar que se dan las condiciones del teorema de la función implícita en el punto $(1, 1, 1)$:

a) $f(1, 1, 1) = 0$.

b) f es de clase 1 (existen sus parciales y son continuas), por ser una función polinómica, en todo el espacio $\mathbb{R}^3$.

c) La derivada parcial con respecto a la variable que pretendemos despejar (variable dependiente) es:

$$\frac{\partial f}{\partial y}(x, y, z) = x^2 + 2yz$$

Sustituyendo en el punto $(1, 1, 1)$, obtenemos:

$$\frac{\partial f}{\partial y}(1, 1, 1) = 3 \neq 0$$

Por tanto, se verifican las condiciones del teorema, por lo que podemos afirmar que existe $y = \phi(x, z)$, en algún entorno del punto $(1, 1, 1)$.

Por otro lado, debemos calcular $\dfrac{\partial y}{\partial x}$. Para ello, necesitamos:

$$\frac{\partial f}{\partial x}(x, y, z) = 2xy + z^2$$

Por tanto:

$$\frac{\partial y}{\partial x} = -\frac{\dfrac{\partial f}{\partial x}}{\dfrac{\partial f}{\partial y}} = -\frac{2xy + z^2}{x^2 + 2yz}$$

Obsérvese que el denominador de este cociente es distinto de cero en el punto $(1, 1, 1)$, según hemos comprobado antes. Esto asegura, por la continuidad de la derivada parcial (que se da, por ser f de clase 1), que se mantendrá distinto de cero en algún entorno del punto, y, por tanto, este cociente tendrá sentido en dicho entorno.

8.3. Sea la relación:

$$f(x, y) = 3x^2 + 2x \ln y - 6x^y = 0$$

¿Se puede asegurar la existencia de x como función implícita de y, en un entorno del punto $(2, 1)$? En caso afirmativo, calcule $\dfrac{\partial x}{\partial y}(1)$.

SOLUCIÓN

Comprobemos nuevamente que se dan las condiciones del teorema de la función implícita:

a) $f(2, 1) = 0.$

b) $\dfrac{\partial f}{\partial x}(x, y) = 6x + 2 \ln y - 6yx^{y-1},$

$\dfrac{\partial f}{\partial y}(x, y) = \dfrac{2x}{y} - 6x^y \ln x.$

Estas dos parciales existen y son continuas en algún entorno del punto $(2, 1)$. De hecho, existen siempre que $x > 0$ e $y > 0$.

c) $\dfrac{\partial f}{\partial x}(2, 1) = 12 - 6 = 6 \neq 0,$

luego se puede asegurar la existencia de la función implícita $x = x(y)$ en algún entorno del punto $(2, 1)$.

A continuación, debemos calcular la derivada parcial $\dfrac{\partial x}{\partial y}(1)$. Obsérvese que, al depender x de la variable $y[x = x(y)]$, no tiene sentido escribir $\dfrac{\partial x}{\partial y}(2, 1)$. Lo que sí sabemos es que para $y = 1$, x toma el valor 2, ya que éste es precisamente el punto alrededor del cual hemos despejado. Así pues, utilizando la notación $\dfrac{\partial x}{\partial y}(1)$, obtenemos:

$$\frac{\partial x}{\partial y}(1) = -\frac{\dfrac{\partial f}{\partial y}(2,1)}{\dfrac{\partial f}{\partial x}(2,1)}$$

Como:

$$\frac{\partial f}{\partial y}(2,1) = 4 - 12\ln 2$$

entonces:

$$\frac{\partial x}{\partial y}(1) = -\frac{4 - 12\ln 2}{6} = \frac{6\ln 2 - 2}{3}$$

8.4. Estudie la existencia de funciones implícitas definidas por la relación:

$$\cos^2(x+y) + \operatorname{sen}^2(x-y) - 2 = 0$$

SOLUCIÓN

Veamos, en primer lugar, en qué puntos se verifica la primera condición del teorema de la función implícita, considerando $f(x,y) = \cos^2(x+y) + \operatorname{sen}^2(x-y) - 2$:

$$\cos^2(x+y) + \operatorname{sen}^2(x-y) - 2 = 0 \iff \cos^2(x+y) + \operatorname{sen}^2(x-y) = 2$$

Teniendo en cuenta que, para cualesquiera x, y

$$0 \leq \cos^2(x+y) \leq 1$$
$$0 \leq \operatorname{sen}^2(x-y) \leq 1$$

esta relación sólo podrá alcanzarse si se verifica a la vez:

$$\cos^2(x+y) = 1 \quad , \quad \operatorname{sen}^2(x-y) = 1$$

O, dicho, de otra forma,

$$\cos(x + y) = \pm 1 \quad , \quad \mathrm{sen}(x - y) = \pm 1$$

Ahora bien, el coseno toma el valor 1 en el ángulo $\alpha = 0$ (más cualquier número entero de vueltas, ya que las razones trigonométricas se repiten en períodos de tamaño 2π, que equivalen a una vuelta completa a la circunferencia) y el valor -1 en $\alpha = \pi$ (también más cualquier número entero de vueltas). En resumen, la primera condición se verifica si:

$$x + y = k\pi$$

para algún $k \in \mathbb{Z}$. Razonando de la misma forma para el seno (que vale 1 para $\alpha = \pi/2$ y -1 para $\alpha = 3\pi/2$) obtenemos que la segunda relación se verifica si:

$$x - y = \frac{\pi}{2} + k'\pi$$

para algún $k' \in \mathbb{Z}$. Resolviendo este sistema de ecuaciones, dependiendo de los parámetros k y k', obtenemos:

$$x = \frac{\pi}{4} + k\pi \quad , \quad y = -\frac{\pi}{4} + k'\pi$$

Así pues, sólo un punto (x, y) de esta forma verifica la primera condición del teorema. Calculemos ahora las derivadas parciales:

$$\frac{\partial f}{\partial x}(x, y) = -2\cos(x + y)\,\mathrm{sen}(x + y) + 2\,\mathrm{sen}(x - y)\cos(x - y)$$

$$\frac{\partial f}{\partial y}(x, y) = -2\cos(x + y)\,\mathrm{sen}(x + y) - 2\,\mathrm{sen}(x - y)\cos(x - y)$$

Estas dos funciones existen y son continuas en todo el espacio $\mathbb{R}^2$, luego también se verifica la segunda condición del teorema.

Finalmente, en un punto de la forma $\left(\dfrac{\pi}{4} + k\pi, -\dfrac{\pi}{4} + k'\pi\right)$, estas parciales toman los valores:

$$\frac{\partial f}{\partial x}\left(\frac{\pi}{4} + k\pi, -\frac{\pi}{4} + k'\pi\right) = -2\cos(c\pi)\,\mathrm{sen}(c\pi) + 2\,\mathrm{sen}\left(\frac{\pi}{2} + c'\pi\right)\cos\left(\frac{\pi}{2} + c'\pi\right)$$

$$\frac{\partial f}{\partial y}\left(\frac{\pi}{4} + k\pi, -\frac{\pi}{4} + k'\pi\right) = -2\cos(c\pi)\,\mathrm{sen}(c\pi) - 2\,\mathrm{sen}\left(\frac{\pi}{2} + c'\pi\right)\cos\left(\frac{\pi}{2} + c'\pi\right)$$

donde $c = k + k'$, $c' = k - k'$. Ahora bien:

$$\operatorname{sen}(c\pi) = \cos\left(\frac{\pi}{2} + c'\pi\right) = 0, \text{ para cualesquiera } c, c' \in \mathbb{Z}$$

Luego, para todos $k, k' \in \mathbb{Z}$:

$$\frac{\partial f}{\partial x}\left(\frac{\pi}{4} + k\pi, -\frac{\pi}{4} + k'\pi\right) = 0 = \frac{\partial f}{\partial y}\left(\frac{\pi}{4} + k\pi, -\frac{\pi}{4} + k'\pi\right)$$

Así pues, en cualquiera de los puntos que verifican la primera condición del teorema de la implícita, las dos parciales son nulas. Luego no se puede asegurar para ningún punto de $\mathbb{R}^2$ la existencia de funciones implícitas a partir de la relación dada. De hecho, se puede observar que los puntos de $\mathbb{R}^2$ en los que f se anula forman un conjunto de puntos aislados, en los que difícilmente se puede poner una de las variables como función continua (y mucho menos derivable) de la otra.

8.5. Dada la relación $x^2y + xzy^2 - 2 = 0$, analice la existencia de $x = x(y, z)$ en un entorno del punto $(1, 1, 1)$, y calcule, en caso de ser posible:

$$\frac{\partial x}{\partial y} \text{ y } \frac{\partial x}{\partial z}.$$

SOLUCIÓN

Sea $f(x, y, z) = x^2y + xzy^2 - 2$. Veamos si se verifican las condiciones del teorema de la función implícita:

a) $f(1, 1, 1) = 0$.
b) f es de clase 1, ya que es una función polinómica.
c) $\dfrac{\partial f}{\partial x}(x, y, z) = 2xy + zy^2$, luego:

$$\frac{\partial f}{\partial x}(1, 1, 1) = 3 \neq 0$$

Así pues, podemos asegurar la existencia de $x = x(y, z)$ en un entorno del punto $(1, 1, 1)$. Por otro lado, para calcular las dos derivadas que se piden, debemos calcular las parciales de f con respecto a las variables y, z:

$$\frac{\partial f}{\partial y}(x, y, z) = x^2 + 2xzy$$

$$\frac{\partial f}{\partial z}(x, y, z) = xy^2$$

Por tanto:

$$\frac{\partial x}{\partial y} = -\frac{\dfrac{\partial f}{\partial y}}{\dfrac{\partial f}{\partial x}} = -\frac{x^2 + 2xzy}{2xy + zy^2}$$

$$\frac{\partial x}{\partial z} = -\frac{\dfrac{\partial f}{\partial z}}{\dfrac{\partial f}{\partial x}} = -\frac{xy^2}{2xy + zy^2}$$

donde tenemos asegurado que ambos denominadores se mantienen no nulos en algún entorno del punto $(1, 1, 1)$.

8.6. Dada la relación:

$$f(x, y, z) = 3x^2yz - y \ln x - 3 = 0$$

a) Estudie la existencia de las funciones implícitas:

$$x = x(y, z)$$
$$y = y(x, z)$$
$$z = z(x, y)$$

en algún entorno del punto $(1, 1, 1)$.

b) Calcule $\dfrac{\partial x}{\partial z}$.

SOLUCIÓN

a)   Veamos de nuevo si se verifican las condiciones del teorema de la función implícita:

— $f(1,1,1) = 0$.
— Para ver si f es de clase 1 cerca del punto $(1,1,1)$, vamos a calcular sus tres derivadas parciales:

$$\frac{\partial f}{\partial x}(x,y,z) = 6xyz - \frac{y}{x} \quad ; \quad \frac{\partial f}{\partial y}(x,y,z) = 3x^2z - \ln x \quad ; \quad \frac{\partial f}{\partial z}(x,y,z) = 3x^2y$$

Estas parciales existen y son continuas en algún entorno del punto $(1,1,1)$. En concreto, tienen sentido siempre que $x > 0$.
— Evaluemos las parciales anteriores en el punto $(1,1,1)$:

$$\frac{\partial f}{\partial x}(1,1,1) = 6 - 1 = 5 \neq 0$$

$$\frac{\partial f}{\partial y}(1,1,1) = 3 - 0 = 3 \neq 0$$

$$\frac{\partial f}{\partial z}(1,1,1) = 3 \neq 0$$

Así, pues, las tres parciales son no nulas en el punto $(1,1,1)$, por lo que se puede asegurar la existencia, en sendos entornos del punto, de las tres funciones implícitas:

$$x = x(y,z)$$
$$y = y(x,z)$$
$$z = z(x,y)$$

b)   Como, según el apartado *a*), existe la función $x = x(y,z)$, tiene sentido calcular la derivada parcial $\dfrac{\partial x}{\partial z}$, que tendrá la siguiente expresión:

$$\frac{\partial x}{\partial z} = -\frac{\dfrac{\partial f}{\partial z}}{\dfrac{\partial f}{\partial x}} = -\frac{3x^2y}{6xyz - \dfrac{y}{x}} = -\frac{3x^3}{6x^2z - 1}$$

8.7. Una empresa produce un bien utilizando dos factores. La relación entre la cantidad del bien producida (q) y las cantidades de factores empleadas (x, y) es de la forma:

$$\ln q - \frac{x^2 y}{q} + 1 = 0 \quad , \quad x, y, q > 0$$

Se sabe que si $x = y = 1$, el nivel de producción es $q = 1$. ¿Define esta relación la producción de la empresa en función de la cantidad de factores cerca de estos niveles? Calcule, si es posible, las productividades marginales de los factores x e y. Asimismo, halle, si se puede, la relación marginal técnica de sustitución de x por y.

SOLUCIÓN

En un gran número de casos reales, es difícil obtener una modelización explícita de un determinado modelo de comportamiento de un sistema. En el campo económico y empresarial esto es, si cabe, más difícil, puesto que muchas veces las variables no se comportan de una forma que nosotros consideraríamos racional o, al menos, no parecen hacerlo. Así, el proceso para modelizar alguna realidad económica, en nuestro caso una función de producción, tiene que pasar necesariamente por varias etapas. Tras una recogida y análisis estadísticos de los datos, la econometría se encarga de encontrar relaciones y dependencias entre ellos, verificar hipótesis sugeridas previamente por la teoría económica, así como predecir el comportamiento de las variables económicas, y todo ello basándose en series temporales suficientemente representativas o en datos de corte transversal. Pero, en general, es difícil encontrar una relación del tipo explícito y, en muchos casos, no cabe más remedio que conformarse con una expresión como la que aparece en el enunciado de este problema (aunque ésta no pretende recoger ningún comportamiento real). En este punto, el teorema de la función implícita juega un papel clave para obtener conclusiones sobre el comportamiento de las variables. De hecho, tal y como se plantea, se pueden calcular, bajo las condiciones del teorema, las productividades marginales de los factores, así como las relaciones marginales técnicas de sustitución entre ellos, lo cual aporta una información relevante sobre el proceso de producción.

Así pues, si llamamos:

$$F(x, y, q) = \ln q - \frac{x^2 y}{q} + 1$$

el problema nos pregunta en primer lugar si esta relación define implícitamente, cerca del punto $(1, 1, 1)$ a la función de producción $q = q(x, y)$. Para contestar a esta cuestión, debemos comprobar si se verifican las condiciones del teorema de la función implícita en el citado punto:

a) $F(1, 1, 1) = 0$.

b) Calculemos las derivadas parciales de F:

$$\frac{\partial F}{\partial x}(x, y, q) = -\frac{2xy}{q} \quad ; \quad \frac{\partial F}{\partial y}(x, y, q) = -\frac{x^2}{q} \quad ; \quad \frac{\partial F}{\partial q}(x, y, q) = \frac{1}{q} + \frac{x^2 y}{q^2}$$

Estas funciones existen y son continuas en algún entorno del punto $(1, 1, 1)$. De hecho, lo son siempre que $q \neq 0$, lo cual se verifica por hipótesis en todos los puntos que estamos considerando. Por tanto, F es de clase 1 en dicho entorno.

c) $\dfrac{\partial F}{\partial q}(1, 1, 1) = 2 \neq 0$

luego se puede afirmar que existe la función implícita $q = q(x, y)$ en algún entorno del punto $(1, 1, 1)$.

Vamos ahora a calcular las productividades marginales (cuyo significado económico ya se comentó en el capítulo anterior), es decir, $\dfrac{\partial q}{\partial x}$ y $\dfrac{\partial q}{\partial y}$.

$$\frac{\partial q}{\partial x} = -\frac{\dfrac{\partial F}{\partial x}}{\dfrac{\partial F}{\partial q}} = -\frac{-\dfrac{2xy}{q}}{\dfrac{1}{q} + \dfrac{x^2 y}{q^2}} = \frac{2xyq}{q + x^2 y}$$

$$\frac{\partial q}{\partial y} = -\frac{\dfrac{\partial F}{\partial y}}{\dfrac{\partial F}{\partial q}} = -\frac{-\dfrac{x^2}{q}}{\dfrac{1}{q} + \dfrac{x^2 y}{q^2}} = \frac{x^2 q}{q + x^2 y}$$

Finalmente, debemos calcular la relación marginal técnica[1] de sustitución de x por y, que se define (en términos incrementales) como la cantidad y del segun-

---

[1] En algunos textos se utiliza el término relación marginal de sustitución para referirse al caso de la teoría del consumidor, y relación técnica de sustitución en el estudio de la teoría de la producción. Nosotros denominaremos relación marginal técnica de sustitución a toda relación de sustitución entre variables de una determinada función, que venga definida en términos de derivadas.

do factor por la que hay que sustituir una unidad del primer factor, para mantener el mismo nivel de producción. Es decir, mide la tasa a la que se pueden intercambiar los factores en este nivel. En notación diferencial, se define como la derivada de y con respecto a x (si se puede obtener esta relación, cosa que se debe verificar mediante el teorema de la implícita), y gráficamente no es sino la pendiente de la curva isocuanta de producción en el punto dado. Matemáticamente, se expresa como:

$$RMS_{xy} = \frac{\partial y}{\partial x}$$

En general, esta relación siempre es negativa, ya que parece lógico que si disminuye un factor, debe aumentar el otro. Por esta razón, muchos autores la consideran en términos absolutos, para obtener la tasa de sustitución.

Así pues, debemos obtener esta derivada a través del teorema de la función implícita. Para ello, debemos comprobar, en primer lugar, que, cerca del punto dado, podemos obtener la función $y = y(x, q)$. La primera y segunda condiciones del teorema de la implícita son las mismas que en el caso anterior y, por tanto, se verifican en el punto. En cuanto a la tercera:

$$\frac{\partial F}{\partial y}(1,1,1) = -1 \neq 0$$

luego podemos asegurar la existencia de la función implícita en algún entorno del punto $(1,1,1)$. Finalmente, la derivada que debemos calcular es:

$$RMS_{xy} = \frac{\partial y}{\partial x} = -\frac{\frac{\partial F}{\partial x}}{\frac{\partial F}{\partial y}} = -\frac{-\frac{2xy}{q}}{-\frac{x^2}{q}} = -\frac{2y}{x}$$

8.8. Sea la función de utilidad:

$$u(x, y) = -\frac{1}{xy} \quad , \quad x, y > 0$$

a) ¿Es u cóncava en su dominio de definición?

> *b)* Demuestre, por el teorema de la función implícita, que u define curvas de indiferencia para niveles de utilidad constantes.
>
> *c)* Estudie el crecimiento de las curvas de indiferencia como funciones de x.
>
> *d)* Demuestre que dichas curvas de nivel son funciones convexas.

SOLUCIÓN

a) Para determinar la concavidad o convexidad de la función u, debemos calcular su matriz hessiana. Calculemos en primer lugar las primeras derivadas parciales:

$$\frac{\partial u}{\partial x}(x, y) = \frac{1}{x^2 y} \quad ; \quad \frac{\partial u}{\partial y}(x, y) = \frac{1}{xy^2}$$

Por tanto, las segundas derivadas parciales son:

$$\frac{\partial^2 u}{\partial x^2}(x, y) = -\frac{2}{x^3 y} \quad ; \quad \frac{\partial^2 u}{\partial y \partial x}(x, y) = -\frac{1}{x^2 y^2} \quad ; \quad \frac{\partial^2 u}{\partial y^2}(x, y) = -\frac{2}{xy^3}$$

Así pues, la matriz hessiana de u es:

$$Hu(x, y) = \begin{bmatrix} -\dfrac{2}{x^3 y} & -\dfrac{1}{x^2 y^2} \\[2ex] -\dfrac{1}{x^2 y^2} & -\dfrac{2}{xy^3} \end{bmatrix}$$

Clasifiquémosla por el método de los menores principales:

$$D_1 = -\frac{2}{x^3 y} < 0 \quad (\text{ya que } x, y > 0)$$

$$D_2 = \frac{4}{x^4 y^4} - \frac{1}{x^4 y^4} = \frac{3}{x^4 y^4} > 0$$

Consecuentemente, $Hu(x, y)$ es definida negativa, luego la función u es, en efecto, cóncava en todo su dominio de definición ($x > 0$, $y > 0$).

b) Supongamos un determinado nivel de utilidad, que llamamos u^0. Por tanto, nuestra función de utilidad debe tomar ahora un valor concreto constante, dando lugar a la relación:

$$u(x, y) = u^0$$

Podemos considerar entonces la función:

$$f(x, y) = u(x, y) - u^0$$

Dado un punto (x_0, y_0) que verifique $f(x_0, y_0) = 0$ (o, lo que es lo mismo, un punto donde hay un nivel de utilidad u^0), se puede estudiar la existencia de la función implícita $y = y(x)$ (puede comprobarse que, para este razonamiento, es indiferente qué variable consideramos como dependiente), a partir de la relación $f(x, y) = 0$, cerca del punto (x_0, y_0). Pero esta función implícita no es más que la curva de indiferencia $y = y(x)$ de nivel de utilidad u^0, ya que todos los puntos que forman parte de ella verifican la relación $u(x, y) = u^0$. Además, nótese que las condiciones segunda y tercera del teorema de la función implícita se pueden comprobar de la misma forma sobre u que sobre f, ya que sus parciales coinciden, por diferir ambas funciones en una constante (u^0).

El lugar geométrico de los puntos de $\mathbb{R}^2$ (en este caso) que verifican la relación $u(x, y) = u^0$, es lo que se denomina curva de nivel u^0 de la función u, ya que describe una curva formada por los puntos del plano en los que u toma un mismo valor (u^0). En el capítulo 12 veremos la importancia que tienen las curvas de nivel en la resolución gráfica de algunos problemas de programación matemática.

Por tanto, concluyendo, para demostrar la existencia de las curvas de nivel de cualquier función (en términos económicos, las curvas de indiferencia en la teoría del consumidor, las isocuantas en la teoría de la producción, etc.) como funciones implícitas, basta verificar las dos últimas condiciones del teorema en algún punto arbitrario (x, y), sobre la función partida (en este caso, u). En nuestro problema:

— u es de clase 1 en cualquier punto que verifique $x > 0$, $y > 0$, a la vista de las expresiones obtenidas para las derivadas parciales en el anterior apartado.

— $\dfrac{\partial u}{\partial y}(x, y) = \dfrac{1}{xy^2} \neq 0$, en cualquier punto (x, y), ya que $x, y > 0$.

Por consiguiente, se puede asegurar la existencia de las curvas de indiferencia $y = y(x)$ como funciones implícitas, alrededor de cualquier punto (x, y) del dominio considerado de u.

c)   Para estudiar el crecimiento de estas curvas de indiferencia, consideradas como funciones de *x*, basta estudiar el signo de su derivada $y'(x) = \dfrac{\partial y}{\partial x}$, derivada que podemos obtener a partir del teorema de la función implícita:

$$y'(x) = \frac{\partial y}{\partial x} = -\frac{\dfrac{\partial u}{\partial x}}{\dfrac{\partial u}{\partial y}} = -\frac{\dfrac{1}{x^2 y}}{\dfrac{1}{x y^2}} = -\frac{y}{x} < 0 \quad , \quad \text{ya que } x > 0, y > 0.$$

Por tanto, las curvas de nivel (consideradas, reiteramos, como funciones) son decrecientes.

d)   Finalmente, para estudiar la convexidad de las curvas de indiferencia necesitamos calcular la segunda derivada $y''(x)$. Pero es necesario observar que no es suficiente con derivar $\dfrac{\partial y}{\partial x}$ con respecto a la variable *x*, ya que y' depende explícitamente tanto de la variable *x*, como de la propia *y* (que es, a su vez, función de *x*), según puede observarse en la expresión anterior:

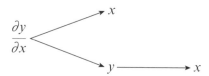

Aplicando, pues, la regla de la cadena, obtenemos:

$$y''(x) = \frac{\partial}{\partial x}\left(\frac{\partial y}{\partial x}\right) + \frac{\partial}{\partial y}\left(\frac{\partial y}{\partial x}\right) \cdot \frac{\partial y}{\partial x} = \frac{y}{x^2} - \frac{1}{x}\left(-\frac{y}{x}\right) = \frac{2y}{x^2} > 0$$

ya que $y > 0$.

Por tanto, las curvas de indiferencia son, en efecto, convexas en el dominio de definición de *u*. Cabe resaltar que hubiésemos llegado a los mismos resultados expresando las curvas de inferencia como $x = x(y)$.

Obsérvese, por tanto, que no tiene nada que ver la convexidad de una función con la convexidad de sus curvas de nivel, consideradas, a su vez, como funciones. En este ejemplo, la función *u* es cóncava, mientras que las curvas de indiferencia son convexas.

8.9. Estúdiese la existencia de la función implícita $x = x(y)$, definida por la relación:

$$F(x, y) = y - \sqrt[3]{x} = 0$$

en algún entorno del punto $(0,0)$.

SOLUCIÓN

Veamos nuevamente si se verifican las condiciones del teorema de la función implícita:

a) $F(0,0)$.
b) Calculemos las derivadas parciales de F:

$$\frac{\partial F}{\partial x}(x, y) = -\frac{1}{3\sqrt[3]{x^2}} \quad ; \quad \frac{\partial F}{\partial y}(x, y) = 1$$

Obsérvese que la parcial con respecto a x no está definida para $x = 0$, luego F no es de clase 1 en ningún entorno del punto $(0,0)$. Así pues, no se verifican las condiciones del teorema de la implícita en $(0,0)$, por lo que no se puede asegurar la existencia de la función $x = x(y)$. Sin embargo, a partir de la relación:

$$y - \sqrt[3]{x} = 0$$

podemos despejar directamente x:

$$x = y^3$$

por lo que, de hecho, sí existe $x = x(y)$. Así pues, se pone de manifiesto que el teorema de la función implícita sólo proporciona condiciones suficientes para la existencia de la función, pero, en caso de que no se den sus condiciones, como queda claro en este ejemplo, puede existir la función implícita.

8.10. Dada la relación:

$$f(x, y) = 2y^2 + x^2 - 3x - 4y - 8 = 0$$

a) ¿Puede afirmarse la existencia de la función implícita[2] $x = g(y)$, en un entorno del punto $(5, 1)$? En caso afirmativo, calcule $\dfrac{dx}{dy}$.

b) Calcule, si es posible, $\dfrac{dy}{dx}$.

SOLUCIÓN

a) Veamos, a través del teorema de la implícita, si es posible despejar x en función de y en un entorno del punto $(5, 1)$:

— $f(5, 1) = 0$.
— f es de clase 1, por ser una función polinómica.

$$-\ \frac{\partial f}{\partial x}(x, y) = 2x - 3 \quad \Rightarrow \quad \frac{\partial f}{\partial x}(5, 1) = 7 \neq 0.$$

Por tanto, se puede asegurar la existencia de x como función implícita de y en algún entorno del punto $(5, 1)$. Por otro lado:

$$\frac{\partial f}{\partial y}(x, y) = 4y - 4$$

Luego,

$$\frac{dx}{dy} = -\frac{\dfrac{\partial f}{\partial y}}{\dfrac{\partial f}{\partial x}} = -\frac{4y - 4}{2x - 3}$$

b) Para calcular esta derivada parcial, debemos asegurarnos de que podemos despejar y en función de x en el punto dado. Es obvio que no tendrá sentido calcular esta derivada, sin tener previamente asegurada la existencia de la función $y = y(x)$. Las dos primeras condiciones del teorema de la función implícita se verifican de la misma forma que en el apartado anterior. En cuanto a la tercera:

$$\frac{\partial f}{\partial y}(5, 1) = 0$$

---

[2] Obsérvese que, aunque hasta ahora se ha utilizado la notación $x = x(y)$, en realidad estamos viendo si x se puede expresar como función de y, y a esta función se le puede dar, obviamente, cualquier nombre; de ahí que en este caso se emplee la notación $x = g(y)$.

Luego, en este caso, no se puede asegurar la existencia de $y = y(x)$ en un entorno de $(5, 1)$, lo cual imposibilita además el cálculo de la parcial que se pide (obsérvese que, en este punto, no tendría sentido utilizar la expresión que se ha dado para calcular estas parciales, ya que se anularía el denominador).

8.11. Dada la relación:

$$4x^2 - 3\beta \operatorname{sen} y + 2xy = 0$$

¿qué se puede asegurar por el teorema de funciones implícitas en un entorno del punto $(0,0)$?

SOLUCIÓN

Vamos a ver para qué valores del parámetro β se dan las condiciones del teorema de la función implícita en el punto $(0,0)$, siendo:

$$f(x, y) = 4x^2 - 3\beta \operatorname{sen} y + 2xy$$

a) $f(0,0) = 0$.
b) f es de clase 1, ya que las funciones polinómicas y la función seno lo son.

c) $\dfrac{\partial f}{\partial x}(x, y) = 8x + 2y \quad \Rightarrow \quad \dfrac{\partial f}{\partial x}(0,0) = 0.$

Así pues, para ningún valor de β se puede afirmar la existencia de la función implícita $x = x(y)$ en ningún entorno del punto $(0,0)$. Por otro lado, para la otra variable:

$$\dfrac{\partial f}{\partial y}(x, y) = -3\beta \cos y + 2x \quad \Rightarrow \quad \dfrac{\partial f}{\partial y}(0,0) = -3\beta$$

Esta parcial será distinta de cero si y sólo si $\beta \neq 0$. En este caso, por tanto, podemos asegurar la existencia de y como función implícita de x, $y = y(x)$, en un entorno del punto $(0,0)$. Si $\beta = 0$, no podemos asegurar nada al respecto.

8.12. Una empresa considera la función de demanda del bien que produce, dependiendo de la cantidad producida, q, del precio del bien, p, y de la renta disponible de los individuos, r:

$$d(q, p, r) = \ln\left(\frac{10q}{p}\right) + \frac{1}{100}r$$

En este instante, los valores de las variables son: $q = 10$, $p = 2$, $r = 200$. Un estudio de mercado indica una disminución en la renta disponible de los individuos. Si se pretende dejar constante la producción, ¿cómo deberá variar el precio del bien en función de la renta para mantener el nivel de demanda?

SOLUCIÓN

El problema nos pide obtener la variación del precio en función de la demanda, es decir, debemos calcular $\dfrac{\partial p}{\partial r}$, suponiendo que q se mantiene constante, y dentro del mismo nivel de demanda. Para ello, tenemos que comprobar en primer lugar que se puede obtener p como función de q y r, en la misma curva de nivel. Así pues, la función de demanda debe tomar el mismo valor en todos los puntos. Lo que se pretende es entonces moverse dentro de la misma curva de nivel de dicha función de demanda, de forma que ante la disminución de la renta de los consumidores, el precio del bien debe reaccionar para no saltar a otra curva de nivel, es decir, para que no varíe la cantidad demandada. Como ya se estableció para despejar una de las variables en función de las demás, dentro de un mismo nivel de la función, basta con comprobar que se verifican la segunda y tercera condiciones del teorema de la función implícita sobre el punto que se desee. En este caso, el punto es $(10, 2, 200)$, y el nivel de demanda que se desea mantener es:

$$d(10, 2, 200) = \ln 50 + 2$$

Veamos, pues, que se dan estas dos condiciones en el citado punto, para poder obtener la función implícita $p = p(q, r)$.

Calculemos las derivadas parciales de d con respecto a las tres variables de las que depende:

$$\frac{\partial d}{\partial q}(q, p, r) = \frac{1}{q}$$

$$\frac{\partial d}{\partial p}(q,p,r) = -\frac{1}{p}$$

$$\frac{\partial d}{\partial r}(q,p,r) = \frac{1}{100}$$

Estas tres funciones existen siempre que $p \neq 0$, $q \neq 0$. De hecho, por la naturaleza de estas variables, el problema sólo tiene sentido para un precio y un nivel de producción estrictamente positivos. De cualquier forma, d es de clase 1 en un entorno del punto bajo consideración.

$$\frac{\partial d}{\partial p}(10,2,100) = -\frac{1}{2} \neq 0.$$

Así pues, se puede asegurar la existencia de la función implícita $p = p(q,r)$ en algún entorno del punto $(10,2,200)$.

Por otro lado, la derivada que se pide es:

$$\frac{\partial p}{\partial r} = -\frac{\dfrac{\partial d}{\partial r}}{\dfrac{\partial d}{\partial p}} = -\frac{\dfrac{1}{100}}{-\dfrac{1}{p}} = \frac{p}{100}$$

Por tanto, si la renta media de los individuos decrece, el precio debe decrecer a una tasa $p/100$ (1/50 a partir del punto actual), para mantener constante el nivel de demanda del instante actual.

8.13. Determínese la dependencia o independencia funcional de las funciones:

$$u(x,y) = \ln\sqrt{x + e^{x+y}}$$
$$v(x,y) = \cos^2(x^2 + y^2)$$

SOLUCIÓN

En general, m funciones de n variables $f_1,...,f_m$ se dice que son funcionalmente dependientes en un conjunto G si existe una función F de $\mathbb{R}^m$ en $\mathbb{R}$, que no se anula en ningún subconjunto abierto tal que, para todo $(x_1,...,x_n) \in G$ se verifique:

$$F[f_1(x_1,...,x_n), f_x(x_1,...,x_n),...,f_m(x_1,...,x_n)] = 0$$

Como quiera que esta definición es poco operativa desde el punto de vista práctico, existe una caracterización del concepto de dependencia funcional que utiliza las derivadas parciales de las funciones f_i.

Una condición necesaria y suficiente para que m funciones reales de n variables reales y de clase 1, $f_1,...,f_m$, sean funcionalmente dependientes en G es que el rango (en los puntos de G) de la matriz:

$$\frac{\partial(f_1,...,f_m)}{\partial(x_1,...,x_n)} = \begin{bmatrix} \dfrac{\partial f_1}{\partial x_1} & \dfrac{\partial f_1}{\partial x_2} & \cdots & \dfrac{\partial f_1}{\partial x_n} \\ \dfrac{\partial f_2}{\partial x_1} & \dfrac{\partial f_2}{\partial x_2} & \cdots & \dfrac{\partial f_2}{\partial x_n} \\ \vdots & \vdots & & \vdots \\ \dfrac{\partial f_m}{\partial x_1} & \dfrac{\partial f_m}{\partial x_2} & \cdots & \dfrac{\partial f_m}{\partial x_n} \end{bmatrix}$$

sea menor que m en algún punto de G. [Obsérvese que esta matriz es la traspuesta de la jacobiana de la función $\vec{f} = f_1,...,f_m$, y, por tanto, sus rangos coinciden.]

En particular, dadas n funciones de n variables, éstas serán funcionalmente independientes en G si y sólo si el determinante de la matriz jacobiana de ellas es no nulo en todo G.

Volviendo a nuestro ejemplo, como no se especifica el conjunto G, suponemos que éste es el de definición de ambas funciones. El dominio de u es:

$$D = \{(x,y) \in \mathbb{R}^2 / x + e^{x+y} > 0\}$$

Por su parte, la función v se halla definida en todo el espacio $\mathbb{R}^2$. Así pues, el conjunto G que consideramos es el propio D. Calculemos ahora las derivadas parciales de las funciones u y v:

$$\frac{\partial u}{\partial x}(x,y) = \frac{1+e^{x+y}}{2(x+e^{x+y})}$$

$$\frac{\partial u}{\partial y}(x,y) = \frac{e^{x+y}}{2(x+e^{x+y})}$$

$$\frac{\partial v}{\partial x}(x,y) = -4x\cos(x^2+y^2)\operatorname{sen}(x^2+y^2)$$

$$\frac{\partial v}{\partial y}(x,y) = -4y\cos(x^2+y^2)\operatorname{sen}(x^2+y^2)$$

Por tanto, u y v serán funcionalmente independientes en D si, y sólo si, para todo $(x,y) \in D$, el determinante:

$$\begin{vmatrix} \dfrac{1 + e^{x+y}}{2(x + e^{x+y})} & \dfrac{e^{x+y}}{2(x + e^{x+y})} \\ -4x \cos(x^2 + y^2)\,\text{sen}(x^2 + y^2) & -4y \cos(x^2 + y^2)\,\text{sen}(x^2 + y^2) \end{vmatrix}$$

es no nulo. Pero obsérvese que $(0,0)$ pertenece a D y, sin embargo, para este punto el jacobiano resulta:

$$\begin{vmatrix} 1 & \dfrac{1}{2} \\ 0 & 0 \end{vmatrix} = 0$$

Por tanto, las funciones u y v son funcionalmente dependientes en D.

8.14. Dado el sistema de ecuaciones:

$$F_1(x, y, z) = xz - y \ln x + 3yz = 0$$
$$F_2(x, y, z) = e^y + 2xz - \cos y = 0$$

¿podemos afirmar que, en un entorno del punto $(1,0,0)$, existen $y = y(x)$, $z = z(x)$, definidas por estas relaciones?

SOLUCIÓN

El teorema de la función implícita se puede extender de forma natural al caso en que disponemos de dos funciones de varias variables. En este caso, parece lógico que se pueda intentar despejar dos de las variables en función de las restantes. A continuación, enunciamos el teorema de la función implícita para dos funciones de tres variables:

Sean F_1, F_2, funciones de $\mathbb{R}^3$ en $\mathbb{R}$, definidas sobre algún intervalo abierto G de $\mathbb{R}^3$. Sea un punto (x_0, y_0, z_0) de G. Si se verifican las siguientes condiciones:

a) $F_1(x_0, y_0, z_0) = F_2(x_0, y_0, z_0) = 0$.
b) F_1 y F_2 son de clase 1 en un entorno de (x_0, y_0, z_0).

c)
$$\begin{vmatrix} \dfrac{\partial F_1}{\partial x}(x_0, y_0, z_0) & \dfrac{\partial F_1}{\partial y}(x_0, y_0, z_0) \\[3mm] \dfrac{\partial F_2}{\partial x}(x_0, y_0, z_0) & \dfrac{\partial F_2}{\partial y}(x_0, y_0, z_0) \end{vmatrix} \neq 0 \ ^{3}$$

Entonces, existen las funciones implícitas $x = x(z)$, $y = y(z)$, definidas en algún entorno del punto (x_0, y_0, z_0), y ambas funciones son derivables.

Obsérvese que este teorema generaliza el de una sola función que hemos venido empleando hasta ahora. De hecho, las dos primeras condiciones son las mismas, evaluadas sobre las dos funciones, y la tercera es una condición de independencia funcional de F_1 y F_2 con respecto a las variables x e y, que son las que se pretenden despejar.

Cabe reseñar que las mismas observaciones que se hicieron al inicio del tema, con respecto a la suficiencia de las condiciones del teorema y al carácter local de sus conclusiones, son también válidas en este contexto. En cuanto a la posibilidad de calcular las derivadas, también es factible hacerlo en este caso, como veremos en el siguiente problema.

Así pues, comprobemos que se verifican las condiciones del teorema de la función implícita para sistemas en el problema que nos ocupa.

a) $F_1(1, 0, 0) = 0$.
$F_2(1, 0, 0) = 0$.

b) Calculemos las parciales de la función F_1:

$$\frac{\partial F_1}{\partial x}(x, y, z) = z - \frac{y}{x}$$

$$\frac{\partial F_1}{\partial y}(x, y, z) = -\ln x + 3z$$

$$\frac{\partial F_1}{\partial z}(x, y, z) = x + 3y$$

Estas tres funciones están definidas y son continuas siempre que $x > 0$, lo cual constituye un entorno del punto $(1, 0, 0)$. Por otro lado, la función F_2 es de clase 1 en todo el espacio $\mathbb{R}^3$, por serlo la función coseno, la función exponencial y cualquier función polinómica.

---

[3] Obsérvese que esta condición se puede verificar obviamente también sobre la traspuesta de esta matriz, ya que sus determinantes son iguales.

c) De las expresiones obtenidas anteriormente, se deduce que:

$$\frac{\partial F_1}{\partial y}(1,0,0) = 0$$

$$\frac{\partial F_1}{\partial z}(1,0,0) = 1$$

Por otro lado,

$$\frac{\partial F_2}{\partial y}(x,y,z) = e^y + \operatorname{sen} y \quad \Rightarrow \quad \frac{\partial F_2}{\partial y}(1,0,0) = 1$$

$$\frac{\partial F_2}{\partial z}(x,y,z) = 2x \quad \Rightarrow \quad \frac{\partial F_2}{\partial z}(1,0,0) = 2$$

Así pues,

$$\frac{\partial(F_1, F_2)}{\partial(y,z)}(1,0,0) = \begin{vmatrix} 0 & 1 \\ 1 & 2 \end{vmatrix} = -1 \neq 0$$

por lo que podemos afirmar que existen las funciones implícitas $y = y(x)$, $z = z(x)$, definidas en algún entorno del punto $(1,0,0)$.

8.15. Conocidas las ecuaciones:

$$xy^2 + yz^2 + zx^2 - 3 = 0$$
$$x^2y^2 + yz + z^2x^3 - 3 = 0$$

¿Es posible determinar $x = \varphi(z)$, $y = \xi(z)$ cerca de $(1,1,1)$? En caso afirmativo, calcule la derivada de la función $x = \varphi(z)$ en el punto dado.

SOLUCIÓN

Sean las funciones:

$$f_1(x,y,z) = xy^2 + yz^2 + zx^2 - 3$$
$$f_2(x,y,z) = x^2y^2 + yz + z^2x^3 - 3$$

Estudiemos las condiciones del teorema de la función implícita para estas funciones en el punto $(1, 1, 1)$:

a) $f_1(1, 1, 1) = 0 = f_2(1, 1, 1)$.
b) f_1 y f_2 son ambas de clase 1, por ser polinómicas.
c) Calculemos todas las parciales que forman parte del determinante que debemos evaluar:

$$\frac{\partial f_1}{\partial x}(x, y, z) = y^2 + 2zx \quad \Rightarrow \quad \frac{\partial f_1}{\partial x}(1, 1, 1) = 3$$

$$\frac{\partial f_1}{\partial y}(x, y, z) = 2xy + z^2 \quad \Rightarrow \quad \frac{\partial f_1}{\partial y}(1, 1, 1) = 3$$

$$\frac{\partial f_2}{\partial x}(x, y, z) = 2xy^2 + 3z^2x^2 \quad \Rightarrow \quad \frac{\partial f_2}{\partial x}(1, 1, 1) = 5$$

$$\frac{\partial f_2}{\partial y}(x, y, z) = 2x^2y + z \quad \Rightarrow \quad \frac{\partial f_2}{\partial y}(1, 1, 1) = 3$$

Así pues:

$$\frac{\partial(f_1, f_2)}{\partial(x, y)}(1, 1, 1) = \begin{vmatrix} 3 & 3 \\ 5 & 3 \end{vmatrix} = -6 \neq 0$$

Por tanto, podemos afirmar que existen, en algún entorno del punto $(1, 1, 1)$, las funciones implícitas $x = \varphi(z)$, $y = \xi(z)$.

Además, podemos disponer de las derivadas de las funciones φ y ξ. En efecto, partiendo de la relación:

$$f_1(x, y, z) = f_1[\varphi(z), \xi(z), z] = 0$$

podemos derivar f_1 con respecto a z, haciendo uso de la regla de la cadena, y teniendo en cuenta las dependencias siguientes:

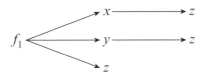

Así pues:

$$\frac{\partial f_1}{\partial x} \cdot \frac{\partial x}{\partial z} + \frac{\partial f_1}{\partial y} \cdot \frac{\partial y}{\partial z} + \frac{\partial f_1}{\partial z} = 0$$

Realizando la misma operación con la función f_2, obtenemos el sistema:

$$\begin{cases} \dfrac{\partial f_1}{\partial x} \cdot \dfrac{\partial x}{\partial z} + \dfrac{\partial f_1}{\partial y} \cdot \dfrac{\partial y}{\partial z} = -\dfrac{\partial f_1}{\partial z} \\[3mm] \dfrac{\partial f_2}{\partial x} \cdot \dfrac{\partial x}{\partial z} + \dfrac{\partial f_2}{\partial y} \cdot \dfrac{\partial y}{\partial z} = -\dfrac{\partial f_2}{\partial z} \end{cases}$$

cuyas incógnitas son $\dfrac{\partial x}{\partial z}$ y $\dfrac{\partial y}{\partial z}$, y los otros elementos son derivadas parciales que podemos calcular, bien sustituyendo en un punto en concreto, o bien, en general, dependiendo de las variables de partida.

En nuestro problema, dado que:

$$\frac{\partial f_1}{\partial z}(x, y, z) = 2yz + x^2 \quad \Rightarrow \quad \frac{\partial f_1}{\partial z}(1, 1, 1) = 3$$

$$\frac{\partial f_2}{\partial z}(x, y, z) = y + 2zx^3 \quad \Rightarrow \quad \frac{\partial f_2}{\partial z}(1, 1, 1) = 3$$

obtenemos el sistema:

$$\begin{cases} 3\dfrac{\partial x}{\partial z}(1) + 3\dfrac{\partial y}{\partial z}(1) = -3 \\[3mm] 5\dfrac{\partial x}{\partial z}(1) + 3\dfrac{\partial y}{\partial z}(1) = -3 \end{cases}$$

Restando ambas ecuaciones, resulta:

$$-2\frac{\partial x}{\partial z}(1) = 0 \quad \Rightarrow \quad \frac{\partial x}{\partial z}(1) = 0$$

es decir, $\varphi'(1) = \dfrac{\partial x}{\partial z}(1) = 0$.

8.16. Dadas las funciones:

$$f_1(x, y, z) = 5yz^2 - 4x^2z$$

$$f_2(x, y, z) = 3xy \ln z - \frac{xy}{z}$$

sabiendo que $f_1(1,1,1) = 1$ y $f_2(1,1,1) = -1$,

   a)   ¿Es posible obtener $x = x(z)$, $y = y(z)$ dentro de las mismas curvas de nivel, alrededor del punto $(1,1,1)$?

   b)   Calcule $\dfrac{\partial x}{\partial z}(1)$.

SOLUCIÓN

   a)   De la misma forma que se argumentó en el problema 8.8 para una sola funcion, en el caso en que queramos mantenernos en las mismas curvas de nivel de dos funciones, basta con comprobar la segunda y tercera condiciones del teorema de la función implícita para sistemas:

$$\frac{\partial f_1}{\partial x}(x,y,z) = -8xz \; ; \; \frac{\partial f_1}{\partial y}(x,y,z) = 5z^2 \; ; \; \frac{\partial f_1}{\partial z}(x,y,z) = 10yz - 4x^2$$

$$\frac{\partial f_2}{\partial x}(x,y,z) = 3y\ln z - \frac{y}{z} \; ; \; \frac{\partial f_2}{\partial y}(x,y,z) = 3x\ln z - \frac{x}{z} \; ; \; \frac{\partial f_2}{\partial z}(x,y,z) = \frac{3xy}{z} + \frac{xy}{z^2}$$

Estas funciones existen y son continuas siempre que $z > 0$, lo cual constituye un entorno del punto $(1,1,1)$:

$$\frac{\partial f_1}{\partial x}(1,1,1) = -8 \; ; \; \frac{\partial f_1}{\partial y}(1,1,1) = 5$$

$$\frac{\partial f_2}{\partial x}(1,1,1) = -1 \; ; \; \frac{\partial f_2}{\partial y}(1,1,1) = -1$$

Así pues:

$$\frac{\partial(f_1, f_2)}{\partial(x,y)} = \begin{vmatrix} -8 & 5 \\ -1 & -1 \end{vmatrix} = 13 \neq 0$$

luego puede afirmarse la existencia de las funciones implícitas $x = x(z)$, $y = y(z)$, en un entorno del punto $(1,1,1)$. Así pues, de forma análoga a lo que se argumentaba en los problemas de una sola función, en este caso se van a obtener dos relaciones implícitas, que hacen depender x e y de la variable z, y que nos indica los valores que deben tomar las primeras en función de la tercera para asegurarnos que nos movemos en las mismas curvas de nivel de las dos funciones de partida f_1 y f_2.

b) Para calcular esta derivada, debemos obtener en primer lugar las parciales de f_1 y f_2 con respecto a z en el punto $(1, 1, 1)$:

$$\frac{\partial f_1}{\partial z}(1,1,1) = 6 \quad ; \quad \frac{\partial f_2}{\partial z}(1,1,1) = 4$$

Planteamos entonces el sistema:

$$\begin{cases} -8\dfrac{\partial x}{\partial z}(1) + 5\dfrac{\partial y}{\partial z}(1) = -6 \\[2mm] -\dfrac{\partial x}{\partial z}(1) - \dfrac{\partial y}{\partial z}(1) = -4 \end{cases}$$

de donde obtenemos:

$$\frac{\partial x}{\partial z}(1) = 2 \quad ; \quad \frac{\partial y}{\partial z}(1) = 2$$

La primera de estas parciales es la que pedía el problema.

8.17. Determínense $\dfrac{dy}{dx}$ y $\dfrac{dz}{dx}$, en los puntos donde sea posible, a partir del sistema:

$$\left. \begin{array}{l} x^3 + y^2 + z = 4 \\ 2x + 3y^3 - 5z^2 = 0 \end{array} \right\}$$

SOLUCIÓN

Sean las funciones:

$$F_1(x, y, z) = x^3 + y^2 + z - 4$$
$$F_2(x, y, z) = 2x + 3y^3 - 5z^2$$

Suponiendo que partimos de puntos en los que se verifican las condiciones del teorema de la función implícita para sistemas (de nuevo hay que hacer notar que, evidentemente, no tendría sentido calcular estas parciales sin tener asegurada la existencia de las correspondientes funciones implícitas), y, por tanto, donde están definidas las funciones $y = y(x)$, $z = z(x)$, vamos a calcular las derivadas que se piden. Para ello, debemos usar el siguiente sistema:

$$\begin{cases} \dfrac{\partial F_1}{\partial y} \cdot \dfrac{\partial y}{\partial x} + \dfrac{\partial F_1}{\partial z} \cdot \dfrac{\partial z}{\partial x} = -\dfrac{\partial F_1}{\partial x} \\[3mm] \dfrac{\partial F_2}{\partial y} \cdot \dfrac{\partial y}{\partial x} + \dfrac{\partial F_2}{\partial z} \cdot \dfrac{\partial z}{\partial x} = -\dfrac{\partial F_2}{\partial x} \end{cases}$$

Calculemos estas derivadas:

$$\frac{\partial F_1}{\partial x}(x, y, z) = 3x^2 \quad ; \quad \frac{\partial F_1}{\partial y}(x, y, z) = 2y \quad ; \quad \frac{\partial F_1}{\partial z}(x, y, z) = 1$$

$$\frac{\partial F_2}{\partial x}(x, y, z) = 2 \quad ; \quad \frac{\partial F_2}{\partial y}(x, y, z) = 9y^2 \quad ; \quad \frac{\partial F_2}{\partial z}(x, y, z) = -10z$$

Así pues, el sistema a considerar es:

$$\left. \begin{array}{c} 2y\dfrac{\partial y}{\partial x} + \dfrac{\partial z}{\partial x} = -3x^2 \\[3mm] 9y^2\dfrac{\partial y}{\partial x} - 10z\dfrac{\partial z}{\partial x} = -2 \end{array} \right\}$$

Haciendo uso de la regla de Cramer, podemos obtener sus soluciones:

$$\frac{\partial y}{\partial x} = \frac{\begin{vmatrix} -3x^2 & 1 \\ -2 & -10z \end{vmatrix}}{\begin{vmatrix} 2y & 1 \\ 9y^2 & -10z \end{vmatrix}} = \frac{30x^2 z + 2}{-20yz - 9y^2}$$

$$\frac{\partial z}{\partial x} = \frac{\begin{vmatrix} 2y & -3x^2 \\ 9y^2 & -2 \end{vmatrix}}{\begin{vmatrix} 2y & 1 \\ 9y^2 & -10z \end{vmatrix}} = \frac{-4y + 27x^2 y^2}{-20yz - 9y^2}$$

Obsérvese que, dado que partimos de puntos en los que suponemos que se verifican las condiciones del teorema de la función implícita para sistemas, podemos deducir que la función que figura en el denominador de las expresiones anteriores no se anula, ya que ésta es precisamente la tercera condición del citado teorema. Es decir, estamos partiendo de puntos en los que podemos asegurar que se verifica $-20yz - 9y^2 \neq 0$. Por tanto, ambas expresiones tienen sentido, al menos localmente, cerca de dichos puntos.

8.18. Determínese si es posible obtener $u = u(x)$ en algún entorno del punto $(1, 1, 1)$, y $\dfrac{\partial u}{\partial x}(1)$ a partir del sistema:

$$\left.\begin{array}{l} u + x + v - \ln(ux) - 3 = 0 \\ u^2 - v^2 + xu + v^x - 2 = 0 \end{array}\right\}$$

SOLUCIÓN

Sean las funciones:

$$f_1(x, u, v) = u + x + v - \ln(ux) - 3$$
$$f_2(x, u, v) = u^2 - v^2 + xu + v^x - 2$$

Veamos si se verifican las condiciones del teorema de la función implícita que permitan obtener las funciones $u = u(x)$, $v = v(x)$, en algún entorno del punto $(1, 1, 1)$[4].

a) $f_1(1, 1, 1) = 0$, $f_2(1, 1, 1) = 0$.
b) Calculemos las derivadas parciales de ambas funciones:

$$\frac{\partial f_1}{\partial x}(x, u, v) = 1 - \frac{1}{x} \quad ; \quad \frac{\partial f_1}{\partial u}(x, u, v) = 1 - \frac{1}{u} \quad ; \quad \frac{\partial f_1}{\partial v}(x, u, v) = 1$$

$$\frac{\partial f_2}{\partial x}(x, u, v) = u + v^x \ln v \quad ; \quad \frac{\partial f_2}{\partial u}(x, u, v) = 2u + x \quad ; \quad \frac{\partial f_2}{\partial v}(x, u, v) = -2v + xv^{x-1}$$

Estas parciales existen y son continuas si $x, u, v > 0$, lo que constituye un entorno de $(1, 1, 1)$ (aunque, de hecho, existen en un dominio más amplio). Por tanto, f_1 y f_2 son de clase 1 cerca del punto en cuestión.

c) En el punto $(1, 1, 1)$:

$$\frac{\partial f_1}{\partial u}(1, 1, 1) = 0 \quad ; \quad \frac{\partial f_1}{\partial v}(1, 1, 1) = 1$$

$$\frac{\partial f_2}{\partial u}(1, 1, 1) = 3 \quad ; \quad \frac{\partial f_2}{\partial v}(1, 1, 1) = -1$$

---

[4] Obsérvese que, aunque el problema sólo pide $u(x)$, al partir de un sistema de dos funciones de tres variables, la forma de obtener esta función implícita es despejarla junto con $v = v(x)$.

luego:

$$\frac{\partial(f_1, f_2)}{\partial(u, v)}(1,1,1) = \begin{vmatrix} 0 & 1 \\ 3 & -1 \end{vmatrix} = -3 \neq 0$$

Por tanto, podemos asegurar la existencia de las funciones $u = u(x)$, $v = v(x)$, en algún entorno del punto $(1,1,1)$.

Para calcular la derivada que se pide, debemos resolver el sistema que se obtiene a partir de las relaciones:

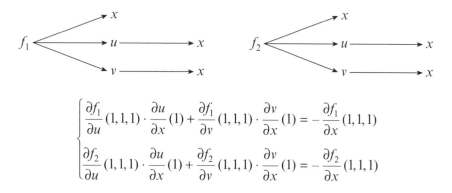

$$\begin{cases} \dfrac{\partial f_1}{\partial u}(1,1,1) \cdot \dfrac{\partial u}{\partial x}(1) + \dfrac{\partial f_1}{\partial v}(1,1,1) \cdot \dfrac{\partial v}{\partial x}(1) = -\dfrac{\partial f_1}{\partial x}(1,1,1) \\[4mm] \dfrac{\partial f_2}{\partial u}(1,1,1) \cdot \dfrac{\partial u}{\partial x}(1) + \dfrac{\partial f_2}{\partial v}(1,1,1) \cdot \dfrac{\partial v}{\partial x}(1) = -\dfrac{\partial f_2}{\partial x}(1,1,1) \end{cases}$$

Como:

$$\frac{\partial f_1}{\partial x}(1,1,1) = 0$$

$$\frac{\partial f_2}{\partial x}(1,1,1) = 1$$

el sistema queda:

$$\begin{cases} \dfrac{\partial v}{\partial x}(1) = 0 \\[4mm] 3\dfrac{\partial u}{\partial x}(1) - \dfrac{\partial v}{\partial x}(1) = -1 \end{cases}$$

Resolviendo este sistema, obtenemos:

$$\frac{\partial u}{\partial x}(1) = -\frac{1}{3}$$

8.19. Dado el sistema:

$$\left.\begin{array}{c} u^x + (y+1)^v + \ln(x+y) - 2 = 0 \\ v^u - x^y + e^{x-y} - e = 0 \end{array}\right\}$$

a) ¿Es posible obtener las funciones $u = u(x,y)$, $v = v(x,y)$, en algún entorno del punto $(1,0,1,1)$?

b) En caso afirmativo, determínense $\nabla u(1,0)$ y $\nabla v(1,0)$.

SOLUCIÓN

a) Sean las funciones:

$$f_1(x,y,u,v) = u^x + (y+1)^v + \ln(x+y) - 2$$
$$f_2(x,y,u,v) = v^u - x^y + e^{x-y} - e$$

Cabe reseñar que el teorema que hemos enunciado para funciones de tres variables, se generaliza de forma natural a casos como el que tenemos ahora. En nuestro ejemplo, las dos funciones nos pueden permitir obtener dos de las variables como funciones implícitas de las otras dos [$u = u(x,y)$, $v = v(x,y)$, por ejemplo]. Las condiciones del teorema son las mismas que en el teorema de sistemas (ya que las dos primeras condiciones serían análogas y la tercera sólo depende en esencia de las variables que se pretenden despejar), y para calcular las derivadas se razona de forma parecida, con la salvedad de que ahora habría que resolver dos sistemas: uno para determinar las parciales de u y v con respecto a x, y otro para obtener las parciales con respecto a y.

Veamos, por tanto, que se verifican las condiciones del teorema para este sistema, en el punto $(1,0,1,1)$:

— $f_1(1,0,1,1) = 0$, $f_2(1,0,1,1) = 0$.
— Calculemos las derivadas parciales de f_1 y f_2:

$$\frac{\partial f_1}{\partial x}(x,y,u,v) = u^x \ln u + \frac{1}{x+y} \quad ; \quad \frac{\partial f_1}{\partial y}(x,y,u,v) = v(y+1)^{v-1} + \frac{1}{x+y}$$

$$\frac{\partial f_1}{\partial u}(x,y,u,v) = xu^{x-1} \quad ; \quad \frac{\partial f_1}{\partial v}(x,y,u,v) = (y+1)^v \ln(y+1)$$

$$\frac{\partial f_2}{\partial x}(x,y,u,v) = -yx^{y-1} + e^{x-y} \quad ; \quad \frac{\partial f_2}{\partial y}(x,y,u,v) = -x^y \ln x - e^{x-y}$$

$$\frac{\partial f_2}{\partial u}(x,y,u,v) = v^u \ln v \quad ; \quad \frac{\partial f_2}{\partial v}(x,y,u,v) = uv^{u-1}$$

Estas funciones existen y están definidas, siempre que se verifiquen las condiciones $x, u, v > 0$, $y > -1$, $x + y \neq 0$, lo cual constituye un entorno de $(1, 0, 1, 1)$. Así pues, f_1 y f_2 son de clase 1 en algún entorno del punto dado.

— En el punto $(1, 0, 1, 1)$:

$$\frac{\partial f_1}{\partial u}(1,0,1,1) = 1 \quad ; \quad \frac{\partial f_1}{\partial v}(1,0,1,1) = 0$$

$$\frac{\partial f_2}{\partial u}(1,0,1,1) = 0 \quad ; \quad \frac{\partial f_2}{\partial v}(1,0,1,1) = 1$$

Por tanto:

$$\frac{\partial(f_1, f_2)}{\partial(u, v)} = \begin{vmatrix} 1 & 0 \\ 0 & 1 \end{vmatrix} = 1 \neq 0$$

Así pues, podemos deducir que existen, en algún entorno del punto $(1, 0, 1, 1)$, las funciones implícitas $u = u(x, y)$, $v = v(x, y)$.

b) Calculemos en primer lugar las parciales con respecto a x. Para ello, hay que resolver el sistema:

$$\begin{cases} \dfrac{\partial f_1}{\partial u}(1,0,1,1) \cdot \dfrac{\partial u}{\partial x}(1,0) + \dfrac{\partial f_1}{\partial v}(1,0,1,1) \cdot \dfrac{\partial v}{\partial x}(1,0) = -\dfrac{\partial f_1}{\partial x}(1,0,1,1) \\[2ex] \dfrac{\partial f_2}{\partial u}(1,0,1,1) \cdot \dfrac{\partial u}{\partial x}(1,0) + \dfrac{\partial f_2}{\partial v}(1,0,1,1) \cdot \dfrac{\partial v}{\partial x}(1,0) = -\dfrac{\partial f_2}{\partial x}(1,0,1,1) \end{cases}$$

Como:

$$\frac{\partial f_1}{\partial x}(1,0,1,1) = 1 \quad ; \quad \frac{\partial f_2}{\partial x}(1,0,1,1) = e$$

el sistema queda:

$$\begin{cases} \dfrac{\partial u}{\partial x}(1,0) = -1 \\[2ex] \dfrac{\partial v}{\partial x}(1,0) = -e \end{cases}$$

lo que nos da directamente las parciales.

Por otro lado, para las parciales con respecto a y, el sistema a resolver es:

$$\begin{cases} \dfrac{\partial f_1}{\partial u}(1,0,1,1) \cdot \dfrac{\partial u}{\partial y}(1,0) + \dfrac{\partial f_1}{\partial v}(1,0,1,1) \cdot \dfrac{\partial v}{\partial y}(1,0) = -\dfrac{\partial f_1}{\partial y}(1,0,1,1) \\[3mm] \dfrac{\partial f_2}{\partial u}(1,0,1,1) \cdot \dfrac{\partial u}{\partial y}(1,0) + \dfrac{\partial f_2}{\partial v}(1,0,1,1) \cdot \dfrac{\partial v}{\partial y}(1,0) = -\dfrac{\partial f_2}{\partial y}(1,0,1,1) \end{cases}$$

Como:

$$\frac{\partial f_1}{\partial y}(1,0,1,1) = 2 \quad ; \quad \frac{\partial f_2}{\partial x}(1,0,1,1) = -e$$

entonces el sistema queda:

$$\left. \begin{aligned} \frac{\partial u}{\partial y}(1,0) &= -2 \\[3mm] \frac{\partial v}{\partial y}(1,0) &= e \end{aligned} \right\}$$

y nos da el valor de las parciales. Por tanto, los gradientes que se piden son:

$$\nabla u(1,0) = \begin{bmatrix} -1 \\ -2 \end{bmatrix} \quad ; \quad \nabla v(1,0) = \begin{bmatrix} -e \\ e \end{bmatrix}$$

8.20. Dado el sistema:

$$\left. \begin{aligned} x^2 \cos y + y \cos z + z \cos x - \pi &= 0 \\ x^2 + y^2 + az^2 - xy - a\pi^2 &= 0 \end{aligned} \right\}$$

estúdiese, dependiendo de los valores de a, la existencia de z e y como funciones implícitas de x en un entorno del punto $(0,0,\pi)$.

SOLUCIÓN

Sean las funciones:

$$f_1(x, y, z) = x^2 \cos y + y \cos z + z \cos x - \pi$$
$$f_2(x, y, z) = x^2 + y^2 + az^2 - xy - a\pi^2$$

Veamos para qué valores del parámetro a verifican las condiciones del teorema de la función implícita para sistemas, en el punto $(0, 0, \pi)$.

 a) $f_1(0, 0, \pi) = 0$, $f_2(0, 0, \pi) = a\pi^2 - a\pi^2 = 0$ independientemente de a).
 b) f_1 y f_2 son ambas de clase 1 en todo el espacio $\mathbb{R}^3$, ya que las funciones polinómicas, la función seno y la función coseno lo son.
 c) Calculemos las parciales de f_1 y f_2 con respecto a z y a y, en el punto $(0, 0, \pi)$:

$$\frac{\partial f_1}{\partial y}(x, y, z) = -x^2 \operatorname{sen} y + \cos z \quad \Rightarrow \quad \frac{\partial f_1}{\partial y}(0, 0, \pi) = -1$$

$$\frac{\partial f_1}{\partial z}(x, y, z) = -y \operatorname{sen} z + \cos x \quad \Rightarrow \quad \frac{\partial f_1}{\partial z}(0, 0, \pi) = 1$$

$$\frac{\partial f_2}{\partial y}(x, y, z) = 2y - x \quad \Rightarrow \quad \frac{\partial f_2}{\partial y}(0, 0, \pi) = 0$$

$$\frac{\partial f_2}{\partial z}(x, y, z) = 2az \quad \Rightarrow \quad \frac{\partial f_2}{\partial z}(0, 0, \pi) = 2\pi a$$

Por tanto:

$$\frac{\partial(f_1, f_2)}{\partial(y, z)}(0, 0, \pi) = \begin{vmatrix} -1 & 1 \\ 0 & 2\pi a \end{vmatrix} = -2\pi a = 0 \quad \Leftrightarrow \quad a = 0$$

Así pues, si $a \neq 0$, podemos asegurar la existencia, en algún entorno del punto $(0, 0, \pi)$ de las funciones implícitas $y = y(x)$, $z = z(x)$, definidas por el sistema dado. Por otro lado, si $a = 0$, no podemos afirmar nada sobre la existencia de estas funciones, en un entorno de dicho punto.

8.21. Una importante compañía petrolífera, propietaria de una red de gasolineras, produce gasolina en cantidad variable q. Su nivel se ventas en cada período se denota por v, y el salario medio de sus trabajadores por s. Después de un estudio de costes, se llega a la conclusión de que los componentes de gasto más relevantes son: el gasto en el refinado y distribución de gasolina (g_d) y el gasto en la compra de petróleo (g_c), los cuales dependen de las variables q, v y s de la forma:

$$g_d(q,v,s) = \ln(qv) + 100s$$

$$g_c(q,v,s) = \frac{10q - v}{20} + 300$$

Para $q = v = 10$ y $s = 2$, los niveles de gasto son:

$$g_d(1,1,10) = \ln 100 - 200$$

$$g_c(1,1,10) = \frac{11}{20} + 300$$

¿Cómo deben variar q y v en función de s para que la compañía se mantenga en los mismos niveles de gasto?

Solución

Como el problema pide la variacion de q y v en función de s, tenemos que calcular las derivadas parciales $\frac{\partial q}{\partial s}$ y $\frac{\partial v}{\partial s}$. Para ello debemos asegurarnos previamente de la existencia de las funciones implícitas $q = q(s)$, $v = v(s)$. Como ya sabemos, para determinar la existencia de funciones implícitas para mantener el nivel de g_d y g_c, basta verificar las dos últimas condiciones del teorema de la función implícita para sistemas, sobre dichas funciones y, en este caso, en el punto $(10, 10, 2)$.

Condición 2. Calculemos las parciales de ambas funciones:

$$\frac{\partial g_d}{\partial q}(q,v,s) = \frac{1}{q} \;\; ; \;\; \frac{\partial g_d}{\partial v}(q,v,s) = \frac{1}{v} \;\; ; \;\; \frac{\partial g_d}{\partial s}(q,v,s) = 100$$

$$\frac{\partial g_c}{\partial q}(q,v,s) = \frac{1}{2} \;\; ; \;\; \frac{\partial g_c}{\partial v}(q,v,s) = -\frac{1}{20} \;\; ; \;\; \frac{\partial g_c}{\partial s}(q,v,s) = 0$$

Estas parciales están definidas y son continuas, en particular cuando $q, v > 0$, lo cual constituye un entorno del punto $(10, 10, 2)$. Así pues, g_d y g_c son de clase 1 en algún entorno del citado punto.

Condición 3. Como queremos obtener q y v en función de s, evaluemos las parciales correspondientes en el punto dado:

$$\frac{\partial g_d}{\partial q}(10,10,2) = \frac{1}{10} \quad ; \quad \frac{\partial g_d}{\partial v}(10,10,2) = \frac{1}{10}$$

$$\frac{\partial g_c}{\partial q}(10,10,2) = \frac{1}{2} \quad ; \quad \frac{\partial g_c}{\partial v}(10,10,2) = -\frac{1}{20}$$

Por tanto:

$$\frac{\partial(g_d, g_c)}{\partial(q, v)}(10,10,2) = \begin{vmatrix} 1/10 & 1/10 \\ 1/2 & -1/20 \end{vmatrix} = -\frac{11}{200} \neq 0$$

luego podemos afirmar que existen las funciones implícitas $q = q(s)$, $v = v(s)$ en un entorno del punto $(10, 10, 2)$.

Por otro lado, para calcular las parciales que nos piden, debemos plantear el sistema:

$$\begin{cases} \dfrac{\partial g_d}{\partial q}(q,v,s) \cdot \dfrac{\partial q}{\partial s}(s) + \dfrac{\partial g_d}{\partial v}(q,v,s) \cdot \dfrac{\partial v}{\partial s}(s) = -\dfrac{\partial g_d}{\partial s}(q,v,s) \\ \dfrac{\partial g_c}{\partial q}(q,v,s) \cdot \dfrac{\partial q}{\partial s}(s) + \dfrac{\partial g_c}{\partial v}(q,v,s) \cdot \dfrac{\partial v}{\partial s}(s) = -\dfrac{\partial g_c}{\partial s}(q,v,s) \end{cases}$$

Es decir:

$$\begin{cases} \dfrac{1}{q} \cdot \dfrac{\partial q}{\partial s}(s) + \dfrac{1}{v} \cdot \dfrac{\partial v}{\partial s}(s) = -100 \\ \dfrac{1}{2} \cdot \dfrac{\partial q}{\partial s}(s) - \dfrac{1}{20} \cdot \dfrac{\partial v}{\partial s}(s) = 0 \end{cases}$$

Así pues:

$$\frac{\partial q}{\partial s}(s) = \frac{-100}{\dfrac{1}{v} + \dfrac{1}{10q}} \quad ; \quad \frac{\partial v}{\partial s}(s) = \frac{-10}{\dfrac{1}{v} + \dfrac{1}{10q}}$$

Por tanto, si aumenta el nivel de salarios s, las cantidades q y v deberán decrecer según las relaciones anteriores, para que la compañía se mantenga en los mismos niveles de gasto.

8.22. Dadas las relaciones:

$$x - u - v = 0$$
$$y - u^2 - v^2 = 0$$
$$z - u^3 - v^3 = 0$$

¿Es posible obtener $z = z(x, y)$, $u = u(x, y)$ y $v = v(x, y)$ en algún entorno del punto $(1, 1, 1, 1, 0)$?

SOLUCIÓN

Este último ejercicio constituye una generalización del teorema de la implícita, estudiado hasta ahora para el caso de dos funciones y tres variables, al caso más general de m funciones de n variables. Así, en este problema tenemos tres funciones de cinco variables, por lo que podemos intentar despejar tres de las variables. Sean:

$$f_1(x, y, z, u, v) = x - u - v$$
$$f_2(x, y, z, u, v) = y - u^2 - v^2$$
$$f_3(x, y, z, u, v) = z - u^3 - v^3$$

Vamos a generalizar a este caso las condiciones utilizadas en los problemas anteriores:

a) $f_1(1, 1, 1, 1, 0) = 0$
  $f_2(1, 1, 1, 1, 0) = 0$
  $f_3(1, 1, 1, 1, 0) = 0$
b) Las tres funciones son de clase 1, ya que son todas polinómicas.
c) Como queremos despejar las variables z, u y v, debemos calcular las parciales con respecto a ellas:

$$\frac{\partial f_1}{\partial z}(x, y, z, u, v) = 0 \quad ; \quad \frac{\partial f_1}{\partial u}(x, y, z, u, v) = -1 \quad ; \quad \frac{\partial f_1}{\partial v}(x, y, z, u, v) = -1$$

$$\frac{\partial f_2}{\partial z}(x, y, z, u, v) = 0 \quad ; \quad \frac{\partial f_2}{\partial u}(x, y, z, u, v) = -2u \quad ; \quad \frac{\partial f_2}{\partial v}(x, y, z, u, v) = -2v$$

$$\frac{\partial f_3}{\partial z}(x, y, z, u, v) = 1 \quad ; \quad \frac{\partial f_3}{\partial u}(x, y, z, u, v) = -3u^2 \quad ; \quad \frac{\partial f_3}{\partial v}(x, y, z, u, v) = -3v^2$$

© Ediciones Pirámide

Sustituyendo en el punto en cuestión, obtenemos:

$$\frac{\partial f_1}{\partial z}(1,1,1,1,0) = 0 \quad ; \quad \frac{\partial f_1}{\partial u}(1,1,1,1,0) = -1 \quad ; \quad \frac{\partial f_1}{\partial v}(1,1,1,1,0) = -1$$

$$\frac{\partial f_2}{\partial z}(1,1,1,1,0) = 0 \quad ; \quad \frac{\partial f_2}{\partial u}(1,1,1,1,0) = -2 \quad ; \quad \frac{\partial f_2}{\partial v}(1,1,1,1,0) = 0$$

$$\frac{\partial f_3}{\partial z}(1,1,1,1,0) = 1 \quad ; \quad \frac{\partial f_3}{\partial u}(1,1,1,1,0) = -3 \quad ; \quad \frac{\partial f_3}{\partial v}(1,1,1,1,0) = 0$$

Así pues, debemos comprobar que es distinto de cero el determinante formado por estas parciales:

$$\frac{\partial(f_1, f_2, f_3)}{\partial(z, u, v)}(1,1,1,1,0) = \begin{vmatrix} 0 & -1 & -1 \\ 0 & -2 & 0 \\ 1 & -3 & 0 \end{vmatrix} = -2 \neq 0$$

Por tanto, podemos afirmar que existen las funciones implícitas:

$$z = z(x, y) \quad ; \quad u = u(x, y) \quad ; \quad v = v(x, y)$$

definidas por las relaciones de partida, en algún entorno del punto $(1, 1, 1, 1, 0)$.

Cabe observar, por último, que utilizando razonamientos análogos a los desarrollados en ejercicios anteriores, se pueden calcular las derivadas parciales de z, u y v con respecto a las variables x e y, resolviendo, en este caso, sendos sistemas de tres ecuaciones con tres incógnitas.

Cálculo integral

Tabla de integrales inmediatas

Supongamos que $u = u(x)$; entonces tenemos la siguiente tabla de integrales inmediatas:

1. $\displaystyle\int u^n u' = \frac{u^{n+1}}{n+1} + C, \quad$ si $n \neq -1$.

2. $\displaystyle\int \frac{u'}{u} = \ln|u| + C.$

3. $\displaystyle\int u' e^u = e^u + C.$

4. $\displaystyle\int u' a^u = \frac{a^u}{\ln a} + C.$

5. $\displaystyle\int u' \operatorname{sen} u = -\cos u + C.$

6. $\displaystyle\int u' \cos u = \operatorname{sen} u + C.$

7. $\displaystyle\int \frac{u'}{\cos^2 u} = \operatorname{tg} u + C.$

Cálculo integral

Diremos que f es integrable Rieman y lo denotamos $f \in \mathbb{R}[a,b]$ si existe una función F diferenciable en $[a,b]$ cumpliendo que $F'(x) = f(x)$, entonces:

$$\int_a^b f(x)dx = F(b) - F(a)$$

Esta fórmula se conoce como regla de Barrow.

9.1. Resolver:

$$\int (x^3 - 4x + 2)\, dx$$

SOLUCIÓN

Se trata de una integral inmediata que podemos resolver usando la primera expresión de la tabla anterior. Así:

$$\int (x^3 - 4x + 2)\, dx = \frac{x^4}{4} - \frac{4x^2}{2} + 2x + C$$

Siempre se puede comprobar si una integral se ha resuelto bien sin más que tomar el resultado y derivarlo. En nuestro caso:

$$F(x) = \frac{x^4}{4} - \frac{4x^2}{2} + 2x + C$$

Si calculamos su derivada:

$$F'(x) = x^3 - 4x + 2$$

Es decir, la función que teníamos que integrar, por tanto, está bien resuelta.

9.2. Resolver:

$$\int (\operatorname{sen}(x) + 7\cos(x) + 4)\, dx$$

SOLUCIÓN

Se trata de una integral inmediata que podemos resolver usando las expresiones 5 y 6 de la tabla de integrales inmediatas:

$$\int (\operatorname{sen}(x) + 7\cos(x) + 4)\, dx = -\cos(x) + 7\operatorname{sen}(x) + 4x + C$$

Para comprobarla, llamamos F al resultado:

$$F(x) = -\cos(x) + 7\operatorname{sen}(x) + 4x + C$$

Si calculamos su derivada:

$$F'(x) = \operatorname{sen}(x) + 7\cos(x) + 4$$

Por tanto, está bien resuelta.

9.3. Resolver:

$$\int (\sqrt{x} - 5)\, dx$$

SOLUCIÓN

Se trata de una integral inmediata. Usando la primera expresión de la tabla:

$$\int (\sqrt{x} - 5)\, dx = \int (x^{1/2} - 5)\, dx = \frac{x^{1/2+1}}{\frac{1}{2}+1} - 5x + C = \frac{2x^{3/2}}{3} - 5x + C$$

Podemos comprobar el resultado obtenido considerando la función resultante:

$$F(x) = \frac{2x^{3/2}}{3} - 5x + C$$

Y calculamos su derivada:

$$F'(x) = \frac{2}{3}\frac{3}{2}x^{\frac{3}{2}-1} - 5 = \sqrt{x} - 5$$

Quedando probado el resultado.

9.4. Resolver:

$$\int_1^2 \frac{3}{x}\, dx$$

SOLUCIÓN

Se trata de una integral definida. Para calcularla, usaremos la regla de Barrow. Para ello, necesitamos calcular una primitiva de la función (en este caso, utilizamos la fórmula 2 de la tabla de inmediatas):

$$\int \frac{3}{x}\, dx = 3\ln\left|x\right| = F(x)$$

Y ahora utilizamos la regla de Barrow, que no es más que evaluar la función F en los extremos del intervalo de integración:

$$\int_1^2 \frac{3}{x}\, dx = F(x)\Big|_1^2 = F(2) - F(1) = 3\ln\left|2\right| - 3\ln\left|1\right| = 3\ln\left|2\right| = \ln\left|8\right| \simeq 2,0794$$

Observar que en este ejercicio estamos calculando una integral definida; por tanto, el resultado es un número y no una función como en las anteriores.

9.5. Resolver:

$$\int \frac{x^4 - 2x^2 + x}{x} \, dx$$

SOLUCIÓN

Se trata de una integral inmediata que podemos resolver separándola en la suma (o resta) de varias que resolveremos usando la primera expresión de la tabla anterior. Así:

$$\int \frac{x^4 - 2x^2 + x}{x} \, dx = \int \left(\frac{x^4}{x} - \frac{2x^2}{x} + \frac{x}{x} \right) dx = \int (x^3 - 2x + 1) \, dx = \frac{x^4}{4} - x^2 + x + C$$

Comprobemos si está bien realizada. Si llamamos:

$$F(x) = \frac{x^4}{4} - x^2 + x + C$$

y calculamos su derivada:

$$F'(x) = x^2 - 2x + 1$$

quedando comprobado el resultado.

9.6. Resolver:

$$\int e^{4x + 3} \, dx$$

SOLUCIÓN

Se trata de una integral inmediata que podemos resolver usando la tercera expresión de la tabla de integrales inmediatas.

Así, como falta la derivada del exponente:

$$u(x) = 4x + 3$$
$$u'(x) = 4$$

que es un número, podemos multiplicar y dividir por éste:

$$\int e^{4x+3}\, dx = \frac{1}{4} \int 4e^{4x+3}\, dx = \frac{e^{4x+3}}{4} + C$$

Comprobando el resultado:

$$F(x) = \frac{e^{4x+3}}{4} + C$$

Si calculamos su derivada:

$$F'(x) = e^{4x+3}$$

Es decir, la función que teníamos que integrar, por tanto, está bien resuelta.

9.7. Resolver:

$$\int_0^2 \frac{x^3 + x}{x^4 + 2x^2 + 1}\, dx$$

SOLUCIÓN

Observamos que es una integral definida; por tanto, tenemos que aplicar la regla de Barrow.

Primeramente calculamos una primitiva, resolviendo la integral inmediata que tenemos, la cual podemos resolver según la expresión 2 de la tabla anterior, dado que en el numerador aparece la derivada del denominador:

$$u(x) = x^4 + 2x^2 + 1$$
$$u'(x) = 4x^3 + 4x$$

excepto un número, lo cual se puede arreglar multiplicando (y, por tanto, dividiendo) por «4»:

$$\int \frac{x^3+x}{x^4+2x^2+1}\,dx = \frac{1}{4}\int \frac{4(x^3+x)}{x^4+2x^2+1}\,dx = \frac{1}{4}\int \frac{4x^3+4x}{x^4+2x^2+1}\,dx =$$

$$= \frac{1}{4}\ln\left|x^4+2x^2+1\right|+C$$

Por tanto, si llamamos:

$$F(x) = \frac{1}{4}\ln\left|x^4+2x^2+1\right|+C$$

Resulta que:

$$\int_0^2 \frac{x^3+x}{x^4+2x^2+1}\,dx = F(2)-F(0) = \frac{1}{4}\ln\left|25\right| = \frac{1}{4}\ln\left|5^2\right| = \frac{1}{2}\ln\left|5\right|$$

9.8. Resolver:

$$\int \frac{x^3-2}{\sqrt{x}}\,dx$$

SOLUCIÓN

Esta integral es inmediata utilizando la propiedad de linealidad de la integración, con lo cual:

$$\int \frac{x^3-2}{\sqrt{x}}\,dx = \int x^{3-(1/2)}\,dx - 2\int x^{-1/2}\,dx = \frac{2x^{7/2}}{7} - 4\sqrt{x}+C$$

9.9. Resolver:

$$\int \cos x\, e^{2\,\text{sen}\,x}\,dx$$

SOLUCIÓN

Al intentar resolver esta integral podemos observar que la derivada del exponente, la función seno, aparece como factor en el integrando, de donde deducimos que el método más efectivo para su resolución sería un cambio de variable, de la forma $y = \text{sen } x$.

Antes de resolverla vamos a enunciar el teorema que nos servirá en sucesivas integrales que resolvamos por este método.

Teorema

Supongamos que f y ϕ son funciones continuas en $[a,b]$, siendo ϕ estrictamente creciente en dicho intervalo. Llamaremos ψ a la función inversa de ϕ; entonces:

$$\int_a^b f(x)\, dx = \int_{\phi(a)}^{\phi(b)} f[\psi(y)]\, d\psi(y) = \int_{\phi(a)}^{\phi(b)} f[\psi(y)]\psi'(y)\, dy$$

Aplicándolo a nuestro caso, si $y = \phi(x) = \text{sen } x$, entonces $\phi'(x) = \cos x$, y la inversa sería $x = \psi(y) = \text{arcsen } y$.

El cambio de variable nos permite obtener la siguiente expresión:

$$\int \cos x\, e^{2\,\text{sen}\,x}\, dx = \int e^{2y}\, dy = \frac{e^{2y}}{2} + C = \frac{e^{2\,\text{sen}\,x}}{2} + C$$

En este caso se trata de una integral indefinida, luego no tenemos en cuenta los límites de integración.

De igual modo, podemos resolver este tipo de integrales aplicando la siguiente fórmula:

$$\int f'(x)e^{f(x)} = e^{f(x)} + C$$

Así, si $f(x) = \text{sen } x$, entonces $f'(x) = \cos x$, con lo que:

$$\int \cos x\, e^{2\,\text{sen}\,x}\, dx = \frac{e^{2\,\text{sen}\,x}}{2} + C$$

9.10. Resolver:

$$\int \frac{\ln^3 x}{x} \, dx.$$

SOLUCIÓN

En este caso, parecido al anterior, observamos también que en el integrando aparece la función logaritmo neperiano, ln x, y su derivada $1/x$, con lo que lo más fácil sería aplicar de nuevo un cambio de variable llamando:

$$y = \phi(x) = \ln x, \text{ entonces } \phi'(x) = \frac{1}{x}$$

con lo cual:

$$\int \frac{\ln^3 x}{x} \, dx = \int y^3 \, dy = \frac{y^4}{4} + C = \frac{(\ln x)^4}{4} + C$$

9.11. Resolver:

$$\int \frac{\cos \sqrt{x}}{\sqrt{x}} \, dx$$

SOLUCIÓN

Como en el integrando aparece $\sqrt{x}$, y también $\dfrac{1}{\sqrt{x}}$, vamos a realizar la integral por cambio de variable; así, llamamos:

$$y = \phi(x) = \sqrt{x}, \text{ entonces } \phi'(x) = \frac{1}{2\sqrt{x}}$$

con lo cual, multiplicando y dividiendo entre «2» y sustituyendo el cambio:

$$\int \frac{\cos \sqrt{x}}{\sqrt{x}} \, dx = 2 \int \frac{\cos \sqrt{x}}{2\sqrt{x}} \, dx = 2 \int \cos(y) \, dy = 2 \operatorname{sen}(y) + C = 2 \operatorname{sen}(\sqrt{x}) + C$$

9.12. Resolver:

$$\int \frac{e^x}{\sqrt{1+e^x}}\,dx$$

SOLUCIÓN

Como en el integrando aparece $1 + e^x$, y también e^x, hacemos la integral por cambio de variable. Llamamos:

$$y = \phi(x) = 1 + e^x, \text{ entonces } \phi'(x) = e^x$$

con lo cual:

$$\int \frac{e^x}{\sqrt{1+e^x}}\,dx = \int \frac{dy}{\sqrt{y}} = \int y^{-1/2}\,dy = \frac{y^{1/2}}{\frac{1}{2}} + C = 2\sqrt{y} + C = 2\sqrt{1+e^x} + C$$

9.13. Resolver:

$$\int \ln(x)\,dx$$

SOLUCIÓN

Esta integral puede parecer complicada en principio, puesto que en el integrando no aparece una función y su derivada, así que intentamos aplicar integración por partes. Sean:

$$f(x) = \ln(x) \quad \Rightarrow \quad f'(x) = \frac{1}{x}$$
$$g'(x) = 1 \quad \Rightarrow \quad g(x) = x$$

Aplicando integración por partes:

$$\int f(x)g'(x)\,dx = f(x)g(x) - \int f'(x)g(x)\,dx$$

En nuestro caso:

$$\int \ln(x)\,dx = x\ln(x) - \int x\frac{1}{x}\,dx = x\ln(x) - x + C$$

9.14. Resolver:

$$\int x^4 \ln(x)\,dx$$

SOLUCIÓN

En esta integral, como en la anterior, en el integrando no aparece una función y su derivada, por lo que no es inmediata. Vamos a intentar aplicar integración por partes.

Además, siempre que en el integrando aparezca un logaritmo por un polinomio se resuelve por integración por partes tomando $f(x) = \ln(x)$. Por tanto:

$$f(x) = \ln(x) \quad \Rightarrow \quad f'(x) = \frac{1}{x}$$

$$g'(x) = x^4 \quad \Rightarrow \quad g(x) = \frac{x^5}{5}$$

Aplicando integración por partes:

$$\int x^4 \ln(x)\,dx = \frac{x^5}{5}\ln(x) - \int \frac{x^5}{5}\frac{1}{x}\,dx = \frac{x^5}{5}\ln(x) - \int \frac{x^4}{5}\,dx =$$

$$= \frac{x^5}{5}\ln(x) - \frac{x^5}{25} + C$$

9.15. Resolver:

$$\int_0^2 xe^{x^2}\,dx$$

SOLUCIÓN

En esta integral, como en el integrando aparece la función e^{x^2} y la derivada del exponente es $2x$, es lógico pensar en aplicar un cambio de variable. Así, realizando el cambio en el integrando y en los extremos de integración, obtenemos:

$$y = \phi(x) = x^2, \ \text{ entonces } \ \phi'(x) = 2x$$

Para el intervalo de integración:

$$\begin{cases} x = 0 & \Rightarrow & y = 0 \\ x = 2 & \Rightarrow & y = 4 \end{cases}$$

Por lo que la integral queda:

$$\int_0^2 x e^{x^2}\, dx = \frac{1}{2}\int_0^2 2x e^{x^2}\, dx = \frac{1}{2}\int_0^4 e^y\, dy = \frac{1}{2} e^y\Big|_0^4 = \frac{e^4 - 1}{2}$$

9.16. Resolver:

$$\int \frac{dx}{x[\ln(x)]^3}$$

SOLUCIÓN

Como en el integrando aparece la función logaritmo neperiano y su derivada, aplicamos integración por cambio de variable:

$$y = \phi(x) = \ln(x), \ \text{ entonces } \ \phi'(x) = \frac{1}{x}$$

De forma que la integral que nos queda es:

$$\int \frac{dx}{x[\ln(x)]^3} = \int \frac{dy}{y^3} = \int y^{-3}\, dy = \frac{-1}{2y^2} + C = \frac{-1}{2[\ln(x)]^2} + C$$

9.17. Resolver:

$$\int x \cos(x)\, dx$$

SOLUCIÓN

En el integrando aparece el producto de un polinomio por una función trigonométrica; por tanto, se puede aplicar la integración por partes de la siguiente forma:

$$f(x) = x \quad\Rightarrow\quad f'(x) = 1$$
$$g'(x) = \cos(x) \quad\Rightarrow\quad g(x) = \operatorname{sen}(x)$$

Aplicando integración por partes:

$$\int x \cos(x)\, dx = x \operatorname{sen}(x) - \int \operatorname{sen}(x)\, dx = x \operatorname{sen}(x) + \cos(x) + C$$

9.18. Resolver:

$$\int x^2 e^x\, dx$$

SOLUCIÓN

En el integrando aparece el producto de un polinomio por una exponencial; en este caso también se puede aplicar integración por partes, tomando:

$$f(x) = x^2 \quad\Rightarrow\quad f'(x) = 2x$$
$$g'(x) = e^x \quad\Rightarrow\quad g(x) = e^x$$

De forma que nos queda la integral:

$$\int x^2 e^x\, dx = x^2 e^x - \int 2x e^x\, dx$$

A la integral resultante tenemos que aplicarle de nuevo integración por partes:

$$f(x) = x \quad \Rightarrow \quad f'(x) = 1$$
$$g'(x) = e^x \quad \Rightarrow \quad g(x) = e^x$$

De forma que nos queda:

$$\int x^2 e^x \, dx = x^2 e^x - \int 2x e^x \, dx = x^2 e^x - 2\left(x e^x - \int e^x \, dx \right) =$$

$$= x^2 e^x - 2(x e^x - e^x) + C = e^x (x^2 - 2x + 2) + C$$

Podemos observar que hemos tenido que aplicar integración por partes dos veces, por tener el integrando un polinomio de grado dos; este hecho se podría generalizar a cualquier grado.

9.19. Resolver:

$$\int \frac{x}{\sqrt{1 - x^2}} \, dx$$

SOLUCIÓN

Aplicamos el cambio de variable:

$$y = \phi(x) = 1 - x^2, \text{ entonces } \phi'(x) = -2x$$

Multiplicando y dividiendo por –2:

$$\int \frac{x}{\sqrt{1 - x^2}} \, dx = \frac{1}{-2} \int \frac{-2x}{\sqrt{1 - x^2}} \, dx$$

Y sustituyendo el cambio de variable:

$$\frac{-1}{2} \int \frac{dy}{\sqrt{y}} = \frac{-1}{2} \int y^{-1/2} \, dy = \frac{-1}{2} \frac{y^{1/2}}{\frac{1}{2}} + C = -\sqrt{y} + C = -\sqrt{1 - x^2} + C$$

9.20. Resolver:

$$\int_0^{\pi/2} \text{sen}^2(x)\cos(x)\,dx$$

SOLUCIÓN

En el integrando aparece una función y su derivada, de forma que podemos aplicar el siguiente cambio de variable:

$$y = \phi(x) = \text{sen}(x), \text{ entonces } \phi'(x) = \cos(x)$$

Para los extremos de integración:

$$\begin{cases} x = 0 & \Rightarrow & y = \text{sen}(0) = 0 \\ x = \dfrac{\pi}{2} & \Rightarrow & y = \text{sen}\dfrac{\pi}{2} = 1 \end{cases}$$

Sustituyendo, nos queda:

$$\int_0^{\pi/2} \text{sen}^2(x)\cos(x)\,dx = \int_0^1 y^2\,dy = \left.\frac{y^3}{3}\right|_0^1 = \frac{1}{3}$$

Observamos que, al ser una integral definida, no hemos deshecho el cambio y hemos sustituido directamente en los valores de los extremos que habíamos calculado para la variable y.

9.21. Resolver:

$$\int \frac{\cos(3x)}{3 - 2\,\text{sen}(3x)}\,dx$$

SOLUCIÓN

Aplicamos un cambio de variable de la siguiente forma:

$$y = \phi(x) = \text{sen}(3x), \text{ entonces } \phi'(x) = 3\cos(3x)$$

Multiplicando y dividiendo por 3 y sustituyendo el cambio de variable:

$$\int \frac{\cos(3x)}{3-2\,\text{sen}\,(3x)}\,dx = \frac{1}{3}\int \frac{3\cos(3x)}{3-2\,\text{sen}\,(3x)}\,dx = \frac{1}{3}\int \frac{dy}{3-2y}$$

Ahora multiplicamos y dividimos entre «2» para obtener en el numerador la derivada del denominador y poder integrar como una integral inmediata:

$$\frac{-1}{2}\frac{1}{3}\int \frac{-2\,dy}{3-2y} = \frac{-1}{2}\frac{1}{3}\ln\left|3-2y\right| + C = -\frac{1}{6}\ln\left|3-2\,\text{sen}\,(3x)\right| + C$$

9.22. Resolver:

$$\int (x^2 + 2x - 1)\,\text{sen}\,x\,dx$$

SOLUCIÓN

Éste es un ejemplo típico donde debemos aplicar integración por partes dos veces, por aparecer en el integrando un polinomio de grado dos, dado que cada vez vamos reduciendo el grado del polinomio en una unidad. Apliquemos esto a nuestro problema. Sean:

$$f(x) = x^2 + 2x - 1 \quad \Rightarrow \quad f'(x) = 2x + 2$$
$$g'(x) = \text{sen}\,x \quad \Rightarrow \quad g(x) = -\cos x$$

Entonces:

$$\int (x^2 + 2x - 1)\,\text{sen}\,x\,dx = (-\cos x)(x^2 + 2x - 1) + \int (2x + 2)\cos x\,dx$$

Aplicando de nuevo la integración por partes:

$$f(x) = 2x + 2 \quad \Rightarrow \quad f'(x) = 2$$
$$g'(x) = \cos x \quad \Rightarrow \quad g(x) = \text{sen}\,x$$

Matemáticas para la economía y la empresa

$$\int (2x + 2)\cos x \, dx = (2x + 2)(\text{sen } x) - \int 2 \, \text{sen } x \, dx =$$

$$= (2x + 2)(\text{sen } x) + 2\cos x + C$$

Con lo cual nuestra integral tendría como resultado:

$$\int (x^2 + 2x - 1)\,\text{sen } x \, dx = (-\cos x)(x^2 + 2x - 1) + (2x + 2)(\text{sen } x) + 2\cos x + C$$

9.23. Resolver:

$$\int_1^2 \frac{(\ln x)^2}{x[1 + (\ln x)^3]} \, dx$$

SOLUCIÓN

En esta integral aparece de nuevo explícitamente la derivada del logaritmo. Así, en este caso, realizamos un cambio de variable de la siguiente forma:

$$y = \phi(x) = \ln x \quad \Rightarrow \quad \phi'(x) = \frac{1}{x}$$

Su función inversa es:

$$\psi(y) = e^y = x \quad \Rightarrow \quad \psi'(y) = e^y$$

Al ser una integral definida, debemos prestar atención a los límites de integración, los cuales también se ven afectados por el cambio. Así pues, los límites se transformarían de la manera siguiente:

$$x = 1 \quad \Rightarrow \quad y = \ln 1 = 0$$
$$x = 2 \quad \Rightarrow \quad y = \ln 2$$

$$\int_1^2 \frac{(\ln x)^2}{x[1 + (\ln x)^3]} \, dx = \int_0^{\ln 2} \frac{y^2}{e^y(1 + y^3)} e^y \, dy = \frac{1}{3}\int_0^{\ln 2} \frac{3y^2}{1 + y^3} \, dy = \frac{1}{3}\left[\ln\left|1 + y^3\right|\right]_0^{\ln 2} =$$

$$= \frac{1}{3}\ln[1 + (\ln 2)^3]$$

9.24. Resolver:

$$\int \frac{2x-1}{x^2-5x+6}\,dx$$

SOLUCIÓN

Definimos integral racional como aquella cuyo integrando es cociente de polinomios.

En la resolución de estas integrales procedemos de la siguiente forma:

1. El grado del numerador $P(x)$ debe ser menor que el del denominador, $Q(x)$; en caso contrario dividimos, y aplicamos la fórmula del cociente:

$$\frac{P(x)}{Q(x)} = F(x) + \frac{R(x)}{Q(x)}$$

Entonces:

$$\int \frac{P(x)}{Q(x)}\,dx = \int F(x)\,dx + \int \frac{R(x)}{Q(x)}\,dx$$

donde $F(x)$ es un polinomio tal que su grado es [grado $P(x)$ – grado $Q(x)$] y el grado $R(x)$ < grado $Q(x)$, y donde $R(x)$ es el resto de la división.
2. Calculamos las raíces del polinomio denominador, $Q(x) = 0$, y su orden de multiplicidad.
3. Descomponemos dicha fracción en suma de fracciones simples.

Aplicando todo lo anterior a nuestro ejercicio observamos que no podemos dividir, puesto que se verifica directamente que:

$$\text{grado } P(x) < \text{grado } Q(x)$$

Así que calculamos:

$$Q(x) = 0 = x^2 - 5x + 6 = (x-3)\cdot(x-2)$$

y obtenemos que $Q(x)$ tiene dos raíces reales simples.

Descomponemos en fracciones simples e igualamos numeradores mediante la identificación de coeficientes:

$$\frac{2x-1}{x^2-5x+6} = \frac{A}{x-3} + \frac{B}{x-2} = \frac{A(x-2)+B(x-3)}{(x-3)\cdot(x-2)}$$

Entonces:

$$2x-1 = A(x-2)+B(x-3)$$

Resolvemos el sistema:

$$\begin{cases} 2 = A + B \\ -1 = -2A - 3B \end{cases}$$

obteniendo $A = 5$ y $B = -3$.

$$\int \frac{2x-1}{x^2-5x+6}\,dx = \int \frac{5}{x-3}\,dx + \int \frac{-3}{x-2}\,dx = 5\ln\left|x-3\right| - 3\ln\left|x-2\right| + C =$$

$$= \ln\frac{\left|x-3\right|^5}{\left|x-2\right|^3} + C$$

9.25. Resolver:

$$\int \frac{3x^2+3x+12}{x^3+x^2-2x}\,dx$$

SOLUCIÓN

Procedemos como en el ejercicio anterior y tampoco podemos dividir, ya que el grado de $P(x)$ es menor que el de $Q(x)$, condición que debemos comprobar antes de iniciar la resolución de la integral. Por tanto, pasamos a calcular las raíces del denominador:

$$Q(x) = x^3 + x^2 - 2x = x \cdot (x^2 + x - 2) = x \cdot (x-1) \cdot (x+2) = 0$$

y obtenemos que $Q(x)$ tiene tres raíces reales simples. Descomponiendo en fracciones simples e identificando coeficientes:

$$\frac{3x^2 + 3x + 12}{x^3 + x^2 - 2x} = \frac{A}{x} + \frac{B}{x-1} + \frac{C}{x+2} = \frac{A(x-1)(x+2) + Bx(x+2) + Cx(x-1)}{x(x-1)(x+2)}$$

Entonces:

$$3x^2 + 3x + 12 = A(x-1)(x+2) + Bx(x+2) + Cx(x-1)$$

Resolviendo la igualdad anterior mediante el siguiente sistema resultante:

$$\begin{cases} 3 = A + B + C \\ 3 = A + 2B - C \\ 12 = -2A \end{cases}$$

llegamos a que $A = -6$, $B = 6$ y $C = 3$. Por tanto:

$$\int \frac{3x^2 + 3x + 12}{x^3 + x^2 - 2x}\,dx = \int \frac{-6}{x}\,dx + \int \frac{6}{x-1}\,dx + \int \frac{3}{x+2}\,dx =$$

$$= -6\ln|x| + 6\ln|x-1| + 3\ln|x+2| + C =$$

$$= -\ln|x|^6 + \ln|x-1|^6 + \ln|x+2|^3 + C =$$

$$= \ln \frac{|x-1|^6 |x+2|^3}{|x|^6} + C$$

9.26. Resolver:

$$\int \frac{4x^4 - x^3 - 46x^2 - 20x + 153}{x^3 - 2x^2 - 9x + 18}\,dx$$

SOLUCIÓN

En este problema el grado de $P(x)$ es mayor que el de $Q(x)$, y hemos de proceder de la siguiente forma. Llamemos:

$$P(x) = Q(x) \cdot F(x) + R(x)$$

Matemáticas para la economía y la empresa

donde $F(x)$ es el cociente de la división de $P(x)$ entre $Q(x)$, tal que su grado es igual al [grado $P(x)$ – grado $Q(x)$] y [grado $R(x) <$ grado $Q(x)$], donde $R(x)$ es el resto de dicha división de grado menor que el de $Q(x)$. Entonces:

$$\int \frac{P(x)}{Q(x)}\,dx = \int F(x)\,dx + \int \frac{R(x)}{Q(x)}\,dx$$

Al efectuar la división, obtenemos los siguientes resultados:

$$F(x) = 4x + 7 \quad ; \quad R(x) = 4x^2 - 29x + 27$$

$$\int \frac{P(x)}{Q(x)}\,dx = \int (4x + 7)\,dx + \int \frac{4x^2 - 29x + 27}{x^3 - 2x^2 - 9x + 18}\,dx = 2x^2 + 7x + I$$

siendo:

$$I = \int \frac{4x^2 - 29x + 27}{x^3 - 2x^2 - 9x + 18}\,dx$$

en la cual, el grado del numerador ya es menor que el del denominador. Para resolverla, procedemos como en los casos anteriores:

$$Q(x) = x^3 - 2x^2 - 9x + 18 = (x - 2) \cdot (x - 3) \cdot (x + 3) = 0$$

que posee tres raíces reales simples. Descomponemos e igualamos, obteniendo:

$$\frac{4x^2 - 29x + 27}{x^3 - 2x^2 - 9x + 18} = \frac{A}{x - 2} + \frac{B}{x - 3} + \frac{C}{x + 3} =$$

$$= \frac{A(x - 3) \cdot (x + 3) + B(x - 2) \cdot (x + 3) + C(x - 2) \cdot (x - 3)}{(x - 2) \cdot (x - 3) \cdot (x + 3)}$$

Para calcular el valor de A, B y C, planteamos el siguiente sistema:

$$4x^2 - 29x + 27 = A(x - 3)(x + 3) + B(x - 2)(x + 3) + C(x - 2)(x - 3)$$

$$\begin{cases} 4 = A + B + C \\ -29 = B - 5C \\ 27 = -9A - 6B + 6C \end{cases}$$

260

y obtenemos como resultado $A = 3$, $B = -4$ y $C = 5$.

$$I = \int \frac{4x^2 - 29x + 27}{x^3 - 2x^2 - 9x + 18} \, dx = \int \frac{3}{x - 2} \, dx + \int \frac{-4}{x - 3} \, dx + \int \frac{5}{x + 3} \, dx =$$

$$= 3 \ln \left| x - 2 \right| - 4 \ln \left| x - 3 \right| + 5 \ln \left| x + 3 \right| + C =$$

$$= \ln \frac{\left| x - 2 \right|^3 \left| x + 3 \right|^5}{\left| x - 3 \right|^4} + C$$

Por tanto:

$$\int \frac{4x^4 - x^3 - 46x^2 - 20x + 153}{x^3 - 2x^2 - 9x + 18} \, dx = 27x^2 + 7x + \ln \frac{\left| x - 2 \right|^3 \left| x + 3 \right|^5}{\left| x - 3 \right|^4} + C$$

9.27. Resolver:

$$\int \frac{x^4}{x^4 - 2x^2 + 1} \, dx$$

SOLUCIÓN

En esta integral, el grado de $P(x)$ es igual al de $Q(x)$, con lo cual tenemos que dividir; entonces, como en el caso anterior:

$$\int \frac{P(x)}{Q(x)} \, dx = \int F(x) \, dx + \int \frac{R(x)}{Q(x)} \, dx$$

Al efectuar la división:

$$F(x) = 1 \quad ; \quad R(x) = 2x^2 - 1$$

$$\int \frac{P(x)}{Q(x)} \, dx = \int 1 \, dx + \int \frac{2x^2 - 1}{x^4 - 2x^2 + 1} \, dx = x + 1$$

siendo $I = \displaystyle\int \frac{2x^2 - 1}{x^4 - 2x^2 + 1} \, dx$.

Calculamos las raíces del polinomio $x^4 - 2x^2 + 1 = 0$, que es una ecuación bicuadrada, la cual resolvemos mediante el cambio $y = x^2$, que la reduce a una de segundo grado:

$$Q(y) = y^2 - 2y + 1 = 0$$

así, obtenemos $y = 1$ raíz doble, y si deshacemos el cambio tenemos $x^2 = 1$, con lo cual $x = 1$ y $x = -1$ son raíces reales dobles. Así, la descomposición en raíces simples se realiza de la siguiente forma:

$$\frac{2x^2 - 1}{x^4 - 2x^2 + 1} = \frac{A}{(x+1)^2} + \frac{B}{x+1} + \frac{C}{(x-1)^2} + \frac{D}{x-1}$$

Igualando numeradores y resolviendo el sistema siguiente:

$$2x^2 - 1 = A(x^2 - 2x + 1) + B(x^3 - x^2 - x + 1) + C(x^2 + 2x + 1) + D(x^3 + x^2 - x - 1)$$

$$\begin{cases} 0 = & B & - D \\ 2 = & A - B + & C + D \\ 0 = & -2A - B + 2C - D \\ -1 = & A + B + & C - D \end{cases}$$

$$A = \frac{1}{4} \quad ; \quad B = \frac{-3}{4} \quad ; \quad C = \frac{1}{4} \quad ; \quad D = \frac{3}{4}$$

llegamos a:

$$\int \frac{2x^2 - 1}{x^4 - 2x^2 + 1} dx = \int \frac{1/4}{(x+1)^2} dx + \int \frac{-3/4}{x+1} dx + \int \frac{1/4}{(x-1)^2} dx + \int \frac{3/4}{x-1} dx =$$

$$= \frac{-1}{4(x+1)} - \frac{3}{4} \cdot \ln|x+1| - \frac{1}{4(x-1)} + \frac{3}{4} \cdot \ln|x-1| + C$$

Y así, nuestra integral sería:

$$\int \frac{4x^4}{x^4 - 2x^2 + 1} dx = x + \int \frac{2x^2 - 1}{x^4 - 2x^2 + 1} dx =$$

$$= x - \frac{1}{4(x+1)} - \frac{3}{4} \cdot \ln|x+1| - \frac{1}{4(x-1)} + \frac{3}{4} \cdot \ln|x-1| + C =$$

$$= x - \frac{1}{4(x+1)} - \frac{1}{4(x-1)} + \ln\left(\frac{|x-1|}{|x+1|}\right)^{3/4} + C$$

© Ediciones Pirámide

9.28. Resolver:

$$\int \frac{dx}{e^x + 1}$$

SOLUCIÓN

Si hacemos el cambio de variable, $y = \phi(x) = e^x$, tenemos que $\phi'(x) = e^x$, con lo cual:

$$\int \frac{dx}{e^x + 1} = \int \frac{dy}{(y+1)y}$$

que es una integral racional. Resolviéndola de la forma habitual:

$$\frac{1}{(y+1)y} = \frac{A}{y} + \frac{B}{y+1}$$

Igualando numeradores, nos queda:

$$1 = A(y+1) + By$$

que, al operar, resulta $A = 1$ y $B = -1$. Sustituyendo:

$$\int \frac{dy}{(y+1)y} = \int \frac{1}{y}\, dy + \int \frac{-1}{y+1}\, dy = \ln|y| - \ln|y+1| + C$$

Por consiguiente, deshaciendo el cambio, nuestra integral es:

$$\int \frac{dx}{e^x + 1} = x - \ln(e^x + 1) + C$$

9.29. Resolver:

$$\int \frac{dx}{e^{2x} + 2e^x + 1}$$

Matemáticas para la economía y la empresa

SOLUCIÓN

Hacemos el cambio $e^x = t$, entonces $x = \ln(t)$, $x'_t = 1/t$

$$\int \frac{dx}{e^{2x} + 2e^x + 1} = \int \frac{1}{t^2 + 2t + 1} \cdot \frac{1}{t} dt$$

siendo ésta una integral racional; procedemos como en los ejercicios anteriores, calculando:

$$Q(t) = (t^2 + 2t + 1) \cdot t = 0 = (t + 1)^2 \cdot t = 0$$

Resulta: $t = -1$ raíz real doble y $t = 0$ real simple; descomponiendo en fracciones simples:

$$\frac{1}{(t^2 + 2t + 1) \cdot t} = \frac{A}{t} + \frac{B}{t + 1} + \frac{C}{(t + 1)^2} = \frac{A(t + 1)^2 + Bt(t + 1) + Ct}{t(t + 1)^2}$$

puesto que:

$$\text{m.c.m. } [t, t + 1, (t + 1)^2] = (t + 1)^2 \cdot t$$

Haciendo identificación de numeradores y resolviendo el sistema, obtenemos:

$$A(t + 1)^2 + Bt(t + 1) + Ct = 1$$

$$\begin{cases} 0 = A + B \\ 0 = 2A + B + C \\ 1 = A \end{cases}$$

con lo cual $A = 1$, $B = -1$ y $C = -1$.

$$\int \frac{1}{t^2 + 2t + 1} \cdot \frac{1}{t} dt = \int \frac{1}{t} dt + \int \frac{-1}{t + 1} dt + \int \frac{-1}{(t + 1)^2} dt =$$

$$= \ln|t| - \ln|t + 1| + \frac{1}{t + 1} + C =$$

$$= \ln\left(\frac{e^x}{e^x + 1}\right) + \frac{1}{e^x + 1} + C$$

264

9.30. Una empresa tiene como función de ingresos la siguiente expresión:

$$I(t) = t^2 - 2t + 1$$

y como función de gastos:

$$G(t) = 4t + 1$$

Calcule el beneficio neto acumulado en el intervalo de tiempo $[0, 5]$, si consideramos un factor de actualización de la forma e^{-t}.

SOLUCIÓN

Calculamos el beneficio neto como ingresos menos gastos por el factor de actualización, para considerar el valor actual de todo el beneficio acumulado. Por tanto:

$$\int_0^5 e^{-t}[I(t) - G(t)]\,dt = \int_0^5 e^{-t}(t^2 - 6t)\,dt$$

Aplicando integración por partes:

$$f(x) = t^2 - 6t \quad \Rightarrow \quad f'(x) = 2t - 6$$
$$g'(x) = e^{-t} \quad \Rightarrow \quad g(x) = -e^{-t}$$

$$\int e^{-t}(t^2 - 6t)\,dt = (-e^{-t})(t^2 - 6t) + \int e^{-t}(2t - 6)\,dt$$

Aplicando de nuevo integración por partes:

$$f(x) = 2t - 6 \quad \Rightarrow \quad f'(x) = 2$$
$$g'(x) = e^{-t} \quad \Rightarrow \quad g(x) = -e^{-t}$$

$$\int e^{-t}(2t - 6)\,dt = (-e^{-t})(2t - 6) + 2\int e^{-t}\,dt = (-e^{-t})(2t - 6) - 2e^{-t}$$

Así:

$$\int e^{-t}(t^2 - 6t)\,dt = (-e^{-t})(t^2 - 6t) + (-e^{-t})(2t - 6) - 2e^{-t} =$$

$$= e^{-t}(-t^2 + 4t + 4)$$

Y considerando los límites de integración:

$$\int_0^5 e^{-t}(t^2 - 6t)\,dt = e^{-5}(-5^2 + 4 \cdot 5 + 4) - 4 = -(e^{-5} + 4)$$

Una vez resuelta nuestra integral obtenemos un valor negativo, lo que nos indica que la empresa en este período de tiempo indicado ha tenido pérdidas.

9.31. Una empresa produce un bien A a partir de dos factores F_1, F_2, según la función de producción:

$$q(x, y) = xy$$

Las disponibilidades de factores varían en el tiempo según las expresiones:

$$x(t) = \ln t \quad ; \quad y(t) = \frac{\ln t}{t}$$

Calcule la producción total esperada en el intervalo de tiempo $[1, 5]$.

SOLUCIÓN

Teniendo en cuenta la función de producción, y las expresiones de x e y en función del tiempo, llegamos a que:

$$\int_1^5 \ln t \cdot \frac{\ln t}{t}\,dt = \int_1^5 \frac{(\ln t)^2}{t}\,dt$$

Aplicando un cambio de variable $y = \phi(t) = \ln t$, tenemos $\phi'(t) = 1/t$ y los límites de integración se verán afectados de la siguiente forma:

$$t = 1 \quad \Rightarrow \quad y = \ln 1 = 0$$
$$t = 5 \quad \Rightarrow \quad y = \ln 5$$

con lo cual, nuestra integral será:

$$\int_1^5 \frac{(\ln t)^2}{t}\, dt = \int_0^{\ln 5} y^2\, dy = \left[\frac{y^3}{3}\right]_0^{\ln 5} = \frac{(\ln 5)^3}{3}$$

y, por tanto, la producción total esperada será de:

$$\frac{(\ln 5)^3}{3} = 1,3896$$

10

Integrales impropias y múltiples

Denominamos integrales impropias a aquellas en las que, dada:

$$\int_b^a f(x)\, dx$$

1. Los límites de integración no son finitos, es decir, o $a = -\infty$ o $b = \infty$, denominándose integral impropia de primera especie.
2. La función integrando no está acotada en el intervalo, denominándose en este caso integral impropia de segunda especie.

Teoría

10.1. Resolver:

$$\int_0^\infty x^3\, dx$$

SOLUCIÓN

Se trata de una integral impropia de primera especie, puesto que el intervalo de integración es $[a, b] = [0, \infty)$; es decir, el intervalo de integración es infinito. Procedemos de la siguiente forma:

Si $f \in \mathbb{R}[a,b]$, es decir, es integrable Riemann, para todo $b \geq a$, definimos:

$$f(t) = \int_a^t f(x)\,dx$$

Diremos que la integral impropia de primera especie es convergente si existe:

$$\lim_{t \to \infty} f(t)$$

En caso contrario, diremos que la integral es divergente.
En nuestro caso:

$$\int_0^\infty x^3\,dx = \lim_{t \to \infty} \int_0^t x^3\,dx = \lim_{t \to \infty} \left.\frac{x^4}{4}\right|_0^t = \lim_{t \to \infty} \frac{t^4}{4} = \infty$$

Por tanto, es una integral divergente.

10.2. Resolver:

$$\int_1^\infty \frac{1}{x}\,dx$$

SOLUCIÓN

Se trata de una integral impropia de primera especie, puesto que el intervalo de integración es $[a,b] = [1,\infty)$.
Para resolverla tenemos que hacer uso del límite:

$$\int_1^\infty \frac{1}{x}\,dx = \lim_{t \to \infty} \int_1^t \frac{1}{x}\,dx = \lim_{t \to \infty} \ln\left| x \right|_1^t = \lim_{t \to \infty} (\ln(t) - \ln(1)) = \infty$$

Por tanto, es una integral divergente.

10.3. Resolver:

$$\int_{-\infty}^0 e^x\,dx$$

SOLUCIÓN

Se trata de una integral impropia de primera especie, puesto que el intervalo de integración es $[a, b] = (-\infty, 0]$; es decir, el intervalo de integración es infinito. Estas integrales se resuelven realizando:

$$\lim_{t \to -\infty} \int_t^b f(x)\, dx$$

Para realizarla seguimos los siguientes pasos:

$$\int_{-\infty}^0 e^x\, dx = \lim_{t \to -\infty} \int_t^0 e^x\, dx = \lim_{t \to -\infty} e^x \Big|_t^0 = \lim_{t \to -\infty} (e^0 - e^t) = 1$$

Por tanto, es una integral convergente y vale 1.

10.4. Resolver:

$$\int_1^\infty \frac{1}{\sqrt{x^3}}\, dx$$

SOLUCIÓN

Se trata de una integral impropia de primera especie, puesto que el intervalo de integración es $[a, b] = [1, \infty)$; es decir, el intervalo de integración es infinito. Para realizarla seguimos los siguientes pasos:

$$\int_1^\infty \frac{1}{\sqrt{x^3}}\, dx = \lim_{t \to \infty} \int_1^t \frac{1}{\sqrt{x^3}}\, dx = \lim_{t \to \infty} \int_1^t \frac{1}{x^{3/2}}\, dx = \lim_{t \to \infty} \int_1^t x^{-3/2}\, dx =$$

$$= \lim_{t \to \infty} \frac{x^{-1/2}}{\dfrac{-1}{2}} \Bigg|_1^t = \lim_{t \to \infty} \frac{(-2)}{\sqrt{x}} \Bigg|_1^t = \lim_{t \to \infty} \left(\frac{-2}{\sqrt{t}} + 2 \right) = 2$$

De forma que es una integral convergente y vale 2.

10.5. Resolver:

$$\int_2^\infty \frac{1}{x[\ln(x)]^2}\, dx$$

SOLUCIÓN

Se trata de una integral impropia de primera especie, puesto que el intervalo de integración es $[a, b] = [2, \infty)$; es decir, el intervalo de integración es infinito. Para realizarla, empezamos aplicando límite:

$$\int_2^\infty \frac{1}{x[\ln(x)]^2}\, dx = \lim_{t \to \infty} \int_2^t \frac{1}{x[\ln(x)]^2}\, dx$$

El cálculo de la primitiva que nos queda se puede hacer mediante cambio de variable:

$$\begin{cases} y = \phi(x) = \ln(x) \\ \phi'(x) = \dfrac{1}{x} \end{cases}$$

Para los límites de la integral:

$$\begin{cases} x = 2 & \Rightarrow & y = \ln(2) \\ x = t & \Rightarrow & y = \ln(t) \end{cases}$$

Por tanto, la integral nos queda:

$$\int_2^t \frac{1}{x[\ln(x)]^2}\, dx = \int_{\ln(2)}^{\ln(t)} \frac{1}{y^2}\, dy = \left. \frac{-1}{y} \right|_{\ln(2)}^{\ln(t)} = \frac{-1}{\ln(t)} + \frac{1}{\ln(2)}$$

Aplicando límite:

$$\int_2^\infty \frac{1}{x[\ln(x)]^2}\, dx = \lim_{t \to \infty} \int_2^t \frac{1}{x[\ln(x)]^2}\, dx = \lim_{t \to \infty} \left(\frac{-1}{\ln(t)} + \frac{1}{\ln(2)} \right) = \frac{1}{\ln(2)}$$

Por tanto, es una integral convergente y vale $\dfrac{1}{\ln(2)}$.

10.6. Resolver:

$$\int_1^\infty \frac{e^{-\sqrt{x}}}{\sqrt{x}}\,dx$$

SOLUCIÓN

Se trata de una integral impropia de primera especie, puesto que el intervalo de integración es $[a,b]=[1,\infty)$; es decir, el intervalo de integración es infinito. Para realizarla, empezamos aplicando límite:

$$\int_1^\infty \frac{e^{-\sqrt{x}}}{\sqrt{x}}\,dx = \lim_{t\to\infty}\int_1^t \frac{e^{-\sqrt{x}}}{\sqrt{x}}\,dx$$

El cálculo de la primitiva que nos queda se puede hacer mediante cambio de variable. Así, si llamamos:

$$y = \phi(x) = \sqrt{x}$$

Tenemos que:

$$\phi'(x) = \frac{1}{2\sqrt{x}}$$

Para los extremos de integración:

$$\begin{cases} x = 1 & \Rightarrow & y = 1 \\ x = t & \Rightarrow & y = \sqrt{t} \end{cases}$$

Por tanto, la integral nos queda:

$$\int_1^t \frac{e^{-\sqrt{x}}}{\sqrt{x}}\,dx = 2\int_1^{\sqrt{t}} e^{-y}\,dy = 2[-e^{-y}]\Big|_1^{\sqrt{t}} = 2(-e^{-\sqrt{t}}+e^{-1}) = -2e^{-\sqrt{t}}+\frac{2}{e}$$

Aplicando límite:

$$\int_1^\infty \frac{e^{-\sqrt{x}}}{\sqrt{x}}\,dx = \lim_{t\to\infty}\int_1^t \frac{e^{-\sqrt{x}}}{\sqrt{x}}\,dx = \lim_{t\to\infty}\left(-2e^{-\sqrt{t}}+\frac{2}{e}\right)=\frac{2}{e}$$

Por tanto, es una integral convergente y vale $\dfrac{2}{e}$.

10.7. Resolver:

$$\int_1^\infty x\ln(x)\,dx$$

SOLUCIÓN

Se trata de una integral impropia de primera especie, puesto que el intervalo de integración es $[a,b]=[1,\infty)$; es decir, el intervalo de integración es infinito. Para realizarla, empezamos aplicando límite:

$$\int_1^\infty x\ln(x)\,dx = \lim_{t\to\infty}\int_1^t x\ln(x)\,dx$$

El cálculo de la primitiva que nos queda se puede hacer mediante integración por partes. Así, si llamamos:

$$\begin{cases} f(x)=\ln(x) & \Rightarrow & f'(x)=\dfrac{1}{x}\,dx \\[2mm] g'(x)=x & \Rightarrow & g(x)=\dfrac{x^2}{2}\,dx \end{cases}$$

Aplicando la fórmula, nos queda:

$$\int x\ln(x)\,dx = \frac{x^2}{2}\ln(x)-\int\frac{x^2}{2}\frac{1}{x}\,dx = \frac{x^2}{2}\ln(x)-\frac{1}{2}\frac{x^2}{2}$$

Si hacemos el límite:

$$\int_1^\infty x \ln(x)\, dx = \lim_{t \to \infty} \int_1^t x \ln(x)\, dx = \lim_{t \to \infty} \left[\frac{x^2}{2} \ln(x) - \frac{x^2}{4} \right]\Bigg|_1^t =$$

$$= \lim_{t \to \infty} \left(\frac{t^2}{2} \ln(t) - \frac{t^2}{4} + \frac{1}{4} \right) = \lim_{t \to \infty} \frac{t^2}{2} \left(\ln(t) - \frac{1}{2} \right) + \frac{1}{4} = \infty$$

Por tanto, es una integral divergente, ya que vale ∞.

10.8. Resolver:

$$\int_2^\infty \frac{dx}{x^2 - 1}$$

SOLUCIÓN

Al intentar resolver este tipo de integrales impropias de primera especie hemos de tener cuidado con las raíces del denominador, dado que si éstas pertenecen al intervalo en el que estamos considerando la integral, aparecerá entonces también una singularidad de segunda especie, la cual trataremos posteriormente.

Considerada ya esta salvedad, el integrando es un cociente de polinomios, por lo cual se trata de una integral racional impropia de primera especie.

En primer lugar, vamos a calcular una primitiva sin considerar los límites de integración. Para ello descomponemos en fracciones simples tras calcular las raíces del polinomio denominador; es decir, $Q(x) = x^2 - 1 = 0$ posee dos raíces reales simples, $x = 1$ y $x = -1$, las cuales no pertenecen a $[2, \infty)$, lo que nos indica que no tenemos singularidad de segunda especie. Procedemos ahora a descomponer en fracciones simples:

$$\frac{1}{x^2 - 1} = \frac{A}{x + 1} + \frac{B}{x - 1} = \frac{A(x - 1) + B(x + 1)}{x^2 - 1}$$

El sistema de ecuaciones que resulta de la identificación de coeficientes es:

$$\begin{cases} A + B = 0 \\ -A + B = 1 \end{cases} \Rightarrow A = \frac{-1}{2} \quad \text{y} \quad B = \frac{1}{2}$$

Entonces, al sustituir dichos coeficientes:

$$\int \frac{1}{x^2 - 1} \, dx = \int \frac{\frac{-1}{2}}{x + 1} \, dx + \int \frac{\frac{1}{2}}{x - 1} \, dx = \frac{-1}{2} \ln |x + 1| + \frac{1}{2} \ln |x - 1| =$$

$$= \frac{1}{2} \left[\ln \left| \frac{x - 1}{x + 1} \right| \right] + C$$

Volviendo a nuestra integral impropia, tenemos:

$$\int_2^\infty \frac{dx}{x^2 - 1} = \lim_{t \to \infty} \left[\frac{1}{2} \ln \left| \frac{x - 1}{x + 1} \right|_2^t \right] = \lim_{t \to \infty} \left[\frac{1}{2} \ln \left| \frac{t - 1}{t + 1} \right| \right] - \frac{1}{2} \ln \frac{1}{3}$$

Veamos el valor del límite:

$$\lim_{t \to \infty} \left[\frac{1}{2} \ln \left| \frac{t - 1}{t + 1} \right| \right] = \frac{1}{2} \lim_{t \to \infty} \left[\ln \left| \frac{t - 1}{t + 1} \right| \right] = \frac{1}{2} \ln \left[\lim_{t \to \infty} \left| \frac{t - 1}{t + 1} \right| \right] = \frac{\ln (1)}{2} = 0$$

Observamos que se pueden intercambiar el límite y la función, por ser $f(x)$ una función continua, en nuestro caso $f(x) = \ln x$. Por consiguiente:

$$\int_2^\infty \frac{dx}{x^2 - 1} = -\frac{1}{2} \ln \left(\frac{1}{3} \right)$$

10.9. Resolver:

$$\int_1^\infty \frac{dx}{x^2 + 3x + 2}$$

SOLUCIÓN

Resolvemos como en el caso anterior. Primero hacemos:

$$\int \frac{dx}{x^2 + 3x + 2}$$

Tenemos que $Q(x) = x^2 + 3x + 2 = 0$ posee dos raíces reales simples, $x = -1$ y $x = -2$, las cuales no pertenecen a $[1, \infty)$, lo que nos indica que no tenemos singularidad de segunda especie.

Descomponemos ahora en fracciones simples:

$$\frac{1}{x^2 + 3x + 2} = \frac{A}{x+1} + \frac{B}{x+2} = \frac{A(x+2) + B(x+1)}{x^2 + 3x + 2}$$

El sistema de ecuaciones que resulta de la identificación de coeficientes es:

$$\begin{cases} A + B = 0 \\ 2A + B = 1 \end{cases} \Rightarrow A = 1 \quad \text{y} \quad B = -1$$

Entonces, al sustituir:

$$\int \frac{1}{x^2 + 3x + 2} \, dx = \int \frac{1}{x+1} \, dx + \int \frac{-1}{x+2} \, dx = \ln|x+1| - \ln|x+2| =$$

$$= \left[\ln \frac{|x+1|}{|x+2|} \right] + C$$

Nuestra integral impropia será:

$$\int_1^{\infty} \frac{dx}{x^2 + 3x + 2} = \lim_{t \to \infty} \left[\ln \left| \frac{x+1}{x+2} \right| \Big|_1^t \right] = \lim_{t \to \infty} \left[\ln \left| \frac{t+1}{t+2} \right| \right] - \ln \frac{2}{3}$$

Calculamos el valor del límite:

$$\lim_{t \to \infty} \ln \left| \frac{t+1}{t+2} \right| = \lim_{t \to \infty} \left[\ln \left| \frac{t+1}{t+2} \right| \right] = \ln \left[\lim_{t \to \infty} \left| \frac{t+1}{t+2} \right| \right] = \ln(1) = 0$$

En consecuencia:

$$\int_1^{\infty} \frac{dx}{x^2 + 3x + 2} = -\ln \left(\frac{2}{3} \right) = \ln \left[\left(\frac{2}{3} \right)^{-1} \right] = \ln \left(\frac{3}{2} \right)$$

10.10. Resolver:

$$\int_1^\infty \frac{3x-1}{x^3+4x^2+3x}\,dx$$

Solución

Como en los casos anteriores, para determinar la integral pedida, resolvemos:

$$\int \frac{3x-1}{x^3+4x^2+3x}\,dx$$

Resulta que el polinomio $Q(x) = x^3 + 4x^2 + 3x = 0$ posee tres raíces reales simples: $x = 0$, $x = -1$ y $x = -3$, las cuales no pertenecen a $[1, \infty)$, lo cual revela la no existencia de una singularidad de segunda especie.

Realizamos la descomposición en fracciones simples:

$$\frac{3x-1}{x^3+4x^2+3x} = \frac{A}{x} + \frac{B}{x+3} + \frac{C}{x+1} =$$

$$= \frac{A(x+3)(x+1) + Bx(x+1) + Cx(x+3)}{x^3+4x^2+3x}$$

El sistema de ecuaciones resultante de la identificación de coeficientes es:

$$\begin{cases} A + B + C = 0 \\ 4A + B + 3C = 3 \\ 3A \qquad\quad = -1 \end{cases} \Rightarrow \quad A = \frac{-1}{3} \quad , \quad B = \frac{-5}{3} \quad \text{y} \quad C = 2$$

Luego:

$$\int \frac{3x-1}{x^3+4x^2+3x}\,dx = \int \frac{\dfrac{-1}{3}}{x}\,dx + \int \frac{\dfrac{-5}{3}}{x+3}\,dx + \int \frac{2}{x+1}\,dx =$$

$$= \frac{-1}{3}\ln\left|x\right| - \frac{5}{3}\ln\left|x+3\right| + 2\ln\left|x+1\right|$$

Aplicando las propiedades básicas de los logaritmos, llegamos a:

$$\left(\ln \frac{|x+1|^2}{|x+3|^{5/3}|x|^{1/3}}\right) + C$$

Si volvemos a nuestra integral impropia de partida:

$$\int_1^\infty \frac{3x-1}{x^3+4x^2+3x}\,dx = \lim_{t\to\infty}\left(\ln \frac{|x+1|^2}{|x+3|^{5/3}|x|^{1/3}}\Big|_1^t\right) =$$

$$= \lim_{t\to\infty}\left(\ln \frac{|t+1|^2}{|t+3|^{5/3}|t|^{1/3}}\right) - \ln \frac{4}{4^{5/3}}$$

Determinemos ahora el valor del límite:

$$\lim_{t\to\infty}\left(\ln \frac{|t+1|^2}{|t+3|^{5/3}|t|^{1/3}}\right) = \ln\left(\lim_{t\to\infty} \frac{|t+1|^2}{|t+3|^{5/3}|t|^{1/3}}\right) = \ln(1) = 0$$

siendo el límite del cociente uno, puesto que los grados del polinomio del numerador y del denominador son iguales. Por tanto:

$$\int_1^\infty \frac{3x-1}{x^3+4x^2+3x}\,dx = -\left(\ln \frac{4}{4^{5/3}}\right) = -\ln 4^{-2/3} = \frac{2}{3}\ln 4 = \frac{4\ln 2}{3}$$

10.11. Resolver:

$$\int_0^1 \frac{1}{\sqrt{x}}\,dx$$

SOLUCIÓN

Esta integral es impropia de segunda especie, ya que $f(x) = 1/\sqrt{x}$ no está definida en $x = 0$.

La resolución de este tipo de integrales se realiza de la siguiente manera. Sea $f(x)$ definida en $(a,b]$; si $f \in R(x,b)$, para todo $x \in R(a,b]$, definimos una función I en $(a,b]$ que tiene forma:

$$I(t) = \int_t^b f(x)\, dx \quad \forall t \in (a, b]$$

Diremos que la integral de segunda especie $\int_a^b f(x)\, dx$, con singularidad en el punto a, es convergente si existe $\lim\limits_{t \to a^+} I(t)$. El tomar $a+$ es para estar siempre integrando en el intervalo de definición de la función; de forma análoga se procedería cuando la singularidad estuviese en b, o en un punto intermedio del intervalo. Entonces, nuestra integral será:

$$\int_0^1 \frac{1}{\sqrt{x}}\, dx = \int_0^1 x^{-1/2}\, dx = \lim\limits_{t \to 0^+} \left(\frac{x^{1/2}}{1/2} \Big|_t^1 \right) = 2 - \lim\limits_{t \to 0^+} 2\sqrt{t} = 2$$

Por tanto, es una integral convergente.

10.12. Resolver:

$$\int_{-1}^1 \frac{dx}{x^2}$$

SOLUCIÓN

Esta integral en impropia de segunda especie y presenta una singularidad en $x = 0$; como este punto no es un extremo del intervalo de integración, tenemos que dividirla en dos integrales y aplicar límites:

$$\int_{-1}^1 \frac{dx}{x^2} = \int_{-1}^0 \frac{dx}{x^2} + \int_0^1 \frac{dx}{x^2} = \lim\limits_{\varepsilon \to 0^-} \int_{-1}^\varepsilon x^{-2}\, dx + \lim\limits_{\varepsilon \to 0^+} \int_\varepsilon^1 x^{-2}\, dx =$$

$$= \lim\limits_{\varepsilon \to 0^-} \frac{-1}{x} \Big|_{-1}^\varepsilon + \lim\limits_{\varepsilon \to 0^+} \frac{-1}{x} \Big|_\varepsilon^1 = \lim\limits_{\varepsilon \to 0^-} \left(-\frac{1}{\varepsilon} - 1 \right) + \lim\limits_{\varepsilon \to 0^+} \left(-1 + \frac{1}{\varepsilon} \right) = \infty$$

Por tanto, es una integral divergente.

Matemáticas para la economía y la empresa

10.13. Resolver:

$$\int_{-1}^{2} \frac{dx}{\sqrt[3]{x}}$$

SOLUCIÓN

Esta integral en impropia de segunda especie y presenta una singularidad en $x = 0$, por lo que tenemos que dividirla en dos intervalos $[-1, 0]$ y $[0, 2]$ y aplicar límites:

$$\int_{-1}^{2} \frac{dx}{\sqrt[3]{x}} = \int_{-1}^{0} \frac{dx}{\sqrt[3]{x}} + \int_{0}^{2} \frac{dx}{\sqrt[3]{x}} = \lim_{\varepsilon \to 0^-} \int_{-1}^{\varepsilon} x^{(-1/3)}\, dx + \lim_{\varepsilon \to 0^+} \int_{\varepsilon}^{2} x^{(-1/3)}\, dx =$$

$$= \lim_{\varepsilon \to 0^-} \frac{x^{2/3}}{2/3}\bigg|_{-1}^{\varepsilon} + \lim_{\varepsilon \to 0^+} \frac{x^{2/3}}{2/3}\bigg|_{\varepsilon}^{2} = \lim_{\varepsilon \to 0^-}\left(\frac{3\sqrt[3]{\varepsilon^2}}{2} - \frac{3}{2}\right) + \lim_{\varepsilon \to 0^+}\left(\frac{3\sqrt[3]{2^2}}{2} - \frac{3\sqrt[3]{\varepsilon^2}}{2}\right) =$$

$$= \frac{3\sqrt[3]{4} - 3}{2}$$

De forma que es una integral convergente.

10.14. Resolver:

$$\int_{0}^{1} \frac{dx}{\sqrt{1-x}}$$

SOLUCIÓN

Esta integral presenta una singularidad en $x = 1$. Antes de aplicar límites, aplicamos un cambio de variable:

$$y = \phi(x) = 1 - x \quad \Rightarrow \quad \phi'(x) = -1$$

Con respecto al intervalo de integración:

$$\begin{cases} x = 0 & \Rightarrow \quad y = 1 \\ x = 1 & \Rightarrow \quad y = 0 \end{cases}$$

Hemos de tener cuidado con los límites de integración, puesto que deben ser un intervalo de $\mathbb{R}$ y en este caso resulta $[1,0]$; puesto que este intervalo no tiene sentido, cambiamos de signo la integral e integramos en el intervalo $[0,1]$. Con todo esto, la integral resulta:

$$\int_0^1 \frac{dx}{\sqrt{1-x}} = -\int_0^1 \frac{-dx}{\sqrt{1-x}} = -\int_1^0 \frac{dy}{\sqrt{y}} = \int_0^1 \frac{dy}{\sqrt{y}}$$

Esta integral presenta una singularidad en $y = 0$, luego hemos de resolverla aplicando límites:

$$\lim_{\varepsilon \to 0^+} \int_\varepsilon^1 y^{(-1/2)}\, dy = \lim_{\varepsilon \to 0^+} \left.\frac{y^{(1/2)}}{\frac{1}{2}}\right|_\varepsilon^1 = \lim_{\varepsilon \to 0^+} 2\sqrt{y}\,\Big|_\varepsilon^1 = \lim_{\varepsilon \to 0^+} (2 - 2\sqrt{\varepsilon}) = 2$$

Por tanto, es una integral convergente.

Teoría

Las integrales tipo gamma son un tipo especial de integrales impropias, donde el punto singular es el infinito, es decir, impropias de primera especie.

La función gamma se define de la siguiente forma:

$$\Gamma(p) = \int_0^\infty x^{p-1}e^{-x}\, dx \quad , \quad \text{con } p > 0$$

Y tiene como propiedades:

1. Si p es un número natural:

$$\Gamma(p) = (p-1)!$$

2. Para todo p:

$$\Gamma(p) = (p-1)\Gamma(p-1)$$

3. $\Gamma\left(\dfrac{1}{2}\right) = \sqrt{\pi}$.

10.15. Resolver:

$$\int_0^\infty x^3 e^{-x}\, dx$$

SOLUCIÓN

Es una integral tipo gamma, de forma que:

$$p - 1 = 3 \quad \Rightarrow \quad p = 4$$

Para resolverla, sólo tenemos que hacer uso de las propiedades de la integral gamma, de forma que resulta:

$$\int_0^\infty x^3 e^{-x}\, dx = \Gamma(4) = 3! = 6$$

10.16. Resolver:

$$\int_0^\infty x^{4/5} e^{-x}\, dx$$

SOLUCIÓN

En este ejemplo:

$$p - 1 = \frac{4}{5} \quad \Rightarrow \quad p = \frac{9}{5}$$

$$\int_0^\infty x^{4/5} e^{-x}\, dx = \Gamma\left(\frac{9}{5}\right) = \left(\frac{9}{5} - 1\right)\Gamma\left(\frac{9}{5} - 1\right) = \frac{4}{5}\Gamma\left(\frac{4}{5}\right) \approx 0{,}928$$

El ejercicio concluye aquí, puesto que $4/5 - 1 = -1/5$, y el parámetro p tiene que ser mayor estricto que cero. Para calcular dicho valor hacemos uso de unas tablas que recogen los valores de la función gamma. Esta función está tabulada, por ser una función de densidad de una variable aleatoria. Posteriormente volveremos a hacer alusión a ella.

10.17. Resolver:

$$\int_0^\infty \sqrt{x}e^{-x}\,dx$$

SOLUCIÓN

Es una integral tipo gamma, debiendo expresarla de la siguiente forma:

$$\int_0^\infty \sqrt{x}e^{-x}\,dx = \int_0^\infty x^{1/2}e^{-x}\,dx$$

Calculando el valor de p:

$$p - 1 = \frac{1}{2} \quad \Rightarrow \quad p = \frac{3}{2}$$

Por tanto, nos queda, haciendo uso de las propiedades de la integral gamma:

$$\int_0^\infty \sqrt{x}e^{-x}\,dx = \int_0^\infty x^{1/2}e^{-x}\,dx = \Gamma\left(\frac{3}{2}\right) = \left(\frac{3}{2} - 1\right)\Gamma\left(\frac{3}{2} - 1\right) = \frac{1}{2}\Gamma\left(\frac{1}{2}\right) = \frac{\sqrt{\pi}}{2}$$

10.18. Resolver:

$$\int_0^\infty \frac{e^{-x}}{\sqrt{x}}\,dx$$

SOLUCIÓN

Es una integral tipo gamma si la expresamos de la siguiente forma:

$$\int_0^\infty \frac{e^x}{\sqrt{x}}\,dx = \int_0^\infty x^{-1/2}e^{-x}\,dx$$

Calculando el valor del parámetro p:

$$p - 1 = -\frac{1}{2} \quad \Rightarrow \quad p = \frac{1}{2}$$

Por último, hacemos uso de las propiedades de la integral gamma:

$$\int_0^\infty \frac{e^x}{\sqrt{x}}\,dx = \int_0^\infty x^{-1/2}e^{-x}\,dx = \Gamma\left(\frac{1}{2}\right) = \sqrt{\pi}$$

10.19. Resolver:

$$\int_0^\infty (\sqrt{x})^3 e^{-3x}\,dx$$

SOLUCIÓN

Efectuemos, en este caso, un cambio de variable. Se puede observar que los cambios de variables que afectan a este tipo de integrales son siempre de la misma forma, es decir, tomaremos $y = \phi(x)$ igual al exponente de la exponencial sin el signo negativo correspondiente.

Sea $\phi(x) = y = 3x$. Los límites de integración no varían, puesto que:

$$\begin{cases} x = 0 & \Rightarrow & y = 3x = 0 \\ x \to \infty & \Rightarrow & y = 3x \to \infty \end{cases}$$

Entonces:

$$\psi(y) = \phi^{-1}(y) = x = \frac{y}{3} \quad \Rightarrow \quad \psi'(y) = \frac{1}{3}$$

Y tenemos, además, la siguiente relación:

$$x^{3/2} = \left(\frac{y}{3}\right)^{3/2}$$

Debemos fijarnos en el integrando de nuestra integral y transformarlo utilizando el cambio de variable realizado, por lo que la integral tomará la siguiente expresión:

$$\int_0^\infty (\sqrt{x})^3 e^{-3x}\,dx = \int_0^\infty x^{3/2}e^{-3x}\,dx = \frac{1}{3}\int_0^\infty \left(\frac{y}{3}\right)^{3/2} e^{-y}\,dy = \frac{1}{3^{3/2} \cdot 3}\int_0^\infty y^{3/2}e^{-y}\,dy$$

Ésta ya es una función gamma, donde p vale:

$$p - 1 = \frac{3}{2} \quad \Rightarrow \quad p = \frac{5}{2}$$

Calculamos $3^{3/2} \cdot 3 = \sqrt{3^5} = 9\sqrt{3}$, sustituimos, y aplicando la propiedad 2 que vimos en la teoría inicial del capítulo, tenemos:

$$\frac{1}{3^{3/2} \cdot 3} \int_0^\infty y^{3/2} e^{-y} \, dy = \frac{1}{9\sqrt{3}} \Gamma\left(\frac{5}{2}\right) = \frac{1}{9\sqrt{3}} \left(\frac{5}{2} - 1\right) \Gamma\left(\frac{5}{2} - 1\right) = \frac{1}{9\sqrt{3}} \left(\frac{3}{2}\right) \Gamma\left(\frac{3}{2}\right) =$$

$$= \frac{1}{6\sqrt{3}} \Gamma\left(\frac{3}{2}\right) = \frac{1}{6\sqrt{3}} \left(\frac{3}{2} - 1\right) \Gamma\left(\frac{3}{2} - 1\right) = \frac{1}{12\sqrt{3}} \Gamma\left(\frac{1}{2}\right) = \frac{\sqrt{\pi}}{12\sqrt{3}} = \frac{\sqrt{3\pi}}{36}$$

10.20. Resolver:

$$\int_0^\infty \left(\frac{x-3}{3}\right) e^{-(x-3)} \, dx$$

SOLUCIÓN

Si realizamos el cambio de variable $\phi(x) = y = x - 3$, los límites de integración quedan:

$$\begin{cases} x = 0 & \Rightarrow \quad y = x - 3 = -3 \\ x \to \infty & \Rightarrow \quad y = x - 3 \to \infty \end{cases}$$

con lo que no podemos aplicar este cambio de variable. Esto ocurre porque el exponente es una función polinómica con término independiente no nulo.

En este caso, descomponemos el integrando de la siguiente forma:

$$\int_0^\infty \left(\frac{x-3}{3}\right) e^{-(x-3)} \, dx = \int_0^\infty \left(\frac{x}{3} - 1\right) e^{-x} e^3 \, dx = \int_0^\infty \left(\frac{x}{3}\right) e^{-x} e^3 \, dx - \int_0^\infty e^{-x} e^3 \, dx =$$

$$= \frac{e^3}{3} \int_0^\infty x e^{-x} \, dx - e^3 \int_0^\infty e^{-x} \, dx$$

Con los cambios efectuados en el integrando hemos obtenido la suma de dos integrales tipo gamma.

Así, el primer sumando:

$$p - 1 = 1 \quad \Rightarrow \quad p = 2$$

$$\frac{e^3}{3} \int_0^\infty x e^{-x} \, dx = \frac{e^3}{3} \Gamma(2) = \frac{e^3 \cdot 1!}{3} = \frac{e^3}{3}$$

Y el segundo sumando:

$$p - 1 = 0 \quad \Rightarrow \quad p = 1$$

$$e^3 \int_0^\infty e^{-x} \, dx = e^3 \Gamma(1) = e^3 \cdot 0! = e^3$$

Entonces, la integral de partida tendrá como resultado:

$$\int_0^\infty \left(\frac{x - 3}{3} \right) e^{-(x-3)} \, dx = e^3 \left(\frac{1}{3} - 1 \right) = -\frac{2e^3}{3}$$

10.21. Resolver:

$$\int_0^\infty \sqrt{x} e^{-x^3} \, dx$$

SOLUCIÓN

Realizamos el cambio de variable, como ya mencionamos, tomando el exponente de la función exponencial sin el signo, con lo que $\phi(x) = y = x^3$, entonces:

$$\phi^{-1}(y) = \psi(y) = x = \sqrt[3]{y}$$

y su derivada es:

$$\psi'(y) = \frac{1}{3\sqrt[3]{y^2}}$$

Los límites de integración se transforman en:

$$\begin{cases} x = 0 & \Rightarrow \quad y = x^3 = 0 \\ x \to \infty & \Rightarrow \quad y = x^3 \to \infty \end{cases}$$

288

y los demás términos resultan:

$$\sqrt{x} = y^{1/6} \ y \ x^2 = y^{2/3}$$

de manera que la integral se convierte en:

$$\int_0^\infty \sqrt{x}\, e^{-x^3}\, dx = \int_0^\infty y^{1/6} e^{-y} \frac{1}{3\sqrt[3]{y^2}}\, dy = \frac{1}{3}\int_0^\infty y^{1/6 - 2/3} e^{-y}\, dy = \frac{1}{3}\int_0^\infty y^{-1/2} e^{-y}\, dy$$

donde esta última integral ya es una gamma con:

$$p - 1 = \frac{-1}{2} \quad \Rightarrow \quad p = \frac{1}{2}$$

Luego:

$$\frac{1}{3}\Gamma\left(\frac{1}{2}\right) = \frac{\sqrt{\pi}}{3}$$

10.22. Resolver:

$$\int_0^\infty e^{-x^2}\, dx$$

SOLUCIÓN

Realicemos un cambio de variable como el anterior, tomando el exponente de la exponencial sin el signo, con lo que $\phi(x) = y = x^2$; entonces: $\phi^{-1}(y) = \psi(y) = x = \sqrt{y}$, siendo su derivada $\psi'(y) = 1/2\sqrt{y}$.

Los límites de integración se transforman en:

$$\begin{cases} x = 0 & \Rightarrow \quad y = x^2 = 0 \\ x \to \infty & \Rightarrow \quad y = x^2 \to \infty \end{cases}$$

Dado que $\sqrt{y} = x$, nuestra integral será:

$$\int_0^\infty e^{-x^2}\, dx = \int_0^\infty e^{-y} \frac{1}{2\sqrt{y}}\, dy = \frac{1}{2}\int_0^\infty y^{-1/2} e^{-y}\, dy$$

que tiene la expresión de una función gamma, donde:

$$p - 1 = \frac{-1}{2} \quad \Rightarrow \quad p = \frac{1}{2}$$

$$\frac{1}{2} \Gamma\left(\frac{1}{2}\right) = \frac{\sqrt{\pi}}{2}$$

Función Beta

La función β se define mediante la siguiente integral:

$$\beta(p, q) = \int_0^1 x^{p-1}(1 - x)^{q-1} \, dx \quad , \quad \text{con } p, q > 0$$

Utilizaremos las siguientes propiedades de la función beta para su resolución:

1. Haciendo el cambio de variable $x = 1 - t$, obtenemos:

$$\beta(p, q) = \beta(q, p)$$

2. La relación existente en la función beta y la gamma es la siguiente:

$$\beta(p, q) = \frac{\Gamma(p) \cdot \Gamma(q)}{\Gamma(p + q)}$$

10.23. Resolver:

$$\int_0^1 x^2 (1 - x)^3 \, dx$$

SOLUCIÓN

En este ejemplo, los parámetros p y q valen:

$$\begin{cases} p - 1 = 2 \quad \Rightarrow \quad p = 3 \\ q - 1 = 3 \quad \Rightarrow \quad q = 4 \end{cases}$$

De forma que tenemos una integral tipo beta, que podemos resolver haciendo uso de las propiedades de dicha función:

$$\int_0^1 x^2(1-x)^3\,dx = \beta(3,4) = \frac{\Gamma(3)\cdot\Gamma(4)}{\Gamma(3+4)} = \frac{2!\cdot 3!}{6!} = \frac{1}{60}$$

10.24. Resolver:

$$\int_0^1 \frac{1-x}{\sqrt{x}}\,dx$$

SOLUCIÓN

Esta integral se puede resolver fácilmente teniendo en cuenta que se puede expresar:

$$\int_0^1 \frac{1-x}{\sqrt{x}}\,dx = \int_0^1 x^{-1/2}(1-x)\,dx$$

Por tanto, tenemos una integral tipo beta, en la cual sólo tenemos que calcular el valor de los parámetros:

$$\begin{cases} p-1 = \dfrac{-1}{2} & \Rightarrow \quad p = \dfrac{1}{2} \\ q-1 = 1 & \Rightarrow \quad q = 2 \end{cases}$$

Para resolver la integral sólo tenemos que hacer uso de las propiedades de la función beta:

$$\int_0^1 \frac{1-x}{\sqrt{x}}\,dx = \int_0^1 x^{-1/2}(1-x)\,dx = \beta\left(\frac{1}{2},2\right) = \frac{\Gamma\left(\frac{1}{2}\right)\Gamma(2)}{\Gamma\left(\frac{1}{2}+2\right)} = \frac{\sqrt{\pi}}{\Gamma\left(\frac{5}{2}\right)} =$$

$$= \frac{\sqrt{\pi}}{\frac{3}{2}\Gamma\left(\frac{3}{2}-1\right)} = \frac{\sqrt{\pi}}{\frac{3}{2}\Gamma\left(\frac{1}{2}\right)} = \frac{\sqrt{\pi}}{\frac{3}{2}\sqrt{\pi}} = \frac{2}{3}$$

10.25. Resolver:

$$\int_0^{1/3} x^2(1-3x)^4\, dx$$

SOLUCIÓN

Al igual que el ejercicio anterior, esta integral «parece una integral tipo beta» pero previamente tenemos que hacer un cambio de variable:

$$y = \phi(x) = 3x, \text{ entonces } \phi'(x) = 3$$

Con respecto al intervalo de integración:

$$\begin{cases} x = 0 & \Rightarrow & y = 0 \\ x = \dfrac{1}{3} & \Rightarrow & y = 1 \end{cases}$$

Multiplicamos y dividimos por 3:

$$\int_0^{1/3} x^2(1-3x)^4\, dx = \frac{1}{3}\int_0^{1/3} 3x^2(1-3x)^4\, dx$$

Vamos a sustituir el cambio de variable, teniendo en cuenta que $x = \dfrac{y}{3} \Rightarrow x^2 = \left(\dfrac{y}{3}\right)^2$:

$$= \frac{1}{3}\int_0^1 \left(\frac{y}{3}\right)^2 (1-y)^4\, dy = \frac{1}{3\cdot 3^2}\int_0^1 y^2(1-y)^4\, dy$$

En esta expresión ya se ve claramente que es una integral tipo beta, donde lo único que hemos de hacer es calcular el valor de los parámetros p y q:

$$\begin{cases} p - 1 = 2 & \Rightarrow & p = 3 \\ q - 1 = 4 & \Rightarrow & q = 5 \end{cases}$$

292

Nuestra integral se resuelve ahora haciendo uso de las propiedades de la función beta:

$$\int_0^{1/3} x^2(1-3x)^4\,dx = \frac{1}{3^3}\int_0^1 y^2(1-y)^4\,dy = \frac{1}{3^3}\,\beta(3,5) = \frac{1}{3^3}\,\frac{\Gamma(3)\cdot\Gamma(5)}{\Gamma(3+5)} =$$

$$= \frac{1}{3^3}\,\frac{2!\cdot 4!}{7!} = \frac{1}{3^4\cdot 5\cdot 7} = \frac{1}{2.835}$$

10.26. Resolver:

$$\int_0^3 x^4\left(\frac{3-x}{3}\right)^5 dx$$

SOLUCIÓN

Éste es un tipo de integral que, tras un cambio de variable, se convierte en una función tipo beta, la cual es una funcion de dos variables definida mediante una integral simple propia.

En nuestro ejemplo:

$$\int_0^3 x^4\left(\frac{3-x}{3}\right)^5 dx = \int_0^3 x^4\left(1-\frac{x}{3}\right)^5 dx$$

Vamos a realizar el siguiente cambio de variable. Sea $\phi(x) = y = x/3$; entonces $\phi^{-1}(y) = x = \psi(y) = 3y$, obteniéndose como derivada $\psi'(y) = 3$.

Los límites de integración se modificarán de la siguiente forma:

$$\begin{cases} x = 0 & \Rightarrow & y = x/3 = 0 \\ x = 3 & \Rightarrow & y = x/3 = 1 \end{cases}$$

con lo que nuestra integral se transforma en:

$$\int_0^3 x^4\left(\frac{3-x}{3}\right)^5 dx = \int_0^3 x^4\left(1-\frac{x}{3}\right)^5 dx = \int_0^1 (3y)^4(1-y)^5\,3\,dy = 3^5\int_0^1 y^4(1-y)^5\,dy$$

De esta manera, se ha conseguido una función beta con p y q:

$$p - 1 = 4, \quad q - 1 = 5 \quad \Rightarrow \quad p = 5, \quad q = 6$$

Por tanto, nos queda:

$$3^5 \beta(5,6) = 3^5 \frac{\Gamma(5) \cdot \Gamma(6)}{\Gamma(5+6)} = \frac{3^5 \cdot 4! \cdot 5!}{10!} = \frac{27}{140}$$

10.27. Resolver:

$$\int_4^{10} \left(\frac{x-4}{2} \right) \left(1 - \frac{x-4}{6} \right)^3 dx$$

SOLUCIÓN

Vamos a efectuar el siguiente cambio de variable:

$$\phi(x) = y = \frac{x-4}{6}$$

Luego:

$$\phi^{-1}(y) = x = \psi(y) = 6y + 4$$

con lo que su derivada es $\psi'(y) = 6$.

Los límites de integración se transforman en:

$$\begin{cases} x = 4 & \Rightarrow \quad y = \dfrac{x-4}{6} = 0 \\[2mm] x = 10 & \Rightarrow \quad y = \dfrac{x-4}{6} = 1 \end{cases}$$

Y entonces $\dfrac{x-4}{2} = 3y$, con lo que nuestra integral, tras el cambio realizado, se transforma en:

$$\int_4^{10} \left(\frac{x-4}{2} \right) \left(1 - \frac{x-4}{6} \right)^3 dx = \int_0^1 3y(1-y)^3 6 \, dy = 18 \int_0^1 y(1-y)^3 \, dy$$

que es una función beta con p y q:

$$p - 1 = 1, \quad q - 1 = 3 \quad \Rightarrow \quad p = 2, \quad q = 4$$

con lo que nos queda:

$$18\beta(2,4) = 18\frac{\Gamma(2)\cdot\Gamma(4)}{\Gamma(2+4)} = 18\frac{1!\cdot 3!}{5!} = \frac{9}{10}$$

10.28. Compruebe que las siguientes funciones son funciones de densidad de unas ciertas variables aleatorias X:

a) $f(x) = \begin{cases} \dfrac{1}{b-a} & \text{si } a \leq x \leq b \\ 0 & \text{en el resto} \end{cases}$

b) $f(x) = \begin{cases} \lambda e^{-\lambda x} & \text{si } x > 0 \\ 0 & \text{en el resto} \end{cases}$

c) $f(x) = \begin{cases} \dfrac{a^p x^{p-1} e^{-ax}}{\Gamma(p)} & x > 0 \\ 0 & \text{en el resto} \end{cases}$

d) $f(x) = \begin{cases} \dfrac{1}{\beta(p,q)} x^{p-1}(1-x)^{q-1} & 0 \leq x \leq 1 \\ 0 & \text{en el resto} \end{cases}$

e) $f(x) = \dfrac{1}{\sigma\sqrt{2\pi}} \exp\left[\dfrac{-(x-\mu)^2}{2\sigma^2}\right], \ x \in \mathbb{R}.$

SOLUCIÓN

Si X es una variable aleatoria continua cuya función de densidad es una cierta función $f(x)$, se verifica que $\displaystyle\int_{-\infty}^{\infty} f(x)\,dx = 1$.

Vamos a comprobar que las funciones dadas son, efectivamente, funciones de densidad y definiremos la variable continua a la cual representan:

a) $f(x) = \begin{cases} \dfrac{1}{b-a} & \text{si } a \leq x \leq b \\ 0 & \text{en el resto} \end{cases}$

Veamos que:

$$\int_{-\infty}^{\infty} f(x)\, dx = 1$$

La función $f(x)$ es igual a cero fuera del intervalo cerrado $[a, b]$; luego:

$$\int_{-\infty}^{\infty} f(x)\, dx = \int_{a}^{b} f(x)\, dx$$

$$\int_{-\infty}^{\infty} f(x)\, dx = \int_{a}^{b} \frac{1}{b-a}\, dx = \frac{x}{b-a}\Big|_{a}^{b} = \frac{b}{b-a} - \frac{a}{b-a} = \frac{b-a}{b-a} = 1$$

Diremos así que la variable aleatoria X, cuya función de densidad es $f(x)$, sigue una distribución uniforme (véase la figura 10.1) en el intervalo $[a, b]$, denotándolo por:

$$X \sim U[a, b]$$

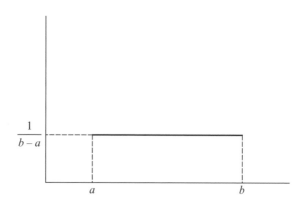

Figura 10.1

b) $\quad f(x) = \begin{cases} \lambda e^{-\lambda x} & \text{si } x > 0 \\ 0 & \text{en el resto} \end{cases}$

Siempre que $\lambda \in \mathbb{R}$ y $\lambda > 0$, veamos que se verifica:

$$\int_{-\infty}^{\infty} f(x)\, dx = 1$$

La función $f(x)$ está definida en todo $\mathbb{R}$, pero toma valores no nulos en el intervalo $(0, \infty)$. Entonces:

$$\int_{-\infty}^{\infty} f(x)\, dx = \int_0^{\infty} \lambda e^{-\lambda x}\, dx = \lim_{t \to \infty} \left(-e^{-\lambda x}\Big|_0^t\right) = \lim_{t \to \infty} \left(-e^{-\lambda t} + 1\right)$$

Calculemos el límite:

$$\lim_{t \to \infty} -e^{-\lambda t} = \lim_{t \to \infty} \frac{-1}{e^{\lambda t}} = 0$$

Por tanto, el valor de la integral es uno y diremos, en este caso, que la variable aleatoria X, cuya función de densidad es $f(x)$, sigue una distribución exponencial de parámetro λ, que denotaremos por:

$$X \sim E(\lambda)$$

c) $\quad f(x) = \begin{cases} \dfrac{a^p x^{p-1} e^{-ax}}{\Gamma(p)} & x > 0 \\ 0 & \text{en el resto} \end{cases}$

La función $f(x)$ está definida en todo $\mathbb{R}$, pero sólo toma valores no nulos en el intervalo $(0, \infty)$, y además el parámetro p tiene que ser positivo $p > 0$, lo cual significa que:

$$\int_{-\infty}^{\infty} f(x)\, dx = \int_0^{\infty} \frac{a^p x^{p-1} e^{-ax}}{\Gamma(p)}\, dx = \frac{1}{\Gamma(p)} \int_0^{\infty} a^p x^{p-1} e^{-ax}\, dx =$$

$$= \frac{1}{\Gamma(p)} \int_0^{\infty} (ax)^{p-1} e^{-ax} a\, dx = (*)$$

Si efectuamos el cambio de variable $\phi(x) = y = ax$, entonces la función inversa:

$$\phi^{-1}(y) = x = \psi(y) = \frac{y}{a}$$

y su derivada es:

$$\psi'(y) = \frac{1}{a}$$

Los límites de integración se modifican de la siguiente forma:

$$\begin{cases} x = 0 & \Rightarrow & y = ax = 0 \\ x \to \infty & \Rightarrow & y = ax \to \infty \end{cases}$$

Lo que nos determina una función gamma:

$$(*) = \frac{1}{\Gamma(p)} \int_0^\infty y^{p-1} e^{-y} \, dy = \frac{\Gamma(p)}{\Gamma(p)} = 1$$

Por consiguiente, el valor de la integral es uno; diremos en este caso que la variable aleatoria X, cuya función de densidad es $f(x)$, sigue una distribución gamma de parámetro p, que denotaremos por:

$$X \sim \Gamma(p)$$

d) $\quad f(x) = \begin{cases} \dfrac{1}{\beta(p,q)} x^{p-1}(1-x)^{q-1} & 0 \leqslant x \leqslant 1 \\ 0 & \text{en el resto} \end{cases}$

La función $f(x)$ está definida en todo $\mathbb{R}$, pero sólo toma valores no nulos en el intervalo $[0,1]$; además, imponemos que los parámetros p y q tienen que ser positivos. Así, nos queda:

$$\int_{-\infty}^\infty f(x)\,dx = \int_0^1 \frac{1}{\beta(p,q)} x^{p-1}(1-x)^{q-1}\,dx = \frac{1}{\beta(p,q)} \int_0^1 x^{p-1}(1-x)^{q-1}\,dx = (*)$$

Esta última integral es justo la definición de la función beta de parámetros (p,q), con lo cual:

$$(*) = \frac{\beta(p,q)}{\beta(p,q)} = 1$$

La variable aleatoria X, cuya función de densidad es $f(x)$, diremos que sigue una distribución beta de parámetros p y q, que denotaremos por:

$$X \sim \beta(p,q)$$

e) $f(x) = \dfrac{1}{\sigma\sqrt{2\pi}} \exp\left[\dfrac{-(x-\mu)^2}{2\sigma^2}\right], \; x \in \mathbb{R}.$

Esta función de densidad corresponde a una variable aleatoria X, que sigue una distribución normal de media μ y varianza σ^2. Para demostrar que su integral vale uno vamos a dividir la integral en dos: $(-\infty,0)$ y $(0,\infty)$. Tras un cambio de variable la convertiremos en una gamma.

Al ser la función $f(x)$ simétrica, con respecto al origen, un valor en $(-\infty,0)$ es igual al de $(0,\infty)$. Por tanto, sólo tenemos que calcular una de las integrales y multiplicar el resultado por dos:

$$\int_{-\infty}^{\infty} f(x)\,dx = \int_{-\infty}^{0} f(x)\,dx + \int_{0}^{\infty} f(x)\,dx = 2\int_{0}^{\infty} f(x)\,dx$$

Veámoslo:

$$\int_{0}^{\infty} f(x)\,dx = \int_{0}^{\infty} \frac{1}{\sigma\sqrt{2\pi}} \exp\left[\frac{-(x-\mu)^2}{2\sigma^2}\right]dx$$

Vamos a efectuar el siguiente cambio de variable:

$$\phi(x) = y = \frac{1}{2}\left(\frac{x-\mu}{\sigma}\right)^2 \quad \Rightarrow \quad \phi^{-1}(y) = x = \psi(y) = \sigma\sqrt{2y} + \mu$$

Entonces:

$$\psi'(y) = \frac{\sigma\sqrt{2}}{2\sqrt{y}}$$

los límites de integración no varían, con lo que:

$$\int_{0}^{\infty} \frac{1}{\sigma\sqrt{2\pi}} \exp\left[\frac{-(x-\mu)^2}{2\sigma^2}\right]dx = \int_{0}^{\infty} \frac{1}{\sigma\sqrt{2\pi}} e^{-y}\, \frac{\sigma\sqrt{2}}{2\sqrt{y}}\,dy = \frac{1}{2\sqrt{\pi}} \int_{0}^{\infty} y^{-1/2} e^{-y}\,dy$$

Esta última integral es una gamma con $p - 1 = -1/2$, lo cual implica que $p = 1/2$. Por tanto:

$$\int_0^\infty \frac{1}{\sigma\sqrt{2\pi}} \exp\left[\frac{-(x-\mu)^2}{2\sigma^2}\right] dx = \frac{1}{2\sqrt{\pi}} \Gamma(1/2) = \frac{\sqrt{\pi}}{2\sqrt{\pi}} = \frac{1}{2}$$

llegando a la conclusión siguiente:

$$\int_{-\infty}^\infty f(x)\,dx = 2\int_0^\infty f(x)\,dx = 1$$

De esta forma hemos comprobado que $f(x)$ es una función de densidad, y diremos en este caso que la variable aleatoria X, cuya función de densidad es $f(x)$, sigue una distribución normal de media μ y varianza σ^2, que denotaremos por:

$$X \sim N(\mu, \sigma)$$

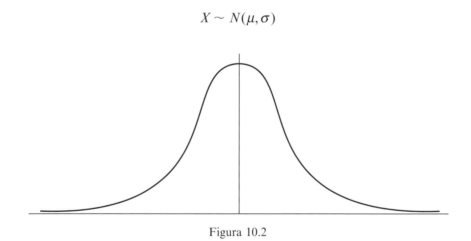

Figura 10.2

Con este problema se ha querido explicitar una propiedad importante de las variables aleatorias absolutamente continuas. Aunque no se tengan todavía los conocimientos de estadística necesarios para su comprensión total, lo que se ha querido mostrar aquí es sólo el cálculo. Posteriormente, cuando se avance en el estudio de la estadística, se comprenderá en su totalidad. Por ello, no abundamos en unas explicaciones que, con un mayor conocimiento de los conceptos necesarios, recibirán los destinatarios de este libro, alumnos de primer curso, en cursos posteriores.

10.29. Calcule: $\displaystyle\iint_R (x^2 + xy^2)\,dxdy$, siendo $R = [1,4] \times [0,3]$.

SOLUCIÓN

En este tipo de integrales, donde trabajamos con dos variables, tenemos que distinguir si el recinto de integración es: 1) rectangular, o 2) cualquier otra superficie.

Veamos cómo trataremos cada caso.

1. Cuando el recinto de integración sea un rectángulo, la integración la efectuamos primero sobre una variable y después sobre la otra. Esto será posible siempre que la función integrando sea continua, aunque bastaría con que fuera acotada en el recinto de integración, verificándose también que no importa el orden en el que integremos. Dicho resultado nos lo proporciona el teorema de Fubbini.
2. En el caso en que no sea rectangular, existen diversas técnicas de integración que, en general, dependerán de la forma del recinto.

Dado que $R = [1,4] \times [0,3]$, sabemos que la variable $x \in [1,4]$ y la variable $y \in [0,3]$. El orden de integración dependerá de la función integrando, procurando siempre integrar primero con respecto a la variable cuya primitiva sea más fácil de obtener.

En nuestro ejercicio, integramos primero en la variable x, con lo que y actuaría como constante, y después integramos sobre y (véase la figura 10.3).

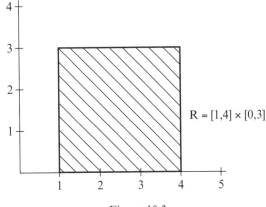

$R = [1,4] \times [0,3]$

Figura 10.3

$$\iint_R (x^2 + xy^2)\,dxdy = \int_0^3 \int_1^4 (x^2 + xy^2)\,dxdy = \int_0^3 \left[\int_1^4 (x^2 + xy^2)\,dx\right]dy =$$

$$= \int_0^3 \left(\frac{x^3}{3} + \frac{x^2 y^2}{2}\bigg|_1^4\right)dy = \int_0^3 \left(\frac{4^3}{3} + \frac{4^2 y^2}{2} - \frac{1}{3} - \frac{y^2}{2}\right)dy$$

Integrando ahora con respecto a la variable y:

$$\int_0^3 \left(\frac{15y^2}{2} + \frac{63}{3}\right)dy = \frac{15y^3}{6} + \frac{63y}{6}\bigg|_0^3 = \frac{15 \cdot 3^3}{6} + \frac{63 \cdot 3}{3} = \frac{261}{2}$$

En este tipo de integrales estamos calculando el volumen que nos determina la función $f(x,y) = x^2 + xy^2$, en el recinto R, por lo que siempre nos dará un número.

10.30. Resolver:

$$\int_1^2 \int_2^4 x^2 y^3\,dxdy$$

SOLUCIÓN

Estamos ante una integral doble en un recinto rectangular. Para resolverla, vamos a integrar primero respecto de x:

$$\int_1^2 \int_2^4 x^2 y^3\,dxdy = \int_1^2 \left(\int_2^4 x^2 y^3\,dx\right)dy = \int_1^2 \left(\frac{x^3 y^3}{3}\bigg|_2^4\right)dy = \int_1^2 \left(\frac{4^3 y^3}{3} - \frac{2^3 y^3}{3}\right)dy =$$

$$= \int_1^2 \frac{56 y^3}{3}\,dy = \frac{56 y^4}{12}\bigg|_1^2 = \frac{56(2^4 - 1^4)}{12} = 70$$

10.31. Resolver:

$$\int_0^1 \int_1^e \left(\frac{1}{x} + y\right)dxdy$$

S<small>OLUCIÓN</small>

Es una integral doble con recinto de integración rectangular. Vamos a integrar primeramente respecto de x:

$$\int_0^1\int_1^e\left(\frac{1}{x}+y\right)dxdy = \int_0^1\left[\int_1^e\left(\frac{1}{x}+y\right)dx\right]dy = I$$

Vamos a realizar la integral de dentro, que integra con respecto a x, por tanto, la variable y es una constante:

$$\int_1^e\left(\frac{1}{x}+y\right)dx = [\ln(x)+yx]\Big|_1^e = [\ln(e)+ey]-[\ln(1)+y] =$$

$$= 1+ey-y = 1+(e-1)y$$

Sustituyendo en la integral doble e integrando ahora con respecto de y:

$$I = \int_0^1[1+(e-1)y]\,dy = y+\frac{(e-1)y^2}{2}\Big|_0^1 = 1+\frac{e-1}{2} = \frac{e+1}{2}$$

10.32. Calcule:

$$\int_0^1\int_0^1 e^{x-y}\,dxdy$$

S<small>OLUCIÓN</small>

Es una integral doble en un recinto rectangular. Vamos a integrar primer respecto de x:

$$\int_0^1\int_0^1 e^{x-y}\,dxdy = \int_0^1\left(\int_0^1 e^{x-y}dx\right)dy = \int_0^1\left(e^{x-y}\Big|_0^1\right)dy = \int_0^1(e^{1-y}-e^{-y})\,dy =$$

$$= -e^{1-y}+e^{-y}\Big|_0^1 = -e^{1-1}+e^{-1}-(-e^1+e^0) = e+\frac{1}{e}-2$$

Convexidad de conjuntos. Convexidad de funciones diferenciables

11.1. ¿Cuál(es) de los conjuntos de puntos que verifican las siguientes relaciones podemos asegurar que son convexos?

    a) $X = \{(x, y, z) \in \mathbb{R}^3 / x + y - 2z > 2 \ ; \ 2x - 4y = 7\}$.

    b) $X = \{(x, y, z) \in \mathbb{R}^3 / (x - 2)^2 + (y + 3)^2 \leqslant 3 \ ; \ -x^4 - 6y^2 + z \geqslant 6\}$.

    c) $X = \{(x, y, z) \in \mathbb{R}^3 / 3x - 5y + z \geqslant 1 \ ; \ -x^2 + 3xz - z^2 \geqslant 3\}$.

    d) $X = \{(x, y, z) \in \mathbb{R}^3 / x^2 - y^2 + 3z^2 - 2yz \leqslant 2 \ ; \ x^4 + y^4 \leqslant 5\}$.

Solución

Para resolver tanto este problema como los siguientes nos remitiremos a las siguientes propiedades:

1. La intersección arbitraria de conjuntos convexos es un conjunto convexo.
2. Todo semiespacio y todo hiperplano son conjuntos convexos.
3. Dada una función escalar f definida en una parte convexa D de $\mathbb{R}^n$, y dado un número real α, definimos el conjunto X como:

$$X = \{\vec{x} \in D \subset \mathbb{R}^n / f(\vec{x}) \leqslant \alpha\}$$

Entonces, si $f(\vec{x})$ es una función convexa, podemos afirmar que X es un conjunto convexo. Por tanto, esta propiedad nos da una condición suficiente pero no necesaria respecto a la convexidad de un conjunto. Por otro lado, si el conjunto de puntos que forman X satisfacen una

306

desigualdad de mayor o igual, para que se siga verificando esta propiedad la función *f* ha de ser cóncava.
4. Una función diferenciable *f* definida en un conjunto abierto y convexo *D*, diremos que es convexa en el entorno de un punto $\vec{x}^* \in D$ si, y sólo si (por tanto, es condición necesaria y suficiente), al menos la matriz hessiana de dicha función es semidefinida positiva en cualquier punto de dicho entorno. Esta propiedad es similar para las funciones cóncavas, con la única salvedad de que el signo de su hessiana ha de ser negativo.

Apliquemos estas propiedades a la resolución de este problema.

a) Este conjunto es convexo por ser la intersección de convexos, ya que la primera desigualdad es un semiespacio y la segunda relación es una ecuación de un hiperplano, verificando, por tanto, las propiedades 1 y 2.

b) $(x - 2)^2 + (y + 3)^2 \leq 3$.

Para estudiar la convexidad de este conjunto, según la propiedad 3, hemos de determinar el signo de la matriz hessiana de la función $f(\vec{x}) = (x - 2)^2 + (y + 3)^2$:

$$H_f = \begin{bmatrix} 2 & 0 & 0 \\ 0 & 2 & 0 \\ 0 & 0 & 0 \end{bmatrix}$$

Es una matriz diagonal y, como ya sabemos, una característica importante de este tipo de matrices es que sus valores propios son los elementos de la diagonal principal, y al ser éstos mayores o iguales que cero, la matriz es semidefinida positiva, luego $f(\vec{x})$ es convexa, por lo que al ser la inecuación de menor o igual dicha desigualdad verifica la propiedad 3.

Respecto a la segunda restricción, si llamamos $g(\vec{x}) = -x^4 - 6y^2 + z$, realizamos el estudio de la concavidad o convexidad de dicha función a través de su hessiana:

$$H_g = \begin{bmatrix} -12x^2 & 0 & 0 \\ 0 & -12 & 0 \\ 0 & 0 & 0 \end{bmatrix}$$

Al igual que antes, se trata de una matriz diagonal, y por ello sus valores propios son:

$\lambda_1 = -12x^2 \Rightarrow$ Para cualquier valor de *x*, siempre será negativo o nulo
$\lambda_2 = -12 < 0$
$\lambda_3 = 0$

Por consiguiente, al ser todos sus autovalores negativos o nulos, esta matriz es semidifinida negativa, pudiendo afirmar que la función es cóncava en todo $\mathbb{R}^3$. Puesto que la inecuación es de mayor o igual, verifica la propiedad 3 y esta desigualdad determina un conjunto convexo.

Podemos concluir diciendo que los conjuntos de puntos que satisfacen ambas restricciones son convexos y, según menciona la propiedad 1, el conjunto X es convexo.

c) $3x - 5y + z \geqslant 1$

Es un conjunto convexo, por ser un semiespacio.

$$-x^2 + 3xz - z^2 \geqslant 3$$

Para estudiar la convexidad de este conjunto, según la propiedad 3, hemos de determinar el signo de la matriz hessiana de la función:

$$f(\vec{x}) = -x^2 + 3xz - z^2$$

La matriz hessiana de esta función es:

$$H_f = \begin{bmatrix} -2 & 0 & 3 \\ 0 & 0 & 0 \\ 3 & 0 & -2 \end{bmatrix}$$

Clasificamos dicha matriz por el método de los menores principales, siendo éstos:

$$D_1 = -2 < 0$$
$$D_2 = 0$$
$$D_3 = 0$$

En principio, puede ser semidefinida negativa. Para poder asegurarlo, ha de verificarse el criterio en todas las transformaciones fila-columna (T_{ij}). Al hacerlo, puede observarse que en la T_{23}:

$$T_{23} = \begin{bmatrix} -2 & 3 & 0 \\ 3 & -2 & 0 \\ 0 & 0 & 0 \end{bmatrix}$$

no verifica el criterio, puesto que ésta es indefinida al ser $D_2 = -5 < 0$. Por tanto, la hessiana de la función f es indefinida, por lo que la función $f(\bar{x})$ no es ni cóncava ni convexa. Luego, dado que la propiedad 3 nos da condiciones suficientes pero no necesarias, no podemos afirmar nada respecto a la convexidad del conjunto X mediante este criterio.

d) $\quad x^2 - y^2 + 3z^2 - 2yz \leqslant 2$

Para determinar si el conjunto de puntos que satisface esta desigualdad forma un conjunto convexo, hemos de realizar un estudio sobre la concavidad o convexidad de la función $f(\bar{x}) = x^2 - y^2 + 3z^2 - 2yz$. Según la propiedad 4, para ello debemos calcular su hessiana:

$$H_f = \begin{bmatrix} 2 & 0 & 0 \\ 0 & -2 & -2 \\ 0 & -2 & 6 \end{bmatrix}$$

Sin necesidad de aplicar ningún criterio, directamente se puede afirmar que esta matriz es indefinida al tener signos distintos en la diagonal principal. Por tanto, al no verificarse las propiedades 3 y 4 para esta restricción, no es necesario estudiar la otra desigualdad, por lo que no podemos asegurar nada respecto a si el conjunto objeto de estudio es convexo.

11.2. Determinar cuál(es) de los conjuntos de puntos que verifican las siguientes relaciones podemos asegurar que son convexos:

a) $\quad X = \{(x, y, z) \in \mathbb{R}^3 / x + y - 5z \geqslant 3 \quad ; \quad x^2 + y^2 = 4\}$.

b) $\quad X = \{(x, y, z) \in \mathbb{R}^3 / 3x - 2y + z^2 < 4 \quad ; \quad (x - 2)^2 + 6y \geqslant 2\}$.

c) $\quad X = \{(x, y) \in \mathbb{R}^2 / 4x^4 + 2y^2 \leqslant 7 \quad ; \quad x + y = 4\}$.

d) $\quad X = \{(x, y, z) \in \mathbb{R}^3 / -x^2 - 6y^4 \leqslant 5 \quad ; \quad 3x^4 + 6y^3 + 2z^2 \geqslant 2\}$.

SOLUCIÓN

a) Al ser la primera restricción un semiespacio, éste, según se ha expresado en la propiedad 2, es un conjunto convexo. Respecto a la segunda, al estar definida en el espacio vectorial $\mathbb{R}^3$, se observa que es la ecuación de un cilindro (recuerden que $x^2 + y^2 = k$, definido en $\mathbb{R}^2$, es la ecuación de una circunferencia; por tanto, cuando se expresa dicha ecuación en $\mathbb{R}^3$, se está dejando libre a la variable z, la cual puede tomar cualquier valor, obteniéndose un cilindro). Así, de modo intuitivo, y basándonos en la definición de conjunto convexo, se comprueba que, al menos, existe un segmento que une un par de puntos cualesquiera de dicho cilindro que no está totalmente contenido en el conjunto, por lo que éste no es un conjunto convexo.

b) Analizamos el signo de la hessiana de la función que determina la primera restricción:

$$H_f = \begin{bmatrix} 0 & 0 & 0 \\ 0 & 0 & 0 \\ 0 & 0 & 2 \end{bmatrix}$$

Al ser una matriz diagonal, sus valores propios son los elementos de la diagonal principal, siendo uno positivo ($\lambda_3 = 2$) y los otros dos nulos, razón por la cual la hessiana es semidefinida positiva y la función convexa, verificando así la propiedad 3. Por tanto, el conjunto de puntos que verifican esta primera desigualdad forman un conjunto convexo.

Respecto a la segunda inecuación del conjunto objeto de estudio, procederemos de forma análoga:

$$H_g = \begin{bmatrix} 2 & 0 & 0 \\ 0 & 0 & 0 \\ 0 & 0 & 0 \end{bmatrix}$$

La matriz hessiana es demidefinida positiva, lo cual implica que $g(\bar{x})$ es convexa. Por consiguiente, al ser la restricción de mayor o igual, no se verifica la propiedad 3, no pudiéndose afirmar nada de esta segunda inecuación, ni tampoco sobre la convexidad del conjunto X.

c) Empecemos con la primera restricción:

$$H_f = \begin{bmatrix} 48x^2 & 0 \\ 0 & 4 \end{bmatrix}$$

Se observa que esta matriz es semidefinida positiva ($\lambda_i \geqslant 0$) en $\mathbb{R}^2$ para cualquier valor que tome x; por tanto, la función es convexa, siendo el primer conjunto de puntos convexo.

La segunda es la ecuación de un hiperplano, por consiguiente convexo, por lo que podemos decir, basándonos en la propiedad 1, que el conjunto X es convexo.

Cabe señalar que es posible que, al intersecar los conjuntos determinados por las distintas restricciones, resulte un conjunto vacío. Como este conjunto también se considera convexo, el procedimiento arriba utilizado no permite detectar este extremo, que deberá ser analizado por otros métodos. En el ejercicio presente, como puede verse en la figura 11.1, el conjunto X es vacío.

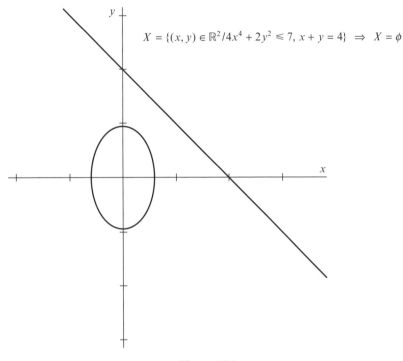

$$X = \{(x, y) \in \mathbb{R}^2 / 4x^4 + 2y^2 \leqslant 7,\ x + y = 4\} \ \Rightarrow\ X = \phi$$

Figura 11.1

d)   La hessiana de la función que determina la primera desigualdad es:

$$H_f = \begin{bmatrix} -2 & 0 & 0 \\ 0 & -72y^2 & 0 \\ 0 & 0 & 0 \end{bmatrix}$$

la cual es semidefinida negativa ($\lambda_i \leqslant 0$), siendo f cóncava en todo $\mathbb{R}^3$; por consiguiente, para esta primera restricción no podemos afirmar nada respecto a la convexidad del conjunto de puntos que satisfacen dicha desigualdad (véase propiedad 3), como tampoco lo hacemos con el conjunto definido en el enunciado de este problema, por lo que ya no es necesario estudiar la segunda restricción.

11.3. Dado el siguiente conjunto:

$$X = \{(x, y) \in \mathbb{R}^2 / ax^2 + y^2 \le 2; \; x^4 - ay^2 \le 5\}$$

halle el valor del parámetro a para el cual podamos afirmar que X es un conjunto convexo.

SOLUCIÓN

Sean las funciones:

$$f(x, y) = ax^2 + y^2, \quad g(x, y) = x^4 - ay^2$$

La hessiana de la primera función es:

$$H_f = \begin{bmatrix} 2a & 0 \\ 0 & 2 \end{bmatrix}$$

Si $a \ge 0$, la matriz es semidifinida positiva y f convexa, mientras que si $a < 0$ la hessiana sería indefinida y la función f ni cóncava ni convexa. Por tanto, si escogemos $a \ge 0$, podemos afirmar que la primera restricción nos proporciona un conjunto convexo.

Respecto a la función g:

$$H_g = \begin{bmatrix} 12x^2 & 0 \\ 0 & -2a \end{bmatrix}$$

Si $a \le 0$, con independencia del valor que tome la variable x, la matriz es semidifinida positiva, siendo la función, por consiguiente, convexa.

Puesto que el conjunto X es la intersección de ambas restricciones, sólo si tomamos $a = 0$ podemos afirmar que dicho conjunto es convexo.

11.4. ¿Para qué valores del parámetro a podemos asegurar que es convexo el conjunto de puntos de $\mathbb{R}^3$ que verifican las relaciones siguientes?:

$$ax^2 - 2y + z^2 \le 5$$
$$3ax + ay - z \ge 4$$
$$-x^2 - ay^2 \ge 7$$

SOLUCIÓN

Se definen las funciones:

$f(x, y, z) = ax^2 - 2y + z^2$
$g(x, y, z) = 3ax + ay - z \Rightarrow$ es convexo, para todo a, por ser un semiespacio
$h(x, y, z) = -x^2 - ay^2$

Determinemos las hessianas de dichas funciones:

$$H_f = \begin{bmatrix} 2a & 0 & 0 \\ 0 & 0 & 0 \\ 0 & 0 & 2 \end{bmatrix}$$

Como ya sabemos, esta matriz debe tener signo positivo para que la función f sea convexa, y esto se cumple siempre que $a \geqslant 0$.

$$H_h = \begin{bmatrix} -2 & 0 & 0 \\ 0 & -2a & 0 \\ 0 & 0 & 0 \end{bmatrix}$$

En este caso, la función h tiene que ser cóncava y, por tanto, el signo de su hessiana negativo, lo cual se verifica cuando $a \geqslant 0$.

Podemos concluir afirmando que el conjunto objeto de estudio es convexo si $a \geqslant 0$.

11.5. Estudie la concavidad o convexidad de las siguientes funciones en el punto $(0,0)$:

$a)$ $f(x, y) = x^2 + y^2$.

$b)$ $f(x, y) = x^3 + y^3$.

$c)$ $f(x, y) = x^4 + y^4$.

$d)$ $f(x, y) = 3x^2 - 5y^3$.

SOLUCIÓN

$a)$ Para determinar la concavidad o convexidad de una función debemos estudiar el signo de su hessiana. Así:

$$H_f(x, y) = \begin{bmatrix} 2 & 0 \\ 0 & 2 \end{bmatrix}$$

Como podemos observar, esta matriz no depende del punto que uno elija, pues permanece constante. Por tanto, en el punto $(0,0)$, y en cualquier punto, la hessiana es definida positiva, motivo por el que la función es estrictamente convexa. En la figura 11.2 se detecta claramente la convexidad de f en el punto $(0,0)$.

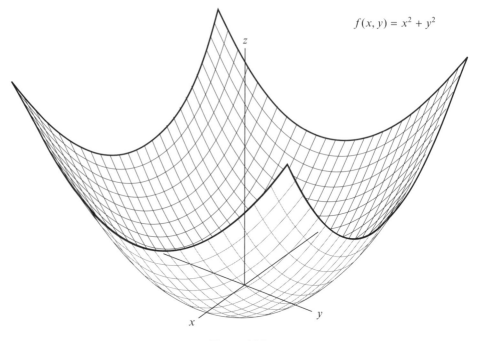

$$f(x, y) = x^2 + y^2$$

Figura 11.2

b) Nuevamente calculamos la hessiana de la función:

$$H_f(x, y) = \begin{bmatrix} 6x & 0 \\ 0 & 6y \end{bmatrix}$$

Sustituyendo en el punto $(0,0)$:

$$H_f(0,0) = \begin{bmatrix} 0 & 0 \\ 0 & 0 \end{bmatrix}$$

obtenemos la matriz nula, la cual no nos proporciona información sobre la convexidad de f en el $(0,0)$. De esta forma, debemos examinar la hessiana en puntos de su entorno. Según la expresión de $H_f(x, y)$ se observa que, para valores de x e y estrictamente positivos, la matriz es definida positiva, mientras que para los valores estrictamente negativos la hessiana resulta ser definida negativa. Como quiera que

314

en cualquier entorno del punto $(0,0)$ existen puntos como los arriba descritos, podemos afirmar que f no es cóncava ni convexa en $(0,0)$. Esto se ilustra en la figura 11.3.

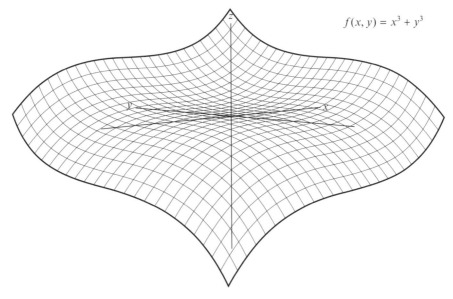

$$f(x,y) = x^3 + y^3$$

Figura 11.3

c) La hessiana de la función es:

$$H_f(x,y) = \begin{bmatrix} 12x^2 & 0 \\ 0 & 12y^2 \end{bmatrix}$$

Sustituyendo en el punto $(0,0)$, obtenemos:

$$H_f(0,0) = \begin{bmatrix} 0 & 0 \\ 0 & 0 \end{bmatrix}$$

que, nuevamente, es la matriz nula, por lo que, una vez más, debemos examinar la hessiana en puntos del entorno de $(0,0)$. Sin embargo, en este caso puede observarse que, para cualesquiera valores de x e y, la matriz hessiana correspondiente es, al menos, semidefinida positiva, por lo que f es convexa en $(0,0)$. Estos dos ejemplos ponen de manifiesto que si la hessiana de la función resulta nula en el punto (tal y como ha salido en este apartado y en el anterior), no se puede afirmar nada, en principio, sobre su convexidad, ya que puede darse cualquier situación. En la figura 11.4 se representa esta función.

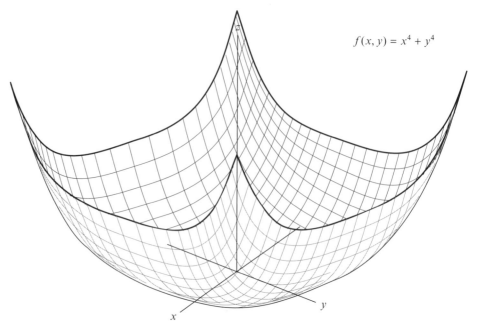

$$f(x, y) = x^4 + y^4$$

Figura 11.4

d)   Determinamos la hessiana:

$$H_f(x, y) = \begin{bmatrix} 6 & 0 \\ 0 & -30y \end{bmatrix}$$

Esta matriz hemos de evaluarla en el punto que nos dan:

$$H_f(0,0) = \begin{bmatrix} 6 & 0 \\ 0 & 0 \end{bmatrix}$$

la cual es semidifinida positiva, luego hay que analizar el entorno del punto $(0,0)$. Empezamos estudiando qué ocurre sobre los ejes, es decir, en puntos de la forma $(\varepsilon, 0)$ y $(0, \beta)$, teniendo ε y β a cero, pudiendo tomar signo positivo o negativo. Si se mantiene el signo en estos puntos, continuaríamos con el estudio de uno genérico (ε, β).

Con respecto a puntos del eje de abcisas, la hessiana se comporta de la siguiente manera:

$$H_f(\varepsilon, 0) = \begin{bmatrix} 6 & 0 \\ 0 & 0 \end{bmatrix} \quad \text{es semidefinida positiva}$$

316

Tomando puntos del entorno sobre el eje de ordenadas, nos queda la siguiente matriz hessiana:

$$H_f(0,\beta) = \begin{bmatrix} 6 & 0 \\ 0 & -30\beta \end{bmatrix}$$

Aquí, si tomamos $\beta > 0$, $H_f(0,\beta)$ es indefinida; por consiguiente, la función $f(x,y) = 3x^2 - 5y^3$ no es cóncava ni convexa en el entorno del punto $(0,0)$, como se puede observar en la figura 11.5.

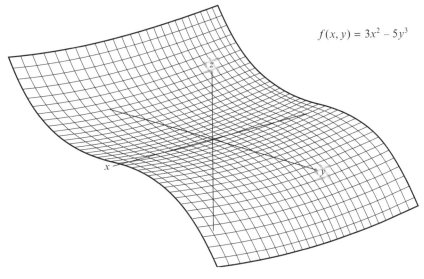

$$f(x,y) = 3x^2 - 5y^3$$

Figura 11.5

11.6. Analice la concavidad o convexidad de:

$$f(x,y) = x^2 \ln y$$

en el punto $(0,1)$.

SOLUCIÓN

Calculando la hessiana:

$$H_f = \begin{bmatrix} 2\ln y & \dfrac{2x}{y} \\ \dfrac{2x}{y} & \dfrac{-x^2}{y^2} \end{bmatrix} \quad \Rightarrow \quad H_f(0,1) = \begin{bmatrix} 0 & 0 \\ 0 & 0 \end{bmatrix}$$

Como nos queda la matriz nula, hay que realizar un estudio en el entorno del punto $(0, 1)$. Considerando una pequeña variación en la primera coordenada, se obtiene el punto $(0 + \varepsilon, 1)$:

$$H_f(\varepsilon, 1) = \begin{bmatrix} 0 & 2\varepsilon \\ 2\varepsilon & -\varepsilon^2 \end{bmatrix} \quad \Rightarrow \quad D_1 = 0, \ D_2 = -4\varepsilon^2 < 0$$

Dado que esta matriz es indefinida, la función es ni cóncava ni convexa en el entorno del punto $(0, 1)$, como se ilustra en la figura 11.6.

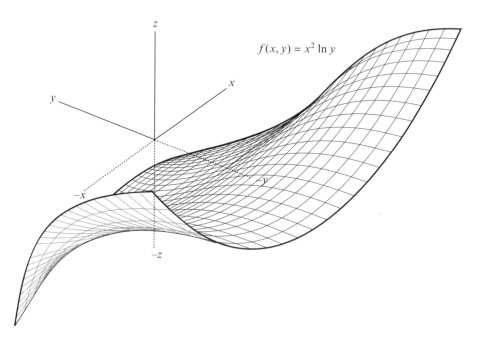

Figura 11.6

11.7. Determine la convexidad de la función:

$$f(x, y, z) = \frac{1}{2}x^2 + y^2 + \frac{3}{2}z^2 + xz + 2yz$$

en el punto $(1, -1, 0)$.

SOLUCIÓN

En este caso, la matriz hessiana es:

$$H_f(x,y,z) = \begin{bmatrix} 1 & 0 & 1 \\ 0 & 2 & 2 \\ 1 & 2 & 3 \end{bmatrix}$$

Al ser numérica, ésta es la hessiana de f no sólo en el punto $(1,-1,0)$, sino para todo $(x,y,z) \in \mathbb{R}^3$; por tanto, clasificamos esta matriz:

$$D_1 = 1 > 0$$
$$D_2 = 2 > 0$$
$$D_3 = 6 - 2 - 4 = 0$$

luego para poder asegurar que esta matriz es semidefinida positiva hay que hacer las transformaciones fila-columna:

$$T_{12} = \begin{bmatrix} 2 & 0 & 2 \\ 0 & 1 & 1 \\ 2 & 1 & 3 \end{bmatrix} \Rightarrow D_1 = 2 > 0;\ D_2 = 2 > 0;\ D_3 = 0$$

$$T_{13} = \begin{bmatrix} 3 & 2 & 1 \\ 2 & 2 & 0 \\ 1 & 0 & 1 \end{bmatrix} \Rightarrow D_1 = 3 > 0;\ D_2 = 2 > 0;\ D_3 = 0$$

$$T_{23} = \begin{bmatrix} 1 & 1 & 0 \\ 1 & 3 & 2 \\ 0 & 2 & 2 \end{bmatrix} \Rightarrow D_1 = 1 > 0;\ D_2 = 2 > 0;\ D_3 = 0$$

Se sigue verificando el criterio para semidifinida positiva, por lo que podemos afirmar que la función f es convexa en todo $\mathbb{R}^3$ y, en particular, en el punto $(1,-1,0)$.

11.8. Estudie la concavidad o convexidad de las siguientes funciones:

a) $f(x,y,z) = x^2 + 2y^2 + z^2 + xy - 2z - 7x + 12$.

b) $f(x,y,z) = x + 2y + yz - x^2 - y^2 - z^2$.

c) $f(x,y) = (y-x)^2 + (1-x)^2$.

d) $f(x,y,z) = -x^2 + 3y^2 + z$.

e) $f(x,y,z) = x^2 + 3y^3 - 7x + 2y + z^2$.

f) $f(x,y,z) = (x+3)^4 + y^4 + (z-1)^2$.

SOLUCIÓN

a) $\quad H_f = \begin{bmatrix} 2 & 1 & 0 \\ 1 & 4 & 0 \\ 0 & 0 & 2 \end{bmatrix} \Rightarrow D_1 = 2, D_2 = 7, D_3 = 14 \Rightarrow D_i > 0$, para todo

$i \Rightarrow$ definida positiva $\Rightarrow f$ es estrictamente convexa en $\mathbb{R}^3$.

b) $\quad H_f = \begin{bmatrix} -2 & 0 & 0 \\ 0 & -2 & 1 \\ 0 & 1 & -2 \end{bmatrix} \Rightarrow D_1 = -2, D_2 = 4, D_3 = -6 \Rightarrow$ hay una alter-

nancia en el signo, siendo el primer menor principal negativo $\Rightarrow H_f$ es definida negativa $\Rightarrow f$ es estrictamente cóncava en todo $\mathbb{R}^3$.

c) $\quad H_f = \begin{bmatrix} 4 & -2 \\ -2 & 2 \end{bmatrix} \Rightarrow D_1 = 4, D_2 = 4 \Rightarrow D_i > 0$, para todo $i \Rightarrow$ defini-

da positiva $\Rightarrow f$ es estrictamente convexa en $\mathbb{R}^2$.

d) $\quad H_f = \begin{bmatrix} -2 & 0 & 0 \\ 0 & 6 & 0 \\ 0 & 0 & 0 \end{bmatrix} \Rightarrow$ al haber una alternancia del signo en la diagonal

principal, sin necesidad de aplicar ningún método, podemos afirmar que es indefinida $\Rightarrow$ la función f es ni cóncava ni convexa.

e) La hessiana de la función está representada por la matriz:

$$H_f = \begin{bmatrix} 2 & 0 & 0 \\ 0 & 18y & 0 \\ 0 & 0 & 2 \end{bmatrix}$$

Puesto que es una matriz diagonal, para determinar su signo es más sencillo aplicar el método de los valores propios que el de los menores principales. Así, sus autovalores son: $\lambda_1 = 2$, $\lambda_2 = 18y$, $\lambda_3 = 2$; por tanto, dos son positivos y el otro depende del valor que tome la variable y.

Si $y > 0$, la matriz hessiana tendría signo positivo y la función sería convexa. Si y tomase un valor negativo, la hessiana sería indefinida y f será una función ni cóncava ni convexa. En el caso de que y fuera cero, la matriz sería semidefinida positiva, pero, para poder asegurar que la función es convexa en estos puntos, se tiene que mantener el signo en un entorno de $y = 0$. Pues bien, hagamos el estudio en el entorno de los puntos de la forma $(x, 0)$:

$$H_f(x, \varepsilon) = \begin{bmatrix} 2 & 0 & 0 \\ 0 & 18\varepsilon & 0 \\ 0 & 0 & 2 \end{bmatrix}$$

Si $\varepsilon > 0$, todos sus valores propios son estrictamente positivos, lo cual supone que la matriz es definida positiva; así, por ahora, se puede decir que la función es convexa en los puntos $(x, 0)$. Comprobemos qué ocurre con otros puntos del entorno:

$$H_f(x, -\varepsilon) = \begin{bmatrix} 2 & 0 & 0 \\ 0 & -18\varepsilon & 0 \\ 0 & 0 & 2 \end{bmatrix}$$

Sus autovalores son: $\lambda_1 > 0$, $\lambda_2 < 0$, $\lambda_3 > 0$, con lo que la matriz es indefinida. Por tanto, al no conservarse el signo en el entorno del punto objeto de estudio, podemos afirmar que la función es ni cóncava ni convexa en un entorno de $y = 0$.

En conclusión, podemos decir lo siguiente:

— Si $y > 0$, la función es convexa.
— Si $y < 0$, la función es ni cóncava ni convexa.
— Si $y = 0$, la función es ni cóncava ni convexa.

f) La hessiana es:

$$H_f = \begin{bmatrix} 12(x + 3)^2 & 0 & 0 \\ 0 & 12y^2 & 0 \\ 0 & 0 & 2 \end{bmatrix}$$

Como ya sabemos, los autovalores de la esta matriz son los elementos de la diagonal principal, por lo que el signo de éstos determinará el de la hessiana.

Pues bien, el primer valor propio es $\lambda_1 = 12(x + 3)^2$, donde se observa que, como la variable x está sumada a un número y todo ello elevado al cuadrado, es indiferente el valor que tome x, ya que λ_1 siempre va a ser no negativo.

Respecto al autovalor $\lambda_2 = 12y^2$, éste será positivo o nulo por estar la variable y elevada al cuadrado, siendo, por tanto, irrelevante el valor que tome y. Como $\lambda_3 > 0$, podemos concluir diciendo que la función f siempre va a ser convexa para todo x e y, puesto que el signo se mantiene en cualquier punto y en su entorno.

11.9. Analice la convexidad o concavidad de las siguientes funciones en los dominios señalados:

  a) Función de utilidad:

$$u(x_1, x_2) = -\frac{1}{x_1} - \frac{1}{x_2}, \quad x_1, x_2 > 0$$

  b) Función de producción de Cobb-Douglas:

$$q(x_1, x_2) = A \cdot x_1^{\alpha} \cdot x_2^{\beta}, \quad x_1, x_2 > 0; \, \alpha, \beta \geq 2; \, A > 0$$

  c) Función de gasto:

$$g(p_1, p_2, u) = (p_1 + p_2)u, \quad p_1, p_2 \geq 0$$

SOLUCIÓN

a) Determinamos la matriz hessiana:

$$H_u = \begin{bmatrix} -2/x_1^3 & 0 \\ 0 & -2/x_2^3 \end{bmatrix}$$

Los valores propios de esta matriz son:

$$\lambda_1 = -\frac{2}{x_1^3} < 0, \quad \text{ya que } x_1 > 0, \text{ por hipótesis}$$

$$\lambda_1 = -\frac{2}{x_2^3} < 0, \quad \text{puesto que en el enunciado del problema se dice que } x_2 > 0$$

Al ser los dos autovalores negativos, la matriz es definida negativa, siendo, por tanto, u cóncava en el conjunto $(x_1, x_2) \in \mathbb{R}^2/x_1, x_2 > 0\}$. En la figura 11.7 se representa la función u para los valores positivos de sus variables.

b) Hallamos la hessiana de la función:

$$H_q = \begin{bmatrix} A\alpha(\alpha-1)x_1^{\alpha-2}x_2^{\beta} & A\alpha\beta x_1^{\alpha-1}x_2^{\beta-1} \\ A\alpha\beta x_1^{\alpha-1}x_2^{\beta-1} & A\beta(\beta-1)x_1^{\alpha}x_2^{\beta-2} \end{bmatrix}$$

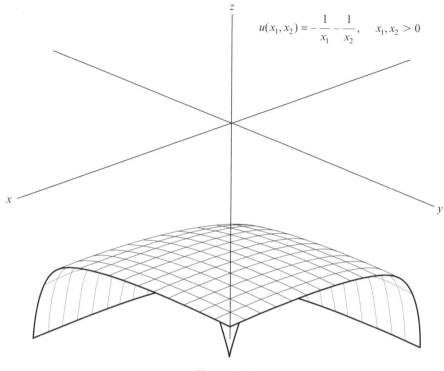

$$u(x_1, x_2) = -\frac{1}{x_1} - \frac{1}{x_2}, \quad x_1, x_2 > 0$$

Figura 11.7

Calculamos sus menores principales:

— $D_1 = A \cdot \alpha \cdot (\alpha - 1) \cdot x_1^{\alpha - 2} \cdot x_2^{\beta} > 0$, ya que, tal y como se ha definido, la función q en el enunciado: $x_1, x_2 > 0$; $\alpha, \beta \geqslant 2$; $A > 0$.

— $D_2 = A^2 \cdot [\alpha \cdot \beta \cdot (1 - \beta - \alpha)] \cdot x_1^{2\alpha - 2} \cdot x_2^{2\beta - 2} \Rightarrow$ el signo de esta expresión depende de $\alpha \cdot \beta \cdot (1 - \beta - \alpha)$, el cual es negativo, puesto que, $\alpha, \beta \geqslant 2$. Al ser el menor principal de orden dos menor que cero, la hessiana es indefinida y, por tanto, la función de producción de Cobb-Douglas es ni cóncava ni convexa.

En las figuras 11.8 y 11.9 se representa esta función de Cobb-Douglas para distintos valores de los parámetros α y β.

c) La hessiana de la función gasto viene dada por la matriz:

$$H_g = \begin{bmatrix} 0 & 0 & 1 \\ 0 & 0 & 1 \\ 1 & 1 & 0 \end{bmatrix}$$

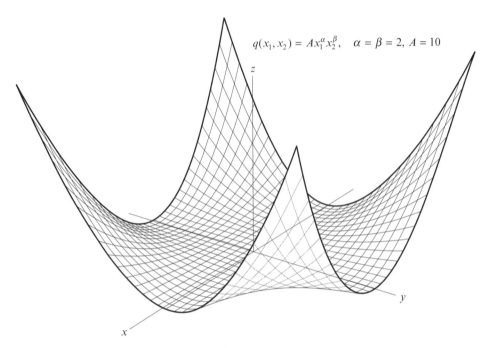

$$q(x_1, x_2) = A x_1^\alpha x_2^\beta, \quad \alpha = \beta = 2, \ A = 10$$

Figura 11.8

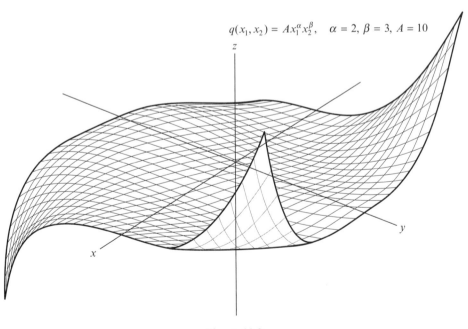

$$q(x_1, x_2) = A x_1^\alpha x_2^\beta, \quad \alpha = 2, \ \beta = 3, \ A = 10$$

Figura 11.9

cuyos menores principales son todos nulos, razón por la que hemos de estudiar las transformaciones fila-columna T_{ij}. Al realizar la T_{13} obtenemos la siguiente matriz:

$$T_{13} = \begin{bmatrix} 0 & 1 & 1 \\ 1 & 0 & 0 \\ 1 & 0 & 0 \end{bmatrix}$$

Determinamos su signo:

$$D_1 = 0$$
$$D_2 = -1 < 0$$

Esta matriz es indefinida, luego la función de gasto es ni cóncava ni convexa.

11.10. Establezca el conjunto de puntos para los que las siguientes funciones son estrictamente cóncavas o estrictamente convexas:

a) $f(x, y, z) = (2x - 3)^3 + y^2 + (z - 5)^3$.
b) $f(x, y) = (x - 2)^3 + y^3$.

SOLUCIÓN

a) La matriz hessiana de la función es:

$$H_f = \begin{bmatrix} 24(2x - 3) & 0 & 0 \\ 0 & 2 & 0 \\ 0 & 0 & 6(z - 5) \end{bmatrix}$$

Puesto que esta matriz es diagonal, se puede afirmar directamente por el método de los valores propios que, al tener uno positivo ($\lambda_2 = 2$), esta hessiana no puede tener signo negativo, razón por la que ya podemos descartar que esta función sea cóncava en algún conjunto.

Por otro lado, para que dicha función verifique ser estrictamente convexa, los autovalores de su hessiana han de ser mayores que cero:

$$\lambda_1 = 24(2x - 3) > 0 \iff x > 3/2$$
$$\lambda_2 = 2 > 0$$
$$\lambda_3 = 6(z - 5) > 0 \iff z > 5$$

Luego f es estrictamente convexa en $\{(x,y,z) \in \mathbb{R}^3 / x > 3/2,\ z > 5\}$.

b) La matriz de derivadas de orden dos de la función es:

$$H_f = \begin{bmatrix} 6(x-2) & 0 \\ 0 & 6y \end{bmatrix}$$

Los valores propios de esta matriz diagonal son:

$$\lambda_1 = 6(x-2)$$
$$\lambda_2 = 6y$$

Para que la función sea estrictamente convexa, los dos autovalores deben ser mayores que cero, dándonos una matriz definida positiva:

$$6(x-2) > 0 \ \Rightarrow \ x > 2$$
$$6y > 0 \ \Rightarrow \ y > 0$$

Por tanto, si tomamos $A = \{(x,y) \in \mathbb{R}^2 / x > 2,\ y > 0\} \ \Rightarrow \ f$ es estrictamente convexa en el conjunto A.

La hessiana será definida negativa si λ_1 y λ_2 son negativos, obteniéndose así una función estrictamente cóncava:

$$6(x-2) < 0 \ \Rightarrow \ x < 2$$
$$6y < 0 \ \Rightarrow \ y < 0$$

Luego la función es estrictamente cóncava en $B = \{(x,y) \in \mathbb{R}^2 / x < 2,\ y < 0\}$.

11.11. Dada la función escalar:

$$f(x,y,z) = ax^2 - 5y + 7z$$

determínese para qué valores de a dicha función es convexa.

Solución

Sea la hessiana de la función:

$$H_f = \begin{bmatrix} 2a & 0 & 0 \\ 0 & 0 & 0 \\ 0 & 0 & 0 \end{bmatrix}$$

Para aplicar el método de los valores propios debemos estudiar los distintos valores de a:

— $a > 0 \Rightarrow$ la matriz es semidefinida positiva (aquí no hace falta estudiar en un entorno, ya que la hessiana es numérica; por tanto, no depende de x, y, z).

— $a = 0 \Rightarrow$ la hessiana es nula, pero observamos que en este caso la función sería lineal y, por tanto, convexa.

— $a < 0 \Rightarrow$ la hessiana es semidefinida negativa (por las razones expuestas anteriormente no es necesario analizar el signo en un entorno).

Por consiguiente, f será convexa para todo $a \geqslant 0$.

Conceptos básicos
en programación matemática

- Conjunto de oportunidades: 12.1
- Teorema local-global y teorema de Weierstrass: 12.2, 12.3, 12.4, 12.5, 12.6
- Resolución gráfica de un problema de optimización: 12.7, 12.8, 12.9, 12.10

Teoría

A lo largo de este capítulo vamos a trabajar con el denominado problema general de programación matemática que, en lo sucesivo, lo denotaremos como problema [1]:

$$\text{Optimizar} \quad F(x)$$
$$\text{sujeto a} \quad x \in X$$

donde X es el *conjunto de oportunidades,* es decir, un subconjunto de $\mathbb{R}^n$ formado por la intersección de los conjuntos de puntos que satisfacen las restricciones del problema (conjunto S) y aquel conjunto D en el que están definidas todas las funciones del problema, es decir, los dominios de la función objetivo F y de las funciones restricción g_i:

$$X = D \cap S$$

Los puntos de este conjunto se llaman admisibles. La importancia de este conjunto radica en el hecho de que un punto, para que sea óptimo, es condición necesaria que pertenezca a X, es decir, que sea admisible.

12.1. Dibuje los conjuntos de oportunidades definidos por las siguientes restricciones:

a) $\quad x^2 + y^2 \leq 9 \ (1)$
$\qquad x^2 + y^2 \geq 4 \ (2)$

b) $\quad (x - 5)^2 + y^2 \leq 1 \ (1)$
$\qquad\qquad x - y \leq 0 \ (2)$
$\qquad\qquad x^2 + y^2 \leq 9 \ (3)$
$\qquad\qquad -x + y \leq 2 \ (4)$
$\qquad\qquad x, y \geq 0 \ (5), (6)$

Solución

a) Sea la figura 12.1:

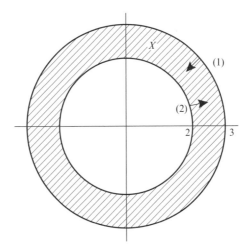

Figura 12.1

b) Como se puede observar en la figura 12.2, la intersección de todas las restricciones, que son las que forman el conjunto de oportunidades, es el conjunto vacío.

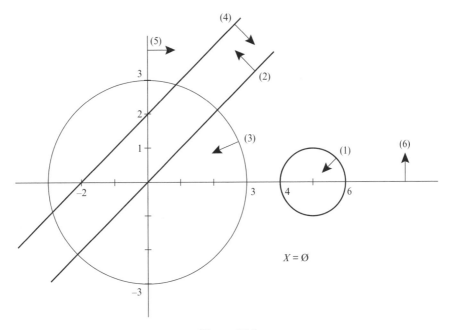

Figura 12.2

12.2. Determínese si se verifican los teoremas de Weierstrass y/o local-global en los siguientes problemas de optimización:

a) Minimizar $x^2 + y^2$ *b*) Optimizar $y - x^2$

  sujeto a $x + y = 3$ sujeto a $3x + y \leqslant 4$

                    $x \geqslant 0$

SOLUCIÓN

Decimos que un vector x^* resuelve el problema [1] cuando, siendo admisible, optimice (maximice o minimice) la función objetivo del problema. Se pueden distinguir dos tipos de óptimos en los problemas de programación matemática; al tratarse de un problema de minimizar el primer ejercicio que vamos a resolver, daremos la definición para mínimo:

— x^* es mínimo local del problema general de programación matemática [1] si es admisible, y es mínimo relativo *respecto de puntos admisibles de su entorno*.
— x^* es mínimo global del problema [1] si es admisible, y es mínimo *respecto de todos los puntos admisibles*.

Pues bien, es importante destacar que los métodos analíticos que vamos a utilizar en este capítulo y en el siguiente sólo detectan óptimos locales. Sin embargo, vamos a estudiar dos teoremas que nos permiten tratar el caso de óptimos globales. Así, por un lado, habría que decir que, en general, un problema de optimización no tiene por qué tener solución; no obstante, existe un teorema que establece las condiciones suficientes para poder asegurar si un problema dado posee solución global.

Teorema de Weierstrass: «Sea el problema general [1]:

$$\text{Optimizar} \quad F(x)$$
$$\text{sujeto a} \quad x \in X$$

si el conjunto de oportunidades X es compacto (o sea, cerrado y acotado), no vacío y, además, la función objetivo $F(x)$ es continua, entonces dicha función posee, al menos, un máximo y un mínimo globales.»

Es importante destacar el hecho de que este teorema ofrece una condición suficiente, pero no necesaria, razón por la que si no se verifica la hipótesis del teorema, ello no implica que la función no tenga óptimos globales; puede que los tenga o puede que no; simplemente, mediante este teorema no podemos afirmar nada.

Un segundo teorema fundamental en programación matemática es el teorema local-global, el cual va a darnos condiciones suficientes para que un óptimo local sea global (es obvio que lo contrario siempre es cierto).

Teorema local-global: «Sea el problema [1], donde $F(x)$ es continua en X, siendo éste un conjunto convexo. Entonces, si $F(x)$ es convexa en dicho conjunto, todo mínimo local es global; de igual forma, si $F(x)$ es cóncava en X, todo máximo local es global.»

Así, pues, una vez realizado este breve repaso teórico, necesario para la resolución de este problema, pasamos a aplicar dichos teoremas al ejercicio:

a)   Minimizar $x^2 + y^2$

       sujeto a $x + y = 3$

1.   *Teorema de Weierstrass:* La función objetivo es continua en todo $\mathbb{R}^2$ por ser polinómica. Respecto al conjunto de oportunidades X, es recomendable, en este tipo de problemas, dibujarlo, siempre que esto sea posible (véase la figura 12.3). En este caso, el conjunto está formado sólo por la restricción ($X = D \cap S = S$), que, al venir dada por una recta, siempre da lugar a un conjunto cerrado pero no acotado; por tanto, al no ser compacto dicho conjunto, no se verifica el teorema. Pero esto no quiere decir que no posea óptimos globales, sino que no tenemos condiciones para poder asegurar la existencia de soluciones globales.

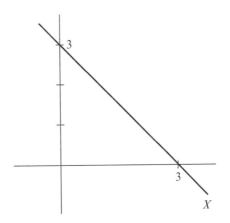

Figura 12.3

2. *Teorema local-global:* En primer lugar, hemos de verificar si X es un conjunto convexo; para estudiar la convexidad del conjunto de oportunidades sería suficiente con aplicar la definición de conjunto convexo en la representación gráfica de X; dicha definición afirma: «diremos que un conjunto es convexo cuando el segmento que une a cualquier par de puntos de dicho conjunto esté completamente contenido en el conjunto». Al observar la figura 12.3, comprobamos que esta condición sí se cumple. Además, en este ejemplo no hubiese hecho falta dibujar el conjunto, ya que, al estar formado por una recta, ésta es la ecuación de un hiperplano, el cual, como ya sabemos, siempre es un conjunto convexo.

Ahora procederemos a analizar la función objetivo; en definitiva, el análisis se reduce a estudiar la concavidad o convexidad, que, como ya vimos en el capítulo anterior, se trata de determinar el signo de la matriz hessiana de la función:

$$f(\vec{x}) = x^2 + y^2$$

En este caso, la matriz es:

$$Hf = \begin{bmatrix} 2 & 0 \\ 0 & 2 \end{bmatrix}$$

Al ser una matriz diagonal, la clasificamos por el método de los valores propios, ya que éstos son los elementos de su diagonal, y al ser los dos positivos, la matriz es definida positiva y, por tanto, la función convexa.

Por consiguiente, se cumplen todas las hipótesis del teorema para asegurar que todo mínimo local de nuestro problema es también global. Para máximos locales no podemos asegurar nada (no obstante, el problema sólo pide minimizar).

Es interesante comentar que se puede verificar el teorema local-global, por ejemplo, para mínimo, sin que el problema tenga un mínimo global, y esto no es contradictorio. El fundamento de esta afirmación se encuentra en que el teorema local-global no es un teorema de existencia de óptimos globales; es decir, el hecho de cumplir este teorema no significa que el problema tenga óptimos globales, sino, más bien, que si hubiera algún óptimo local seguro que también será global.

b) Optimizar $\quad y - x^2$

$\qquad$ sujeto a $\quad 3x + y \leqslant 4$

$\qquad\qquad\qquad x \geqslant 0$

1. *Teorema de Weierstrass:*

— La función es continua.

— ¿Es el conjunto X cerrado y acotado?: si trasladamos la definición de conjunto de oportunidades a nuestro problema, se observa que el dominio de la función objetivo es todo $\mathbb{R}^2$ y el conjunto S lo formarán los puntos que verifiquen:

$$S = \{(x, y) \in \mathbb{R}^2 / 3x + y \leqslant 4;\ x \geqslant 0\}$$

Luego, nuestro conjunto de oportunidades será: $X = D \cap S = S$.

Para contestar a la pregunta que nos hacíamos, vamos a dibujar el conjunto de puntos admisibles en el que se encuentran todos los puntos candidatos a ser solución óptima de nuestro problema. En dicho conjunto X, las dos restricciones son dos semiespacios cerrados. Gráficamente:

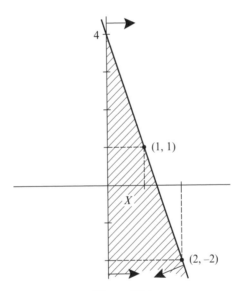

Figura 12.4

En la figura 12.4 se observa que este conjunto es cerrado, ya que contiene a su frontera (todas las restricciones incluyen la igualdad); por otro lado, al no estar acotado, deja de cumplirse una de las condiciones del teorema; de ahí que no aseguremos nada de la existencia de soluciones.

Ahora bien, ¿por qué hemos afirmado que el conjunto X no está acotado? Un conjunto X se define como acotado si existe un número real positivo M tal que la distancia de cualquier punto del conjunto al origen (o sea, la norma de cualquier vector de dicho conjunto) no supera a la cota M:

$$X \text{ está acotado si } \exists M / \forall x \in X: \|x\| \leqslant M$$

De una forma intuitiva, podríamos decir que un conjunto, en $\mathbb{R}^n$, está acotado si lo podemos «encerrar» en una bola de radio M (o bien, en una circunferencia, si nos movemos en $\mathbb{R}^2$; o en una esfera, si el espacio vectorial es $\mathbb{R}^3$; etcétera). Así pues, si observamos de nuevo el conjunto de oportunidades de nuestro problema, por muy grande que sea el radio o cota M de la circunferencia nunca va a poder estar contenido en ésta. Un ejemplo de conjunto acotado nos lo da la figura 12.5:

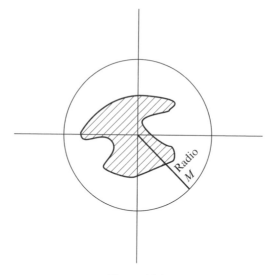

Figura 12.5

2. *Teorema local-global:* Respecto a la convexidad de X, éste está formado por la intersección de dos semiespacios y un semiespacio siempre es un conjunto convexo. Además, también se afirmó que la intersección de conjuntos convexos es un conjunto convexo y, precisamente, éste es el caso de nuestro conjunto X.

Para comprobar si la función objetivo es cóncava, aplicamos el criterio basado en el estudio de su matriz hessiana:

$$Hf = \begin{bmatrix} -2 & 0 \\ 0 & 0 \end{bmatrix}$$

Al ser esta matriz semidifinida negativa (suponemos que el lector ya está familiarizado con la clasificación de formas cuadráticas), la función es cóncava, por lo que se puede asegurar que todo máximo local es global. Respecto a los mínimos, no afirmamos nada.

12.3. Determínese si se verifican los teoremas de Weierstrass y/o local-global en los siguientes problemas de optimización:

a) Optimizar $(x+1)^2+(y+1)^2$ *b)* Optimizar $x+y$
   sujeto a $x^2+y^2 \leqslant 4$ sujeto a $xy=1$
   $x<1$

SOLUCIÓN

a) Optimizar $(x+1)^2+(y+1)^2$
   sujeto a $x^2+y^2 \leqslant 4$
   $x<1$

1. *Teorema de Weierstrass:*

— La función es continua, por ser polinómica.
— ¿Es compacto el conjunto X?: la frontera de X viene dada por la unión de los conjuntos:

$$Fr(A) = \{(x,y)/x^2+y^2=4, x\leqslant 1\} \cup \{(x,y)/x^2+y^2\leqslant 4, x=1\}$$

En la figura 12.6*a* se puede observar que el conjunto X no es cerrado porque no contiene a su frontera: así, es evidente que $\{(x,y)/x^2+y^2\leqslant 4, x=1\}$ no pertenece al conjunto de oportunidades. Sin embargo, para asegurar este extremo, nótese que, en muchas ocasiones, no basta la existencia en X de una desigualdad estricta ($x<1$), sino que necesitaremos dibujar el conjunto; prueba de ello la tenemos en la figura 12.6.*b*, donde, a pesar de haber una restricción que no tiene el signo de igualdad (en nuestro conjunto X hemos sustituido el anterior semiespacio por $x<3$), el conjunto sí es cerrado. Por otro lado, para saber si el conjunto de oportunidades está acotado, es muy útil hacer su representación gráfica (véase la figura 12.6*a*). Donde que $D=\mathbb{R}^2$:

$$X = D \cap S = S = \{(x,y) \in \mathbb{R}^2/x^2+y^2 \leqslant 4; x<1\}$$

La figura 12.6*a* pone de manifiesto que el conjunto X está acotado, pero, al no ser cerrado, no podemos asegurar la existencia de mínimos y máximos globales.

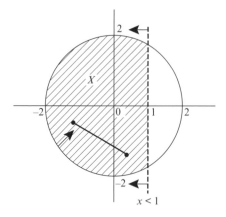

Figura 12.6*a*

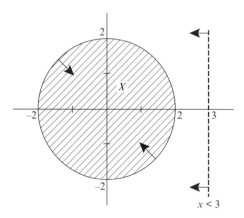

Figura 12.6*b*

2. *Teorema local-global:* Para estudiar la convexidad del conjunto de oportunidades sería suficiente con verificar la definición de conjunto convexo en la representación gráfica de éste. Esta condición sí se cumple, basta con dibujar cualquier segmento como el que aparece en la figura 12.6*a* razón por la que aseguramos que el conjunto X es convexo.

No obstante, hay ocasiones en las que no es posible dibujar fácilmente un conjunto porque éste se define en espacios vectoriales de dimensión mayor que dos; por eso, en los primeros problemas del capítulo anterior estudiamos la convexidad de un conjunto aplicando unas propiedades. Y en particular, una de ellas [la denotaremos como propiedad (1)] decía:

«Dada una función escalar g definida en una parte D de $\mathbb{R}^m$, y dado un número real α, definimos el conjunto X como:

$$X = \{x \in \mathbb{R}^n / g(x) \leqslant \alpha\}$$

Entonces, si $g(x)$ es una función convexa, podemos afirmar que X es un conjunto convexo. Por tanto, esta propiedad nos da una condición suficiente pero no necesaria respecto a la convexidad de un conjunto. Por otro lado, si el conjunto de puntos que forman X satisfacen una desigualdad de mayor o igual, para que se siga verificando esta propiedad la función g ha de ser cóncava.»

Pues bien, aquí, en los problemas de optimización, nos encontramos con otra importante utilidad de esta propiedad, mediante la cual resolvemos este apartado:

$x < 1$: es un conjunto convexo, por ser un semiespacio.

$x^2 + y^2 \leq 4$; para determinar si el conjunto de puntos que satisface esta desigualdad (la cual define un círculo) forma un conjunto convexo, hemos de realizar un estudio sobre la convexidad o concavidad de la función $g(x, y) = x^2 + y^2$. Por ello, debemos calcular su hessiana:

$$Hg = \begin{bmatrix} 2 & 0 \\ 0 & 2 \end{bmatrix}$$

Al ser esta matriz definida positiva, la función es convexa y, dado que la restricción es de menor o igual, según la propiedad citada anteriormente, podemos asegurar que dicho conjunto es convexo.

Puesto que la intersección de convexos sigue siendo convexo, llegamos a la misma conclusión que al comprobar la definición de conjunto convexo sobre el gráfico: la convexidad de X. Ahora bien, puede no verificarse analíticamente esta propiedad y, en cambio, en el dibujo, poder afirmar la convexidad o no del conjunto.

Respecto a la función objetivo $f(\vec{x}) = (x + 1)^2 + (y + 1)^2$, podemos comprobar que tiene la misma matriz hessiana que la obtenida para $g(x, y)$; por tanto, f es convexa. Y así podemos finalizar diciendo que todo mínimo local es global. Sobre los máximos no podemos afirmar nada.

b) Optimizar $x + y$

          sujeto a $xy = 1$

Dibujamos la única restricción que determina X, ya que f existe en todo $\mathbb{R}^2$; luego $X = S$, donde S está definido por una hipérbola, tal y como se representa en la figura 12.7.

Se puede observar que el conjunto de oportunidades del problema no está acotado ni es convexo, por lo que no podemos aplicar los teoremas de Weierstrass y local-global, lo cual no quiere decir que el problema no tenga soluciones globales (los dos teoremas nos dan sólo condiciones suficientes). Simplemente nosotros no podemos asegurarlo mediante estos teoremas.

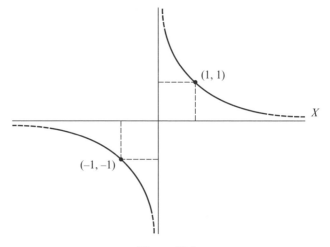

Figura 12.7

12.4. Determínese si se verifican los teoremas de Weierstrass y/o local-global en los siguientes problemas de optimización:

a) Maximizar $x + y^2$

    sujeto a $3x^2 + 5y \leq 4$

        $x, y \geq 0$

b) Optimizar $2x + y$

    sujeto a $x + y = 1$ (1)

        $x^2 + y^2 \leq 9$ (2)

SOLUCIÓN

a) Maximizar $x + y^2$

    sujeto a $3x^2 + 5y \leq 4$

        $x, y \geq 0$

1. *Teorema de Weierstrass:*

— La función objetivo es continua, por ser polinómica.
— Dibujamos el conjunto X (véase la figura 12.8):

$$X = D \cap S = \{(x, y) \in \mathbb{R}^2 / 3x^2 + 5y \leq 4; \ x \geq 0; \ y \geq 0\}$$

Dicho conjunto resulta ser acotado (es evidente al observar el gráfico) y cerrado, ya que contiene a su frontera puesto que las restricciones son no estrictas. Luego, al satisfacerse todas las hipótesis del teorema, podemos afirmar la existencia de soluciones globales.

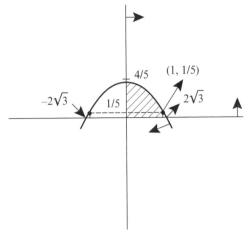

Figura 12.8

En la figura que representa a X se observa que la primera restricción corresponde a una parábola. Recordemos que su ecuación:

$$y = a(x - x_0)^2 + y_0$$

es tal que (x_0, y_0) es el vértice de la parábola, el módulo de a determina su apertura, mientras que el signo de a nos informa sobre si dicha apertura va hacia abajo o arriba. Suponiendo que el vértice sea el $(0,0)$, este tipo de parábolas viene representada en la figura 12.9:

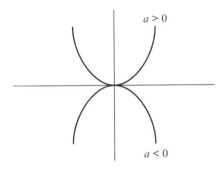

Figura 12.9

Asimismo, la parábola también puede tomar esta otra expresión:

$$x = a(y - y_0) + x_0$$

donde (x_0, y_0) es el vértice de la parábola, el módulo de a indica su apertura, mientras que ahora, en este tipo de parábolas, el signo de parámetro a nos informa sobre si la apertura es hacia la derecha o hacia la izquierda, tal y como se expresa en la figura 12.10 [también suponemos que el vértice es el punto $(0,0)$]:

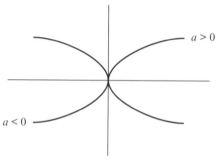

Figura 12.10

2. *Teorema local-global:* Según puede observarse en la figura 12.8, el conjunto X verifica la definición de convexidad de conjuntos. Estudiemos ahora concavidad o convexidad de la función objetivo:

$$Hf = \begin{bmatrix} 0 & 0 \\ 0 & 2 \end{bmatrix}$$

La hessiana es semidefinida positiva, luego la función es convexa. Como el problema nos pide los máximos, respecto a éstos no podemos afirmar nada, dado que no se verifica una de las hipótesis del teorema: la concavidad de la función objetivo; por tanto, no podemos asegurar que los máximos locales sean globales (sin embargo, obsérvese que para un problema de mínimo sí se verifica el teorema).

***b*)** Optimizar $\quad 2x + y$

sujeto a $\quad x + y = 1 \quad$ (1)

$\qquad\qquad x^2 + y^2 \leqslant 9 \quad$ (2)

1. *Teorema de Weierstrass:*

— La función $f(x, y) = 2x + y$ es continua por ser lineal.
— Si se observa la figura 12.11, se comprueba que el conjunto de oportunidades (formado sólo por las restricciones) es compacto por ser cerrado y acotado, por lo que existen soluciones globales en nuestro problema, tanto de máximo como de mínimo:

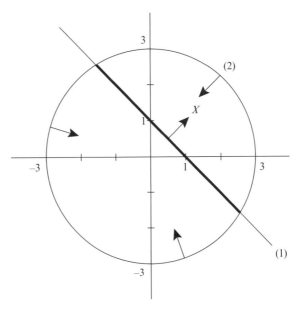

Figura 12.11

La restricción (2) define un círculo que contiene a su frontera, es decir, a la circunferencia, cuya ecuación general es:

$$(x - a)^2 + (y - b)^2 = r^2$$

Donde r es el radio y (a, b) el centro de la circunferencia.

2. *Teorema local-global:* Aplicando la definición sobre la gráfica anterior, la conclusión es clara: la convexidad del conjunto de puntos admisibles de nuestro problema.

Respecto a la convexidad o concavidad de la función objetivo, si lo estudiamos tal y como lo hemos hecho hasta ahora, es decir, a través de la matriz hessiana, ésta nos saldría nula al ser la función lineal. En este caso, debemos acudir a la condición de convexidad de funciones (con $0 \leq \lambda \leq 1$):

$$f[\lambda \cdot \vec{x}_0 + (1 - \lambda) \cdot \vec{x}] \leq \lambda \cdot f(\vec{x}_0) + (1 - \lambda) \cdot f(\vec{x}) \quad \Rightarrow \quad f \text{ convexa}$$
$$f[\lambda \cdot \vec{x}_0 + (1 - \lambda) \cdot \vec{x}] \geq \lambda \cdot f(\vec{x}_0) + (1 - \lambda) \cdot f(\vec{x}) \quad \Rightarrow \quad f \text{ cóncava}$$

Pues bien, se demuestra que estas condiciones, para las funciones lineales, se cumplen con el signo de igualdad, razón por la que este tipo de funciones son cóncavas y convexas al mismo tiempo, puesto que verifican las dos condiciones.

Por tanto, este problema de optimización verifica el teorema local-global tanto para máximos como para mínimos, luego los mínimos y máximos locales serán también globales. Observamos, además, que es el único caso donde se puede cumplir el teorema local-global para máximos y mínimos a la vez, puesto que las funciones lineales son las únicas que son cóncavas y convexas.

12.5. Determínese si se verifican los teoremas de Weierstrass y/o local-global en los siguientes problemas de optimización:

a) Optimizar $\quad x + \ln y$

$\qquad$ sujeto a $\quad x - y^2 \geq -1 \quad$ (1)

$\qquad\qquad\qquad x + y^2 \leq 1 \quad$ (2)

b) Optimizar $\quad -x^4 - 6y^2$

$\qquad$ sujeto a $\quad x^2 + 2y^2 \leq 16 \quad$ (1)

$\qquad\qquad\qquad x^2 - y \geq 0 \quad$ (2)

SOLUCIÓN

a) Optimizar $\quad x + \ln y$

$\qquad$ sujeto a $\quad x - y^2 \geq -1 \quad$ (1)

$\qquad\qquad\qquad x + y^2 \leq 1 \quad$ (2)

1. *Teorema de Weierstrass:*

— ¿Es continua $f(x, y) = x + \ln y$?: Al aparecer la función logaritmo en la variable y, esta función no existe en todo $\mathbb{R}$, ya que sólo tiene sentido para valores positivos. No obstante, la función logaritmo sí es continua en todo su dominio de definición: así pues, ¿cuál es dicho dominio? Pues bien, éste viene dado por el conjunto $\{(x, y) \in \mathbb{R}^2 / y > 0\}$, el cual, a su vez, también forma el conjunto D de definición de la función objetivo, en el que ésta sí es continua.

— El conjunto de oportunidades tiene que ser compacto y distinto del vacío. Para estudiarlo, dibujamos dicho conjunto (véase la figura 12.12). Si seguimos el mismo razonamiento que en ejercicios anteriores, ya podríamos afirmar que, al menos, va a ser cerrado, dado que todas las restricciones incluyen la igualdad; pero ¡ojo!, ya que estas afirmaciones las hacíamos porque, hasta ahora, siempre han coincidido X y S. Sin embargo, recordamos que el conjunto de puntos admisibles X, realmente, es la intersección de D y S, y en este caso D no es todo el espacio vectorial, como ha ocurrido hasta ahora.

$$X = D \cap S = \{(x, y) \in \mathbb{R}^2 / x - y^2 \geq -1; \, x + y^2 \leq 1; \, y > 0\}$$

344

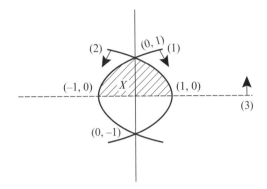

Figura 12.12

Puesto que una de las desigualdades que forman X es estricta, el conjunto no es cerrado y, aunque sí está acotado, no puede ser compacto. Por consiguiente, no podemos afirmar nada respecto a la existencia de óptimos globales.

2. *Teorema local-global:*

— ¿Es el conjunto X convexo? Vamos a estudiar la convexidad de este conjunto aplicando la propiedad (1) a cada una de las restricciones que lo forman (aunque en el dibujo se observa que, obviamente, es convexo).

- 1.ª restricción: $x - y^2 \geq -1$. Analizamos el signo de la matriz hessiana de la función $g_1(x) = x - y^2$:

$$Hg_1 = \begin{bmatrix} 0 & 0 \\ 0 & -2 \end{bmatrix}$$

Al ser una matriz semidefinida negativa, la función g_1 es cóncava, y puesto que la desigualdad es de mayor o igual, quiere decir que la primera restricción verifica la propiedad (1), por lo que el conjunto de puntos que la satisfacen es un conjunto convexo.

- 2.ª restricción: $x + y^2 \leq 1$. Según la propiedad (1), hemos de determinar el signo de la hessiana de la función $g_2(x) = x + y^2$:

$$Hg_2 = \begin{bmatrix} 0 & 0 \\ 0 & 2 \end{bmatrix}$$

La matriz es semidefinida positiva. Por tanto, g_2 es una función convexa; al ser la inecuación de menor o igual, podemos asegurar, ba-

sándonos en la propiedad (1), que el conjunto que determina la segunda restricción es convexo.
- 3.ª restricción: $y > 0$. Es convexo por ser un semiespacio.

Puesto que el conjunto de oportunidades está formado por la intersección de estas tres restricciones, y la intersección de convexos es otro convexo, podemos afirmar que el conjunto X es convexo.

— La función objetivo es continua en X, ya que éste contiene a D.
— Calculamos la hessiana de la función objetivo:

$$Hf = \begin{bmatrix} 0 & 0 \\ 0 & -1/y^2 \end{bmatrix}$$

Como $-1/y^2 < 0$, $\forall y \neq 0$, la matriz es semidefinida negativa en X, luego la función es cóncava (observar que $y = 0 \notin X$).

Por tanto, aseguramos que todo máximo local es global, no pudiendo afirmar nada para los mínimos.

b) Optimizar $\quad -x^4 - 6y^2$

sujeto a $\quad x^2 + 2y^2 \leq 16 \quad (1)$

$\qquad\qquad x^2 - y \geq 0 \quad (2)$

1. *Teorema de Weierstrass:*

— La función es continua.

X es cerrado, ya que $X = S$ y todas las restricciones del problema incluyen la igualdad. Respecto a si es acotado, en este ejercicio podemos asegurar que sí lo es sin necesidad de dibujar X. ¿Por qué? La razón estriba en que la restricción (1) define la parte de dentro de una elipse, la cual siempre es acotada; además, si una restricción determina un conjunto acotado, obviamente, al intersacarlo con más restricciones con mayor motivo seguirá siendo acotado. No obstante, lo podemos comprobar representando X gráficamente mediante la figura 12.13:

$$X = \{(x, y) \in \mathbb{R}^2 / x^2 + 2y^2 \leq 16; \ x^2 - y \geq 0\}$$

Al comprobar que, en efecto, está acotado, se cumplen todas las hipótesis del teorema de Weierstrass, pudiendo afirmar la existencia de, al menos, un máximo y un mínimo globales.

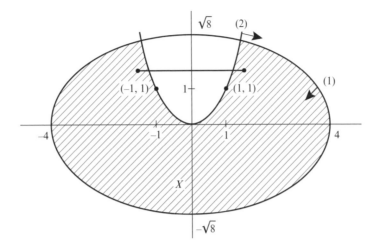

Figura 12.13

Dado que es la primera vez que una restricción viene definida por una elipse, escribiremos su ecuación general, que viene dada por:

$$\frac{(x-a)^2}{r_x^2} + \frac{(y-b)^2}{r_y^2} = 1$$

la cual representa a una elipse de centro (a,b), semieje de abscisas (r_x) y semieje en ordenadas (r_y). Si trasladamos esto a nuestro ejercicio:

$$x^2 + y^2 \leq 16 \;\Rightarrow\; \frac{x^2}{1} + \frac{y^2}{1/2} = 16 \;\Rightarrow\; \frac{x^2}{16} + \frac{y^2}{16/2} = 1 \;\Rightarrow\; \frac{x^2}{16} + \frac{y^2}{8} = 1$$

Esta ecuación expresa una elipse de centro $(0,0)$; semieje de la $\sqrt{16} = 4$; semieje de la y: $\sqrt{8}$.

2. *Teorema local-global:*

— ¿Es convexo X? supongamos que queremos responder a esta cuestión basándonos en la propiedad (1) y que, además, no conocemos la representación gráfica de X.

Para estudiar la convexidad del conjunto $x^2 + y^2 \leq 16$ analíticamente, hemos de determinar el signo de la hessiana de la función $g_1(x,y) = x^2 + 2y^2$:

$$Hg_1 = \begin{bmatrix} 2 & 0 \\ 0 & 4 \end{bmatrix}$$

La matriz es definida positiva, por lo que f es convexa y, al ser la inecuación de menor o igual, verifica la propiedad (1), siendo, entonces, convexo dicho conjunto.

Respecto a la otra restricción que determina el conjunto de oportunidades, si llamamos $g_2(x,y) = x^2 - y$, su hessiana será:

$$Hg_2 = \begin{bmatrix} 2 & 0 \\ 0 & 0 \end{bmatrix}$$

Esta matriz es semidefinida positiva y la función convexa. Como la restricción es de mayor o igual, no podemos afirmar nada respecto a la convexidad del conjunto de puntos que satisfacen esta segunda restricción, puesto que la citada propiedad (1) nos da condiciones suficientes, pero no necesarias.

Por consiguiente, con el criterio elegido no hemos llegado a ninguna conclusión; pero, al estar definido nuestro problema en el espacio vectorial $\mathbb{R}^2$, podemos comprobar la definición de conjunto convexo en la figura 12.13, dibujando un segmento que una dos puntos de X que, al no estar contenido en dicho conjunto, permite asegurar que el conjunto de oportunidades no es convexo.

Para finalizar, diremos que al no verificarse una de las hipótesis del teorema local-global éste no se cumple, no pudiéndose asegurar nada respecto a los resultados de dicho teorema.

12.6. Determínese si se verifican los teoremas de Weierstrass y/o local-global en los siguientes problemas de optimización:

a) Optimizar $-\ln x + y$

    sujeto a $x^2 + y \leq 1$ (1)

    $(x-2)^2 + 2y^2 \leq 16$ (2)

b) Optimizar $2x^2 + y^4$

    sujeto a $2(x-1)^2 + y^2 \geq 16$ (1)

    $x - y^2 \geq -5$ (2)

SOLUCIÓN

a) Optimizar $-\ln x + y$

    sujeto a $x^2 + y \leq 1$ (1)

    $(x-2)^2 + 2y^2 \leq 16$ (2)

1. *Teorema de Weierstrass:*

— La función objetivo es continua siempre que $x > 0$, existiendo así la función $\ln x$.

— ¿Es compacto y distinto del vacío el conjunto de oportunidades?: en primer lugar, vamos a concretar qué puntos lo forman:

$$X = D \cap S = \{(x, y) \in \mathbb{R}^2 / x^2 + y \leq 1; (x-2)^2 + 2y^2 \leq 16; x > 0\}$$

Se observa que este conjunto no es cerrado porque no contiene a toda su frontera, ya que la restricción (3), $x > 0$ es estricta. Por tanto, el conjunto no puede ser compacto, no verificándose este teorema. No obstante, vamos a dibujar el conjunto X (véase la figura 12.14), dado que lo necesitaremos para saber si es convexo o no:

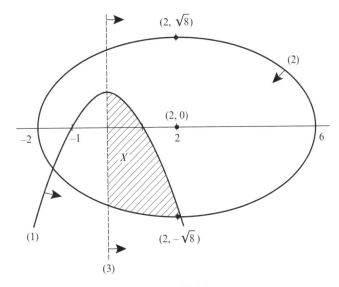

Figura 12.14

2. *Teorema local-global:*

— El conjunto X es convexo, ya que, observando la figura 12.14, verifica la definición. No obstante, esto se puede comprobar analíticamente aplicando la propiedad (1), ya que las funciones correspondientes a las restricciones (1) y (2) son convexas y la restricción (3) es un semiespacio.
— Calculamos la hessiana de la función objetivo:

$$Hf = \begin{bmatrix} 1/x^2 & 0 \\ 0 & 0 \end{bmatrix}$$

Esta matriz es definida positiva siempre que $x \neq 0$ (lo cual se verifica al no pertenecer ese punto al conjunto X); luego la función es convexa, cumpliéndose todas las condiciones para afirmar que todo mínimo local es global. Respecto a los máximos no aseguramos nada.

b)   Optimizar $2x^2 + y^4$

sujeto a $2(x-1)^2 + y^2 \geq 16$ (1)

$x - y^2 \geq -5$ (2)

1.   *Teorema de Weierstrass:*

— La función objetivo es continua por ser polinómica.
— ¿Cuáles son los puntos admisibles del problema?:

$$X = D \cap S = S = \{(x, y) \in \mathbb{R}^2 / 2(x-1)^2 + y^2 \geq 16; \; x - y^2 \geq -5\}$$

Al contener a su frontera, este conjunto es cerrado. Para saber si está acotado, lo dibujamos en la figura 12.15:

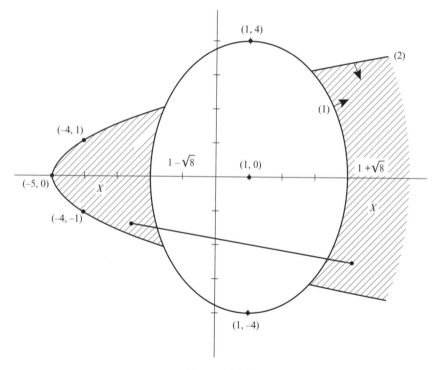

Figura 12.15

Este conjunto no está acotado, por lo que el teorema no se cumple, no pudiendo afirmar la existencia de soluciones globales.

2. *Teorema local-global:*

— En primer lugar, hay que comprobar la condición suficiente dada por la propiedad (1), la cual no se cumple en la restricción (1), dado que la función correspondiente $g_1 = 2(x-1)^2 + y^2$ es convexa, cuando debería haber sido cóncava. Por tanto, para estudiar la convexidad de X hemos de hacerlo en el gráfico dado por la figura 12.15, donde se observa que el conjunto de oportunidades no es convexo (al menos, hay un segmento que uno dos puntos del conjunto que no está totalmente contenido en X), lo cual implica que no se verifica el teorema, por lo que no podemos afirmar nada ni para máximos ni para mínimos.

12.7. Resuélvanse gráficamente los siguientes problemas e indique las restricciones activas en el óptimo.

a) Optimizar $x + y$

        sujeto a $x^2 + y^2 = 1$ (1)

                       $x, y \geqslant 0$ (2)

b) Optimizar $(x-2)^2 + (y-1)^2$

        sujeto a $x^2 - y \leqslant 0$ (1)

                       $x + y \leqslant 2$ (2)

                       $x, y \geqslant 0$ (3) y (4)

SOLUCIÓN

a) Optimizar $x + y$

        sujeto a $x^2 + y^2 = 1$ (1)

                       $x, y \geqslant 0$ (2) y (3)

Para resolver este tipo de problemas necesitamos tres clases de elementos: el conjunto de oportunidades, el mapa de curvas de nivel y la dirección de máximo crecimiento de la función objetivo.

1. *Conjunto de oportunidades:* Puesto que el dominio o conjunto de definición de la función objetivo es todo $\mathbb{R}^2$, el conjunto de puntos admisibles de nuestro problema será el determinado por las restricciones:

$$X = D \cap S = S = \{(x, y) \in \mathbb{R}^2 / x^2 + y^2 = 1;\ x \geqslant 0;\ y \geqslant 0\}$$

Lo representamos gráficamente en la figura 12.16:

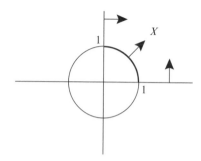

Figura 12.16

2. *Mapa de curvas de nivel:* Una curva de nivel de una función objetivo es el lugar geométrico de los puntos para los que la función objetivo toma un valor constante. Por tanto, una curva de nivel C_i de una función objetivo F de un problema de optimización se caracteriza por:

$$x, y \in C_i \quad \Leftrightarrow \quad F(x) = F(y)$$

Como se puede observar, el concepto matemático de curva de nivel es análogo al económico de curva de indiferencia (teoría del consumidor) y curva isocuanta (teoría de la producción).

Calculemos ahora las curvas de nivel en nuestro problema. La función objetivo es una recta que igualamos a una constante k: $x + y = k$ (curva de nivel k).

Le damos distintos valores a dicha constante:

$$x + y = 0 \quad ; \quad x + y = 1 \quad ; \quad x + y = 1/2 \quad ; \quad \text{etc.}$$

y representamos este mapa de curvas de nivel dando lugar a distintas rectas paralelas (véase la figura 12.17). Para cada valor de k, obtenemos una curva de nivel:

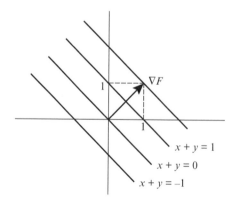

$x + y = 1$

$x + y = 0$

$x + y = -1$

Figura 12.17

352

3. *Dirección de máximo crecimiento:* Si buscamos el máximo de una función restringida al conjunto de puntos admisibles X, ésta va a ser el correspondiente al valor mayor de la función objetivo cuya curva de nivel tenga una intersección no vacía con X. Para ello necesitamos saber la dirección de preferencia, es decir, la dirección en la cual la función objetivo se incrementa más rápidamente. Pues bien, esta dirección de preferencia o de máximo crecimiento nos viene dada por la dirección del gradiente de la función objetivo. Como es obvio, los mínimos se encontrarán en la dirección opuesta al gradiente. Así, a partir de una curva de nivel, si nos movemos en la dirección del gradiente el desplazamiento será a otra curva de nivel mayor.

Calculamos el gradiente de nuestra función y lo dibujamos en la figura 12.17:

$$\nabla F = \begin{bmatrix} 1 \\ 1 \end{bmatrix}$$

Puesto que ya hemos obtenido el conjunto de oportunidades, el mapa de curvas de nivel y la dirección de preferencia, podemos representar gráficamente todo de una forma conjunta y así determinar los óptimos del problema (véase la figura 12.18*a*):

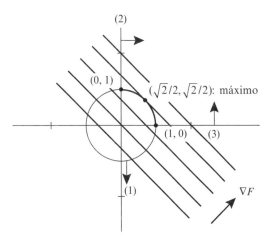

Figura 12.18*a*

Se observa claramente que los mínimos están en los puntos $(1, 0)$ y $(0, 1)$ y el máximo en $(\sqrt{2}/2, \sqrt{2}/2)$.

Por último, hay que señalar que nos podemos encontrar con tres tipos de restricciones en un problema de programación matemática:

— Diremos que una restricción es *activa* o *efectiva* en un punto admisible x, si satisface dicha restricción en términos de igualdad.

— Será *inactiva* o *ineficaz* cuando dicho punto verifique la restricción con desigualdad estricta.

— Por último, si una restricción es inactiva para cualquier punto de un conjunto de oportunidades, la llamaremos *redundante*.

Si trasladamos esto a nuestro ejercicio, y contestando al segundo apartado de éste, podremos afirmar que la restricción (1) es activa en los tres puntos óptimos (las restricciones de igualdad son siempre activas), es decir, condiciona o influye de una forma crítica en dichos puntos. Sin embargo, la segunda y tercera restricción son activas sólo en los puntos $(1,0)$ y $(0,1)$ respectivamente, pero son inactivas con respecto al máximo, o sea, no influyen decisivamente en la determinación de éste; en definitiva, el que sean inactivas significa que las restricciones (2) y (3) se pueden eliminar sin que varíe el máximo, tal y como aparece reflejado en la figura 12.18*b*. En cambio, con las restricciones activas sucede lo contrario; esto es, si en este ejercicio movemos la primera restricción en una pequeña cantidad, cambiando el valor del recurso o parámetro correspondiente ($b = 1$), el máximo sí varía, según se observa en la figura 12.18*c*.

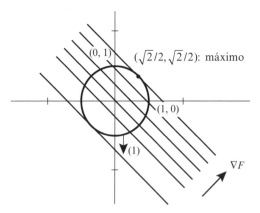

Figura 12.18*b*

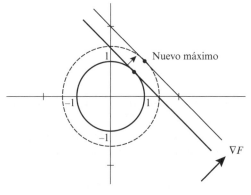

Figura 12.18*c*

b) Optimizar $(x-2)^2 + (y-1)^2$

sujeto a $x^2 - y \leqslant 0$ (1)

$x + y \leqslant 2$ (2)

$x, y \geqslant 0$ (3) y (4)

1. *Dibujamos el conjunto de oportunidades* (véase la figura 12.19):

$$X = D \cap S = S = \{(x, y) \in \mathbb{R}^2 / x^2 - y \leqslant 0; x + y \leqslant 2; x \geqslant 0; y \geqslant 0\}$$

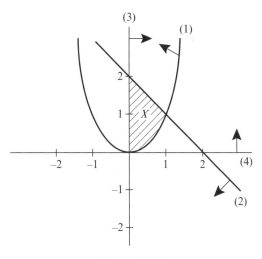

Figura 12.19

2. *Representamos las curvas de nivel:* Las curvas de nivel de la función objetivo son circunferencias centradas en el punto $(2,1)$ y de radio $\sqrt{k}$ (obsérvese que, por este motivo, no tiene sentido, en este problema, que la constante k sea negativa):

$$(x-2)^2 + (y-1)^2 = k$$

Le damos valores a la constante $k = 0, 1, 2, ...,$ y así obtenemos el mapa de curvas de nivel que dibujamos en la figura 12.20:

3. *Dirección de máximo crecimiento:* Calculamos y representamos gráficamente el vector gradiente de la figura 12.20:

$$\nabla F = \begin{bmatrix} 2(x-2) \\ 2(y-1) \end{bmatrix}$$

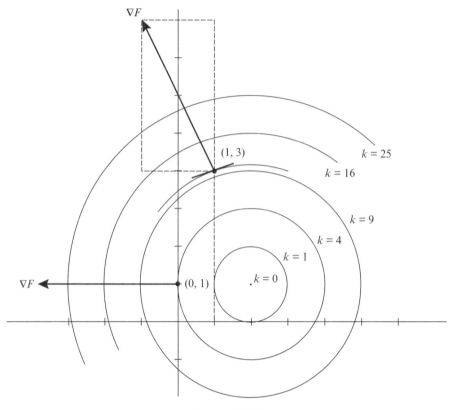

Figura 12.20

Como podemos observar, a diferencia del ejercicio anterior, el gradiente nos ha dado un vector de componentes no constantes. Como ya sabemos, el gradiente indica la dirección de máximo crecimiento de la función a partir de un punto; además, el vector gradiente es ortogonal o perpendicular al plano tangente a la curva de nivel en el punto considerado. Por tanto, dado que lo relevante en el gradiente es la dirección, no tiene sentido ésta si no es a partir de un punto. Pues bien, si trasladamos todo esto a nuestro ejercicio, al ser el gradiente no constante tendremos que sustituir en éste uno o varios puntos cualesquiera donde no se anule dicho gradiente; por ejemplo:

$$\nabla F(1,3) = \begin{bmatrix} 2(x-2) \\ 2(y-1) \end{bmatrix} = \begin{bmatrix} -2 \\ 4 \end{bmatrix}$$

donde la dirección dada por el vector $(-2,4)$ la dibujaremos en la figura 12.20 a partir del punto $(1,3)$ (considerando a éste como un nuevo origen de coordenadas). Si tomamos otro punto, tal como el $(0, 1)$, el gradiente nos da la siguiente dirección:

$$\nabla F(0,1) = \begin{bmatrix} 2(x-2) \\ 2(y-1) \end{bmatrix} = \begin{bmatrix} -4 \\ 0 \end{bmatrix}$$

En la citada figura se puede comprobar que los vectores gradientes $(-2, 4)$ y $(-4, 0)$ son, en efecto, perpendiculares a las tangentes correspondientes a las curvas de nivel que pasan por los puntos $(1, 3)$ y $(0, 1)$, respectivamente. En ambos casos se observa claramente que, al seguir la dirección de dichos gradientes, se pasa a una curva de nivel exterior. Por tanto, la función crece hacia fuera.

Además, en el ejemplo que nos ocupa hay que tener en cuenta que las curvas de nivel son circunferencias, y éstas tienen un máximo crecimiento cuanto mayor sea el radio, de forma que las curvas de nivel irán definiendo circunferencias concéntricas. Si nos fijamos en la figura 12.21, el conjunto de oportunidades se encuentra a la izquierda del centro de las circunferencias, razón por la que el primer punto de X que es intersecado por una curva de nivel, el $(1, 1)$, es un mínimo, mientras que los últimos puntos de X en tener una intersección no vacía con una curva de nivel son $(0, 0)$ y $(0, 2)$, máximos de la función:

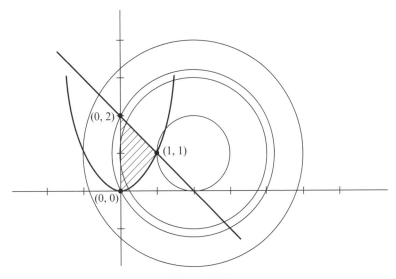

Figura 12.21

En el mínimo de la función son activas la parábola y la recta; en el punto $(0, 2)$ lo son la recta y el semiespacio $x \geqslant 0$; por último, el origen de coordenadas satisface efectivamente la parábola y las dos condiciones de no negatividad del problema. No obstante, es de destacar que el hecho de suprimir en nuestro problema la restricción $y \geqslant 0$ no afecta para nada al conjunto de oportunidades y, por tanto, tampoco a los óptimos, por lo que aquí tenemos un claro ejemplo de restricción redundante.

12.8. Resuélvanse gráficamente los siguientes problemas e indique las restricciones activas en el óptimo.

a) Optimizar $y - x$
sujeto a $x^2 + y^2 \leqslant 1$ (1)
$x^2 - y \leqslant 1$ (2)
$x, y \geqslant 0$ (3) y (4)

b) Optimizar $(x - 1)^2 + y^2$
sujeto a $x - y^2 \geqslant 0$ (1)
$x + y \leqslant 2$ (2)

SOLUCIÓN

a) Optimizar $y - x$
sujeto a $x^2 + y^2 \leqslant 1$ (1)
$x^2 - y \leqslant 1$ (2)
$x, y \geqslant 0$ (3) y (4)

1. *Conjunto de oportunidades* (véase la figura 12.22):

$$X = D \cap S = S = \{(x, y) \in \mathbb{R}^2 / x^2 + y^2 \leqslant 1; \ x^2 - y \leqslant 1; \ x \geqslant 0; \ y \geqslant 0\}$$

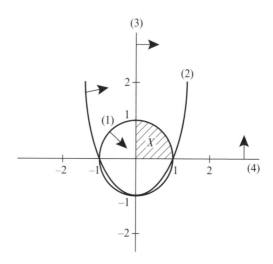

Figura 12.22

2. *Dibujamos las curvas de nivel* (véase la figura 12.23): La función objetivo es lineal y, por tanto, sus curvas de nivel dan lugar a un haz de rectas paralelas, cuya representación gráfica es:

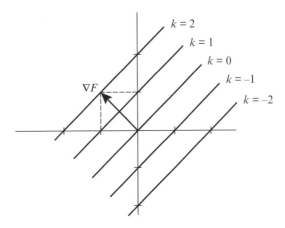

Figura 12.23

3. *Dirección de máximo crecimiento:* Obtenemos el gradiente de la función, representándolo en la figura 12.23:

$$\nabla F = \begin{bmatrix} -1 \\ 1 \end{bmatrix}$$

Determinamos los óptimos en una gráfica completa, es decir, con todos sus elementos (véase la figura 12.24):

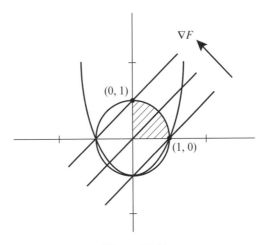

Figura 12.24

En el máximo $(0, 1)$ son activas la primera restricción y la condición de no negatividad $x \geqslant 0$, mientras que en el mínimo $(1, 0)$ ocurre lo mismo, salvo que ahora la condición es $y \geqslant 0$. De nuevo, tenemos una restricción redundante: la parábola.

b) Optimizar $(x - 1)^2 + y^2$
      sujeto a $x - y^2 \geqslant 0$ (1)
                $x + y \leqslant 2$ (2)

1. *Conjunto de oportunidades* (véase la figura 12.25):

$$X = D \cap S = S = \{(x, y) \in \mathbb{R}^2 / x - y^2 \geqslant 0;\ x + y \leqslant 2\}$$

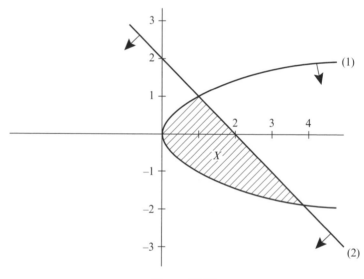

Figura 12.25

2. *Dibujamos el mapa de curvas de nivel* (véase la figura 12.26): La función objetivo es una circunferencia centrada en el punto $(1, 0)$. Sus curvas de nivel son:

$$
\begin{aligned}
(x - 1)^2 + y^2 &= 0 \quad \Rightarrow \quad \text{sería el mismo punto } (1, 0) \\
(x - 1)^2 + y^2 &= 1 \quad \Rightarrow \quad \text{circunferencia de radio } 1 \\
(x - 1)^2 + y^2 &= 2 \quad \Rightarrow \quad \text{circunferencia de radio } \sqrt{2} \\
(x - 1)^2 + y^2 &= 4 \quad \Rightarrow \quad \text{circunferencia de radio } 2, \text{ etc.}
\end{aligned}
$$

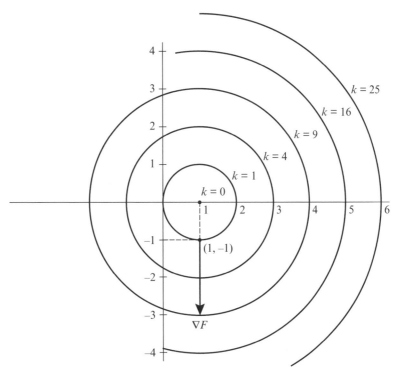

Figura 12.26

3. *Dirección de máximo crecimiento:* Puesto que la función objetivo $f(x) = (x-1)^2 + y^2$, su gradiente será:

$$\nabla F = \begin{bmatrix} 2x - 2 \\ 2y \end{bmatrix}$$

Este gradiente depende de las variables x e y, es decir, es un vector no constante. En el siguiente capítulo veremos que el conocimiento de un punto candidato a óptimo nos ayudará en este aspecto. Mientras tanto, lo que hacemos es elegir un punto cualquiera que no anule el gradiente, para así determinar la dirección de preferencia a partir de dicho punto (véase la figura 12.26):

$$\nabla f(1, -1) = \begin{bmatrix} 0 \\ -2 \end{bmatrix}$$

Ahora bien, en este ejemplo el centro de las curvas de nivel (recuérdese que son circunferencias) se encuentra dentro del conjunto de oportunidades, y éstas son circunferencias concéntricas que van creciendo conforme el radio es mayor.

Teniendo en cuenta lo anterior, obsérvese en la figura 12.27 que el más pequeño valor que puede tomar la función objetivo es cuando, en las curvas de nivel, la constante es cero; es decir, se trata precisamente del punto $(1,0)$, el cual, al ser admisible, es un mínimo de la función que, además, será global.

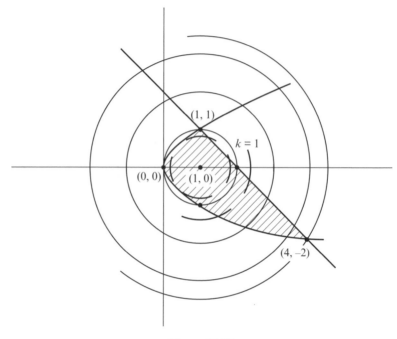

Figura 12.27

Por otro lado, es interesante comentar también sobre el gráfico lo que ocurre con la curva de nivel $k = 1$; para ello necesitamos saber interpretar correctamente la definición de óptimo local (en este ejemplo, máximo local) que, dada su importancia para la resolución de este ejercicio, vamos a recordar: «x^* es máximo local del problema general de optimización matemática (1) si es admisible y es máximo relativo respecto de todos los puntos admisibles de su entorno».

En dicha curva de nivel, los puntos $(0,0)$ y $(1,1)$ son máximos locales, puesto que verifican la citada definición; sin embargo, en los puntos $(2,0)$ y $(1,-1)$, en un entorno admisible de ambos, hay puntos donde la función objetivo toma valores mayores y también encontramos otros con valores menores. Por tanto, aunque en estos cuatro puntos la función objetivo alcanza el mismo valor (están situados sobre la misma curva de nivel), sólo dos son óptimos locales ya que lo relevante para su determinación es comparar ese valor sólo con los puntos de un entorno admisible.

Por último, señalar que el punto situado en el cuarto cuadrante y que es intersección de las dos restricciones, es un máximo global; para ello recordemos su definición: «x^* es máximo global del problema (1) si es admisible y es máximo respecto de todos los puntos admisibles». Para calcular dicho punto tenemos que resolver el sistema:

$$x - y^2 = 0$$
$$x + y = 2$$

siendo los puntos $(1,1)$ y $(4,-2)$ la solución de dicho sistema. El máximo global será, por tanto $(4,-2)$.

Respecto a las restricciones, en los puntos $(1,1)$ y $(4,-2)$ son activas las dos, mientras que en el otro máximo, el punto $(0,0)$, sólo es activa la parábola. Por otro lado, si consideramos al único punto mínimo del problema, el $(1,0)$, se observa que no tiene ninguna restricción activa, ya que se trata de un óptimo interior.

12.9. Resuélvanse gráficamente los siguientes problemas e indique las restricciones activas en el óptimo.

a) Optimizar $x^2 + (y-2)^2$
   sujeto a $2x^2 + y^2 \leq 8$
   $x^2 + y^2 \geq 4$
   $x, y \geq 0$

b) Maximizar $6x + y$
   sujeto a $2x + y \leq 6$
   $-x + y \geq 1$
   $y \leq 3$
   $x, y \geq 0$

SOLUCIÓN

a) Optimizar $x^2 + (y-2)^2$
   sujeto a $2x^2 + y^2 \leq 8$ (1)
   $x^2 + y^2 \geq 4$ (2)
   $x, y \geq 0$ (3) y (4)

1. *Conjunto de oportunidades* (véase la figura 12.28):

$$X = D \cap S = S = \{(x,y) \in \mathbb{R}^2 / 2x^2 + y^2 \leq 8; \ x^2 + y^2 \geq 4; \ x \geq 0; \ y \geq 0\}$$

2. *Curvas de nivel:* Las curvas de nivel de la función objetivo son circunferencias centradas en el punto $(0,2)$, las cuales se representan en la figura 12.29.

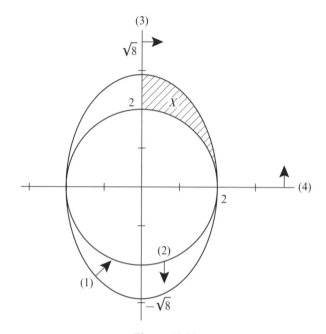

Figura 12.28

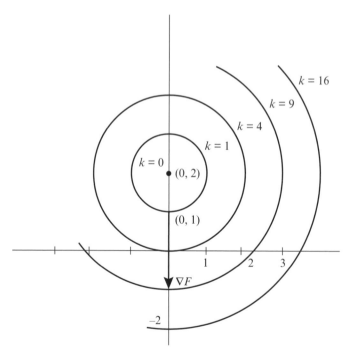

Figura 12.29

3. *Dirección de máximo crecimiento* (véase la figura 12.29): Obtenemos el vector gradiente:

$$\nabla f = \begin{bmatrix} 2x \\ 2y - 4 \end{bmatrix}$$

Puesto que lo trascendente en el gradiente es la dirección, no tiene sentido ésta si no es a partir de un punto. Pues bien, al ser gradiente de componentes no constantes, tendremos que sustituir en éste uno o varios puntos cualesquiera donde no se anule dicho gradiente; por ejemplo:

$$\nabla f(0,1) = \begin{bmatrix} 0 \\ -2 \end{bmatrix}$$

No obstante, en la figura 12.30 podemos observar que las curvas de nivel son circunferencias que aumentan conforme lo hace el radio. El centro de dichas curvas está en la frontera del conjunto de oportunidades. Con esta información, podemos llegar a las siguientes conclusiones:

— Mínimo global: $(0,2)$ $\Rightarrow$ Es el primer punto del conjunto de oportu-nidades que «toca» una curva de nivel (cuando $k = 0$). Las restricciones (2) y (3) son activas.

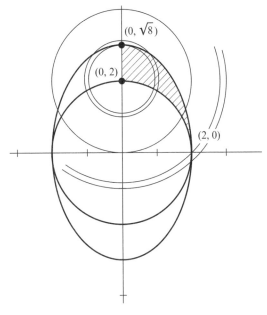

Figura 12.30

— Aunque gráficamente puede parecer que el punto $(0, \sqrt{8})$ es un máximo local del problema, un estudio pormenorizado del mismo permite deducir que no lo es, ya que hay curvas de mayor nivel que cortan ligeramente al conjunto de oportunidades.

— Máximo global: $(2, 0)$ $\Rightarrow$ En todo el conjunto de oportunidades, la función objetivo (por tanto, sus curvas de nivel) no toma un valor mayor que en el punto. Son activas todas las restricciones excepto la (3).

b) Maximizar $6x + y$

sujeto a $2x + y \leq 6$ (1)

$-x + y \geq 1$ (2)

$y \leq 3$ (3)

$x, y \geq 0$ (4) y (5)

1. *Conjunto de oportunidades* (véase la figura 12.31):

$$X = \{(x, y) \in \mathbb{R}^2 / 2x + y \leq 6; -x + y \geq 1; y \leq 3; x \geq 0; y \geq 0\}$$

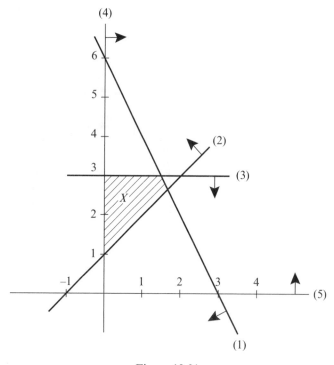

Figura 12.31

2. *Curvas de nivel* (véase la figura 12.32): Son las rectas paralelas que dibujamos a continuación:

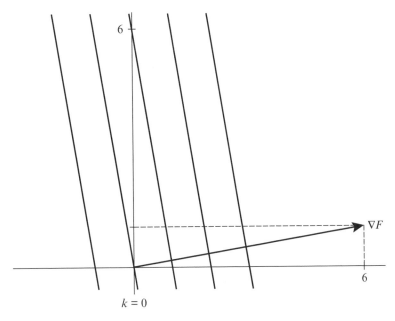

Figura 12.32

3. *Dirección de máximo crecimiento:* Calculamos el gradiente.

$$\nabla f = \begin{bmatrix} 6 \\ 1 \end{bmatrix}$$

Este vector nos indica la dirección de máximo crecimiento. Con ello, en la figura 12.33 determinaremos el máximo como el último punto de intersección de nuestro conjunto de oportunidades con una curva de nivel; además, se encuentra en el punto de corte entre las rectas: $2x + y = 6y - x + y = 1 \Rightarrow$ máximo $(5/3, 8/3)$. Como es obvio, estas dos restricciones son activas para dicho punto. Por otro lado, también encontramos un mínimo en el $(0,1)$, primer punto admisible que es intersección con una curva de nivel; en éste son activas $-x + y = 1$, $x = 0$. Por último, hay que destacar que se podría eliminar la restricción $y \geqslant 0$, puesto que es redundante.

Si fijamos nuestra atención en el enunciado del ejercicio que acabamos de resolver, éste responde a un tipo de problemas de programación matemática en el que tanto la función objetivo como las funciones que aparecen en las restricciones son funciones lineales. Pues bien, las soluciones a estos proble-

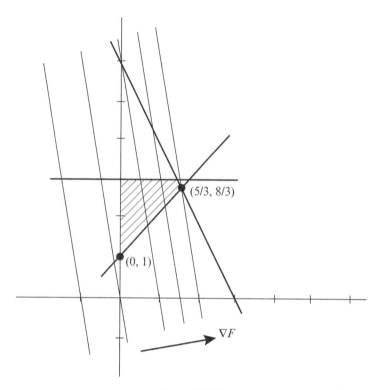

Figura 12.33

mas, denominados de programación lineal, si existen, siempre se van a encontrar en los vértices del conjunto de puntos admisibles, tal y como podemos observar en nuestro gráfico, donde el punto máximo $(5/3, 8/3)$ y el punto mínimo $(0, 1)$ se ubican en sendos vértices del conjunto de oportunidades (la figura que representa a X es un poliedro, es decir, una intersección acotada de semiespacios).

Por otro lado, en los problemas de programación lineal, al ser la función lineal, ésta siempre es continua en todo $\mathbb{R}^n$ y, además, es tanto cóncava como convexa. Respecto al conjunto de oportunidades, éste es cerrado, convexo y distinto del vacío. Por tanto, podemos concluir que si un problema de programación lineal posee solución, dicho valor óptimo es global, ya que verifica las hipótesis del teorema local-global tanto para mínimos como para máximos; en nuestro problema podemos observar que sí lo cumple. Sin embargo, no podemos asegurar en todos los casos que un problema de programación lineal posea solución finita, puesto que no siempre el conjunto de puntos admisibles va a estar acotado, condición que faltaría para la verificación de las condiciones suficientes del teorema de Weierstrass. En nuestro ejercicio, X sí está acotado, por lo que cumple dicho teorema.

12.10. Resuelva gráficamente el siguiente problema e indique las restricciones activas en el óptimo.

$$\text{Optimizar} \quad x + y$$
$$\text{sujeto a} \quad x + y \leq 3$$
$$x - y \leq 1$$
$$x \leq 1$$
$$x, y \geq 0$$

SOLUCIÓN

$$\text{Optimizar} \quad x + y$$
$$\text{sujeto a} \quad x + y \leq 3 \quad (1)$$
$$x - y \leq 1 \quad (2)$$
$$x \leq 1 \quad (3)$$
$$x, y \geq 0 \quad (4) \text{ y } (5)$$

1. *Conjunto de oportunidades* (véase la figura 12.34).

$$X = \{(x, y) \in \mathbb{R}^2 / x + y \leq 3; \; x - y \leq 1; \; x \leq 1; \; x \geq 0; \; y \geq 0\}$$

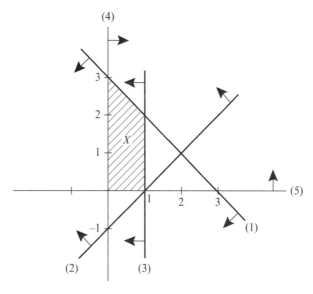

Figura 12.34

2. *Curvas de nivel:* Representamos gráficamente en la figura 12.35 las distintas rectas que forman las curvas de nivel.

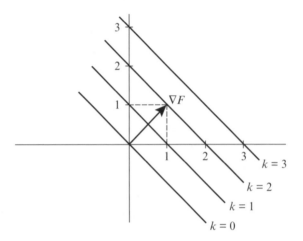

Figura 12.35

3. *Dirección de máximo crecimiento:* El gradiente es:

$$\nabla f = \begin{bmatrix} 1 \\ 1 \end{bmatrix}$$

Al dibujar este vector obtenemos tanto el máximo crecimiento de la función objetivo como el mínimo (la opuesta a la dirección que indica el gradiente). Así, el punto $(0,0)$ es un mínimo que, además, es global; en él son activas las restricciones (4) y (5).

Por otro lado, obsérvese en la figura 12.36 que la función objetivo es paralela a la primera restricción, de hecho, ésta es también una curva de nivel. Por tanto, en este ejemplo, la última curva de nivel es intersecada con el conjunto de oportunidades, no sólo por un punto, como pasó en el ejercicio anterior, sino por los infinitos puntos que se encuentran en el segmento de extremos $(0,3)$ y $(1,2)$. Además, al ser éste un problema de programación líneal (la función objetivo y las funciones restricción son lineales), sabemos que la solución tiene que estar en un vértice. Pues bien, si dicha solución se alcanza en dos vértices del conjunto de oportunidades, como ocurre en este caso con los vértices $(0,3)$ y $(1,2)$, la alcanza también en cualquier combinación lineal convexa de los mismos; por tanto, el segmento cerrado que los une también es solución, por lo que estamos ante un problema con infinitos óptimos (máximos, en este caso). En general, si estamos en $\mathbb{R}^n$, cuando haya varios vértices óptimos también será solución la combinación lineal convexa de éstos.

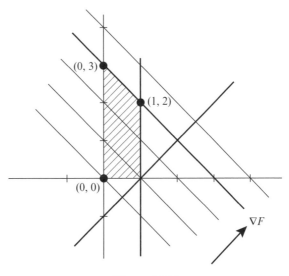

Figura 12.36

La única restricción activa en los infinitos máximos es la (1), pero, además, en el vértice $(0, 3)$ también lo es la restricción (4), y en $(1, 2)$ la (3). Respecto a la restricción $x - y \leq 1$, no nos aporta información alguna, por lo que podríamos eliminarla al tratarse de una restricción redundante.

13

Programación clásica

- Programación clásica sin restricciones: 13.1, 13.2, 13.3, 13.4, 13.5
- Programación clásica con restricciones: 13.10, 13.11, 13.12, 13.13, 13.14
- Aplicaciones económicas:

  — Sin restricciones: 13.6, 13.7, 13.8, 13.9
  — Con restricciones: 13.15, 13.16, 13.17, 13.18

Teoría

Programación clásica irrestricta

Sea el problema general de programación clásica sin restringir:

$$\text{ópt } F(x_1, ..., x_n)$$

donde suponemos que la función escalar F está definida en un subconjunto D abierto tal que $D \subset \mathbb{R}^n$, y es de clase dos. Para la determinación de los puntos óptimos de este tipo de problemas aplicaremos dos teoremas:

Definición. Un punto $\vec{x}^*$ perteneciente a D es un punto crítico de F si y sólo si:

$$\nabla F(\vec{x}^*) = \vec{0}$$

Teorema (condición necesaria de primer orden). Dada $F: D \subset \mathbb{R}^n \to \mathbb{R}$, de clase uno, la condición necesaria para que posea un *óptimo local* en un punto $\vec{x}^*$ perteneciente al interior de D es que:

$$\nabla F(\vec{x}^*) = \vec{0}$$

Teorema (condiciones suficientes de segundo orden). Dada $F: D \subset \mathbb{R}^n \to \mathbb{R}$, de clase dos, sea $\vec{x}^* \in D$, punto crítico de F.

Supongamos que la hessiana de F en $\vec{x}^*$ no es la matriz nula. Entonces, $\vec{x}^*$ es máximo local de F si la forma cuadrática $\vec{h}^t H(\vec{y})\vec{h}$ es, al menos, semidefinida negativa para todo punto $\vec{y} \in N(\vec{x}^*)$, es decir, si F es cóncava en $N(\vec{x}^*)$.

De los dos teoremas anteriores se deduce la siguiente proposición.

Proposición. Sea $F: D \subset \mathbb{R}^n \to \mathbb{R}$ de clase dos y $\vec{x}^*$ un punto crítico de F. Suponemos que la hessiana de F en $\vec{x}^*$ no es la matriz nula; entonces se verifica:

a) Si la forma cuadrática $\vec{h}^t H(\vec{y})\vec{h}$ es, al menos, semidefinida positiva para todo punto $\vec{y} \in N(\vec{x}^*)$, entonces $\vec{x}^*$ es mínimo local de F.
b) Si la forma cuadrática $\vec{h}^t H(\vec{x}^*)\vec{h}$ es definida positiva, entonces $\vec{x}^*$ es mínimo local estricto de F.
c) Si la forma cuadrática $\vec{h}^t H(\vec{y})\vec{h}$ es, al menos, semidefinida negativa para todo punto $\vec{y} \in N(\vec{x}^*)$, entonces $\vec{x}^*$ es máximo local de F.
d) Si la forma cuadrática $\vec{h}^t H(\vec{x}^*)\vec{h}$ es definida negativa, entonces $\vec{x}^*$ es máximo local estricto de F.
e) Si la forma cuadrática $\vec{x}^t H(\vec{x}^*)\vec{x}$ es indefinida, entonces $\vec{x}^*$ es punto de silla de F.

13.1. Dada la función $f(x,y) = x^2 + y^2$, obtenga sus óptimos e intente dar una restricción al problema de forma que los puntos obtenidos no sean admisibles para el problema restringido.

SOLUCIÓN

Apliquemos, en primer lugar, según los teoremas anteriores, las condiciones necesarias:

$$\nabla f(x,y) = \begin{bmatrix} 2x \\ 2y \end{bmatrix} = \begin{bmatrix} 0 \\ 0 \end{bmatrix} \Leftrightarrow 2x = 0, 2y = 0 \Leftrightarrow x = 0, y = 0$$

Condiciones suficientes: calculamos la matriz hessiana de la función f y la evaluamos en los puntos críticos. En este caso sólo tenemos uno, y además la matriz es independiente del punto:

$$Hf(x,y) = \begin{bmatrix} 2 & 0 \\ 0 & 2 \end{bmatrix}$$

Si clasificamos esta matriz, al ser diagonal y todos los elementos positivos, resulta ser definida positiva, por lo que podemos concluir que en el punto $(0,0)$ hay un mínimo local estricto.

Observamos que el teorema anterior sólo nos proporciona condiciones suficientes para máximos o mínimos locales. Para estudiar la globalidad tendríamos que recurrir a los teoremas de Weierstrass o local-global, cuando sean posibles de aplicar.

En este problema, dado que la función objetivo es convexa y está definida en todo $\mathbb{R}^2$, que es un conjunto convexo, podemos aplicar el teorema local-global para mínimos, y por tanto $(0,0)$ es un *mínimo global* y además estricto, por ser la función estrictamente convexa.

Con respecto a la cuestión de imponer una restricción de forma que los óptimos obtenidos no sean admisibles, dado que el punto obtenido es $(0,0)$, le imponemos por ejemplo $x + y = 1$, la cual no la verifica, y por tanto el problema restringido tendría otra solución. En posteriores ejercicios trataremos la resolución de problemas con restricciones de igualdad, denominándose programación clásica restringida.

En la figura 11.2 se puede ver representado el problema, y se observa claramente que, en efecto, $(0,0)$ es un mínimo global estricto de f.

13.2. Resuelva el problema:

$$\text{ópt } F(x, y, z) = x^2 + y^2 - xy + xz - z^2 + 2z$$

SOLUCIÓN

Condiciones necesarias de primer orden: $\nabla F(x,y,z) = \vec{0}$.

$$\left.\begin{array}{l} \dfrac{\partial F(x,y,z)}{\partial x} = 2x - y + z = 0 \\[2mm] \dfrac{\partial F(x,y,z)}{\partial y} = -x + 2y = 0 \\[2mm] \dfrac{\partial F(x,y,z)}{\partial z} = x - 2z + 2 = 0 \end{array}\right\}$$

Al igualar el gradiente al vector nulo tenemos que resolver un sistema de ecuaciones lineales. El resultado de este sistema es único, luego sólo tenemos un punto crítico que es $(-1/2, -1/4, 3/4)$.

En estos problemas es aconsejable comprobar que la solución obtenida es la correcta, sustituyendo en el sistema que resulte, que en general será no lineal.

Para las condiciones suficientes de segundo orden calculamos la matriz hessiana de la función F:

$$HF(x,y,z) = \begin{bmatrix} 2 & -1 & 1 \\ -1 & 2 & 0 \\ 1 & 0 & -2 \end{bmatrix} \Rightarrow HF(-1/2,-1/4,3/4) = \begin{bmatrix} 2 & -1 & 1 \\ -1 & 2 & 0 \\ 1 & 0 & -2 \end{bmatrix}$$

Para clasificar esta matriz, que nos ha salido numérica, utilizamos el método de los menores principales, resultando:

$$D_1 = 2 > 0$$

$$D_2 = \begin{vmatrix} 2 & -1 \\ -1 & 2 \end{vmatrix} = 3 > 0$$

$$D_3 = \begin{vmatrix} 2 & -1 & 1 \\ -1 & 2 & 0 \\ 1 & 0 & -2 \end{vmatrix} = -8 < 0$$

Puesto que la forma cuadrática, cuya matriz asociada es $HF(x,y,z)$, resulta ser indefinida, el punto crítico $(-1/2,-1/4,3/4)$ es un punto de silla.

13.3. Compruébese que la función:

$$f(x,y) = x^3 + y^3 + 2x^2 + 4y^2$$

posee un óptimo en el punto $(-4/3,-8/3)$.

SOLUCIÓN

En este problema partimos de un enfoque distinto, ya que tenemos que comprobar que el punto que nos dan es candidato a óptimo.

Comprobemos que el punto $(-4/3,-8/3)$ es un punto crítico; para ello, aplicamos las condiciones necesarias de primer orden: $\nabla F(x,y) = \vec{0}$.

$$\left.\begin{aligned}\frac{\partial f(x,y)}{\partial x} &= 3x^2 + 4x \\ \frac{\partial f(x,y)}{\partial y} &= 3y^2 + 8y\end{aligned}\right\} \Rightarrow \left\{\begin{aligned}\frac{\partial f(-4/3,-8/3)}{\partial x} &= 3(-4/3)^2 + 4(-4/3) = 0 \\ \frac{\partial f(-4/3,-8/3)}{\partial y} &= 3(-8/3)^2 + 8(-8/3) = 0\end{aligned}\right.$$

Efectivamente, $(-4/3, -8/3)$ es un punto crítico. Veamos ahora qué clase de óptimo es. Para ello aplicamos las condiciones suficientes de segundo orden:

$$Hf(x, y) = \begin{bmatrix} 6x + 4 & 0 \\ 0 & 6y + 8 \end{bmatrix} \Rightarrow Hf(-4/3, -8/3) = \begin{bmatrix} -4 & 0 \\ 0 & -8 \end{bmatrix}$$

Al clasificar esta forma cuadrática, como es diagonal, y los elementos de la diagonal principal son los dos negativos, resulta ser definida negativa y, por tanto, el punto $(-4/3, -8/3)$ es máximo local estricto.

En este problema no podemos aplicar el teorema local-global, dado que la función objetivo no mantiene el mismo carácter en todo $\mathbb{R}^2$.

En este ejemplo nos dan el punto candidato a óptimo, pero lo podríamos haber calculado de una forma bastante fácil. Tendríamos que resolver:

$$3x^2 + 4x = 0 \iff x(3x + 4) = 0 \iff x = 0 \text{ o } x = -4/3$$
$$3y^2 + 8y = 0 \iff y(3y + 8) = 0 \iff y = 0 \text{ o } y = -4/3$$

Obteniendo, por tanto, cuatro puntos críticos $(0, 0)$, $(0, -8/3)$, $(-4/3, 0)$ y el que nos pide el problema, que ya hemos estudiado $(-4/3, -8/3)$, pudiendo el lector comprobar qué ocurre en los demás puntos.

13.4. Dada la función:

$$f(x, y) = x^4 + y^4 - 2(x - y)^2$$

a) Obtenga sus óptimos.
b) Imponga una restricción de igualdad, de forma que los puntos obtenidos en el apartado *a*) no sean admisibles.

SOLUCIÓN

a) Aplicamos las condiciones necesarias de primer orden: $\nabla F(x, y) = \vec{0}$.

$$\left. \begin{array}{l} \dfrac{\partial f(x, y)}{\partial x} = 4x^3 - 4(x - y) = 0 \\[2mm] \dfrac{\partial f(x, y)}{\partial y} = 4y^3 + 4(x - y) = 0 \end{array} \right\} \iff \left\{ \begin{array}{l} (1) \ 4x^3 - 4(x - y) = 4x^3 - 4x + 4y = 0 \\[2mm] (2) \ 4y^3 + 4(x - y) = 4y^3 + 4x - 4y = 0 \end{array} \right.$$

Si calculamos (1) + (2), tenemos que:

$$4x^3 + 4y^3 = 0 \iff x = -y \iff -x = y$$

Tomando ahora, por ejemplo, la ecuación (1) e imponiendo que $-x = y$:

(1) $4x^3 - 4(x - y) = 4x^3 - 4[x - (-x)] = 4x^3 - 4(2x) = 4x^3 - 8x = 4x(x^2 - 2) = 0$

$$\iff x = 0 \quad \text{o} \quad x^2 = 2; \quad \text{por tanto,} \quad x = \pm\sqrt{2}$$

resultando así tres puntos críticos: $(0,0)$, $(\sqrt{2}, -\sqrt{2})$ y $(-\sqrt{2}, \sqrt{2})$.

Veamos las condiciones suficientes de segundo orden para cada uno de los puntos críticos:

1. $(0,0)$:

$$Hf(x, y) = \begin{bmatrix} 12x^2 - 4 & 4 \\ 4 & 12y^2 - 4 \end{bmatrix} \Rightarrow Hf(0,0) = \begin{bmatrix} -4 & 4 \\ 4 & -4 \end{bmatrix}$$

Si la clasificamos por el método de los menores principales $\begin{cases} D_1 < 0 \\ D_2 = 0 \end{cases}$ resulta semidefinida negativa; por tanto, habría que hacer todas las transformaciones fila-columna; sin embargo, en este caso no hace falta, pues el resultado es la misma matriz. Así pues, tenemos que estudiar el signo de Hf en un entorno de $(0,0)$.

Tomemos puntos de la forma $(\varepsilon, 0)$. Entonces:

$$Hf(\varepsilon, 0) = \begin{bmatrix} 12\varepsilon^2 - 4 & 4 \\ 4 & -4 \end{bmatrix}$$

Al clasificarla:

$$\begin{cases} D_1 = 12\varepsilon^2 - 4 < 0 \\ D_2 = -48\varepsilon^2 + 16 - 16 < 0 \text{ para todo valor de } \varepsilon > 0 \end{cases}$$

con ε un valor próximo a 0. Al tener un menor de orden dos negativo, la forma cuadrática es indefinida, por lo que no podemos afirmar nada mediante las condiciones de segundo orden y, por tanto, tenemos que estudiar la función en un entorno del punto $(0,0)$.

$$f(0,0) = 0$$

$$f(\varepsilon,0) = \varepsilon^4 - 2\varepsilon^2 < 0 \text{ para } \varepsilon \text{ suficientemente pequeño}$$

$$f(0,\varepsilon) = \varepsilon^4 - 2(-\varepsilon)^2 < 0 \text{ para todo valor de } \varepsilon$$

$$f(\varepsilon,\varepsilon) = 2\varepsilon^4 > 0 \text{ para todo valor de } \varepsilon$$

con ε, un valor como antes mencionamos, próximo a cero. Por tanto, el punto $(0,0)$ es punto de silla, ya que en un entorno existen puntos donde la función toma valores mayores y menores que el valor de la función en el punto en cuestión.

2. $(\sqrt{2},-\sqrt{2})$:

$$Hf(\sqrt{2},-\sqrt{2}) = \begin{bmatrix} 20 & 4 \\ 4 & 20 \end{bmatrix}$$

Si la clasificamos por el método de los menores principales, $\begin{cases} D_1 = 20 \\ D_2 = 384 \end{cases}$; por tanto, es definida positiva y en $(\sqrt{2},-\sqrt{2})$ tenemos un mínimo local estricto.

3. $(-\sqrt{2},\sqrt{2})$:

$$Hf(-\sqrt{2},\sqrt{2}) = \begin{bmatrix} 20 & 4 \\ 4 & 20 \end{bmatrix}$$

Dado que al sustituir en la matriz hessiana obtenemos la misma que en el punto anterior, en $(-\sqrt{2},\sqrt{2})$ tenemos otro mínimo local estricto. En la figura 13.1 se aprecia levemente cómo la función toma su mínimo en los dos puntos dados, mientras que en $(0,0)$ posee un punto de silla.

b)   Dado que los puntos obtenidos son $(0,0)$, $(\sqrt{2},-\sqrt{2})$ y $(-\sqrt{2},\sqrt{2})$, si le imponemos, por ejemplo, la restricción $x + y = 1$, no la verifican ninguno de los tres puntos y, por tanto, el problema restringido tendría otra solución.

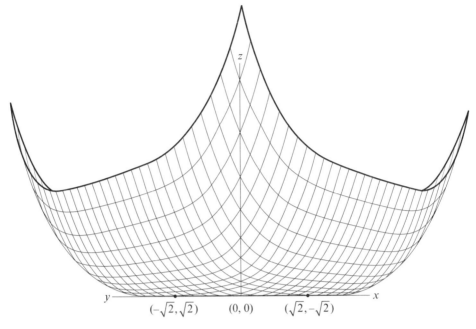

$$(-\sqrt{2}, \sqrt{2}) \qquad (0,0) \qquad (\sqrt{2}, -\sqrt{2})$$

Figura 13.1

13.5. Resuelva el problema:

$$\text{ópt } x^4 + (y - x^2)^2.$$

SOLUCIÓN

Apliquemos las condiciones de primer orden:

$$\nabla f(x, y) = \begin{bmatrix} 8x^3 - 4xy \\ 2y - 2x^2 \end{bmatrix} = \begin{bmatrix} 0 \\ 0 \end{bmatrix}$$

De la primera ecuación se obtiene:

$$x(8x^2 - 4y) = 0 \;\Rightarrow\; x = 0 \;\text{ o }\; y = 2x^2$$

a)   Para $x = 0$, sustituyendo en la segunda ecuación, obtenemos $y = 0$, lo cual nos proporciona el punto crítico $(0, 0)$.

b) Para $y = 2x^2$, sustituyendo resulta: $2(2x^2) - 2x^2 = 2x^2 = 0 \Rightarrow x = 0 \Rightarrow$ $y = 0$, con lo cual obtenemos el mismo punto crítico que en el caso anterior.

Por tanto, tenemos un único punto crítico $(0,0)$, al que pasamos a aplicar condiciones suficientes de segundo orden:

$$Hf(x, y) = \begin{bmatrix} 24x^2 - 4y & -4x \\ -4x & 2 \end{bmatrix} \Rightarrow Hf(0,0) = \begin{bmatrix} 0 & 0 \\ 0 & 2 \end{bmatrix}$$

Esta matriz hessiana es semidefinida positiva, por lo que hay que estudiar su signo en puntos de entorno de $(0,0)$:

$$Hf(\varepsilon, 0) = \begin{bmatrix} 24\varepsilon^2 & -4\varepsilon \\ -4\varepsilon & 2 \end{bmatrix} \Rightarrow \begin{cases} D_1 = 24\varepsilon^2 > 0 \\ D_2 = 64\varepsilon^2 > 0 \end{cases} \Rightarrow \text{Definida positiva}$$

$$Hf(0, \varepsilon) = \begin{bmatrix} -4\varepsilon & 0 \\ 0 & 2 \end{bmatrix} \Rightarrow \text{Indefinida}$$

Así pues, la matriz no mantiene su carácter en ningún entorno de $(0,0)$, por lo que las condiciones de segundo orden no nos permiten asegurar nada sobre el carácter óptimo de $(0,0)$. Sin embargo, del estudio directo de la función se puede observar que $F(0,0) = 0$, y que, en general:

$$F(x, y) = x^4 + (y - x^2)^2 \geq 0$$

por lo que $(0,0)$ es un mínimo global de F. Este problema sirve de ejemplo para demostrar que, en el caso de que el estudio de las condiciones de segundo orden no permita afirmar nada, el punto crítico en cuestión puede ser de todas formas un óptimo del problema, y no necesariamente un punto de silla.

13.6. La función de utilidad de un consumidor que adquiere dos bienes A y B en cantidades x e y, respectivamente, es $U(x,y) = xy - x^2 - 2y^2 + 9x - y$. Determine las cantidades que debe consumir para maximizar su utilidad.

SOLUCIÓN

La relación entre la teoría de consumidor y la optimización se verá detalladamente en el problema 13.15. En éste hacemos una primera toma de contacto con el tema; para resolver este problema hemos de formularlo matemáticamente. Como lo que se pretende es maximizar la función de utilidad, obtenemos:

$$\text{máx } \{U(x, y) = xy - x^2 - 2y^2 + 9x - y\}$$

Puede observarse que, por la naturaleza del problema, las variables x e y no pueden tomar valores negativos, ya que no tendrían sentido consumos negativos. Así, parece que habría que introducir dos restricciones en el problema: $x \geqslant 0$, $y \geqslant 0$. El problema así planteado no podría resolverse mediante técnicas de programación clásica, que sólo trabaja con restricciones de igualdad. Lo que nosotros haremos es maximizar la función sin restricciones y comprobar si la solución que obtenemos tiene sentido económico, es decir, si sus componentes son positivas. Si es así, el problema estará resuelto. Si no, habría que emplear otras técnicas que salen del alcance de este tema. Realizando así el estudio, es cierto que podemos estar despreciando óptimos locales que se encuentren en la frontera de estas restricciones, es decir, que tengan alguna coordenada nula. En cualquier caso, se puede prescindir de estas soluciones, ya que parece que tiene poco sentido que uno de los consumos sea nulo, si el problema está planteado correctamente.

Apliquemos, pues, las condiciones necesarias de primer orden sobre U:

$$\frac{\partial U(x, y)}{\partial x} = y - 2x + 9 = 0 \quad (1)$$

$$\frac{\partial U(x, y)}{\partial y} = x - 4y - 1 = 0 \quad (2)$$

Resolviendo este sistema lineal, resulta el punto crítico $(5, 1)$.

Calculemos ahora la matriz hessiana de U para aplicar las condiciones suficientes de segundo orden:

$$HU(x, y) = \begin{bmatrix} -2 & 1 \\ 1 & -4 \end{bmatrix} \Rightarrow HU(5, 1) = \begin{bmatrix} -2 & 1 \\ 1 & -4 \end{bmatrix}$$

Al clasificarla por el método de los menores principales obtenemos $D_1 = -2$ y $D_2 = 7$, lo que nos indica que es definida negativa, y por tanto en $(5, 1)$ tenemos un máximo local estricto.

Por otro lado, puede observarse que la matriz hessiana de U es constante en todo $\mathbb{R}^2$ y, por tanto, definida negativa en cualquier punto. Así pues, podemos asegurar que la función U es cóncava en $\mathbb{R}^2$. Además, el espacio $\mathbb{R}^2$ es, obviamente, un conjunto convexo y U continua. Consiguientemente, estamos en las condiciones del teorema local-global para máximo, lo que nos permite afirmar que el máximo que hemos obtenido es global. Además, sus componentes son positivas, por lo que la solución tiene sentido desde el punto de vista económico.

En conclusión, podemos afirmar que el consumidor maximizaría su utilidad consumiendo cinco unidades del bien *A* y una del bien *B*.

13.7. Una empresa produce dos bienes *A* y *B*, en cantidades *x* e *y*, respectivamente, con una función de beneficios:

$$B(x, y) = 2xy - 2x^2 - y^2 + 8x - 2y$$

Determine las cantidades a producir de los bienes, para maximizar el beneficio.

SOLUCIÓN

Matemáticamente expresado, este problema de maximización de beneficios es:

$$\text{máx } \{B(x, y) = 2xy - 2x^2 - y^2 + 8x - 2y\}$$

En cuanto a las posibles condiciones de no negatividad, podemos razonar como en el problema anterior, por lo que procederemos a maximizar la función *B* sin restringir.

Así pues, apliquemos las condiciones necesarias de primer orden sobre la función *B*:

$$\frac{\partial B(x, y)}{\partial x} = 2y - 4x + 8 = 0 \quad (1)$$

$$\frac{\partial B(x, y)}{\partial y} = 2x - 2y - 2 = 0 \quad (2)$$

Resolviendo este sistema lineal obtenemos el punto crítico $(3, 2)$.

Calculemos la matriz hessiana de *B* para las condiciones suficientes de segundo orden:

$$HB(x, y) = \begin{bmatrix} -4 & 2 \\ 2 & -2 \end{bmatrix} \Rightarrow HB(3, 2) = \begin{bmatrix} -4 & 2 \\ 2 & -2 \end{bmatrix}$$

Al clasificarla por el método de los menores principales obtenemos $D_1 = -4$ y $D_2 = 4$, lo que nos indica que es definida negativa, y por tanto en $(3, 2)$ tenemos un máximo local estricto.

Nuevamente, como en el problema anterior, se observa que B es cóncava y continua en todo $\mathbb{R}^2$, que es un conjunto convexo. Por tanto, el teorema local-global para máximo nos permite afirmar que $(3, 2)$ es un máximo global del problema, que, además, tiene sus componentes positivas, lo que lo hace aceptable desde el punto de vista económico.

Por todo ello deducimos que la empresa maximizará su beneficio si produce tres unidades del bien A y dos del bien B.

13.8. Sea una empresa que produce tres bienes cuyos precios de mercado en competencia perfecta son $Px = 16$, $Py = 12$ y $Pz = 20$. Su función de coste es:

$$C(x, y, z) = x^2 + 2y^2 + 3z^2 + 2xz + 25$$

donde x, y, z representan las cantidades producidas de cada uno de los tres bienes. Obténganse los valores de x, y, z que maximizan el beneficio de la empresa.

SOLUCIÓN

Desde el punto de vista de la optimización, en la teoría de la producción se pueden plantear dos tipos de objetivos: uno, elegir el nivel de producción que maximiza la diferencia entre los ingresos y los costes, y el otro calcular las cantidades de factores que minimizan el coste de obtener un nivel de producción dado. Este último objetivo lo estudiaremos cuando lleguemos a la programación clásica restringida, en concreto en el problema 13.16; el primer objetivo es el que pretendemos resolver en este ejercicio.

Si suponemos que la empresa vende todo lo que produce, como la empresa produce tres bienes y conocemos los precios del mercado, la función de ingresos es:

$$I(x, y, z) = 16x + 12y + 20z$$

La función de coste es:

$$C(x, y, z) = x^2 + 2y^2 + 3z^2 + 2xz + 25$$

Así, el beneficio de la empresa es $B = I - C$. Por tanto, tendremos que maximizar la función B:

$$\text{máx } \{B(x, y, z) = 16x + 12y + 20z - x^2 - 2y^2 - 3z^2 - 2xz - 25\}$$

Veamos las condiciones necesarias de primer orden:

$$\nabla F(x, y, z) = \begin{bmatrix} 16 - 2x - 2z \\ 12 - 4y \\ 20 - 2x - 6z \end{bmatrix} = \begin{bmatrix} 0 \\ 0 \\ 0 \end{bmatrix}$$

Tenemos que resolver el siguiente sistema lineal:

$$\begin{cases} 2x + \quad\quad 2z = 16 \\ \quad\quad 4y \quad\quad = 12 \\ 2x + \quad\quad 6z = 20 \end{cases}$$

que resulta ser compatible determinado, obteniéndose el punto crítico $(7, 3, 1)$, el cual es admisible, teniendo en cuenta las condiciones de no negatividad.

Apliquemos ahora las condiciones suficientes de segundo orden:

$$HF(x, y, z) = \begin{bmatrix} -2 & 0 & -2 \\ 0 & -4 & 0 \\ -2 & 0 & -6 \end{bmatrix} \Rightarrow HF(7, 3, 1) = \begin{bmatrix} -2 & 0 & -2 \\ 0 & -4 & 0 \\ -2 & 0 & -6 \end{bmatrix}$$

Al clasificarla por el método de los menores principales, resulta:

$$\begin{cases} D_1 = -2 \\ D_2 = 8 \\ D_3 = -32 \end{cases}$$

que corresponde a una forma cuadrática definida negativa. Por consiguiente, en el punto $(7, 3, 1)$ tenemos un máximo local estricto.

También en este problema podemos asegurar, por el teorema local global, que el máximo es global, dado que la función es cóncava en todo su dominio $\mathbb{R}^3$, el cual es un conjunto convexo.

Así, la empresa, para maximizar sus beneficios, debe producir siete unidades del primer bien, tres unidades del segundo y uno del tercero.

13.9. Una empresa produce dos bienes A y B en competencia perfecta, cuyos precios vienen dados, siendo éstos $p_A = 100$, $p_B = 150$. La función de costes de la empresa es $C(x, y) = 40 \ln x + 20 \ln y + 20x^2 + 35y^2$, donde x e y son las cantidades producidas de los bienes A y B, respectivamente. Se pide:

a) Determine los niveles de producción que permiten a la empresa alcanzar el máximo beneficio.

b) Puesto que los indicadores económicos auguran una fuerte crisis económica a corto plazo, el consejo de administración de la empresa ha decidido implantar una política prudente respecto a los dividendos, de tal forma que éstos no serán repartidos si el máximo beneficio obtenido no supera las 250 unidades monetarias, destinándose dichos fondos a reinvertirlos en la propia empresa. ¿Qué decisión cree que tomará el consejo: reinvertir o repartir dividendos?

SOLUCIÓN

a) Como ya sabemos, los beneficios vienen dados por la diferencia entre los ingresos y los costes. Si suponemos que la empresa vende todo lo que produce, la función de ingresos será multiplicar precio por cantidad:

$$I(x, y) = 100x + 150y$$

Por tanto, la función de beneficios es:

$$B(x, y) = I(x, y) - C(x, y) = 100x + 150y - 40\ln x - 20\ln y - 20x^2 - 35y^2$$

y el problema, en términos matemáticos, quedaría como sigue:

$$\text{máx } \{B(x, y) = 100x + 150y - 40\ln x - 20\ln y - 20x^2 - 35y^2\}$$

Tal como sucede en cualquier problema con variables económicas, las soluciones a este ejercicio no pueden tener componentes negativas, ya que carece de sentido producir cantidades negativas.

Según las condiciones necesarias de primer orden:

$$\frac{\partial B(x, y)}{\partial x} = 100 - \frac{40}{x} - 40x = 0$$

$$\frac{\partial B(x, y)}{\partial y} = 150 - \frac{20}{y} - 70y = 0$$

nos queda un sistema de ecuaciones que, al resolverlo, permite obtener cuatro puntos críticos:

$$\vec{x}_1^* = (2,2)$$
$$\vec{x}_2^* = (2,1/7)$$
$$\vec{x}_3^* = (1/2,2)$$
$$\vec{x}_4^* = (1/2,1/7)$$

Todos ellos se pueden aceptar en principio como candidatos a óptimos, por tener sus coordenadas positivas.

Aplicamos las condiciones suficientes de segundo orden a cada uno de los puntos críticos obtenidos:

$$HB(x,y) = \begin{bmatrix} \dfrac{40}{x^2} - 40 & 0 \\ 0 & \dfrac{20}{y^2} - 70 \end{bmatrix}$$

Por tanto:

— $HB(2,2) = \begin{bmatrix} -30 & 0 \\ 0 & -65 \end{bmatrix}$, definida negativa.

— $HB(2,1/7) = \begin{bmatrix} -30 & 0 \\ 0 & 910 \end{bmatrix}$, indefinida.

— $HB(1/2,2) = \begin{bmatrix} 120 & 0 \\ 0 & -65 \end{bmatrix}$, indefinida.

— $HB(1/2,1/7) = \begin{bmatrix} 120 & 0 \\ 0 & 910 \end{bmatrix}$, definida positiva.

A la vista de ello, podemos deducir que el máximo buscado se sitúa en el punto $(2,2)$, mientras que $(1/2,1/7)$ es un mínimo local estricto, y $(2,1/7)$ y $(1/2,2)$ son ambos puntos de silla.

Por tanto, la empresa maximizará su beneficio al producir dos unidades del bien A y dos del bien B.

b) Para contestar a esta cuestión necesitamos conocer el valor de la función B en el óptimo calculado en el apartado anterior:

$$B(x,y) = 100x + 150y - 40\ln x - 20\ln y - 20x^2 - 35y^2 \ \Rightarrow \ B(2,2) \simeq 238,42$$

Por tanto, al conseguirse unos beneficios de 238,42 unidades monetarias, y ser éstos inferiores a 250, el consejo de administración decidirá no repartir dividendos, dedicando estos beneficios, principalmente, a reinvertirlos en la propia empresa, con el objetivo de mejorar la eficiencia del proceso productivo mediante la reducción de costes, capacitando así a la empresa para afrontar el período de crisis económica que se avecina.

Programación clásica restringida

En esta segunda parte del capítulo nos planteamos la obtención de los óptimos de una función objetivo, no en todo su dominio, sino en un subconjunto de él, que vendrá marcado por una serie de restricciones. En el caso particular que estas restricciones sean precisamente de igualdad, denominaremos a estos problemas de programación clásica restringida, entendiéndose que es un problema de la forma:

$$\text{optimizar} \quad F(\vec{x})$$
$$\text{sujeto a} \quad \vec{g}(\vec{x}) = \vec{b}$$

donde $\vec{x}* \in \mathbb{R}^n$; supondremos que $\vec{g}$ es una función con m componentes.

Para resolver este tipo de problemas construiremos una función auxiliar, llamada función de Lagrange o lagrangiana, la cual definimos de la siguiente forma:

$$\mathscr{L}(\vec{x}, \vec{\lambda}) = F(\vec{x}) - \vec{\lambda}^t [\vec{g}(\vec{x}) - \vec{b}]$$

$\mathscr{L}(\vec{x}, \vec{\lambda})$ es una función de $n + m$ variables, definida en una parte de $\mathbb{R}^n \times \mathbb{R}^m$. Las m nuevas variables son λ_i, con $i = 1, ..., m$, una por cada una de las restricciones del problema.

Veamos ahora las relaciones entre los óptimos de nuestro problema y los puntos críticos de la función de Lagrange.

Teorema (condición necesaria de primer orden). Sea un problema general de programación clásica y la función de Lagrange asociada al mismo. Si $\vec{x}*$ es óptimo local del problema, entonces existe un $\vec{\lambda}*$ tal que $(\vec{x}*, \vec{\lambda}*)$ es un punto crítico de la función de Lagrange.

Teorema (condición suficiente de segundo orden). Sea un problema general de programación clásica y la función de Lagrange asociada al mismo. Si $(\vec{x}*, \vec{\lambda}*)$

es un punto crítico de dicha función, entonces una *condición suficiente* para que F posea un máximo local estricto en $\vec{x}*$ es que la forma cuadrática:

$$\vec{h}^t H_x \mathcal{L}(\vec{x}*, \vec{\lambda}*)\vec{h}$$

$$\text{s. a } J\vec{g}(\vec{x}*)\vec{h} = 0$$

sea definida negativa.

A $H_x \mathcal{L}(\vec{x}*, \vec{\lambda}*)$ la denominaremos matriz hessiana reducida de la lagrangiana, y representa calcular las derivadas de segundo orden de la función de Lagrange sólo con respecto a las variables originales del problema, es decir, $x_1, ..., x_n$.

$\vec{\lambda}$ representa un vector de m componentes denominado vector de los multiplicadores de Lagrange, los cuales serán de gran utilidad en estudios de postoptimización, con una interpretación económica muy utilizada que nos mide cómo varía el valor de la función objetivo en el óptimo cuando varía uno de los recursos (vector $\vec{b}$).

La condición para poder asegurar dicha interpretación de los multiplicadores es la siguiente.

Proposición. Si se verifica que la matriz:

$$\begin{bmatrix} 0 & J_g^t \\ J_g & \dfrac{\partial^2 \mathcal{L}}{\partial x^2} \end{bmatrix}$$

es regular, entonces $\vec{x}$ y $\vec{\lambda}$ se pueden expresar como funciones diferenciables de $\vec{b}$. Y además, si $(\vec{x}^s, \vec{\lambda}^s)$ es la solución del problema, entonces:

$$\vec{\lambda}_k^s = \frac{\partial F(\vec{x}^s)}{\partial b_k}, \quad k = 1, ..., m$$

midiéndonos, por tanto, la variación del valor de la función objetivo en el óptimo, con respecto a una variación en los recursos.

13.10. Dado el problema:

$$\text{ópt. } x + y$$
$$\text{s. a } x^2 + y^2 = 1$$

resolverlo construyendo la función de Lagrange. ¿Qué ocurre si el recurso aumenta?

SOLUCIÓN

Determinamos la función de Lagrange asociada a este problema:

$$\mathcal{L}(x, y, \lambda) = x + y - \lambda(x^2 + y^2 - 1)$$

Condiciones necesarias de primer orden:

$$\frac{\partial \mathcal{L}(x, y, \lambda)}{\partial x} = 1 - 2\lambda x = 0 \iff x = \frac{1}{2\lambda} \quad (1)$$

$$\frac{\partial \mathcal{L}(x, y, \lambda)}{\partial y} = 1 - 2\lambda y = 0 \iff y = \frac{1}{2\lambda} \quad (2)$$

$$\frac{\partial \mathcal{L}(x, y, \lambda)}{\partial \lambda} = -(x^2 + y^2 - 1) = 0 \quad (3)$$

Sustituimos (1) y (2) en (3) y tenemos:

$$x^2 + y^2 = \left(\frac{1}{2\lambda}\right)^2 + \left(\frac{1}{2\lambda}\right)^2 = 1 \iff \frac{2}{4\lambda^2} = 1 \iff \lambda = \pm\frac{1}{\sqrt{2}} = \pm\frac{\sqrt{2}}{2}$$

Obteniendo así los siguientes puntos críticos:

$$\vec{x}_1^* = (1/\sqrt{2}, 1/\sqrt{2}, \sqrt{2}/2)$$
$$\vec{x}_2^* = (-1/\sqrt{2}, -1/\sqrt{2}, -\sqrt{2}/2)$$

Calculamos ahora la hessiana reducida de la función de Lagrange:

$$H_{(x,y)}\mathcal{L}(x, y, \lambda) = \begin{bmatrix} -2\lambda & 0 \\ 0 & -2\lambda \end{bmatrix}$$

y sustituyendo en los puntos críticos, obtenemos:

$$H_{(x,y)}\mathcal{L}(1/\sqrt{2}, 1/\sqrt{2}, \sqrt{2}/2) = \begin{bmatrix} -\sqrt{2} & 0 \\ 0 & -\sqrt{2} \end{bmatrix}$$

Esta matriz es definida negativa y, por tanto, $\vec{x}_1^*$ es máximo local estricto.

Hacemos lo mismo con el otro punto crítico:

$$H_{(x,y)}\mathscr{L}(-1/\sqrt{2},-1/\sqrt{2},-\sqrt{2}/2) = \begin{bmatrix} \sqrt{2} & 0 \\ 0 & \sqrt{2} \end{bmatrix}$$

siendo definida positiva, por lo que $\vec{x}_2^*$ es un mínimo local estricto.

Al resultar la forma cuadrática sin restringir definida en ambos casos, no nos hace falta restringirla a la jacobiana de la restricción.

El teorema de Weierstrass se verifica, dado que el conjunto de oportunidades es compacto y la función objetivo continua. Con respecto al teorema local-global no podemos afirmar nada, dado que el conjunto de oportunidades no es convexo.

Sin embargo, podemos decir que los óptimos son globales por el teorema de Weierstrass. En efecto, este teorema nos afirma la existencia de óptimos globales y, puesto que en este ejercicio hay un solo máximo local y un mínimo local, está claro que éstos son también globales (véase la figura 13.2).

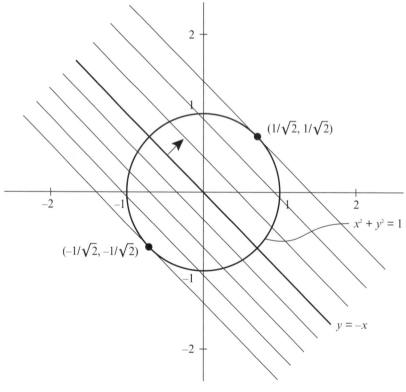

Figura 13.2

Respecto a los multiplicadores de Lagrange, veamos si los podemos interpretar según la condición suficiente. Para el punto $\vec{x}_1^*$:

$$H^* = \left[\begin{array}{c|c} 0 & J\vec{g}^t \\ \hline J\vec{g} & H_{(x,y)}\mathcal{L}(x,y,\lambda) \end{array}\right] = \left[\begin{array}{c|cc} 0 & 2/\sqrt{2} & 2/\sqrt{2} \\ \hline 2/\sqrt{2} & -\sqrt{2} & 0 \\ 2/\sqrt{2} & 0 & -\sqrt{2} \end{array}\right]$$

Al calcular el determinante de H^*, es distinto de cero, por lo que podemos interpretar dicho multiplicador. Como es positivo, $\sqrt{2}/2$, si el recurso b_1 aumenta, el valor de la función objetivo en el óptimo aumenta también.

Para el punto $\vec{x}_2^*$, el resultado es el mismo, es decir, el determinante de la matriz H^* es distinto de cero, y al ser negativo su multiplicador se produce el efecto contrario al anterior, por lo que, si aumenta b_1, el valor de la función objetivo en el óptimo disminuirá. En la figura 13.3 se observa que, en efecto, aumen-

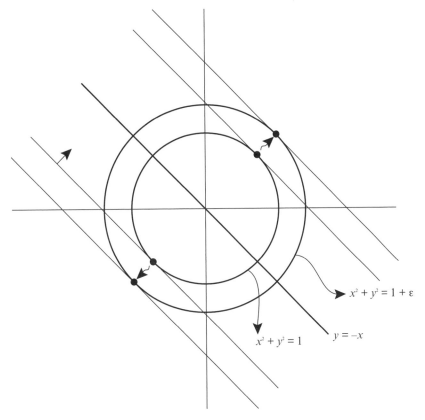

$x^2 + y^2 = 1 + \varepsilon$

$x^2 + y^2 = 1$

$y = -x$

Figura 13.3

tando el recurso (lo cual implica tomar una circunferencia de mayor radio como conjunto de oportunidades), el valor de f en el máximo (con multiplicador positivo) aumenta, ya que está en una curva de nivel mayor, mientras que en el mínimo (con multiplicador negativo) disminuye, ya que pasa a una curva de nivel menor.

13.11. Dado el problema:

$$\text{ópt. } x + y^2$$
$$\text{s. a } 9x + 4y^2 = 36$$

determine los puntos óptimos que posea.

SOLUCIÓN

La función de Lagrange es:

$$\mathscr{L}(x, y, \lambda) = x + y^2 - \lambda(9x + 4y^2 - 36)$$

Condiciones necesarias o de primer orden:

$$\frac{\partial \mathscr{L}(x, y, \lambda)}{\partial x} = 1 - 9\lambda = 0 \iff \lambda = \frac{1}{9} \tag{1}$$

$$\frac{\partial \mathscr{L}(x, y, \lambda)}{\partial y} = 2y - 8\lambda y = 0 \iff y(2 - 8\lambda) = 0 \iff \begin{cases} y = 0 \\ \lambda = 1/4 \end{cases} \tag{2}$$

$$\frac{\partial \mathscr{L}(x, y, \lambda)}{\partial \lambda} = -(9x + 4y^2 - 36) = 0 \tag{3}$$

De (2) rechazamos $\lambda = 1/4$, dado que entonces no se verifica (1), luego $y = 0$, y sustituyendo en (3):

$$9x + 4y^2 = 36 \iff x = \frac{36}{9} = 4$$

obteniendo un solo punto crítico, $x^* = 4$, $y^* = 0$, $\lambda^* = 1/9$, es decir, $(4, 0, 1/9)$.

Aplicamos ahora las condiciones suficientes de segundo orden:

$$H_{(x,y)}\mathscr{L}(x, y, \lambda) = \begin{bmatrix} 0 & 0 \\ 0 & 2 - 8\lambda \end{bmatrix} \Rightarrow H_{(x,y)}\mathscr{L}(4, 0, 1/9) = \begin{bmatrix} 0 & 0 \\ 0 & 10/9 \end{bmatrix}$$

$$\nabla g(x, y) = \begin{bmatrix} 9 \\ 8y \end{bmatrix} \Rightarrow \nabla g(4, 0) = \begin{bmatrix} 9 \\ 0 \end{bmatrix}$$

Por consiguiente, tendremos que clasificar la siguiente forma cuadrática restringida:

$$\phi(h_1, h_2) = (h_1, h_2) \begin{bmatrix} 0 & 0 \\ 0 & 10/9 \end{bmatrix} \begin{bmatrix} h_1 \\ h_2 \end{bmatrix} = \frac{10}{9} h_2^2$$

sujeto a:

$$(9, 0) \begin{bmatrix} h_1 \\ h_2 \end{bmatrix} = 9h_1 = 0$$

Entonces, la forma cuadrática restringida es: $\phi(h_2) = \dfrac{10}{9} h_2^2 > 0$.

Al ser definida positiva, el punto $(4, 0; 1/9)$ es mínimo local estricto.

En este problema, el conjunto de oportunidades corresponde a una parábola con una traslación de ejes, por lo que sabemos que es cerrado pero no acotado; por tanto, no podemos aplicar el teorema de Weierstrass. De la misma forma, el conjunto no es convexo y no podemos aplicar tampoco el teorema local-global. Así pues, no podemos asegurar que el mínimo obtenido sea global.

13.12. Resuelva el problema:

$$\text{ópt.} \quad F(x_1, x_2, x_3) = x_1 x_2 + x_1 x_3 + x_2 x_3$$
$$\text{s. a} \quad x_1 + x_2 + x_3 = 6$$
$$x_1 - x_2 = 1$$

SOLUCIÓN

La función de Lagrange asociada a este problema sería:

$$\mathcal{L}(x_1, x_2, x_3, \lambda_1, \lambda_2) = x_1 x_2 + x_1 x_3 + x_2 x_3 - \lambda_1(x_1 + x_2 + x_3 - 6) - \lambda_2(x_1 - x_2 - 1)$$

Condiciones necesarias de primer orden:

$$\frac{\partial \mathcal{L}(x_1, x_2, x_3, \lambda_1, \lambda_2)}{\partial x_1} = x_2 + x_3 - \lambda_1 - \lambda_2 = 0$$

$$\frac{\partial \mathscr{L}(x_1, x_2, x_3, \lambda_1, \lambda_2)}{\partial x_2} = x_1 + x_3 - \lambda_1 + \lambda_2 = 0$$

$$\frac{\partial \mathscr{L}(x_1, x_2, x_3, \lambda_1, \lambda_2)}{\partial x_3} = x_1 + x_2 - \lambda_1 = 0$$

$$\frac{\partial \mathscr{L}(x_1, x_2, x_3, \lambda_1, \lambda_2)}{\partial \lambda_1} = -(x_1 + x_2 + x_3 - 6) = 0$$

$$\frac{\partial \mathscr{L}(x_1, x_2, x_3, \lambda_1, \lambda_2)}{\partial \lambda_2} = -(x_1 - x_2 - 1) = 0$$

Por tanto, tenemos que resolver un sistema lineal de cinco ecuaciones con cinco incógnitas.

Resolviéndolo por cualquiera de las técnicas propias de sistemas lineales, el punto crítico que obtenemos es: $\vec{x}^* = (5/2, 3/2, 2; 4, -1/2)$.

Condiciones suficientes de segundo orden:

$$H_{(x_1, x_2, x_3)} \mathscr{L}(x_1, x_2, x_3, \lambda_1, \lambda_2) = \begin{bmatrix} 0 & 1 & 1 \\ 1 & 0 & 1 \\ 1 & 1 & 0 \end{bmatrix}$$

Al ser numérica, la hessiana en el punto es la misma. Calculemos la jacobiana de las restricciones del problema para determinar las restricciones de la forma cuadrática:

$$J\vec{g} = \begin{bmatrix} 1 & 1 \\ 1 & -1 \\ 1 & 0 \end{bmatrix}$$

en la que tampoco hay que sustituir en el punto.

Clasificamos la forma cuadrática sin restringir, calculando sus menores principales:

$$\phi(h_1, h_2, h_3) = (h_1, h_2, h_3) \begin{bmatrix} 0 & 1 & 1 \\ 1 & 0 & 1 \\ 1 & 1 & 0 \end{bmatrix} \begin{bmatrix} h_1 \\ h_2 \\ h_3 \end{bmatrix} \; ; \; \left. \begin{array}{l} D_1 = 0 \\ D_2 < 0 \\ D_3 > 0 \end{array} \right\}$$

Al ser indefinida, la forma cuadrática restringida puede tomar cualquier signo.

La forma cuadrática restringida a clasificar será la siguiente:

$$\phi(h_1, h_2, h_3) = (h_1, h_2, h_3) \begin{bmatrix} 0 & 1 & 1 \\ 1 & 0 & 1 \\ 1 & 1 & 0 \end{bmatrix} \begin{bmatrix} h_1 \\ h_2 \\ h_3 \end{bmatrix}$$

$$\text{s. a} \quad h_1 + h_2 + h_3 = 0$$
$$h_1 - h_2 = 0$$

donde podemos observar que las restricciones impuestas no son las propias del problema, sino que provienen de su jacobiana.

$$\left. \begin{array}{l} h_1 + h_2 = -h_3 \\ h_1 - h_2 = 0 \end{array} \right\} 2h_1 = -h_3 \implies \left. \begin{array}{l} h_1 = -1/2h_3 \\ h_2 = h_1 = -1/2h_3 \end{array} \right\}$$

Sustituyendo:

$$\phi_R(h_3) = 2h_1 h_2 + 2h_1 h_3 + 2h_2 h_3 = 2(-1/2h_3)^2 + 2(-1/2h_3)h_3 + 2(-1/2h_3)h_3 =$$
$$= 1/2h_3^2 - h_3^2 - h_3^2 = -3/2h_3^2 < 0$$

resultando definida negativa; por consiguiente, el anterior punto crítico es un máximo local estricto.

13.13. Dado el problema:

$$\text{ópt.} \quad x + z$$
$$\text{s. a} \quad x^2 + y^2 + z^2 = 1$$

a) Determine los puntos óptimos que posea.
b) ¿Cómo le afectará el valor de la función objetivo en dichos puntos si variásemos el valor del recurso infinitesimalmente?

SOLUCIÓN

a) La función de Lagrange asociada a este problema es:

$$\mathcal{L}(x, y, z, \lambda) = x + z - \lambda(x^2 + y^2 + z^2 - 1)$$

Condiciones necesarias:

$$\frac{\partial \mathscr{L}(x, y, z, \lambda)}{\partial x} = 1 - 2\lambda x = 0 \iff x = \frac{1}{2\lambda} \quad (1)$$

$$\frac{\partial \mathscr{L}(x, y, z, \lambda)}{\partial y} = -2\lambda y = 0 \iff \begin{cases} y = 0 \\ \lambda = 0 \end{cases} \quad (2)$$

$$\frac{\partial \mathscr{L}(x, y, z, \lambda)}{\partial z} = 1 - 2\lambda z = 0 \iff z = \frac{1}{2\lambda} \quad (3)$$

$$\frac{\partial \mathscr{L}(x, y, z, \lambda)}{\partial \lambda} = -(x^2 + y^2 + z^2 - 1) = 0 \quad (4)$$

Para resolver este sistema no lineal razonamos de la siguiente forma: de (2) obtenemos, como una de las posibilidades, que $\lambda = 0$, lo cual es imposible por (1); luego tenemos que $y = 0$, sustituyendo ahora en (4) los valores de x, z obtenidos en (1) y (3):

$$(1/2\lambda)^2 + (1/2\lambda)^2 = 1 \quad (4)$$

$$\frac{1}{4\lambda^2} + \frac{1}{4\lambda^2} = 1 \implies \lambda^2 = \frac{1}{2} \implies \lambda = \pm\frac{\sqrt{2}}{2}$$

$$x = \pm\sqrt{2}/2, \quad y = 0, \quad z = \pm\sqrt{2}/2, \quad \lambda = \pm\sqrt{2}/2$$

Los puntos críticos serán:

$$(\sqrt{2}/2, 0, \sqrt{2}/2, \sqrt{2}/2) \quad \text{y} \quad (-\sqrt{2}/2, 0, -\sqrt{2}/2, -\sqrt{2}/2)$$

Condiciones suficientes de segundo orden; para ello calculamos la hessiana reducida:

$$H_{(x,y,z)}\mathscr{L}(x, y, z, \lambda) = \begin{bmatrix} -2\lambda & 0 & 0 \\ 0 & -2\lambda & 0 \\ 0 & 0 & -2\lambda \end{bmatrix}$$

y evaluada en el punto crítico $(\sqrt{2}/2, 0, \sqrt{2}/2, \sqrt{2}/2)$:

$$H_{(x,y,z)}\mathscr{L}(\sqrt{2}/2, 0, \sqrt{2}/2, \sqrt{2}/2) = \begin{bmatrix} -\sqrt{2} & 0 & 0 \\ 0 & -\sqrt{2} & 0 \\ 0 & 0 & -\sqrt{2} \end{bmatrix}$$

siendo una matriz definida negativa, por lo que no tenemos que estudiarla restringida a la jacobiana. Por tanto, en este punto tenemos un máximo local estricto.

Para el punto $(-\sqrt{2}/2, 0, -\sqrt{2}/2, -\sqrt{2}/2)$ seguimos el mismo procedimiento:

$$H_{(x,y,z)}\mathcal{L}(-\sqrt{2}/2, 0, -\sqrt{2}/2, -\sqrt{2}/2) = \begin{bmatrix} \sqrt{2} & 0 & 0 \\ 0 & \sqrt{2} & 0 \\ 0 & 0 & \sqrt{2} \end{bmatrix}$$

La forma cuadrática asociada sería:

$$\phi(h_1, h_2, h_3) = (h_1, h_2, h_3) \begin{bmatrix} \sqrt{2} & 0 & 0 \\ 0 & \sqrt{2} & 0 \\ 0 & 0 & \sqrt{2} \end{bmatrix} \begin{bmatrix} h_1 \\ h_2 \\ h_3 \end{bmatrix} = \sqrt{2}h_1^2 + \sqrt{2}h_2^2 + \sqrt{2}h_3^2$$

Análogamente al caso anterior, no restringiremos esta forma cuadrática, puesto que es definida positiva (todos los elementos de la diagonal principal son positivos). Por consiguiente, el punto crítico objeto de estudio es un mínimo local estricto.

El conjunto de oportunidades es cerrado y acotado, y la función objetivo es continua; por tanto, según el teorema de Weierstrass, existen máximos y mínimos globales. En cuanto al teorema local-global no podemos asegurar nada, dado que el conjunto de oportunidades no es convexo. Sin embargo, ya que el teorema de Weierstrass nos asegura la existencia de óptimos globales, y sólo tenemos un punto candidato para máximo global y otro para mínimo, podemos afirmar que los óptimos obtenidos son globales.

b) En primer lugar aplicamos la condición suficiente que nos permite saber si el multiplicador de Lagrange es interpretable. Para el punto $\vec{x}_1^*$:

$$H^* = \left[\begin{array}{c|c} 0 & J\vec{g}^t \\ \hline J\vec{g} & H_{(x,y)}\mathcal{L}(x,y,\lambda) \end{array}\right] = \left[\begin{array}{c|ccc} 0 & \sqrt{2} & 0 & \sqrt{2} \\ \hline \sqrt{2} & -\sqrt{2} & 0 & 0 \\ 0 & 0 & -\sqrt{2} & 0 \\ \sqrt{2} & 0 & 0 & -\sqrt{2} \end{array}\right]$$

Al calcular el determinante de H^*, es distinto de cero, por lo que podemos interpretar dicho multiplicador. Como es positivo ($\lambda^* = \sqrt{2}/2$), si el recurso aumenta el valor de la función objetivo en el óptimo también se incrementa.

Para el punto $\vec{x}_2^*$, el resultado es el mismo; es decir, el determinante de la matriz H^* es distinto de cero, y al ser negativo su multiplicador se produce el efecto contrario al anterior, por lo que si aumenta el recurso el valor de la función objetivo en el óptimo disminuye.

13.14. Dado el problema:

$$\text{ópt. } x^2 + y^2$$
$$\text{s. a } (x - 1)^3 - y^2 = 0$$

compruebe si $(1, 0)$ es solución.

SOLUCIÓN

Obtenemos la función de Lagrange:

$$\mathscr{L}(x, y, \lambda) = x^2 + y^2 - \lambda[(x - 1)^3 - y^2]$$

Aplicamos las condiciones necesarias de primer orden:

$$\frac{\partial \mathscr{L}(x, y, \lambda)}{\partial x} = 2x - 3\lambda(x - 1)^2 = 0 \quad (1)$$

$$\frac{\partial \mathscr{L}(x, y, \lambda)}{\partial y} = 2y + 2\lambda y = 0 \quad (2)$$

$$\frac{\partial \mathscr{L}(x, y, \lambda)}{\partial \lambda} = -[(x - 1)^3 - y^2] = 0 \quad (3)$$

Evaluadas en $(1, 0)$:

$$2 \cdot 1 - 3\lambda(1 - 1)^2 \neq 0 \quad (1)$$
$$2 \cdot 0 + 2 \cdot \lambda \cdot 0 = 0 \quad (2)$$
$$(1 - 1)^3 - 0^2 = 0 \quad (3)$$

Al no verificarse (1), el punto $(1, 0)$ no es punto crítico de la función de Lagrange y, por tanto, no puede ser solución del problema. No obstante, intentamos buscar otros posibles puntos críticos.

Si resolvemos el sistema de ecuaciones anterior, en (2) se obtiene:

$$2y(1 + \lambda) = 0 \begin{cases} y = 0 \\ \lambda = -1 \end{cases}$$

Si $y = 0$:

$$\left.\begin{array}{l} 2x - 3\lambda(x - 1)^2 = 0 \qquad\qquad (1) \\ 0 = 0 \qquad\qquad\qquad\qquad\quad (2) \\ (x - 1)^3 = 0 \Rightarrow x - 1 = 0 \Rightarrow x = 1 \quad (3) \end{array}\right\}$$

obtenemos $(1, 0)$, que no es crítico, según lo visto anteriormente.

Si $\lambda = -1$:

$$\left.\begin{array}{l} 2x + 3(x - 1)^2 = 0 \quad (1) \\ 0 = 0 \quad (2) \\ (x - 1)^3 - y^2 = 0 \quad (3) \end{array}\right\}$$

operamos en (1):

$$2x + 3(x^2 + 1 - 2x) = 3x^2 - 4x + 3 = 0$$

ecuación de segundo grado que resolvemos:

$$x = \frac{4 \pm \sqrt{16 - 4 \cdot 3 \cdot 3}}{2 \cdot 3}$$

Esta ecuación no tiene solución real. Por tanto, podemos afirmar que la lagrangiana no posee puntos críticos y, por consiguiente, que el problema carece de solución.

13.15. Sea la función de utilidad de un consumidor:

$$U(x, y) = 6xy + 2(y - 2)$$

donde x e y son las cantidades que se adquieren de los bienes A y B. Los precios por unidad de dichos bienes vienen determinados por el mercado, siendo éstos 4 y 2 unidades monetarias (u.m.), respectivamente. La cantidad de dinero de que dispone el consumidor para comprar dichos bienes es de 8 u.m. Se pide:

> *a*) ¿Cuál será la elección óptima del consumidor si su objetivo es alcanzar el máximo nivel de utilidad, suponiendo que se gasta toda su renta monetaria, *R*? En dicha elección óptima, ¿cuál sería el valor de la utilidad para el consumidor?
>
> *b*) ¿Aumentaría el consumidor su utilidad si dispusiera de una menor renta monetaria? Razone la respuesta.

SOLUCIÓN

a) Ya se anunció la importancia de la relación entre la teoría del consumidor y de la optimización. Una unidad consumidora, ya sea un individuo o una familia, obtiene satisfacción o utilidad de los bienes y servicios consumidos durante un período dado. En dicho período, el individuo o unidad familiar consumirá una gran diversidad de bienes y servicios distintos, que denominaremos cesta de bienes. En el ejemplo que nos ocupa, la combinación o cesta de consumo la componen únicamente dos bienes, *A* y *B*.

Como es obvio, no existe una única combinación o cesta de bienes, por lo que el consumidor debe ser capaz de ordenar distintas combinaciones de bienes alternativos y determinar su orden de preferencia entre ellas. Este análisis de la conducta del consumidor se facilita enormemente por el empleo de la llamada función de utilidad, que asigna un número real a cada cesta de consumo de bienes, de tal manera que, en la comparación de dos combinaciones, aquella que tenga un número mayor significa que es estrictamente preferida. Por tanto, la función de utilidad permite ordenar las preferencias del consumidor. En este sentido, podemos hablar de un concepto introducido en el capítulo anterior, las curvas de nivel de una función, en este caso de utilidad; éstas las definiremos ahora como el lugar geométrico de todas las combinaciones de bienes que proporcionan la misma utilidad, por lo que el consumidor es indiferente entre ellos, motivo éste por el que también se conocen como curvas de indiferencia.

Pues bien, una vez que disponemos de un procedimiento adecuado para representar las preferencias, analizamos el comportamiento del consumidor. Nuestra hipótesis fundamental es que el consumidor racional elegirá siempre la combinación de bienes que ocupe el lugar más elevado en su orden de preferencia entre todas aquellas que pertenezcan al conjunto de alternativas posibles o de oportunidades. Este conjunto es, precisamente, el conjunto de todas las combinaciones que el consumidor puede costearse; es decir, las cantidades gastadas en *A* y en *B* no pueden superar su renta disponible, *R*. En este ejercicio estamos suponiendo que el consumidor gasta toda su renta en los dos bienes, lo que nos llevará a un problema con una restricción de igualdad. Por tanto, el objetivo del consumidor es tratar de maximizar la utilidad que le proporciona el consumir ciertos bienes y servicios, sujeto a los ingresos monetarios que percibe en cada período. El hecho de que los ingresos o renta sean limitados, impone que el consumidor se encuentre con que tiene que elegir la combinación adecuada de bienes. Los ingresos, por tanto, restringen las posibilidades de elección.

En consecuencia, podemos plantear ya el *problema de la elección óptima del consumidor* como el de la maximización de su función de utilidad, que actúa como función objetivo de nuestro problema, sometida a la denominada restricción presupuestaria. En nuestro ejercicio será:

$$\max. \quad 6xy + 2(y - 2)$$
$$\text{s. a} \quad 4x + 2y = 8$$

Como es obvio, puesto que las variables x e y representan cantidades adquiridas de A y B, las componentes de las posibles soluciones a este problema deben ser positivas; pero esto lo comprobaremos a posteriori.

Construimos la función de Lagrange:

$$\mathcal{L}(x, \lambda) = 6xy + 2(y - 2) - \lambda(4x + 2y - 8)$$

Condiciones necesarias:

$$\frac{\partial \mathcal{L}}{\partial x}(x, y, \lambda) = 6y - 4\lambda = 0 \qquad (1)$$

$$\frac{\partial \mathcal{L}}{\partial y}(x, y, \lambda) = 6x + 2 - 2\lambda = 0 \qquad (2)$$

$$\frac{\partial \mathcal{L}}{\partial \lambda}(x, y, \lambda) = -(4x + 2y - 8) = 0 \quad (3)$$

sistema de ecuaciones lineal que, al resolverlo, nos da un único punto crítico de la función de Lagrange:

$$\left(\frac{5}{6}, \frac{7}{3}, \frac{7}{2} \right)$$

Aceptamos este punto como candidato a solución, porque sus coordenadas son positivas.

Condiciones suficientes:

Determinamos la hessiana de la función de Lagrange:

$$H_{(x,y)}\mathscr{L}(x, y, \lambda) = \begin{bmatrix} 0 & 6 \\ 6 & 0 \end{bmatrix}$$

cuyos menores principales son $D_1 = 0$ y $D_2 < 0$; por tanto, al ser indefinida hemos de clasificar la forma cuadrática restringida, para lo que necesitamos calcular la matriz jacobiana de las restricciones:

$$J\vec{g}(x, y) = \nabla g(x, y) = \begin{bmatrix} 4 \\ 2 \end{bmatrix}$$

Estudiemos, por tanto, el carácter de la forma cuadrática restringida:

$$\phi(h_1, h_2) = 12h_1 h_2$$

$$\text{s. a } (4, 2)\begin{bmatrix} h_1 \\ h_2 \end{bmatrix} = 0 \iff h_2 = -2h_1$$

En definitiva:

$$\phi_R(h_1) = 12h_1 h_2 = 12h_1(-2h_1) = -24h_1^2 < 0$$

Por consiguiente, al ser definida negativa, el punto crítico es máximo local estricto. Luego la combinación óptima elegida por el consumidor será la de adquirir 5/6 del bien A y 7/3 de B. Con esta elección, la utilidad o satisfacción obtenida por el consumidor es:

$$U\left(\frac{5}{6}, \frac{7}{3}\right) = 6xy + 2(y - 2) = \frac{35}{3} + \frac{2}{3} = \frac{37}{3}$$

b)   En suma, lo que se nos está preguntando es que interpretamos el valor del multiplicador de Lagrange, el cual, en el contexto de la teoría del consumidor, nos da la tasa a la que varía la utilidad (función objetivo) ante cambios en la renta monetaria (el recurso en la restricción). Así pues, el multiplicador de Lagrange puede interpretarse como la utilidad óptima marginal del ingreso monetario. Esta conclusión se deriva del hecho de que $\partial U/\partial R$ es la tasa a la que aumenta la utilidad óptima por unidad monetaria gastada en consumir el bien A, ocurriendo lo mismo en el caso del bien B.

Todas las afirmaciones anteriores se han dado suponiendo que λ sea positivo, dado que, en caso contrario, la relación, en lugar de ser directa, será inversa entre los recursos b_j y la función objetivo.

Centrados ya en nuestro ejercicio, en primer lugar hemos de comprobar si podemos interpretar el multiplicador aplicando la condición suficiente conocida:

$$H^* = \left[\begin{array}{c|c} 0 & J\vec{g}^{\,t} \\ \hline J\vec{g} & H_{(x,y)}\mathcal{L}(x,y,\lambda) \end{array} \right] = \left[\begin{array}{c|cc} 0 & 4 & 2 \\ \hline 4 & 0 & 6 \\ 2 & 6 & 0 \end{array} \right]$$

Si calculamos el determinante de H^*, vemos que es distinto de cero, por lo que, al ser la matriz regular, se verifica la condición y λ es interpretable:

$$\lambda^* = \frac{\partial F}{\partial b} = \frac{\partial U}{\partial R} = \frac{7}{2}$$

el cual, al ser positivo, quiere decir que si el consumidor dispone de una menor renta monetaria, disminuye su utilidad; por tanto, la relación es directa y no inversa.

13.16. Sea la función de costes de una empresa:

$$C(x, y) = -x + (y - 1)^2 + 10$$

donde x e y son las cantidades de los factores A y B que se utilizan para obtener el producto Q. Fijado el nivel de producción de Q en 9 unidades, la tecnología utilizada para alcanzar dicho nivel viene dada por la función de producción:

$$Q(x, y) = x^2 + (y - 1)^2$$

Se pide:

a) ¿Cuál será la elección del empresario si su objetivo es determinar la combinación de factores (entendiéndose que sólo se estudiará aquella combinación donde los dos factores salgan positivos) que mini-

---

mizan el coste de la empresa, para un nivel de producción de 9 unidades? En este caso, ¿qué valor alcanzaría el coste de la empresa?

b)   Después de conseguir una importante mejora en la productividad de su empresa, si el empresario se plantease aumentar en una pequeña cantidad su nivel de producción, ¿disminuiría con ello sus costes? Razone la respuesta.

c)   Resuelva gráficamente el problema de optimización planteado.

d)   Compruebe que el punto crítico $(-3, 1, 1/6)$ es también mínimo, tal y como sugiere la figura 13.4.

SOLUCIÓN

a)   En el ejercicio anterior se ha resuelto un problema clásico de la teoría del consumidor mediante un método de optimización estática. Con la realización del presente ejercicio se pone de manifiesto que existen muchas similitudes si intentamos hacer lo mismo con la teoría de la producción. Es obvio que, según el punto de vista desde el que planteamos nuestro problema de optimización, el de la oferta, a la empresa se le plantean dos tipos de objetivos: primero, determinar las cantidades de factores que minimizan el coste de obtener un nivel de producción dado, y el otro elegir aquel nivel de producción que maximiza la diferencia entre los ingresos y los costes totales, resuelto en programación clásica sin restricciones. Nosotros, en este problema, vamos a resolver el primero.

En consecuencia, ahora el agente decisor es el empresario. El objetivo de éste será el de minimizar los costes de su empresa; dicho objetivo se expresa mediante la denominada función de costes que relaciona las cantidades x e y empleadas de factores productivos, en nuestro caso los factores A y B, con los precios de dichos factores.

Por otro lado, en la minimización del coste sólo consideraremos aquellas combinaciones de factores productivos con las que se obtiene un determinado nivel de producción fijado por el empresario. Luego hemos de tener en cuenta, en nuestro problema, la denominada tecnología, es decir, las combinaciones factibles o posibles de factores y sus correspondientes niveles de producción, lo cual da lugar a la llamada restricción tecnológica. De esta forma, el conjunto de oportunidades de nuestro problema viene especificado mediante una función de producción que relaciona el nivel de producción requerido con las cantidades de factores empleados:

$$Q(x, y) = q$$

donde esta restricción de igualdad define las distintas combinaciones x e y de los factores productivos que dan lugar al mismo nivel de producción q.

Por consiguiente, ya podemos plantear uno de los dos problemas de optimización que se pueden estudiar en la teoría de la producción: minimizar la función de costes condicionada a la restricción tecnológica:

$$\text{min.} \quad -x + (y - 1)^2 + 10$$

$$\text{s. a} \quad x^2 + (y - 1)^2 = 9$$

La función de Lagrange asociada a este problema es:

$$\mathcal{L}(x, y, \lambda) = -x + (y - 1)^2 + 10 - \lambda[x^2 + (y - 1)^2 - 9]$$

Condiciones necesarias de primer orden:

$$\frac{\partial \mathcal{L}}{\partial x}(x, y, \lambda) = -1 - 2\lambda x = 0 \iff x = -\frac{1}{2\lambda} \quad (1)$$

$$\frac{\partial \mathcal{L}}{\partial y}(x, y, \lambda) = 2(y - 1) - 2\lambda(y - 1) = 0 \quad (2)$$

$$\frac{\partial \mathcal{L}}{\partial \lambda}(x, y, \lambda) = -[x^2 + (y - 1)^2 - 9] = 0 \quad (3)$$

sistema de ecuaciones no lineales que pasamos a resolver. En la ecuación (2), si sacamos factor común $2(y - 1)$, se obtiene:

$$2 \cdot (y - 1) \cdot (1 - \lambda) = 0 \begin{cases} \lambda = 1 \\ \text{ó} \\ y = 1 \end{cases}$$

Por tanto, ahora tendremos que considerar las dos posibilidades:

1. Si $y = 1$, podemos sustituir este valor y el de $x = -1/2\lambda$ en (3):

$$\left(-\frac{1}{2\lambda}\right)^2 - 9 = 0 \implies \lambda = \pm\frac{1}{6}$$

Luego $x = -1/2\lambda = \pm 3$. Los puntos críticos, en consecuencia, son:

$$(3, 1, -1/6) \quad \text{y} \quad (-3, 1, 1/6)$$

2.   Si $\lambda = 1$, al sustituir en (1): $x = -1/2$. Con estos valores despejamos la variable y en (3):

$$y = \pm\sqrt{\frac{35}{4}} + 1 = \begin{cases} 3.96 \\ -1.96 \end{cases}$$

Por tanto, los puntos críticos son:

$$(-1/2, 3.96, 1) \quad y \quad (-1/2, -1.96, 1)$$

Parece claro que, dado que x e y representan cantidades de factores, de los cuatro puntos críticos sólo tiene sentido estudiar aquel que tenga las componentes positivas, es decir, el punto $(3, 1, -1/6)$.

Condiciones suficientes de segundo orden:

Calculamos la hessiana reducida y la evaluamos en el punto:

$$H_{(x,y)}\mathscr{L}(x, y, \lambda) = \begin{bmatrix} -2\lambda & 0 \\ 0 & 2-2\lambda \end{bmatrix} \Rightarrow H_{(x,y)}\mathscr{L}(3,1,-1/6) = \begin{bmatrix} 1/3 & 0 \\ 0 & 7/3 \end{bmatrix}$$

Al ser una matriz diagonal, la clasificamos por el método de los valores propios, y como todos los elementos de la diagonal principal son positivos, la hessiana es definida positiva. No hace falta estudiar el carácter de la forma cuadrática restringida, puesto que mantendrá el mismo signo. Así pues, podemos asegurar que el punto $(3, 1, -1/6)$ es mínimo local estricto.

En consecuencia, si la empresa produce 9 unidades de Q, el empresario minimizará los costes utilizando tres unidades del factor x y una del factor y. Además, en estas condiciones, el coste total de producción sería:

$$C(3, 1) = -x + (y - 1)^2 + 10 = -3 + (1 - 1)^2 + 10 = 7$$

b)   En definitiva, lo que se nos pide es que hablemos del significado económico de los multiplicadores de Lagrange; para ello, desde un punto de vista matemático, hemos de comprobar si tenemos condiciones suficientes para poder interpretar estas importantes variables:

$$H^* = \left[\begin{array}{c|c} 0 & J\vec{g}^{\,t}(3,1) \\ \hline J\vec{g}(3,1) & H_{(3,1)}\mathscr{L}(x,y,\lambda) \end{array}\right] = \left[\begin{array}{c|cc} 0 & 6 & 0 \\ \hline 6 & 1/3 & 0 \\ 0 & 0 & 7/3 \end{array}\right]$$

Esta hessiana tiene como determinante $-84 \neq 0$, por lo que se trata de una matriz regular, luego λ es interpretable:

$$\lambda* = \frac{\partial F}{\partial b} = \frac{\partial C}{\partial q} = -\frac{1}{6}$$

El hecho de que sea negativo quiere decir que la relación entre ambos parámetros es inversa, y concretando en nuestro ejercicio implica que, en efecto, debido a la sensible mejora experimentada en la productividad de la empresa, al incrementarse en una pequeña cantidad el recurso b y, por tanto, el nivel de producción, hay una disminución en el valor de la función objetivo F, es decir, en los costes, dada la mayor eficiencia conseguida por el empresario en el aprovechamiento de los recursos productivos de su empresa.

c) El conjunto de oportunidades viene dado por la ecuación de una circunferencia de centro $(0, 1)$ y radio 3. La función objetivo es una parábola y sus curvas de nivel la representamos en la siguiente figura (véase la figura 13.4). Asimismo, también representamos la dirección de máximo crecimiento, para lo cual tenemos que determinar el gradiente:

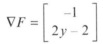

$$\nabla F = \begin{bmatrix} -1 \\ 2y - 2 \end{bmatrix}$$

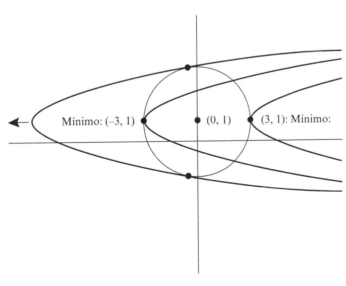

Figura 13.4

Al ser un vector de componentes no constantes, para calcular la dirección sustituimos uno o varios puntos donde no se anule el gradiente. Por ejemplo:

$$\nabla F(1,0) = \begin{bmatrix} -1 \\ 2y-2 \end{bmatrix} = \begin{bmatrix} -1 \\ -2 \end{bmatrix} \quad ; \quad \nabla F(-2,2) = \begin{bmatrix} -1 \\ 2y-2 \end{bmatrix} = \begin{bmatrix} -1 \\ 2 \end{bmatrix}$$

Al dibujar ambos vectores se observa claramente que la dirección de preferencia se encuentra al movernos hacia fuera de la parábola.

Por otro lado, en la gráfica también se advierte que el óptimo obtenido es global.

d) Simplemente, lo que tenemos que hacer es aplicar las condiciones suficientes de segundo orden.

Calculamos la hessiana reducida y la evaluamos en el punto $(-3, 1, 1/6)$:

$$H_{(x,y)}\mathscr{L}(x,y,\lambda) = \begin{bmatrix} -2\lambda & 0 \\ 0 & 2-2\lambda \end{bmatrix} \Rightarrow H_{(x,y)}\mathscr{L}(-3,1,1/6) = \begin{bmatrix} -1/3 & 0 \\ 0 & 5/3 \end{bmatrix}$$

Al ser una matriz diagonal la clasificamos por el método de los valores propios, los cuales, al tener distinto signo, hacen que la hessiana sea indefinida. Por tanto, tenemos que determinar la jacobiana de las restricciones. En este ejemplo, al haber sólo una, estudiaremos el gradiente:

$$J\vec{g} = \nabla g(x,y) = \begin{bmatrix} 2x \\ 2y-2 \end{bmatrix} \Rightarrow \nabla g(-3,1) = \begin{bmatrix} 2x \\ 2y-2 \end{bmatrix} = \begin{bmatrix} -6 \\ 0 \end{bmatrix}$$

Por tanto, la forma cuadrática restringida es:

$$\phi(h_1, h_2) = -\frac{1}{3}h_1^2 + \frac{5}{3}h_2^2$$

$$\text{sujeto a} \quad (-6 \quad 0)\begin{bmatrix} h_1 \\ h_2 \end{bmatrix} = 0 \iff h_1 = 0$$

Determinamos su carácter:

$$\phi_R(h_2) = -\frac{1}{3}h_1^2 + \frac{5}{3}h_2^2 = \frac{5}{3}h_2^2 > 0$$

Al ser definida positiva, en efecto, el punto $(-3, 1, 1/6)$ es un mínimo local estricto.

13.17. Una empresa produce un bien A a partir de dos factores, F_1 y F_2, según la función de producción $q(x,y) = xy$, donde x e y son, respectivamente, las cantidades utilizadas de F_1 y F_2 en el proceso. La función de los costes productivos generados es $C(x,y) = 3x + 2y$. Determine las cantidades x e y que maximizan la producción, suponiendo que la empresa desea mantener un nivel de costes de 120 u.m.

SOLUCIÓN

Matemáticamente formulado, el problema queda de la siguiente forma:

$$\max \quad q(x,y) = xy$$
$$\text{s.a} \quad 3x + 2y = 120$$

Una vez más construimos la función de Lagrange asociada al problema:

$$\mathcal{L}(x,y,\lambda) = xy - \lambda(3x + 2y - 120)$$

Apliquemos ahora las condiciones necesarias de primer orden:

$$\frac{\partial \mathcal{L}}{\partial x}(x,y,\lambda) = y - 3\lambda = 0 \implies y = 3\lambda \quad (1)$$

$$\frac{\partial \mathcal{L}}{\partial y}(x,y,\lambda) = x - 2\lambda = 0 \implies x = 2\lambda \quad (2)$$

$$\frac{\partial \mathcal{L}}{\partial \lambda}(x,y,\lambda) = -(3x + 2y - 120) = 0 \quad (3)$$

Sustituyendo en (3) las relaciones obtenidas en (1) y (2), se obtiene:

$$6\lambda + 6\lambda = 120 \implies \lambda = 10$$

Con este valor de λ calculamos ahora x e y en (1) y (2), y resulta un único punto crítico $(20, 30, 10)$. Pasamos ahora a aplicar las condiciones suficientes de segundo orden. Para ello calculamos:

$$H_{(x,y)}\mathcal{L}(x,y,\lambda) = \begin{bmatrix} 0 & 1 \\ 1 & 0 \end{bmatrix} \implies H_{(x,y)}\mathcal{L}(20,30,10) = \begin{bmatrix} 0 & 1 \\ 1 & 0 \end{bmatrix} \text{ indefinida}$$

$$\nabla g(x,y) = \begin{bmatrix} 3 \\ 2 \end{bmatrix} \implies \nabla g(20,30) = \begin{bmatrix} 3 \\ 2 \end{bmatrix}$$

De esta manera, la forma cuadrática restringida que hay que clasificar es:

$$\phi(h_1, h_2) = [h_1 \quad h_2] \begin{bmatrix} 0 & 1 \\ 1 & 0 \end{bmatrix} \begin{bmatrix} h_1 \\ h_2 \end{bmatrix} = 2h_1 h_2$$

$$\text{sujeto a} \quad [3 \quad 2] \begin{bmatrix} h_1 \\ h_2 \end{bmatrix} = 3h_1 + 2h_2 = 0$$

Despejando de la restricción obtenemos $h_1 = -(2/3)h_2$, de donde:

$$\phi_R(h_2) = -\frac{4}{3} h_2^2$$

que es definida negativa.

En consecuencia, el punto obtenido es un máximo local estricto para nuestro problema, que además es admisible desde el punto de vista económico. Al igual que sucedía en el problema anterior, no es aplicable en este caso el teorema local-global, ya que la función objetivo no es cóncava ni convexa en su dominio. De todas formas, un estudio gráfico nos permite afirmar que, en efecto, estamos ante un máximo global.

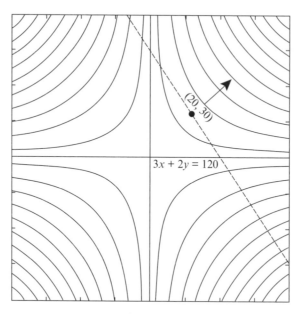

Figura 13.5

Así pues, podemos afirmar que la empresa maximizará su nivel de producción si utiliza 20 unidades de F_1 y 30 de F_2.

13.18. Una empresa produce un bien A a partir de dos factores, F_1 y F_2, según la función de producción $q(x,y) = xy$, donde x e y representan las cantidades utilizadas de F_1 y F_2, respectivamente. La función $CM(x,y) = 10x + 5y$ proporciona un índice del nivel de contaminación generado por el proceso en función de las cantidades x e y. Determine los valores de x e y que minimizan la contaminación producida, si la empresa desea mantener un nivel de producción de 50 unidades.

SOLUCIÓN

Como la empresa desea minimizar el nivel de contaminación, a la vez que mantiene la producción igual a 50, el problema que resulta es un caso de programación clásica restringida que toma la forma:

$$\text{minimizar} \quad CM(x, y) = 10x + 5y$$

$$\text{s. a} \quad xy = 50$$

Construimos ahora la función de Lagrange asociada al problema:

$$\mathscr{L}(x, y, \lambda) = 10x + 5y - \lambda(xy - 50)$$

Apliquemos entonces las condiciones necesarias de primer orden sobre $\mathscr{L}$:

$$\frac{\partial \mathscr{L}(x, y, \lambda)}{\partial x} = 10 - \lambda y = 0 \iff y = \frac{10}{\lambda} \quad (1)$$

$$\frac{\partial \mathscr{L}(x, y, \lambda)}{\partial y} = 5 - \lambda y = 0 \iff x = \frac{5}{\lambda} \quad (2)$$

$$\frac{\partial \mathscr{L}(x, y, \lambda)}{\partial \lambda} = -(xy - 50) = 0 \quad (3)$$

Sustituyendo en (3) las relaciones obtenidas en (1) y (2) obtenemos:

$$\frac{5}{\lambda} \cdot \frac{10}{\lambda} - 50 = 0 \implies \lambda^2 = 1 \implies \lambda = 1 \text{ o } \lambda = -1$$

— Para $\lambda = 1$, de (1) y (2) resulta $x = 5$, $y = 10$, con lo que obtenemos el punto crítico $(5, 10, 1)$.
— Para $\lambda = -1$, de la misma forma se consigue un punto crítico $(-5, -10, -1)$. Sin embargo, este punto no tiene sentido desde el punto de vista econó-

mico, ya que sus coordenadas son negativas. Así pues, limitaremos el estudio al punto anterior, aunque se puede comprobar fácilmente que, además, este punto crítico proporciona un máximo del problema y no un mínimo, que es lo que buscamos.

Por tanto, apliquemos las condiciones suficientes de segundo orden para el punto $(5, 10, 1)$. Para ello necesitamos calcular:

$$H_{(x,y)}\mathscr{L}(x, y, \lambda) = \begin{bmatrix} 0 & -\lambda \\ -\lambda & 0 \end{bmatrix} \Rightarrow H_{(x,y)}\mathscr{L}(5,10,1) = \begin{bmatrix} 0 & -1 \\ -1 & 0 \end{bmatrix} \text{ indefinida}$$

$$\nabla g(x, y) = \begin{bmatrix} y \\ x \end{bmatrix} \Rightarrow \nabla g(5,10) = \begin{bmatrix} 10 \\ 5 \end{bmatrix}$$

De esta manera, la forma cuadrática restringida que hay que clasificar es:

$$\phi(h_1, h_2) = [h_1 \ \ h_2]\begin{bmatrix} 0 & -1 \\ -1 & 0 \end{bmatrix}\begin{bmatrix} h_1 \\ h_2 \end{bmatrix} = -2h_1h_2$$

$$\text{sujeto a } [10 \ \ 5]\begin{bmatrix} h_1 \\ h_2 \end{bmatrix} = 10h_1 + 5h_2 = 0$$

Despejando de la restricción obtenemos $h_2 = -2h_1$, de donde:

$$\phi_R(h_1) = 4h_1^2, \text{ que es definida positiva}$$

Por tanto, $(5, 10, 1)$ es un mínimo local estricto del problema. Además, al ser sus componentes positivos, tiene sentido económicamente. Por otro lado, en este caso no se puede aplicar el teorema local-global, ya que el conjunto de oportunidades, que es la hipérbole determinada por la relación $xy = 50$, no es convexo. Por ello, no tenemos condiciones para afirmar que este mínimo sea global. Una forma de verlo es mediante un análisis gráfico como los desarrollados en el capítulo 12. En la figura 13.6 puede observarse que el punto obtenido es, efectivamente, un mínimo global (considerando sólo el cuadrante positivo). Así pues, la empresa minimizará su nivel de contaminación si utiliza cinco unidades de F_1 y diez de F_2.

Justifiquemos si podemos interpretar el multiplicador de Lagrange; para ello calculemos el rango de la siguiente matriz:

$$\text{rang}\begin{bmatrix} 0 & 10 & 5 \\ 10 & 0 & -1 \\ 5 & -1 & 0 \end{bmatrix} = 3$$

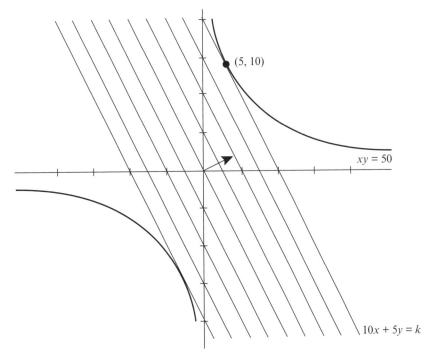

Figura 13.6

Finalmente, como el rango es completo, podemos observar que hemos obtenido un valor óptimo para el multiplicador $\lambda^* = 1 > 0$. Esto quiere decir que si la empresa hace aumentar su nivel de producción, entonces aumentará también el nivel mínimo de contaminación generada en el proceso.

14

Programación no lineal

Teoría

Hasta el momento, hemos tratado problemas de optimización con restricciones de igualdad; sin embargo, en la mayor parte de los casos reales lo más probable es que los problemas aparezcan con restricciones de desigualdad. En Economía, esto supone que no agotamos los recursos.

A este tipo de problemas se les denomina problemas de programación no lineal; en los siguientes problemas llevaremos a cabo un estudio sencillo de los mismos, basándonos siempre en el estudio gráfico del problema.

Para unificar la notación y los resultados, supondremos que el problema a resolver viene expresado de la forma:

$$\text{Maximizar} \quad F(x)$$
$$\text{s. a} \quad g(x) \leqslant b$$

entonces la función de Lagrange asociada al mismo es:

$$\mathscr{L}(x, \lambda) = F(x) - \lambda[g(x) - b]$$

Diremos que (x^*, λ^*) es punto estacionario de la función de Lagrange si verifica las siguientes condiciones:

I. $\dfrac{\partial \mathscr{L}}{\partial x}(x^*, \lambda^*) = 0$

II. $\dfrac{\partial \mathscr{L}}{\partial \lambda}(x^*, \lambda^*) \geqslant 0$

418

III. $\lambda * \dfrac{\partial \mathscr{L}}{\partial \lambda}(x*, \lambda*) = 0$

IV. $\lambda * \geqslant 0$

La segunda condición implica claramente que $g(x) \leqslant b$, por lo que vemos que aquí pedimos únicamente que el punto sea admisible.

De la tercera condición se deduce fácilmente que:

$$\lambda_i^*[g_i(x*) - b] = 0$$

De aquí obtenemos las condiciones de «holgura complementaria», que son:

1. Si $\lambda_i^* > 0 \;\Rightarrow\; g_i(x*) - b = 0$, es decir, la restricción i-ésima es activa en $x*$.
2. Si $g_i(x*) - b < 0 \;\Rightarrow\; \lambda_i^* = 0$, es decir, si la restricción i-ésima es inactiva en $x*$, el multiplicador asociado es cero.

Para un problema de mínimo:

$$\text{Minimizar} \quad F(x)$$
$$\text{s. a} \quad g(x) \leqslant b$$

la función de Lagrange asociada es:

$$\mathscr{L}(x, \lambda) = F(x) + \lambda[g(x) - b]$$

Y diremos que $(x*, \lambda*)$ es punto estacionario de la función de Lagrange asociado al problema anterior si verifica las siguientes condiciones:

I. $\dfrac{\partial \mathscr{L}}{\partial x}(x*, \lambda*) = 0$

II. $\dfrac{\partial \mathscr{L}}{\partial \lambda}(x*, \lambda*) \leqslant 0$

III. $\lambda * \dfrac{\partial \mathscr{L}}{\partial \lambda}(x*, \lambda*) = 0$

IV. $\lambda * \geqslant 0$

Evidentemente, cualquier problema de mínimo se puede resolver mediante las condiciones de punto estacionario de máximo sin más que cambiar de signo la función objetivo, pudiendo proceder de ambas formas en la práctica.

Los puntos estacionarios son los candidatos a óptimo (condición necesaria) bajo las condiciones de los problemas que vamos a resolver. Una vez obtenidos los puntos estacionarios, para que éstos sean solución del problema nos basaremos en el siguiente resultado.

Sea (x^*, λ^*) un punto estacionario de la función de Lagrange asociada al problema:

$$\text{Maximizar } F(x)$$
$$\text{s. a } g(x) \leq b$$

Si se verifican las condiciones de convexidad siguientes: F cóncava y g convexa en el conjunto de oportunidades X, entonces x^* es máximo global del problema (para problemas de minimizar exigimos que F sea convexa).

En los siguientes ejercicios vamos a proceder siempre de la siguiente manera:

a) Resolveremos gráficamente el ejercicio para localizar las restricciones activas en los óptimos.
b) Aplicaremos las condiciones de punto estacionario, basándonos en el apartado a), de forma que obtengamos los multiplicadores de Lagrange asociados. La condición de holgura complementaria (condición III) la aplicaremos de la siguiente forma:

1. Si la restricción es inactiva en el punto óptimo, tomamos el correspondiente multiplicador de Lagrange cero.
2. Si la restricción es activa en el punto óptimo, tomamos la restricción en forma de igualdad.

Con estas elecciones (1 ó 2), y junto a la condición I, formaremos un sistema de ecuaciones que tendremos que resolver para obtener los puntos con sus multiplicadores asociados.

Por último, comprobaremos la condición II (punto admisible) y la condición IV (multiplicadores no negativos). Con todo esto conseguimos los puntos estacionarios, candidatos a máximo (o a mínimo).

c) Comprobaremos las condiciones de convexidad; si se verifican, podemos afirmar que dichos puntos estacionarios son solución (globales). En caso de no cumplirse, podemos basarnos en el estudio gráfico para determinar si son locales o globales.

14.1. Resuelva:

$$\text{Maximizar } x$$
$$\text{s. a } x^2 + y^2 \leq 1$$

420

SOLUCIÓN

a) Primero lo resolvemos gráficamente:

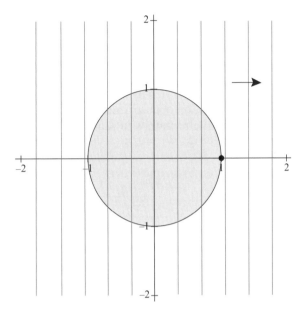

Figura 14.1

El conjunto de oportunidades es el área sombreada; dicho conjunto es compacto (cerrado y acotado) y la función objetivo continua, por lo que se verifica el teorema de Weierstrass. El conjunto de oportunidades es convexo y la función objetivo lineal; por tanto, también se verifica el teorema local-global (tanto para máximo como para mínimo).

La dirección de las curvas de nivel nos indica que en el punto $(1,0)$ tenemos un máximo global del problema.

b) Obtengamos la solución aplicando las condiciones de punto estacionario. Primero, construimos la función de Lagrange:

$$\mathscr{L}(x, y, \lambda) = x - \lambda(x^2 + y^2 - 1)$$

Y aplicamos las condiciones de punto estacionario:

$$\frac{\partial \mathscr{L}(x, y, \lambda)}{\partial x} = 1 - 2x\lambda = 0 \qquad (a)$$

$$\frac{\partial \mathscr{L}(x, y, \lambda)}{\partial y} = -2y\lambda = 0 \qquad (b)$$

$$\frac{\partial \mathcal{L}(x, y, \lambda)}{\partial \lambda} = -(x^2 + y^2 - 1) \geqslant 0 \qquad (c)$$

$$\lambda \frac{\partial \mathcal{L}(x, y, \lambda)}{\partial \lambda} = -\lambda(x^2 + y^2 - 1) = 0 \iff \begin{cases} \lambda = 0 \\ x^2 + y^2 = 1 \end{cases} \quad (d)$$

$$\lambda \geqslant 0$$

Razonamos ahora a partir de la gráfica y con las condiciones de holgura complementaria. Como observamos en la gráfica, la restricción es activa en el óptimo, por lo que tomamos la segunda rama de la condición (*d*), quedando el sistema:

$$\frac{\partial \mathcal{L}(x, y, \lambda)}{\partial x} = 1 - 2x\lambda = 0 \quad (a)$$

$$\frac{\partial \mathcal{L}(x, y, \lambda)}{\partial y} = -2y\lambda = 0 \qquad (b)$$

$$x^2 + y^2 = 1 \qquad (d)$$

De la condición (*b*), tenemos que $\lambda = 0$ o $y = 0$. Por la condición (*a*), es imposible que $\lambda = 0$, puesto que esto nos llevaría al incumplimiento de dicha condición, así que tomamos $y = 0$.

Al sustituir este valor en (*c*) llegamos a $x = 1$ (el valor negativo se descarta, según vemos en la figura 14.1), y después, utilizando (*a*) obtenemos el valor de $\lambda = 1/2$; por tanto, el punto estacionario es $(1, 0, 1/2)$, ya que las dos condiciones que faltan (admisibilidad del punto y no negatividad del multiplicador) se cumplen de manera obvia.

c) Como se verifican las condiciones de convexidad, podemos afirmar que este máximo es global con valor de la función objetivo en el máximo:

$$F_{\text{máx}}(1, 0) = 1$$

14.2. Resuelva:

$$\text{Maximizar} \quad x + y$$
$$\text{s. a} \quad y \leqslant 4$$
$$y \geqslant x^2$$

Solución

a) Primero lo resolvemos gráficamente:

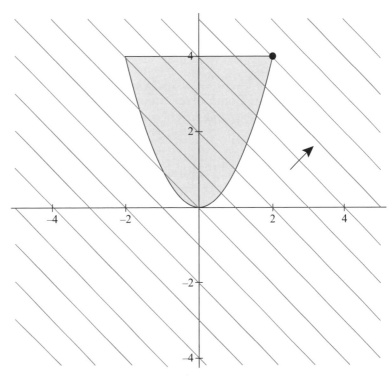

Figura 14.2

El conjunto de oportunidades es el área sombreada; observamos que dicho conjunto es compacto y la función objetivo continua, por lo que se verifica el teorema de Weierstrass. El conjunto de oportunidades es convexo y la función objetivo lineal; por tanto, también se verifica el teorema local-global. Así, podemos afirmar la existencia de soluciones y que todos los óptimos serán globales.

La dirección de las curvas de nivel nos indica que, en el punto marcado, intersección de la parábola y de la recta $y = 4$, está el máximo global del problema; para determinar las coordenadas del punto y sus multiplicadores de Lagrange pasamos a aplicar las condiciones de punto estacionario.

b) Resolvemos ahora mediante las condiciones de punto estacionario.

Para determinar el punto donde, de acuerdo con la gráfica, se alcanza el máximo, hemos de construir la función de Lagrange y aplicar las condiciones necesarias de punto estacionario; pero hemos de tener en cuenta que la segunda restricción, antes de incluirla en la función de Lagrange, debemos multiplicarla por -1, $(-y \leqslant -x^2)$ para convertirla en una restricción del tipo $(\leqslant)$ y poder aplicar las condiciones:

$$\mathcal{L}(x, y, \lambda_1, \lambda_2) = x + y - \lambda_1(y - 4) - \lambda_2(x^2 - y)$$

Las condiciones de punto estacionario para este problema resultan:

$$\frac{\partial \mathcal{L}(x, y, \lambda_1, \lambda_2)}{\partial x} = 1 - 2x\lambda_2 = 0 \qquad (a)$$

$$\frac{\partial \mathcal{L}(x, y, \lambda_1, \lambda_2)}{\partial y} = 1 - \lambda_1 + \lambda_2 = 0 \qquad (b)$$

$$\frac{\partial \mathcal{L}(x, y, \lambda_1, \lambda_2)}{\partial \lambda_1} = -(y - 4) \geqslant 0 \qquad (c)$$

$$\frac{\partial \mathcal{L}(x, y, \lambda_1, \lambda_2)}{\partial \lambda_2} = -(x^2 - y) \geqslant 0 \qquad (d)$$

$$\lambda_1 \frac{\partial \mathcal{L}(x, y, \lambda_1, \lambda_2)}{\partial \lambda_1} = -\lambda_1(y - 4) = 0 \quad \Leftrightarrow \quad \begin{cases} \lambda_1 = 0 \\ y = 4 \end{cases}$$

$$\lambda_2 \frac{\partial \mathcal{L}(x, y, \lambda_1, \lambda_2)}{\partial \lambda_2} = -\lambda_2(x^2 - y) = 0 \quad \Leftrightarrow \quad \begin{cases} \lambda_2 = 0 \\ x^2 - y = 0 \end{cases}$$

$$\lambda_1 \geqslant 0, \ \lambda_2 \geqslant 0$$

Para obtener el punto estacionario, nos basamos en la gráfica. Como observamos que el máximo está en el punto de corte de las dos restricciones, ambas son activas, tomando las ramas:

$$\begin{cases} y = 4 \\ x^2 - y = 0 \end{cases}$$

De aquí, $x^2 = 4 \ \Rightarrow \ x = 2$ (tomamos la solución positiva, según observamos en la figura 14.2), de forma que ya hemos obtenido el punto.

Para obtener los multiplicadores, sustituimos en (a) y (b):

$$\left. \begin{array}{l} 1 - 2x\lambda_2 = 0 \ \Rightarrow \ \lambda_2 = \dfrac{1}{4} \\[2mm] 1 - \lambda_1 + \lambda_2 = 0 \ \Rightarrow \ \lambda_1 = \dfrac{5}{4} \end{array} \right\}$$

© Ediciones Pirámide

Por tanto, el punto estacionario obtenido es $(2, 4, 5/4, 1/4)$, puesto que también cumple que es admisible y que los multiplicadores de Lagrange son no negativos.

c) Como se cumplen las condiciones de convexidad, el punto es máximo global y el valor máximo de la función es:

$$F_{\text{máx}}(2, 4) = 6$$

14.3. Resuelva:

$$\text{Minimizar}\quad (x - 1)^2 + y^2$$

$$\text{s. a}\quad x^2 + y^2 \leqslant 4$$

$$x + y \geqslant 2$$

$$y \geqslant 1$$

SOLUCIÓN

a) Primero lo resolvemos gráficamente:

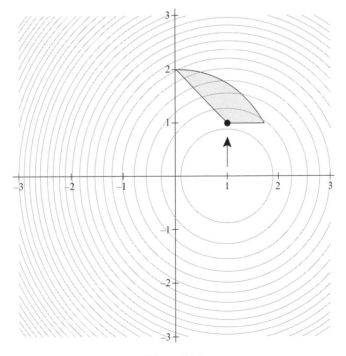

Figura 14.3

El conjunto de oportunidades es el área sombreada; dicho conjunto es compacto y la función objetivo continua, por lo que se verifica el teorema de Weierstrass, pudiendo afirmar que existen, al menos, un mínimo y un máximo global.

Por otra parte, el conjunto de oportunidades es convexo y la función objetivo es convexa; por tanto, se verifica el teorema local-global de mínimo, cumpliéndose las condiciones de segundo orden.

La dirección de las curvas de nivel nos indica que existe un mínimo que se encuentra en la intersección de la segunda y la tercera restricción.

b)   Obtengamos ahora la solución aplicando las condiciones de punto estacionario; como el problema es de mínimo, construimos la función lagrangiana con el signo (+):

$$\mathcal{L}(x, y, \lambda_1, \lambda_2, \lambda_3) = (x - 1)^2 + y^2 + \lambda_1(x^2 + y^2 - 4) + \lambda_2(-x - y + 2) + \lambda_3(-y + 1)$$

Las condiciones de punto estacionario para un problema de mínimo son:

$$\frac{\partial \mathcal{L}(x, y, \vec{\lambda})}{\partial x} = 2(x - 1) + 2\lambda_1 x - \lambda_2 = 0 \quad (a)$$

$$\frac{\partial \mathcal{L}(x, y, \vec{\lambda})}{\partial y} = 2y + 2\lambda_1 y - \lambda_2 - \lambda_3 = 0 \quad (b)$$

$$\frac{\partial \mathcal{L}(x, y, \vec{\lambda})}{\partial \lambda_1} = (x^2 + y^2 - 4) \leq 0 \quad\quad (c)$$

$$\frac{\partial \mathcal{L}(x, y, \vec{\lambda})}{\partial \lambda_2} = (-x - y + 2) \leq 0 \quad\quad (d)$$

$$\frac{\partial \mathcal{L}(x, y, \vec{\lambda})}{\partial \lambda_3} = (-y + 1) \leq 0 \quad\quad (e)$$

Las condiciones de holgura complementaria y no negatividad de los multiplicadores de Lagrange resultan:

$$\lambda_1 \frac{\partial \mathcal{L}(x, y, \vec{\lambda})}{\partial \lambda_1} = \lambda_1(x^2 + y^2 - 4) = 0 \quad \Leftrightarrow \quad \begin{cases} \lambda_1 = 0 \\ x^2 + y^2 = 4 \end{cases}$$

$$\lambda_2 \frac{\partial \mathcal{L}(x, y, \vec{\lambda})}{\partial \lambda_2} = \lambda_2(-x - y + 2) = 0 \quad \Leftrightarrow \quad \begin{cases} \lambda_2 = 0 \\ x + y = 2 \end{cases}$$

$$\lambda_3 \frac{\partial \mathcal{L}(x, y, \vec{\lambda})}{\partial \lambda_3} = \lambda_3(-y + 1) = 0 \iff \begin{cases} \lambda_3 = 0 \\ y = 1 \end{cases}$$

$$\lambda_1 \geqslant 0, \ \lambda_2 \geqslant 0, \ \lambda_3 \geqslant 0$$

Como las restricciones activas son la segunda y la tercera, hacemos la siguiente elección en las ramas anteriores:

$$\lambda_1 = 0, \quad x + y = 2, \quad y = 1$$

Por tanto, tenemos que $x = 1$. Si sustituimos en (*a*) y (*b*):

$$2(x - 1) + 2\lambda_1 x - \lambda_2 = 0 \quad (a)$$
$$2y + 2\lambda_1 y - \lambda_2 - \lambda_3 = 0 \quad (b)$$

obtenemos fácilmente que:

$$\lambda_2 = 0 \quad \text{y} \quad \lambda_3 = 2$$

de forma que tenemos el punto $(1, 1, 0, 0, 2)$, que cumple las cuatro condiciones de punto estacionario.

c) Como se cumplían las condiciones de convexidad, podemos afirmar que el punto estacionario es un mínimo global del problema, y que el valor mínimo de la función es:

$$F_{\text{mín}}(1, 1) = 1$$

14.4. Resuelva:

$$\text{Maximizar} \quad 2x + y$$
$$\text{s. a} \quad x^2 + y^2 \leqslant 1$$
$$x - y^2 \geqslant 0$$

SOLUCIÓN

a) Primero lo resolvemos gráficamente:

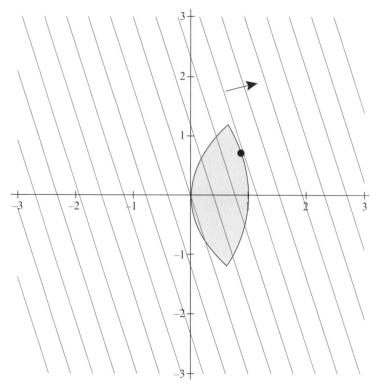

Figura 14.4

El conjunto de oportunidades es el área sombreada; observamos que dicho conjunto es compacto y la función objetivo continua, por lo que se verifica el teorema de Weierstrass, pudiendo afirmar que existen, al menos, un máximo y un mínimo global.

El conjunto de oportunidades es convexo y la función objetivo lineal; por tanto, también se verifica el teorema local-global. Así, podemos afirmar que todos los óptimos serán globales, ya que se verifica el teorema local-global de máximo y de mínimo, al ser lineal.

La dirección de la curva de nivel nos indica que el punto marcado es el máximo global del problema; está sobre la primera restricción (por tanto, la circunferencia es activa en dicho punto) y la parábola es inactiva en el máximo.

b)   Pasamos a la obtención de las soluciones aplicando las condiciones de punto estacionario.

Para determinar el punto donde, de acuerdo con la gráfica, se alcanza el máximo, hemos de construir la función de Lagrange y aplicar las condiciones necesarias de punto estacionario; pero hemos de tener en cuenta que la segunda restricción, antes de incluirla en la función de Lagrange, tenemos que multiplicarla por -1, para convertirla en una restricción del tipo ($\leq$) y poder aplicar las condiciones de punto estacionario teóricas que hemos enunciado anteriormente:

$$\mathcal{L}(x, y, \lambda_1, \lambda_2) = 2x + y - \lambda_1(x^2 + y^2 - 1) - \lambda_2(-x + y^2)$$

$$\frac{\partial \mathcal{L}(x, y, \lambda_1, \lambda_2)}{\partial x} = 2 - 2x\lambda_1 + \lambda_2 = 0 \qquad (a)$$

$$\frac{\partial \mathcal{L}(x, y, \lambda_1, \lambda_2)}{\partial y} = 1 - 2y\lambda_1 - 2y\lambda_2 = 0 \qquad (b)$$

$$\frac{\partial \mathcal{L}(x, y, \lambda_1, \lambda_2)}{\partial \lambda_1} = -(x^2 + y^2 - 1) \geq 0 \qquad (c)$$

$$\frac{\partial \mathcal{L}(x, y, \lambda_1, \lambda_2)}{\partial \lambda_2} = -(-x + y^2) \geq 0 \qquad (d)$$

$$\lambda_1 \frac{\partial \mathcal{L}(x, y, \lambda_1, \lambda_2)}{\partial \lambda_1} = -\lambda_1(x^2 + y^2 - 1) = 0 \Leftrightarrow \begin{cases} \lambda_1 = 0 \\ x^2 + y^2 = 1 \end{cases}$$

$$\lambda_2 \frac{\partial \mathcal{L}(x, y, \lambda_1, \lambda_2)}{\partial \lambda_2} = -\lambda_2(-x + y^2) = 0 \Leftrightarrow \begin{cases} \lambda_2 = 0 \\ y^2 = x \end{cases}$$

$$\lambda_1 \geq 0, \ \lambda_2 \geq 0$$

Hemos razonado anteriormente que la primera restricción es activa en el óptimo y la segunda es inactiva, de forma que tomamos:

$$\begin{array}{c} x^2 + y^2 = 1 \\ \lambda_2 = 0 \end{array} \qquad (e)$$

Sustituyendo esta última en (a) y (b), y despejando λ_1 de ambas, obtenemos:

$$\left. \begin{array}{l} 2 - 2x\lambda_1 = 0 \ \Rightarrow \ \lambda_1 = \dfrac{1}{x} \\[2mm] 1 - 2y\lambda_1 = 0 \ \Rightarrow \ \lambda_1 = \dfrac{1}{2y} \end{array} \right\} \ \Rightarrow \ x = 2y$$

Sustituyendo en (e):

$$(2y)^2 + y^2 = 1 \ \Rightarrow \ 5y^2 = 1 \ \Rightarrow \ y = \pm\sqrt{\frac{1}{5}} \ \Rightarrow \ y = \pm\frac{1}{\sqrt{5}}$$

Por tanto, tenemos dos posibles valores para la variable y:

1. Para $y = \dfrac{-1}{\sqrt{5}}$, si calculamos el correspondiente valor de λ_1:

$$\lambda_1 = \frac{1}{2 \cdot \left(\dfrac{-1}{\sqrt{5}} \right)} = -\frac{\sqrt{5}}{2}$$

resulta un valor negativo, y como esto no puede ocurrir en un punto estacionario, no seguimos calculando el resto de variables; además, la gráfica nos confirma que la variable y es positiva.

2. Para $y = \dfrac{1}{\sqrt{5}}$, calculamos el correspondiente valor de λ_1 y de la variable x:

$$\lambda_1 = \frac{\sqrt{5}}{2}, \quad x = 2 \left(\frac{1}{\sqrt{5}} \right) = \frac{2}{\sqrt{5}}$$

Con lo cual, el punto obtenido es:

$$\left(\frac{2}{\sqrt{5}}, \frac{1}{\sqrt{5}}, \frac{\sqrt{5}}{2}, 0 \right)$$

Este punto cumple las cuatro condiciones de punto estacionario [(c) y (d) se cumplen, obviamente].

c) Como se cumplían las condiciones de convexidad, podemos afirmar que el punto es máximo global y el valor máximo de la función es:

$$F_{\text{máx}} = \left(\frac{2}{\sqrt{5}}, \frac{1}{\sqrt{5}} \right) = \frac{5}{\sqrt{5}}$$

14.5. Resuelva:

$$\text{Maximizar} \quad -3x^2 - 2y^2$$
$$\text{s. a} \quad x + y \leq 3$$

Solución

a) Primero lo resolvemos gráficamente:

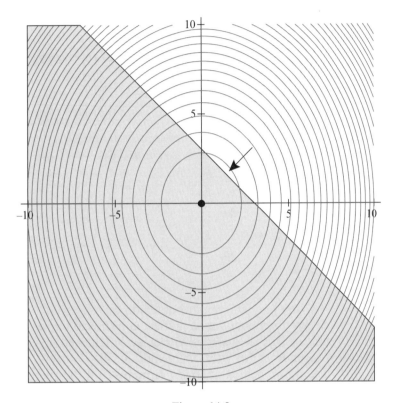

Figura 14.5

En este problema observamos que el conjunto de oportunidades no es compacto, puesto que es cerrado pero no es acotado, por lo que no se verifica el teorema de Weierstrass y, por tanto, no sabemos a priori si el problema tendrá solución.

Por otra parte, el conjunto de oportunidades es convexo y la función objetivo es cóncava (su hessiana es definida negativa); por tanto, se verifica el teorema local-global para máximo, pudiendo afirmar que los máximos serán globales.

La dirección de la curva de nivel nos indica que el máximo está en el punto $(0,0)$, dado que las curvas crecen hacia el origen.

b) Obtengamos ahora las soluciones aplicando las condiciones de punto estacionario.

Para determinar el punto donde, de acuerdo con la gráfica, se alcanza el máximo, hemos de construir la función de Lagrange y aplicar las condiciones necesarias de punto estacionario para máximo. Puesto que la restricción es de ($\leq$), podemos construir la función de Lagrange directamente:

$$\mathscr{L}(x, y, \lambda) = -3x^2 - 2y^2 - \lambda(x + y - 3)$$

Las condiciones de punto estacionario en este caso resultan:

$$\frac{\partial \mathscr{L}(x, y, \lambda)}{\partial x} = -6x - \lambda = 0 \qquad (a)$$

$$\frac{\partial \mathscr{L}(x, y, \lambda)}{\partial y} = -4y - \lambda = 0 \qquad (b)$$

$$\frac{\partial \mathscr{L}(x, y, \lambda)}{\partial \lambda} = -(x + y - 3) \geq 0 \qquad (c)$$

$$\frac{\partial \mathscr{L}(x, y, \lambda)}{\partial \lambda} = -\lambda(x + y - 3) = 0 \Leftrightarrow \begin{cases} \lambda = 0 \\ x + y = 3 \end{cases}$$

$$\lambda \geq 0$$

Según observamos en la gráfica, la restricción no es activa en el máximo, por lo que a partir de las condiciones de holgura complementaria tenemos $\lambda = 0$. Sustituyendo en (a) y (b) obtenemos: $x = 0$, $y = 0$.

Por tanto, hemos obtenido el punto $(0, 0, 0)$, que es punto estacionario, ya que cumple las cuatro condiciones.

c)   Como se cumplen las condiciones de convexidad, podemos afirmar que el punto obtenido es máximo global.

El valor de la función objetivo en el óptimo es:

$$F_{\text{máx}}(0, 0) = 0$$

14.6.   Resuelva:

$$\text{Maximizar} \quad x^2 + (y - 1)^2$$

$$\text{s. a} \quad x^2 + y^2 \leq 1$$

$$x^2 - y \geq 0$$

SOLUCIÓN

a)   Primero lo resolvemos gráficamente:

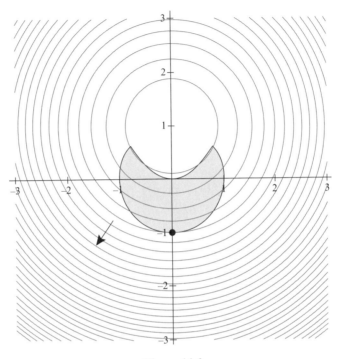

Figura 14.6

El conjunto de oportunidades es el área sombreada; dicho conjunto es compacto y la función objetivo continua, por lo que se verifica el teorema de Weierstrass, pudiendo afirmar que existen, al menos, un mínimo y un máximo global.

Por otra parte, el conjunto de oportunidades no es convexo y la función objetivo tampoco es convexa; por tanto, no se verifica el teorema local-global de máximo, no pudiendo afirmar si los máximos serán globales. Por tanto, tampoco se verifican las condiciones de segundo orden dadas.

La dirección de la curva de nivel nos indica que el máximo está sobre la primera restricción, que es la circunferencia; la segunda restricción, la parábola, es inactiva en el máximo.

b)   Obtengamos la solución aplicando las condiciones de punto estacionario.

Para determinar el punto donde, de acuerdo con la gráfica, se alcanza el máximo, hemos de construir la función de Lagrange y aplicar las condiciones necesarias de punto estacionario, pero hemos de tener en cuenta que la segunda restricción, antes de incluirla en la función de Lagrange, tenemos que multiplicarla por -1, para convertirla en una restricción del tipo ($\leq$).

Construimos la función de Lagrange:

$$\mathscr{L}(x, y, \lambda_1, \lambda_2) = x^2 + (y-1)^2 - \lambda_1(x^2 + y^2 - 1) - \lambda_2(-x^2 + y)$$

Y aplicamos las condiciones de punto estacionario. Las condiciones I y II:

$$\frac{\partial \mathscr{L}(x, y, \lambda_1, \lambda_2)}{\partial x} = 2x - 2x\lambda_1 - 2x\lambda_2 = 0 \qquad (a)$$

$$\frac{\partial \mathscr{L}(x, y, \lambda_1, \lambda_2)}{\partial y} = 2(y-1) - 2y\lambda_1 - \lambda_2 = 0 \quad (b)$$

$$\frac{\partial \mathscr{L}(x, y, \lambda_1, \lambda_2)}{\partial \lambda_1} = -(x^2 + y^2 - 1) \geq 0 \qquad (c)$$

$$\frac{\partial \mathscr{L}(x, y, \lambda_1, \lambda_2)}{\partial \lambda_2} = -(-x^2 + y) \geq 0 \qquad (d)$$

Las condiciones de holgura complementaria y no negatividad de los multiplicadores (III y IV) son:

$$\lambda_1 \frac{\partial \mathscr{L}(x, y, \lambda_1, \lambda_2)}{\partial \lambda_1} = -\lambda_1(x^2 + y^2 - 1) = 0 \iff \begin{cases} \lambda_1 = 0 \\ x^2 + y^2 = 1 \end{cases}$$

$$\lambda_2 \frac{\partial \mathscr{L}(x, y, \lambda_1, \lambda_2)}{\partial \lambda_2} = -\lambda_2(-x^2 + y) = 0 \iff \begin{cases} \lambda_2 = 0 \\ y = x^2 \end{cases}$$

$$\lambda_1 \geq 0, \quad \lambda_2 \geq 0$$

A partir de las condiciones de holgura complementaria, y con la ayuda de la gráfica, las ramas que tenemos que tomar son:

$$x^2 + y^2 = 1, \quad \lambda_2 = 0$$

Sustituyendo en (a) y (b) obtenemos:

$$2x - 2x\lambda_1 = 0 \iff \begin{cases} x = 0 \\ \lambda_1 = 1 \end{cases}$$

$$2(y-1) - 2y\lambda_1 = 0$$

Según la gráfica $x = 0$, y por tanto escogemos esa opción. Si $x = 0$, entonces de la expresión $x^2 + y^2 = 1$ elegimos $y = -1$ (la opción $y = 1$ se descarta observando el dibujo).

Sustituyendo en la segunda ecuación:

$$2(y - 1) - 2y\lambda_1 - \lambda_2 = 0$$

Obtenemos $\lambda_1 = 2$, de forma que el punto estacionario es $(0, -1, 2, 0)$.

c)   No se cumplen las condiciones de convexidad, pero podemos asegurar que el punto es máximo global según vemos en la gráfica.

Por último, el valor máximo de la función es:

$$F_{\text{máx}}(0, -1) = 4$$

14.7.   Resuelva:

$$\text{Maximizar}\quad x^2 + (y - 1)^2$$
$$\text{s. a}\quad x + y \leqslant 6$$
$$2x + y \geqslant 4$$
$$x, y \geqslant 0$$

SoLUCIÓN

a)   Primero lo resolvemos gráficamente:

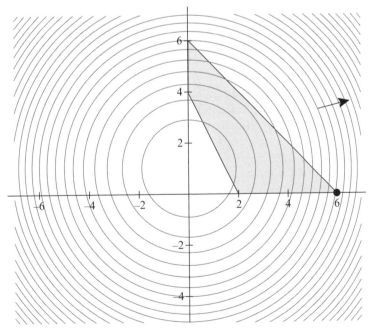

Figura 14.7

El conjunto de oportunidades es el área sombreada; dicho conjunto es compacto y la función objetivo continua, por lo que se verifica el teorema de Weierstrass. El conjunto de oportunidades es convexo y la función objetivo no es cóncava; por tanto, no se verifica el teorema local-global para máximo, de forma que no se cumplen las condiciones de segundo orden.

Este tipo de problemas difiere de los anteriores, dado que en él se impone que las variables sean no negativas, hecho muy común en los problemas económicos. Para resolverlos, podemos o aplicar unas nuevas condiciones denominadas de Kuhn Tucker, o tratarlos como problemas de punto estacionario, añadiendo las correspondientes restricciones y multiplicadores, enfoque que seguiremos en la resolución de este tipo de problemas.

La dirección de la curva de nivel nos indica que el máximo está sobre la primera restricción y sobre la cuarta ($y = 0$); por tanto, los multiplicadores asociados a la segunda y la tercera restricción serán nulos.

b)   Obtengamos la solución aplicando las condiciones de punto estacionario.

Para determinar el punto donde, de acuerdo con la gráfica, se alcanza el máximo, hemos de construir la función de Lagrange y aplicar las condiciones necesarias de punto estacionario añadiendo las restricciones de no negatividad (todas convertidas en $\leqslant$).

La función de Lagrange:

$$\mathscr{L}(x, y, \lambda_1, \lambda_2, \lambda_3, \lambda_4) = x^2 + (y-1)^2 - \lambda_1(x+y-6) - \lambda_2(-2x-y+4) - \lambda_3(-x) - \lambda_4(-y)$$

Las condiciones de punto estacionario:

$$\frac{\partial \mathscr{L}(x, y, \vec{\lambda})}{\partial x} = 2x - \lambda_1 + 2\lambda_2 + \lambda_3 = 0 \qquad (a)$$

$$\frac{\partial \mathscr{L}(x, y, \vec{\lambda})}{\partial y} = 2(y-1) - \lambda_1 + \lambda_2 + \lambda_4 = 0 \quad (b)$$

$$\frac{\partial \mathscr{L}(x, y, \vec{\lambda})}{\partial \lambda_1} = -(x+y-6) \geqslant 0 \qquad (c)$$

$$\frac{\partial \mathscr{L}(x, y, \vec{\lambda})}{\partial \lambda_2} = -(-2x-y+4) \geqslant 0 \qquad (d)$$

$$\frac{\partial \mathscr{L}(x, y, \vec{\lambda})}{\partial \lambda_3} = -(-x) \geqslant 0 \qquad (e)$$

$$\frac{\partial \mathscr{L}(x, y, \vec{\lambda})}{\partial \lambda_4} = -(-y) \geqslant 0 \qquad (f)$$

436

© Ediciones Pirámide

Las condiciones de holgura complementaria y no negatividad de las variables son:

$$\lambda_1 \frac{\partial \mathscr{L}(x, y, \vec{\lambda})}{\partial \lambda_1} = -\lambda_1(x + y - 6) = 0 \iff \begin{cases} \lambda_1 = 0 \\ x + y = 6 \end{cases}$$

$$\lambda_2 \frac{\partial \mathscr{L}(x, y, \vec{\lambda})}{\partial \lambda_2} = -\lambda_2(-2x - y + 4) = 0 \iff \begin{cases} \lambda_2 = 0 \\ 2x + y = 4 \end{cases}$$

$$\lambda_3 \frac{\partial \mathscr{L}(x, y, \vec{\lambda})}{\partial \lambda_3} = -\lambda_3(-x) = 0 \iff \begin{cases} \lambda_3 = 0 \\ x = 0 \end{cases}$$

$$\lambda_4 \frac{\partial \mathscr{L}(x, y, \vec{\lambda})}{\partial \lambda_4} = -\lambda_4(-y) = 0 \iff \begin{cases} \lambda_4 = 0 \\ y = 0 \end{cases}$$

$$\lambda_1 \geqslant 0, \ \lambda_2 \geqslant 0, \ \lambda_3 \geqslant 0, \ \lambda_4 \geqslant 0$$

Como hemos visto, la gráfica nos indica que las restricciones primera y cuarta son activas en el óptimo y las demás inactivas, de forma que las ramas que tenemos que tomar son:

$$\begin{cases} x + y = 6 \\ \lambda_2 = 0 \\ \lambda_3 = 0 \\ y = 0 \end{cases}$$

Si sustituimos en (*a*) y en (*b*) obtenemos fácilmente que el punto estacionario es $(6, 0, 12, 0, 0, 14)$, ya que cumple las cuatro condiciones de punto estacionario.

c) No se verifican las condiciones de convexidad, si bien en la gráfica podemos observar que $(6, 0)$ es máximo global del problema con un valor máximo de la función:

$$F_{\text{máx}}(6, 0) = 37$$

14.8. La función de producción de una empresa es:

$$F(x, y) = x^2 + y^2$$

siendo x e y las cantidades que produce de dos bienes A y B. Además, tenemos la limitación de que la suma de las unidades producidas de A y B no puede superar las cuatro unidades; se pide cuál será la combinación óptima para maximizar la producción.

SOLUCIÓN

Planteemos el problema:

$$\text{Maximizar} \quad x^2 + y^2$$
$$\text{s. a} \quad x + y \leqslant 4$$
$$x, y \geqslant 0$$

Resulta ser un problema no lineal con condiciones de no negatividad en las variables, dado que representan cantidades de los bienes; para resolverlo, actuamos igual que en el problema anterior, lo representaremos y aplicaremos las condiciones de punto estacionario.

Gráficamente:

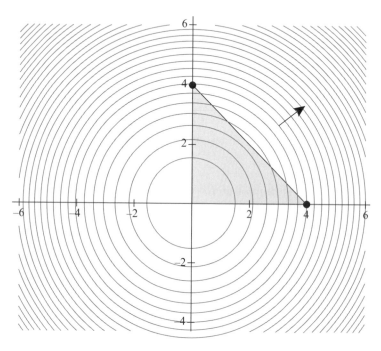

Figura 14.8

El conjunto de oportunidades es el área sombreada; dicho conjunto es compacto y la función objetivo continua, por lo que se verifica el teorema de Weierstrass. El conjunto de oportunidades es convexo y la función objetivo no es cóncava; por tanto, no se verifica el teorema local-global para máximo, con lo cual no se cumplen las condiciones de segundo orden.

438

La dirección de la curva de nivel nos indica que existen dos máximos:

— $(4,0)$: En este punto son activas la primera y la tercera restricción. La segunda es inactiva.
— $(0,4)$: En este punto son activas las restricciones primera y segunda. La tercera es inactiva.

b)   Obtengamos ahora la solución aplicando las condiciones de punto estacionario.

La función de Lagrange (cambiando el signo a las restricciones correspondientes al primer cuadrante) queda:

$$\mathscr{L}(x, y, \lambda_1, \lambda_2, \lambda_3) = x^2 + y^2 - \lambda_1(x + y - 4) - \lambda_2(-x) - \lambda_3(-y)$$

Las condiciones de punto estacionario son:

$$\frac{\partial \mathscr{L}(x, y, \vec{\lambda})}{\partial x} = 2x - \lambda_1 + \lambda_2 = 0 \quad (a)$$

$$\frac{\partial \mathscr{L}(x, y, \vec{\lambda})}{\partial y} = 2y - \lambda_1 + \lambda_3 = 0 \quad (b)$$

$$\frac{\partial \mathscr{L}(x, y, \vec{\lambda})}{\partial \lambda_1} = -(x + y - 4) \geqslant 0 \quad (c)$$

$$\frac{\partial \mathscr{L}(x, y, \vec{\lambda})}{\partial \lambda_2} = -(-x) \geqslant 0 \quad\quad\quad (d)$$

$$\frac{\partial \mathscr{L}(x, y, \vec{\lambda})}{\partial \lambda_3} = -(-y) \geqslant 0 \quad\quad\quad (e)$$

Las condiciones de holgura complementaria y no negatividad de los multiplicadores de Lagrange resultan:

$$\lambda_1 \frac{\partial \mathscr{L}(x, y, \vec{\lambda})}{\partial \lambda_1} = -\lambda_1(x + y - 4) = 0 \iff \begin{cases} \lambda_1 = 0 \\ x + y = 4 \end{cases}$$

$$\lambda_2 \frac{\partial \mathscr{L}(x, y, \vec{\lambda})}{\partial \lambda_2} = -\lambda_2(-x) = 0 \iff \begin{cases} \lambda_2 = 0 \\ x = 0 \end{cases}$$

$$\lambda_3 \frac{\partial \mathscr{L}(x, y, \vec{\lambda})}{\partial \lambda_3} = -\lambda_3(-y) = 0 \iff \begin{cases} \lambda_3 = 0 \\ y = 0 \end{cases}$$

$$\lambda_1 \geqslant 0, \ \lambda_2 \geqslant 0, \ \lambda_3 \geqslant 0$$

Como hemos visto en la gráfica que existen dos máximos, tenemos que razonar para cada uno de ellos.

— Para $(4,0)$: basándonos en las restricciones activas y las inactivas, escogemos las ramas:

$$x + y = 4, \quad \lambda_2 = 0, \quad y = 0$$

Si sustituimos en (a) y en (b) obtenemos fácilmente que $(4,0,8,0,8)$ es un punto estacionario, ya que cumple las cuatro condiciones.

— Para $(0,4)$: basándonos en las restricciones activas e inactivas en este punto, escogemos las ramas:

$$x + y = 4, \quad x = 0, \quad \lambda_3 = 0$$

Si sustituimos en (a) y en (b) obtenemos fácilmente que $(0,4,8,8,0)$ es un punto estacionario, ya que cumple las cuatro condiciones.

El valor de la función objetivo en ambos es el mismo:

$$F_{\text{máx}}(4,0) = F_{\text{máx}}(0,4) = 16$$

c) Aunque no se cumplen las condiciones de convexidad dadas, en la gráfica observamos que ambos son máximos globales.

Por tanto, esta empresa tiene dos posibilidades de producción: cuatro de A y cero de B, obteniendo una producción máxima de 16 u.m., o bien cero de A, y cuatro de B, obteniendo claramente la misma producción.

14.9. La función de costes de una empresa es:

$$F(x,y) = (x-4)^2 + (y-4)^2$$

siendo x e y las cantidades que produce de dos bienes A y B. La limitación de la producción es de tres unidades; se pide calcular cuál será la combinación óptima para minimizar los costes.

SOLUCIÓN

Lo primero que hacemos es plantear el problema:

$$\text{Minimizar} \quad (x-4)^2 + (y-4)^2$$
$$\text{s. a} \quad x + y \leqslant 3$$
$$x, y \geqslant 0$$

Resulta ser un problema no lineal con condiciones de no negatividad en las variables, dado que representan cantidades de los bienes; para resolverlo, actuamos igual que en el problema anterior, lo representamos y aplicamos las condiciones de punto estacionario, si bien, al ser un problema de mínimo, vamos a proceder aplicando las condiciones de punto estacionario de mínimo directamente.

Gráficamente:

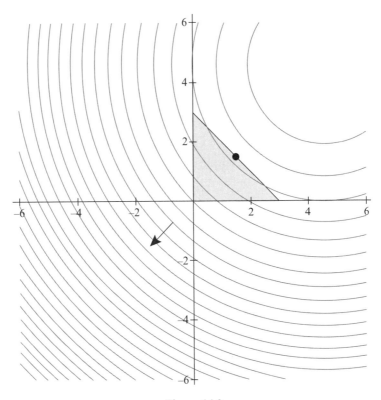

Figura 14.9

El conjunto de oportunidades es el área sombreada; dicho conjunto es compacto y la función objetivo continua, por lo que se verifica el teorema de Weierstrass, pudiendo afirmar que existen, al menos, un mínimo y un máximo global.

Por otra parte, el conjunto de oportunidades es convexo y la función objetivo es convexa; por tanto, se verifica el teorema local-global de mínimo, cumpliéndose las condiciones de segundo orden.

La dirección de la curva de nivel nos indica que existe un mínimo sobre la primera restricción; observamos que las restricciones del primer cuadrante son inactivas en dicho punto.

Obtengamos ahora la solución aplicando las condiciones de punto estacionario; como el problema es de mínimo, construimos la función lagrangiana con el signo (+):

$$\mathcal{L}(x, y, \lambda_1, \lambda_2, \lambda_3) = (x-4)^2 + (y-4)^2 - \lambda_1(x+y-3) + \lambda_2(-x) + \lambda_3(-y)$$

Las condiciones de punto estacionario para un problema de mínimo son:

$$\frac{\partial \mathcal{L}(x, y, \vec{\lambda})}{\partial x} = 2(x-4) + \lambda_1 - \lambda_2 = 0 \quad (a)$$

$$\frac{\partial \mathcal{L}(x, y, \vec{\lambda})}{\partial y} = 2(y-4) + \lambda_1 - \lambda_3 = 0 \quad (b)$$

$$\frac{\partial \mathcal{L}(x, y, \vec{\lambda})}{\partial \lambda_1} = (x+y-3) \leq 0 \quad (c)$$

$$\frac{\partial \mathcal{L}(x, y, \vec{\lambda})}{\partial \lambda_2} = (-x) \leq 0 \quad (d)$$

$$\frac{\partial \mathcal{L}(x, y, \vec{\lambda})}{\partial \lambda_3} = (-y) \leq 0 \quad (e)$$

Las condiciones de holgura complementaria y no negatividad de los multiplicadores de Lagrange resultan:

$$\lambda_1 \frac{\partial \mathcal{L}(x, y, \vec{\lambda})}{\partial \lambda_1} = \lambda_1(x+y-3) = 0 \iff \begin{cases} \lambda_1 = 0 \\ x+y = 3 \end{cases}$$

$$\lambda_2 \frac{\partial \mathcal{L}(x, y, \vec{\lambda})}{\partial \lambda_2} = \lambda_2(-x) = 0 \iff \begin{cases} \lambda_2 = 0 \\ x = 0 \end{cases}$$

$$\lambda_3 \frac{\partial \mathcal{L}(x, y, \vec{\lambda})}{\partial \lambda_3} = \lambda_3(-y) = 0 \iff \begin{cases} \lambda_3 = 0 \\ y = 0 \end{cases}$$

$$\lambda_1 \geq 0, \lambda_2 \geq 0, \lambda_3 \geq 0$$

Como hemos visto, la primera restricción es activa y las otras dos inactivas, de forma que las ramas que tenemos que elegir son:

$$x+y = 3, \quad \lambda_2 = 0, \quad \lambda_3 = 0$$

Utilizando (*a*) y (*b*):

$$2(x - 4) + \lambda_1 = 0 \left.\right\}$$
$$2(y - 4) + \lambda_1 = 0$$

Despejamos λ_1 e igualamos las expresiones:

$$-2(x - 4) = -2(y - 4)$$

y como sabíamos que:

$$x + y = 3$$

obtenemos un sistema:

$$-2(x - 4) = -2(y - 4)$$
$$x + y = 3$$

Resolviéndolo, obtenemos el punto $(3/2, 3/2, 5, 0, 0)$, que cumple las cuatro condiciones de punto estacionario.

Como se cumplían las condiciones de convexidad, podemos afirmar que el punto estacionario es un mínimo global del problema y el valor mínimo de la función es:

$$F_{\text{mín}} = \left(\frac{3}{2}, \frac{3}{2}\right) = \frac{25}{2}$$

Por tanto, esta empresa para minimizar los costes tiene que producir 3/2 de *A* y lo mismo para *B*, obteniendo un coste mínimo de 25/2.

14.10. Resuelva:

$$\text{Minimizar} \quad x + 3y$$
$$\text{s. a} \quad x + y \leqslant 5$$
$$x \geqslant 0$$

SOLUCIÓN

Observamos que este problema es lineal, ya que todas las funciones que aparecen en él lo son, si bien se puede resolver mediante las condiciones de punto estacionario.

a) Primero lo resolvemos gráficamente:

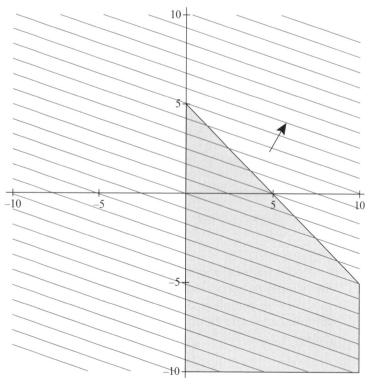

Figura 14.10

El conjunto de oportunidades es el área sombreada; dicho conjunto no es compacto dado que no es acotado, por lo que no se verifica el teorema de Weierstrass; por tanto, no podemos afirmar a priori si el problema tendrá solución.

Por otra parte, el conjunto de oportunidades es convexo y la función objetivo es lineal, con lo que se verifica el teorema local-global, de forma que los óptimos, si existen, serán globales. En la gráfica observamos que no existe mínimo.

b) Pasemos a obtener las soluciones aplicando las condiciones de punto estacionario.

Para determinar el punto donde se alcanza el mínimo, hemos de construir la función de Lagrange con signo (+) y aplicar las condiciones necesarias de punto estacionario para mínimo:

$$\mathcal{L}(x, y, \lambda_1, \lambda_2) = x + 3y + \lambda_1(x + y - 5) + \lambda_2(-x)$$

La condición (I) de punto estacionario:

$$\frac{\partial \mathcal{L}(x, y, \bar{\lambda})}{\partial x} = 1 + \lambda_1 - \lambda_2 = 0 \qquad (a)$$

$$\frac{\partial \mathcal{L}(x, y, \bar{\lambda})}{\partial y} = 3 + \lambda_1 = 0 \iff \lambda_1 = -3 \quad (b)$$

nos lleva a un multiplicador de Lagrange negativo, lo cual es incompatible con la condición (IV). Por tanto, no existen puntos estacionarios para mínimo, pudiendo afirmar que no hay mínimos en este problema.

15

Programación lineal

- Método del Simplex: 15.1
- Desarrollo matricial del método del Simplex: 15.2
- Casos especiales: 15.3, 15.4, 15.5
- Dualidad: 15.6, 15.7
- Sensibilidad: 15.6, 15.7

Teoría

La programación lineal es el campo de la programación que se ocupa de los problemas lineales donde la función objetivo y las restricciones son lineales.

Un problema lineal con dos variables se resuelve gráficamente de una manera muy fácil, ya que las curvas de nivel son rectas y el conjunto de oportunidades viene dado por la intersección de semiespacios o hiperplanos.

En estos problemas, por el teorema de Weierstrass, si el conjunto es acotado podremos afirmar que existe solución, ya que las demás hipótesis se verifican: función continua, conjunto de oportunidades cerrado y distinto del vacío. Por otra parte, al ser todas las funciones lineales, se cumplen las hipótesis del teorema local-global, así que todas las soluciones, ya sean de máximo o mínimo, serán globales.

En este capítulo vamos a plantear la resolución de estos problemas mediante el método del Simplex, así como dos temas relacionados con ella, como son la dualidad y la sensibilidad.

15.1. Una empresa produce dos productos, *A* y *B*. Para su producción dispone de dos máquinas, una de fabricación de los productos y la otra para su envasado. El producto *A* necesita cuatro horas en la primera máquina y tres en la segunda; el producto *B* necesita tres horas en la primera máquina y ocho en la segunda. Cada máquina puede estar en funcionamiento, como máximo, doce y veinte horas. El beneficio que obtiene dicha empresa con la venta de esos productos es, respectivamente, de dos y uno por cada unidad. Se pide:

a) Resuelva el problema gráficamente.

448

b) Calcule la producción que maximiza el beneficio, teniendo en cuenta las limitaciones de las máquinas, realizando las tablas del método del Simplex.

SOLUCIÓN

a) Planteando el problema que nos piden:

$$\text{Maximizar} \quad 2x_1 + x_2$$
$$\text{s. a} \quad 4x_1 + 3x_2 \leqslant 12$$
$$3x_1 + 8x_2 \leqslant 20$$
$$x_1, x_2 \geqslant 0$$

Dibujando el conjunto de oportunidades y algunas curvas de nivel:

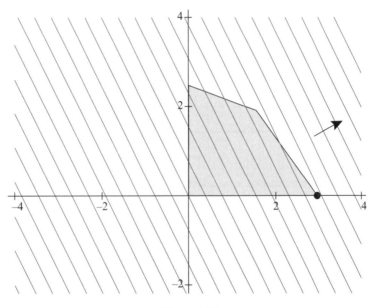

Figura 15.1

Podemos observar que el máximo global está en el punto $(3, 0)$. La primera restricción es activa en el punto.

b) Para resolverlo tabla a tabla mediante el método del Simplex procedemos de la siguiente forma.

Escribimos el problema en forma estándar, introduciendo variables de holgura en las restricciones para escribirlas de igualdad:

$$\text{Maximizar} \quad 2x_1 + x_2$$
$$\text{s. a} \quad 4x_1 + 3x_2 + x_3 = 12$$
$$3x_1 + 8x_2 + x_4 = 20$$
$$x_i \geq 0, i = 1,...,4$$

Para poder aplicar el método del Simplex directamente se debe cumplir:

1. Debe existir la base canónica en los datos iniciales del problema.
2. Las variables deben estar en el primer cuadrante.

Si alguna de estas circunstancias falla, se puede modificar para que se cumplan, como se verá en problemas posteriores; hemos de comprobar que se verifican ambas condiciones para poder aplicar el método.

En nuestro ejemplo, pasamos sus datos a la primera tabla del método del Simplex. Observamos que en esta primera tabla la base canónica está en (P_3, P_4) y las variables están en el primer cuadrante; luego:

		2	1	0	0	
B	C_B	P_1	P_2	P_3	P_4	P_0
P_3	0	4	3	1	0	12
P_4	0	3	8	0	1	20
		−2	−1	0	0	0

Observamos que existen elementos $z_j - c_j$ negativos; por tanto, esta tabla, como era un problema de máximo, no es la tabla óptima. En esta tabla estamos en el vértice $(0, 0, 12, 20)$ con un valor de la función objetivo de $z_0 = 0$. El método del Simplex buscará otro vértice donde la función objetivo valga más hasta que consiga el vértice mejor.

Para pasar a la siguiente tabla, hemos de aplicar los criterios de entrada y salida.

Entra en la base el elemento P_k que cumple:

$$z_k - c_k = \text{Mín} \,[z_j - c_j, \text{donde } z_j - c_j < 0]$$

En nuestro caso, mín$(-2, -1) = -2$, por lo que entra en la base P_1.

En cuanto al criterio de salida, hemos de calcular el mínimo que resulta de dividir coordenada a coordenada el vector P_0 y el vector columna que entra P_k (teniendo en cuenta sólo sus coordenadas positivas):

$$\frac{P_0}{P_k} = \text{Mín}\left(\frac{P_0}{P_{kj}^+}\right)$$

Aplicando esta fórmula al problema, resulta:

$$\text{Mín}\left(\frac{12}{4}, \frac{20}{3}\right)$$

Ello nos lleva a elegir al vector P_3. Sabiendo el vector que entra y el que sale de la base, hacemos la intersección en la tabla, lo cual nos lleva a elegir como elemento pivote el lugar 11, $a_{11} = 4$.

Dividimos toda la fila entre el elemento pivote (en nuestro caso, $a_{11} = 4$) y hacemos ceros en toda la columna; así, realizando operaciones básicas del método de Gauss para conseguir que la base vuelva a ser la base canónica, obtenemos la siguiente tabla:

		2	1	0	0	
B	C_B	P_1	P_2	P_3	P_4	P_0
P_1	2	1	3/4	1/4	0	3
P_4	0	0	23/4	−3/4	1	11
		0	1/2	1/2	0	6

Y volvemos a repetir el proceso.

En un problema lineal se pueden dar tres situaciones con respecto a la solución:

1. Puede ocurrir que lleguemos a una tabla donde no se puede aplicar el criterio de salida; esto es, la columna del vector elegido para entrar en la base está formada por elementos negativos o ceros. En este caso el problema no tiene solución, hecho que se suele decir como «tiene solución en el infinito».

2. Cuando llegamos a una tabla que cumpla que los $z_j - c_j$ son todos mayores o iguales que cero (en un problema de máximo), esa será la tabla óptima. Si sólo son ceros los correspondientes a la base final, el problema tiene solución única.

3. Por otra parte, si en una tabla óptima hay elementos $z_j - c_j = 0$ que no son básicos, este hecho indica que el problema tiene infinitas soluciones.

Volviendo a nuestro ejemplo, observamos que la tabla obtenida es óptima, ya que los $z_j - c_j$ son todos mayores o iguales que cero y sólo son cero los básicos; por tanto, es un problema con solución única.

La solución es $(3,0,0,11)$ con $z_0 = 6$. Observamos que la primera restricción es activa (su holgura es cero), mientras que la segunda restricción tiene una holgura de 11, esto es, de las 20 horas que puede trabajar la segunda máquina sólo lo hace 9. La producción óptima es 3 unidades de A, ninguna de B y el beneficio es de 6.

15.2. Supongamos que en el ejercicio anterior nos dan como dato que sabemos que la producción óptima sólo fabrica productos del tipo A y que la segunda máquina no trabajará el máximo de horas estipuladas.

Construya la tabla final de este problema con ayuda de esta información adicional, sin realizar las tablas intermedias del método del Simplex.

SOLUCIÓN

Cuando en un problema sabemos cuál es la base final, podemos pasar de la tabla inicial a la última sin realizar las tablas intermedias. Esto se denomina desarrollo matricial del método del Simplex y nos ahorra la realización de tantas tablas. Para ello, nos basamos en el método de Gauss, sabiendo que la relación que hay entre las columnas de la tabla inicial (P_j) y las de la tabla final (P_j^*) es la siguiente:

$$P_j^* = B^{-1} \cdot P_j$$

donde B es la matriz del cambio de base, formada, por columnas, por la base final tomada en la tabla inicial.

Aplicando esto al problema que nos ocupa, tenemos que empezar localizando la base B. Como nos dicen que sólo se producen elementos del tipo A y que la segunda máquina tiene holgura, tenemos que las coordenadas que son distintas de cero en la solución son la primera y la cuarta, esto es, la base final es (P_1, P_4).

Escribamos la tabla inicial del problema:

		2	1	0	0	
B	C_B	P_1	P_2	P_3	P_4	P_0
P_3	0	4	3	1	0	12
P_4	0	3	8	0	1	20
		−2	−1	0	0	0

Como la base final es (P_1, P_4), tenemos que tomar como B las columnas primera y cuarta de la tabla inicial; por tanto, en este problema, B es:

$$B = \begin{bmatrix} 4 & 0 \\ 3 & 1 \end{bmatrix}$$

Tenemos que calcular la inversa de B, que en este caso es:

$$B^{-1} = \begin{bmatrix} \dfrac{1}{4} & 0 \\ -\dfrac{3}{4} & 1 \end{bmatrix}$$

Para calcular las columnas de la tabla final usamos la fórmula anterior:

$$P_1^* = B^{-1} \cdot P_1 = \begin{bmatrix} \dfrac{1}{4} & 0 \\ -\dfrac{3}{4} & 1 \end{bmatrix} \begin{bmatrix} 4 \\ 3 \end{bmatrix} = \begin{bmatrix} 1 \\ 0 \end{bmatrix}$$

$$P_2^* = B^{-1} \cdot P_2 = \begin{bmatrix} \dfrac{1}{4} & 0 \\ -\dfrac{3}{4} & 1 \end{bmatrix} \begin{bmatrix} 3 \\ 8 \end{bmatrix} = \begin{bmatrix} \dfrac{3}{4} \\ \dfrac{23}{4} \end{bmatrix}$$

$$P_3^* = B^{-1} \cdot P_3 = \begin{bmatrix} \dfrac{1}{4} & 0 \\ -\dfrac{3}{4} & 1 \end{bmatrix} \begin{bmatrix} 1 \\ 0 \end{bmatrix} = \begin{bmatrix} \dfrac{1}{4} \\ -\dfrac{3}{4} \end{bmatrix}$$

$$P_4^* = B^{-1} \cdot P_4 = \begin{bmatrix} \dfrac{1}{4} & 0 \\ -\dfrac{3}{4} & 1 \end{bmatrix} \begin{bmatrix} 0 \\ 1 \end{bmatrix} = \begin{bmatrix} 0 \\ 1 \end{bmatrix}$$

$$P_0^* = B^{-1} \cdot P_0 = \begin{bmatrix} \dfrac{1}{4} & 0 \\ -\dfrac{3}{4} & 1 \end{bmatrix} \begin{bmatrix} 12 \\ 20 \end{bmatrix} = \begin{bmatrix} 3 \\ 11 \end{bmatrix}$$

Pasando todos estos elementos la tabla final, y calculando los $z_j - c_j$ como en el ejercicio anterior, obtenemos la tabla final:

		2	1	0	0	
B	**C_B**	**P_1**	**P_2**	**P_3**	**P_4**	**P_0**
P_1	2	1	3/4	1/4	0	3
P_4	0	0	23/4	−3/4	1	11
		0	1/2	1/2	0	6

De forma que hemos obtenido la tabla final sin necesidad de realizar las tablas intermedias. Esto sólo se puede hacer si tenemos la información adicional de la base final. La solución es $(3, 0, 0, 11)$, máximo global con un valor de la función objetivo en el óptimo de: $F(3, 0) = 6$.

15.3. Dado el problema:

$$\text{Maximizar} \quad 2x_1 + 6x_2$$

$$\text{s. a} \quad 2x_1 - x_2 \leq 10$$
$$x_1 + 3x_2 \leq 12$$
$$x_1, x_2 \geq 0$$

Resuelva el problema mediante el método del Simplex.

SOLUCIÓN

Añadimos variables de holgura al problema:

$$2x_1 - x_2 + x_3 = 10$$
$$x_1 + 3x_2 + x_4 = 12$$

Y construimos la tabla inicial:

		2	6	0	0	
B	**C_B**	**P_1**	**P_2**	**P_3**	**P_4**	**P_0**
P_3	0	2	−1	1	0	10
P_4	0	1	3	0	1	12
		−2	−6	0	0	0

Aplicando el criterio de entrada, elegimos P_2 para entrar en la base. Mediante el criterio de salida:

$$\text{Mín} \left(\frac{12}{3} \right)$$

elegimos P_4. El elemento pivote en este caso es el que está en el lugar 22, $a_{22} = 3$. Convirtiendo este elemento en «1» y toda su columna en «0» mediante el método de Gauss, obtenemos la siguiente tabla:

		2	6	0	0	
B	**C_B**	**P_1**	**P_2**	**P_3**	**P_4**	**P_0**
P_3	0	7/3	0	1	1/3	14
P_2	6	1/3	1	0	1/3	4
		0	0	0	2	24

Observamos que los $z_j - c_j$ son todos mayores o iguales que cero, de forma que la tabla es óptima. La solución es $(0, 4, 14, 0)$ y el valor de la función objetivo en el óptimo es 24.

Sabemos que los $z_j - c_j$ correspondientes a la base deben ser cero, pero en este problema, aparte de las casillas 3 y 2, existe otro cero, $z_1 - c_1 = 0$. ¿Qué nos indica este hecho?

Cuando existen $z_j - c_j$ no básicos nulos, indica que el problema tiene infinitas soluciones. Gráficamente, las curvas de nivel son paralelas a alguna de las restricciones. Para encontrarlas, tenemos que localizar el otro vértice, ya que las infinitas soluciones vienen dadas por el intervalo que une ambos vértices.

Para obtener el siguiente vértice volvemos a aplicar el criterio de entrada y salida. Entra en la base el correspondiente al cero «que sobra», en este caso P_1. Aplicando el criterio de salida:

$$\text{Mín} \left(\frac{14}{\frac{7}{3}}, \frac{4}{\frac{1}{3}} \right) = \text{Mín} \left(\frac{42}{7}, 12 \right) = \frac{42}{7}$$

Por tanto, sale de la base P_3. El elemento pivote está en el lugar «11» de la tabla, esto es, $a_{11} = \dfrac{7}{3}$. Convirtiendo este elemento en «1» y toda su columna en «0» mediante el método de Gauss, obtenemos la siguiente tabla:

		2	6	0	0	
B	C_B	P_1	P_2	P_3	P_4	P_0
P_1	2	1	0	3/7	1/7	6
P_2	6	0	1	$-1/7$	2/7	2
		0	0	0	2	24

Observamos que el valor de la función objetivo no cambia, $z_0 = 24$. El vértice que hemos obtenido es $(6, 2, 0, 0)$. Por tanto, la solución del problema es el segmento que une ambos vértices. Matemáticamente:

$$\{\lambda(0, 4) + (1 - \lambda)(6, 2), \quad 0 \leq \lambda \leq 1\}$$

Por tanto, el problema tiene infinitas soluciones, para valores del parámetro en el intervalo $[0, 1]$.

15.4. Resuelva mediante el método del Simplex:

$$\text{Maximizar} \quad x_1 - 2x_2$$
$$\text{s. a} \quad -x_1 + 2x_2 \leq 5$$
$$2x_1 - x_2 \leq 8$$
$$x_1 \geq 0$$

SOLUCIÓN

Observamos que en este problema no se puede aplicar el método del Simplex directamente, pues las variables, en este caso x_2, no están en el primer cuadrante.

Para solucionar este problema, hemos de «desdoblar» cada variable que no está en el primer cuadrante, como diferencia de dos que sí lo están.

En el ejercicio que nos ocupa, esta operación debemos hacerla con x_2. Así, si escribimos:

$$x_2 = x_{21} - x_{22}$$

donde x_{21} y x_{22} son no negativas, y añadimos variables de holgura, el problema en forma estándar resulta:

$$\text{Maximizar} \quad x_1 - 2x_{21} + 2x_{22}$$
$$\text{s. a} \quad -x_1 + 2x_{21} - 2x_{22} + x_3 = 5$$
$$2x_1 - x_{21} + x_{22} + x_4 = 8$$
$$x_1, x_{21}, x_{22}, x_3, x_4 \geq 0$$

Ahora ya podemos escribir la primera tabla del método del Simplex, ya que todas las variables son no negativas y tenemos la base canónica inicial:

		1	−2	2	0	0	
B	C_B	P_1	P_{21}	P_{22}	P_3	P_4	P_0
P_3	0	−1	2	−2	1	0	5
P_4	0	2	−1	1	0	1	8
		−1	2	−2	0	0	0

Como la tabla no es óptima, hemos de cambiar de base. Para ello, aplicando el criterio de entrada, elegimos P_{22} para entrar en la base. Mediante el criterio de salida, hacemos:

$$\text{Mín}\left(\frac{8}{1}\right)$$

de forma que entra en la base P_4.

El elemento pivote en este caso es el que está en el lugar 23, $a_{23} = 1$. Aplicando el método de Gauss, obtenemos la siguiente tabla:

		1	−2	2	0	0	
B	C_B	P_1	P_{21}	P_{22}	P_3	P_4	P_0
P_3	0	3	0	0	1	2	21
P_{22}	2	2	−1	1	0	1	8
		3	0	0	0	2	16

Como los $z_j - c_j$ son todos mayores o iguales que cero, estamos ante la tabla óptima. La solución es $(0,0,8,21,0)$ y el valor de la función objetivo en el óptimo es 16.

En un problema donde hemos desdoblado variables; cuando una parte del desdoblamiento está en la base, la otra coordenada también tiene el correspondiente $z_j - c_j = 0$. Esto significa que el problema desdoblado siempre tiene infinitas soluciones, cosa que es obvia, ya que cualquier número se puede desdoblar como diferencia de dos no negativos de infinitas formas. Así, concluimos que nuestro problema original tiene solución única, que es:

$$(0,-8,21,0)$$

Obsérvese que para que el problema original tuviese infinitas soluciones tendría que aparecer algún $z_j - c_j = 0$ que no fuese básico ni desdoblamiento de un elemento de la base.

15.5. Resuelva mediante el método del Simplex:

$$\text{Maximizar} \quad 3x_1 + x_2$$
$$\text{s. a} \quad 3x_1 + x_2 \geq 6$$
$$-x_1 + x_2 \leq 4$$
$$x_1, x_2 \geq 0$$

SOLUCIÓN

En este problema, si introducimos variables de holgura:

$$3x_1 + x_2 - x_3 = 6$$
$$-x_1 + x_2 + x_4 = 4$$

Observamos que no tenemos la base canónica inicial, por lo que no podemos aplicar el método del Simplex directamente. Una forma de arreglar este problema es usar el método de la M-grande, el cual añade las variables necesarias para tener la base canónica de inicio de manera ficticia; es decir, estas variables, denominadas variables artificiales, se introducen en el problema con el único objetivo de poder aplicar el método del Simplex. En la función objetivo se añaden con un valor del coste de $-M$, donde M es un número grande; con esto, se pretende que la variable, en un problema de máximo, salga de la base. Si esto no se consigue en la última tabla, el problema no tiene solución.

De esta forma, como el vector que necesitamos en este caso es $(1, 0)$, añadimos una variable ficticia en la primera restricción, quedando el problema a resolver:

$$\text{Maximizar} \quad 3x_1 + x_2 - Mx_5$$
$$\text{s. a} \quad 3x_1 + x_2 - x_3 + x_5 = 6$$
$$-x_1 + x_2 + x_4 = 4$$
$$x_1, x_2, x_3, x_4, x_5 \geq 0$$

Ahora ya podemos escribir la primera tabla del método del Simplex, ya que todas las variables son no negativas y tenemos la base canónica inicial:

458

		3	1	0	0	$-M$	
B	C_B	P_1	P_2	P_3	P_4	P_5	P_0
P_5	$-M$	3	1	-1	0	1	6
P_4	0	-1	1	0	1	0	4
		$-3M-3$	$-M-1$	M	0	0	$-6M$

Como la tabla no es óptima, hemos de cambiar de base. Para ello, aplicando el criterio de entrada, elegimos P_1 para entrar en la base (recordamos que M es un número grande, de forma que $-3M-3$ es más negativo que $-M-1$). Mediante el criterio de salida, hacemos:

$$\text{Mín}\left(\frac{6}{3}\right)$$

que corresponde a P_5, de forma que ya ha salido la variable ficticia de la base.

Por tanto, el elemento pivote está en el lugar 11, $a_{11} = 3$. Aplicando el método de Gauss, obtenemos la siguiente tabla:

		3	1	0	0	
B	C_B	P_1	P_2	P_3	P_4	P_0
P_1	3	1	1/3	$-1/3$	0	2
P_4	0	0	4/3	$-1/3$	1	6
		0	0	-1	0	6

Observamos que al salir la variable ficticia de la base no escribimos su columna correspondiente. En esta tabla aparece $z_3 - c_3 = -1$, por lo que no es la tabla óptima todavía. Entra P_3 en la base, pero cuando vamos a aplicar el criterio de salida vemos que la columna P_3 tiene todas sus coordenadas negativas, por lo que no podemos aplicar el criterio. En estos casos, el problema no tiene solución, pudiendo decir que alcanza la solución en el infinito.

15.6. Dado el siguiente problema:

$$\text{Maximizar} \quad 3x_1 + 4x_2$$

$$\text{s. a} \quad x_1 + x_2 \leq 20$$
$$3x_1 + 3x_2 \leq 10$$
$$x_1, x_2 \geq 0$$

Se pide:

a) Obtenga la tabla óptima del problema, sabiendo que su base final es (P_2, P_3).
b) Obtenga su problema dual y calcule la solución de dicho problema a través del problema primal.
c) Realice un análisis de sensibilidad para los datos $c_1 = 3$, $c_2 = 4$ y $b_1 = 20$.

SOLUCIÓN

a) Si sabemos que la base final es (P_2, P_3), podemos localizar la matriz B que nos permite pasar de la tabla de inicio a la tabla final.

Introduciendo variables de holgura y escribiendo la primera tabla:

		3	4	0	0	
B	C_B	P_1	P_2	P_3	P_4	P_0
P_3	0	1	1	1	0	20
P_4	0	3	3	0	1	10
		−3	−4	0	0	0

Sabemos que $B = (P_2, P_3) = \begin{bmatrix} 1 & 1 \\ 3 & 0 \end{bmatrix}$. Calculando su inversa:

$$B^{-1} = \begin{bmatrix} 0 & \dfrac{1}{3} \\ 1 & -\dfrac{1}{3} \end{bmatrix}$$

Utilizando la fórmula $P_j^* = B^{-1} \cdot P_j$ podemos construir la tabla óptima, sin necesidad de calcular las tablas intermedias. Así, la tabla final es:

		3	4	0	0	
B	C_B	P_1	P_2	P_3	P_4	P_0
P_2	4	1	1	0	1/3	10/3
P_3	0	0	0	1	−1/3	50/3
		1	0	0	4/3	40/3

Observamos que la solución es $(0, 10/3, 50/3, 0)$, con un valor de la función objetivo de $40/3$.

b) El problema dual asociado:

$$\text{Minimizar} \quad 20\lambda_1 + 10\lambda_2$$
$$\text{s. a} \quad \lambda_1 + 3\lambda_2 \geqslant 3$$
$$\lambda_1 + 3\lambda_2 \geqslant 4$$
$$\lambda_1, \lambda_2 \geqslant 0$$

¿Cuál es la solución del problema dual? Sabemos que las variables duales se corresponden a los z_j^* de la tabla óptima del primal, en los subíndices de su base canónica inicial; en nuestro problema, z_3^*, z_4^*. Por tanto, la solución del dual es:

$$\lambda_1 = z_3^* = 0, \quad \lambda_2 = z_4^* = \frac{4}{3}$$

Podemos comprobar que ambas funciones objetivos coinciden en sus óptimos. Así:

$$F(x_1, x_2) = 3x_1 + 4x_2$$

$$F(0, 10/3) = \frac{40}{3}$$

La función dual:

$$H(\lambda_1, \lambda_2) = 20\lambda_1 + 10\lambda_2$$

Evaluado en su valor óptimo:

$$H(0, 4/3) = 20 \cdot 0 + 10 \cdot \frac{4}{3} = \frac{40}{3}$$

tomando ambas el mismo valor.

c) Análisis de sensibilidad.
Cuando realizamos un análisis de sensibilidad de un dato en el problema estamos intentando calcular un intervalo, de forma que si variamos ese dato

dentro de dicho intervalo, la base final no cambie. Este estudio se puede realizar para cualquier elemento del problema.

— Para el estudio de sensibilidad de un coste, partimos de tabla final del problema. En nuestro ejemplo es:

		3	4	0	0	
B	C_B	P_1	P_2	P_3	P_4	P_0
P_2	4	1	1	0	1/3	10/3
P_3	0	0	0	1	−1/3	50/3
		1	0	0	4/3	40/3

Observamos que el coste $c_1 = 3$ no es básico, ya que P_1 no está en la base final. Para obtener el intervalo de sensibilidad de este dato, cambiamos el coste por un parámetro, α, y volvemos a calcular la tabla final. En este caso, este cambio sólo afecta al vector de costes y, por tanto, al $z_j - c_j$ correspondiente:

		α	4	0	0	
B	C_B	P_1	P_2	P_3	P_4	P_0
P_2	4	1	1	0	1/3	10/3
P_3	0	0	0	1	−1/3	50/3
		$4 - \alpha$	0	0	4/3	40/3

Para que la tabla siga siendo óptima, exigimos que los $z_j - c_j$ sean mayores o iguales que cero; por tanto:

$$4 - \alpha \geqslant 0$$

Despejando obtenemos el intervalo $(-\infty, 4]$, de forma que si $c_1 = 3$ toma valores dentro de este intervalo, la base final seguirá siendo (P_2, P_3). Fuera del intervalo la base cambiará y en los extremos, en nuestro ejemplo cuando $c_1 = 4$, aunque la base no cambia, el problema pasa a tener infinitas soluciones (existiría un valor $z_1 - c_1 = 0$ no básico), existiendo en este valor dos bases óptimas.

— Para el estudio de sensibilidad del siguiente coste, $c_2 = 4$, observamos que éste es básico, ya que P_2 aparece en la base de la tabla final:

		3	4	0	0	
B	C_B	P_1	P_2	P_3	P_4	P_0
P_2	4	1	1	0	1/3	10/3
P_3	0	0	0	1	−1/3	50/3
		1	0	0	4/3	40/3

Ahora modificamos su valor por un parámetro α; en este caso, afecta al vector de costes y al vector de costes básicos:

		3	α	0	0	
B	C_B	P_1	P_2	P_3	P_4	P_0
P_2	α	1	1	0	1/3	10/3
P_3	0	0	0	1	−1/3	50/3
		$\alpha - 3$	0	0	$\alpha/3$	$10\alpha/3$

Como se ha visto afectado un coste básico, los $z_j - c_j$ se ven todos modificados; para que siga siendo tabla óptima exigimos que todos los $z_j - c_j$ sean mayores o iguales que cero. Hemos de tener en cuenta que z_0 no se considera, ya que su valor no afecta para comprobar si la tabla es óptima o no.

En nuestro caso:

$$\alpha - 3 \geq 0$$

$$\frac{\alpha}{3} \geq 0$$

Despejando obtenemos el intervalo $[3, \infty)$. A igual que antes, podemos afirmar que dentro de este intervalo, la base óptima no cambia. Fuera de él, la base cambiará, y justo en los extremos, en nuestro caso $c_2 = 3$, el problema tendrá infinitas soluciones, existiendo dos bases óptimas en este valor.

— Por último, para realizar el estudio de sensibilidad de un recurso, en este caso $b_1 = 20$, recordamos que este dato sólo influye en la columna P_0;

por tanto, sólo hemos de volver a calcular este dato, ahora con un parámetro:

$$P_0^* = B^{-1} \cdot P_0 = \begin{bmatrix} 0 & \dfrac{1}{3} \\ 1 & -\dfrac{1}{3} \end{bmatrix} \begin{bmatrix} \alpha \\ 10 \end{bmatrix} = \begin{bmatrix} \dfrac{10}{3} \\ \alpha - \dfrac{10}{3} \end{bmatrix}$$

Para que la tabla siga siendo óptima, hemos de exigir que este nuevo valor tenga todas sus coordenadas mayores o iguales que cero, puesto que estamos en el vector P_0 que nos da la solución, por lo que debe ser admisible:

$$\alpha - \frac{10}{3} \geqslant 0$$

Despejando, obtenemos el intervalo de sensibilidad $\left[\dfrac{10}{3}, \infty\right)$. Observamos que no hemos construido la tabla final entera porque $z_j - c_j$ no se ven afectados.

Para el intervalo de sensibilidad obtenido, podemos afirmar que la base final no cambia. Fuera de este intervalo la base cambiará y para el valor del extremo:

$$b_1 = \frac{10}{3}$$

El problema pasa a tener una solución degenerada, es decir, con más coordenadas nulas, aparte de las básicas:

$$\left(0, \frac{10}{3}, 0, 0\right).$$

15.7. Dado el siguiente problema:

$$\text{Maximizar} \quad -x_1 + x_2$$
$$\text{s. a} \quad -x_1 + 5x_2 \leqslant 1$$
$$2x_1 + 3x_2 \leqslant 5$$
$$x_1, x_2 \geqslant 0$$

Se pide:

a) Obtenga la tabla óptima del problema, sabiendo que su base final es (P_2, P_4).

b) Obtenga su problema dual y calcule la solución de dicho problema a través del problema primal.

c) Realice un análisis de sensibilidad para los datos $c_1 = -1$, $c_2 = 1$ y $b_2 = 5$.

SOLUCIÓN

a) Puesto que sabemos que (P_2, P_4) es la base final, la tabla óptima la podemos construir sabiendo que la matriz B son estos vectores tomados en la tabla inicial; por tanto:

$$B = (P_2, P_4) = \begin{bmatrix} 5 & 0 \\ 3 & 1 \end{bmatrix}$$

Calculando su inversa:

$$B^{-1} = \begin{bmatrix} \dfrac{1}{5} & 0 \\ -\dfrac{3}{5} & 1 \end{bmatrix}$$

Con este dato, y utilizando la fórmula $P_j^* = B^{-1} \cdot P_j$, obtenemos la tabla óptima:

		−1	1	0	0	
B	C_B	P_1	P_2	P_3	P_4	P_0
P_2	1	−1/5	1	1/5	0	1/5
P_4	0	13/5	0	−3/5	1	22/5
		4/5	0	1/5	0	1/5

A partir de esta tabla, podemos concluir que el problema tiene solución única $(0, 1/5, 0, 22/5)$, con un valor de la función objetivo de $1/5$.

b)   Su problema dual resulta:

$$\text{Minimizar} \quad \lambda_1 + 5\lambda_2$$
$$\text{s. a} \quad -\lambda_1 + 2\lambda_2 \geqslant -1$$
$$5\lambda_1 + 3\lambda_2 \geqslant 1$$
$$\lambda_1, \lambda_2 \geqslant 0$$

La solución del dual se puede obtener a través de la tabla óptima del primal, tomando los z_j^* correspondientes a la base canónica inicial, en nuestro caso, z_3^*, z_4^*. Por tanto, la solución del dual es:

$$\lambda_1 = z_3^* = \frac{1}{5}, \quad \lambda_2 = z_4^* = 0$$

Sabemos que los valores óptimos de la función primal y dual coinciden; comprobémoslo en este ejemplo. La función primal toma el valor:

$$F(x_1, x_2) = F\left(0, \frac{1}{5}\right) = \frac{1}{5}$$

Por otro lado, la función dual:

$$H(\lambda_1, \lambda_2) = \lambda_1 + 5\lambda_2$$

En el óptimo:

$$H(1/5, 0) = \frac{1}{5} + 0 \cdot 5 = \frac{1}{5}$$

c)   Análisis de sensibilidad:

— Para el estudio de sensibilidad del primer coste observamos la tabla final del problema:

		-1	1	0	0	
B	C_B	P_1	P_2	P_3	P_4	P_0
P_2	1	$-1/5$	1	$1/5$	0	$1/5$
P_4	0	$13/5$	0	$-3/5$	1	$22/5$
		$4/5$	0	$1/5$	0	$1/5$

En este caso, $c_1 = -1$ no es básico, ya que P_1 no aparece en la base final.

Por tanto, para obtener su intervalo de sensibilidad sólo tenemos que introducir un parámetro en el vector de costes, ya que el vector de costes básicos no se ve modificado:

B	C_B	α P_1	1 P_2	0 P_3	0 P_4	P_0
P_2	1	$-1/5$	1	1/5	0	1/5
P_4	0	13/5	0	$-3/5$	1	22/5
		$-1/5 - \alpha$	0	1/5	0	1/5

Exigiendo que la tabla siga siendo óptima, el valor que ha sido modificado $(z_1 - c_1)$ debe seguir siendo no negativo; por tanto:

$$\frac{-1}{5} - \alpha \geq 0$$

Por tanto, el intervalo de sensibilidad para c_1 es $\left(-\infty, \frac{-1}{5}\right]$.

— El siguiente intervalo que tenemos que calcular es para $c_2 = 1$; éste es un coste básico, puesto que en la tabla final aparece P_2:

B	C_B	-1 P_1	1 P_2	0 P_3	0 P_4	P_0
P_2	1	$-1/5$	1	1/5	0	1/5
P_4	0	13/5	0	$-3/5$	1	22/5
		4/5	0	1/5	0	1/5

Como es básico, tenemos que modificar dos zonas de la tabla: los costes y los costes básicos. Así:

B	C_B	-1 P_1	α P_2	0 P_3	0 P_4	P_0
P_2	α	$-1/5$	1	1/5	0	1/5
P_4	0	13/5	0	$-3/5$	1	22/5
		$-\alpha/5 + 1$	0	$\alpha/5$	0	$\alpha/5$

Al ser un coste básico, todos los $z_j - c_j$ se ven modificados. Hemos de exigir que sean no negativos para que la tabla siga siendo óptima:

$$1 - \frac{\alpha}{5} \geq 0$$

$$\frac{\alpha}{5} \geq 0$$

Despejando de ambas inecuaciones, obtenemos el intervalo $[0, 5]$.

— Nos piden que hallemos el intervalo de sensibilidad para el recurso $b_2 = 5$. Este dato sólo afecta a la columna P_0. Así, si introducimos un parámetro en lugar del segundo recurso, obtenemos:

$$P_0^* = B^{-1} \cdot P_0 = \begin{bmatrix} \dfrac{1}{5} & 0 \\ -\dfrac{3}{5} & 1 \end{bmatrix} \begin{bmatrix} 1 \\ \alpha \end{bmatrix} = \begin{bmatrix} \dfrac{1}{5} \\ \dfrac{-3}{5} + \alpha \end{bmatrix}$$

Exigiendo que esta nueva solución sea admisible y que, por tanto, tenga todas sus coordenadas no negativas:

$$\frac{-3}{5} + \alpha \geq 0$$

obtenemos finalmente el intervalo de sensibilidad para este dato del problema:

$$\left[\frac{3}{5}, \infty \right).$$

Teoría de grafos

Dentro de la programación lineal, la teoría de grafos es un campo muy extenso que recoge diversas situaciones que son de nuestro interés; por las características de los problemas lineales que se plantean, su resolución a mano es impensable.

El objetivo de la presente lección es resaltar los problemas que con más frecuencia se utilizan en Economía, como son:

— Obtención del camino mínimo.
— Obtención del camino máximo.
— Obtención del flujo máximo.
— Problema de transporte.
— Problema de asignación.

Estos problemas son aplicaciones económicas de la programación lineal. En los ejercicios vamos a realizar su planteamiento como problemas lineales e interpretaremos las soluciones obtenidas, las cuales se han conseguido con ayuda de un programa de ordenador.

16.1. Defina el siguiente grafo:

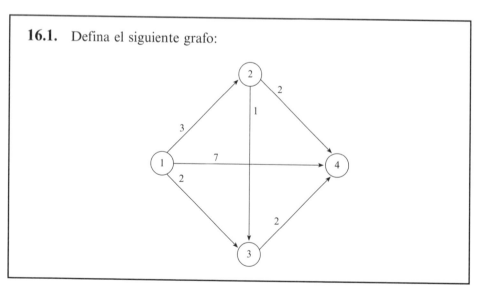

S<small>OLUCIÓN</small>

Con un grafo se puede recoger multitud de situaciones: longitudes entre ciudades, transporte de mercancías, reparto de tareas, etc.

Cuando observamos un grafo, podemos ver que hay dos grupos de elementos que lo definen. Por un lado tenemos los vértices (en nuestro ejemplo hay cuatro vértices), y por otro lado los arcos (flechas) que los unen (en nuestro caso, seis).

Para definir un grafo, por tanto, hay que tener en cuenta esos dos grupos de datos. Por tanto, en un grafo de *n* vértices, llamaremos:

— *Matriz de incidencia:* es aquella matriz de tamaño $n \times n$ en cuyos elementos aparecen «0» en el lugar *ij* si no existe un arco que una el vértice *i* con el vértice *j* y «1» si existe dicho arco. Esta matriz es única, cuadrada de orden *n* y sus elementos de la diagonal son nulos si no admitimos arcos que vayan de un vértice a sí mismo. En general, usaremos también esta matriz para recoger diversos datos del arco, como puede ser su capacidad o distancia entre vértices, de forma que en vez de aparecer un «1» aparecerá el número asignado al arco con su significado correspondiente.
— *Matriz de vértices:* como los grafos se suelen ver de forma gráfica, es útil representarlos en el plano. Para ello, definiremos una matriz de tamaño $n \times 2$ que nos dé las coordenadas de los vértices. Esta representación depende de dónde situemos el centro del eje de coordenadas y la amplitud que le demos a dicho arco, por lo que esta matriz no es única.

En nuestro ejemplo, por tanto, tenemos que definir dos matrices. Una matriz de vértices puede ser la siguiente:

$$\text{Matriz de vértices} = \begin{bmatrix} 0 & 0 \\ 2 & 2 \\ 2 & -2 \\ 4 & 0 \end{bmatrix}$$

Observamos que esta matriz lo único que hace es «repartir» los puntos en el plano *XY* y que hay infinitas formas de construirla. Es de tamaño 4×2. Hemos situado el centro de eje de coordenadas en el vértice 1 por comodidad, si bien se puede poner en cualquier otro punto.

En cuanto a la matriz de incidencia:

$$\text{Matriz de incidencia} = \begin{bmatrix} 0 & 3 & 2 & 7 \\ 0 & 0 & 1 & 2 \\ 0 & 0 & 0 & 2 \\ 0 & 0 & 0 & 0 \end{bmatrix}$$

Observamos que esta matriz es de tamaño 4 × 4. Nos indica el número de arcos que tiene el grafo (en nuestro ejemplo, 6, ya que éstos son los números distintos de cero en dicha matriz) y donde están situados. En los grafos que vamos a trabajar, la diagonal de la matriz de incidencia siempre es cero, puesto que no tenemos bucles (un arco que empieza y termina en el mismo vértice). La matriz de incidencia es única y triangular superior si los arcos que la definen van siempre hacia «adelante».

16.2. Defina el siguiente grafo:

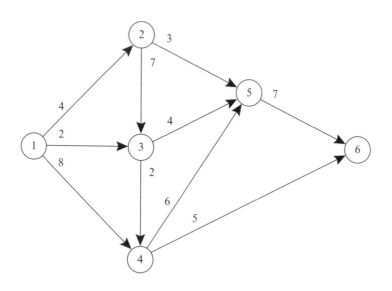

a) Defina el grafo.
b) Calcule el camino mínimo del vértice 1 al vértice 6. ¿Cuánto mide dicho camino?
c) Calcule el camino máximo del vértice 1 al vértice 6, así como su longitud.

SOLUCIÓN

a) Para definir el grafo tenemos que construir su matriz de vértices y su matriz de incidencia. Para ello, como este grafo tiene seis vértices, tendremos que obtener dos matrices, la primera de tamaño 6 × 2 y la segunda de tamaño 6 × 6, con diez elementos distintos de cero, puesto que hay diez arcos.

Para la matriz de vértices, podemos escribir, por ejemplo:

$$\text{Matriz de vértices} = \begin{bmatrix} 0 & 0 \\ 2 & 2 \\ 2 & 0 \\ 2 & -2 \\ 4 & 1 \\ 6 & 0 \end{bmatrix}$$

Para la matriz de incidencia:

$$\text{Matriz de incidencia} = \begin{bmatrix} 0 & 4 & 2 & 8 & 0 & 0 \\ 0 & 0 & 7 & 0 & 3 & 0 \\ 0 & 0 & 0 & 2 & 4 & 0 \\ 0 & 0 & 0 & 0 & 6 & 5 \\ 0 & 0 & 0 & 0 & 0 & 7 \\ 0 & 0 & 0 & 0 & 0 & 0 \end{bmatrix}$$

En ésta podemos observar que tenemos diez arcos definidos, ya que hay diez casillas distintas de cero en la matriz.

b) El camino mínimo de un vértice a otro se puede plantear como un problema de programación lineal en números enteros 0-1, es decir, un problema donde elegimos qué ruta seguir, de forma que la variable x_{ij} toma el valor cero si no hemos escogido el arco *ij* y toma el valor uno si sí se escoge dicho arco.

En nuestro ejemplo, se plantea un problema con diez variables; si x_{ij} es 1, hemos elegido «recorrer» el arco *ij*, de forma que el número que aparece sobre el arco será la distancia recorrida. De esta forma, la función objetivo a minimizar es:

Minimizar $4x_{12} + 2x_{13} + 8x_{14} + 3x_{25} + 7x_{23} + 2x_{34} + 4x_{35} + 6x_{45} + 5x_{46} + 7x_{56}$

¿Cuáles son las restricciones del problema?

En el problema de camino mínimo queremos ir desde el vértice 1 al último (en nuestro caso, el 6). Para estos dos vértices tenemos las siguientes restricciones:

$$x_{12} + x_{13} + x_{14} = 1$$
$$x_{46} + x_{56} = 1$$

La primera restricción significa que hemos de salir del vértice 1. En nuestro caso, las posibles elecciones son ir hacia el vértice 2, 3 o el 4.

La segunda restricción significa que hemos de llegar al vértice 6. En nuestro caso, podemos llegar desde los vértices 4 o 5.

Para los vértices intermedios razonamos de la siguiente forma. Según se plantea el problema de camino mínimo, no se puede parar en ningún vértice intermedio; de esta forma, si llegamos al vértice j tenemos que salir de él, si bien puede que no pasemos por él. Esto se puede escribir de forma matemática de la siguiente forma:

Llegada		**Salida**
x_{12}	$=$	$x_{23} + x_{25}$
$x_{13} + x_{23}$	$=$	$x_{34} + x_{35}$
$x_{14} + x_{34}$	$=$	$x_{45} + x_{46}$
$x_{25} + x_{35} + x_{45}$	$=$	x_{56}

En este grupo de restricciones la interpretación es siempre la misma. Para la primera, vértice 2, exigimos que si llegamos a él (suma de flechas que llegan) salgamos de él (suma de flechas que salen); así, hay dos opciones: o suman uno, en cuyo caso pasaríamos por el vértice dos, o suman cero, de forma que no pasamos por él. Las siguientes restricciones siguen el mismo razonamiento para el vértice tres, cuatro y cinco.

Por último, hemos de exigir que todas las variables sean mayores o iguales que cero:

$$x_{12} \geq 0, \, x_{13} \geq 0, \, x_{14} \geq 0, \, x_{23} \geq 0, \, x_{25} \geq 0, \, x_{34} \geq 0, \, x_{35} \geq 0, \, x_{45} \geq 0, \, x_{46} \geq 0, \, x_{56} \geq 0$$

El problema a resolver que resulta es:

$$\text{Maximizar} \quad 4x_{12} + 2x_{13} + 8x_{14} + 3x_{25} + 7x_{23} + 2x_{34} + 4x_{35} + 6x_{45} + 5x_{46} + 7x_{56}$$

$$
\begin{aligned}
\text{s. a} \quad & x_{12} + x_{13} + x_{14} = 1 \\
& x_{46} + x_{56} = 1 \\
& x_{12} = x_{23} + x_{25} \\
& x_{13} + x_{23} = x_{34} + x_{35} \\
& x_{14} + x_{34} = x_{45} + x_{46} \\
& x_{25} + x_{35} + x_{45} = x_{56} \\
& x_{ij} \geq 0
\end{aligned}
$$

El resultado es un problema lineal en programación entera, con diez variables (número de arcos) y seis restricciones (número de vértices). Una solución es:

$$x_{13} = x_{34} = x_{46} = 1$$

y todas las demás variables cero (al ser un problema de programación entera puede que admita otra solución, si bien la longitud del camino mínimo será la misma).

Por último, el camino mínimo que se ha recorrido es: $1 \rightarrow 3 \rightarrow 4 \rightarrow 6$ y, por tanto, su longitud es $2 + 2 + 5 = 9$.

Gráficamente, lo podemos expresar:

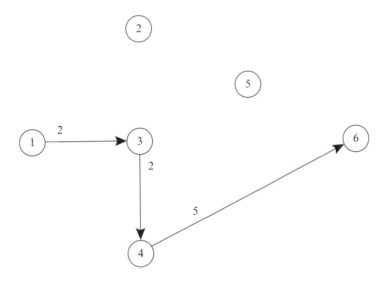

c)   El camino máximo se plantea de la misma forma, pero ahora deseamos encontrar el camino más largo desde el vértice 1 al vértice 6. El planteamiento es idéntico, pero el problema a resolver ahora es de máximo:

Maximizar $\quad 4x_{12} + 2x_{13} + 8x_{14} + 3x_{25} + 7x_{23} + 2x_{34} + 4x_{35} + 6x_{45} + 5x_{46} + 7x_{56}$

$$
\begin{aligned}
\text{s. a } \quad & x_{12} + x_{13} + x_{14} = 1 \\
& x_{46} + x_{56} = 1 \\
& x_{12} = x_{23} + x_{25} \\
& x_{13} + x_{23} = x_{34} + x_{35} \\
& x_{14} + x_{34} = x_{45} + x_{46} \\
& x_{25} + x_{35} + x_{45} = x_{56} \\
& x_{ij} \geqslant 0
\end{aligned}
$$

Una solución es:

$$x_{12} = x_{23} = x_{34} = x_{45} = x_{56} = 1$$

cuya longitud es $4 + 7 + 2 + 6 + 7 = 26$.

Gráficamente:

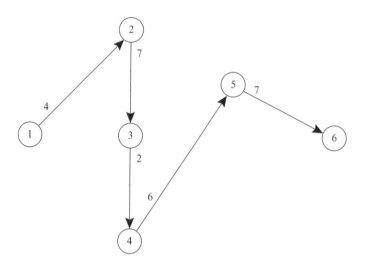

16.3. Dado el siguiente grafo:

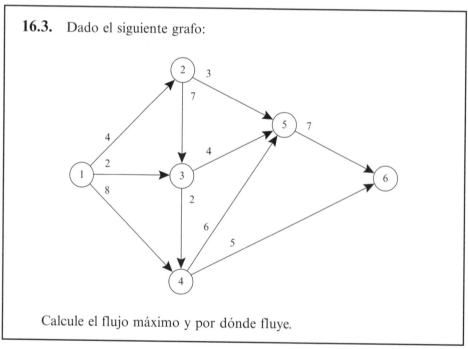

Calcule el flujo máximo y por dónde fluye.

SOLUCIÓN

Observamos que en este ejercicio nos plantean el mismo grafo que en el ejercicio anterior, pero ahora el significado es distinto. Este grafo recoge el flujo de unos vértices a otros; los números que aparecen sobre los arcos son las capacidades de los arcos, esto es, el número máximo de unidades que puede moverse en ese arco. Cuando nos planteamos un problema de obtención de flujo maximal nos estamos refiriendo a obtener el flujo máximo que puede moverse por la red desde el primer vértice al último, sin sobrepasar las capacidades (limitaciones) que los arcos imponen y cumpliendo la condición que la suma de los flujos entrantes en un vértice debe ser igual a la suma de los flujos salientes.

La cantidad de flujo a mover, que denotaremos F, no se sabe a priori. Lo que sí podemos afirmar es que no puede superar el máximo de la suma de las capacidades de los arcos que salen del primer vértice (en nuestro caso, $4 + 2 + 8$) y la suma de las capacidades de los arcos que llegan al vértice final ($7 + 5$ en nuestro ejercicio), es decir:

$$F \leq \text{Mín}(4 + 2 + 8, 7 + 5) = \text{Mín}(14, 12) = 12$$

Por tanto, en nuestro ejemplo el flujo que obtengamos no podrá superar las doce unidades.

La función objetivo es sencilla, maximizar dicho flujo:

$$\text{Maximizar } F$$

En cuanto a las variables, en nuestro ejemplo se plantea un problema con diez variables (número de arcos); cada variable no puede superar su capacidad correspondiente; por tanto, si notamos c_{ij} a la capacidad del arco que une el vértice i con el vértice j, tenemos que definir diez restricciones:

$$x_{12} \leq 4; \ x_{13} \leq 2; \ x_{14} \leq 8; \ x_{23} \leq 7; \ x_{25} \leq 3; \ x_{34} \leq 2;$$
$$x_{35} \leq 4; \ x_{45} \leq 6; \ x_{46} \leq 5; \ x_{56} \leq 7$$

Además, como queremos que el flujo que sale de cada vértice sea igual al que llega a éste, no podemos permitir que haya unidades «perdidas» por el camino; por tanto, la suma del flujo entrante en cada vértice debe ser igual a la suma del flujo saliente.

Teniendo en cuenta esto, para el primer vértice y el último tenemos las siguientes restricciones:

$$x_{12} + x_{13} + x_{14} = F$$
$$x_{46} + x_{56} = F$$

La primera restricción significa que del vértice 1 saldrá un flujo, F. La segunda restricción significa que ese flujo llega al vértice 6.

Para los vértices intermedios, el razonamiento es similar al problema del camino mínimo. La suma de la cantidad de flujo que entra en un vértice debe ser igual a la suma de los flujos que salgan; así, se obtienen cuatro restricciones:

$$x_{12} = x_{23} + x_{25}$$
$$x_{13} + x_{23} = x_{34} + x_{35}$$
$$x_{14} + x_{34} = x_{45} + x_{46}$$
$$x_{25} + x_{35} + x_{45} = x_{56}$$

Por último, hemos de exigir que todas las variables sean mayores o iguales que cero:

$$x_{12} \geqslant 0, \; x_{13} \geqslant 0; \; x_{14} \geqslant 0; \; x_{23} \geqslant 0; \; x_{25} \geqslant 0; \; x_{34} \geqslant 0;$$
$$x_{35} \geqslant 0; \; x_{45} \geqslant 0; \; x_{46} \geqslant 0; \; x_{56} \geqslant 0$$

El problema a resolver que resulta es:

$$\text{Maximizar} \quad F$$
$$\text{s. a} \quad x_{12} + x_{13} + x_{14} = F$$
$$x_{46} + x_{56} = F$$
$$x_{12} = x_{23} + x_{25}$$
$$x_{13} + x_{23} = x_{34} + x_{35}$$
$$x_{14} + x_{34} = x_{45} + x_{46}$$
$$x_{25} + x_{35} + x_{45} = x_{56}$$
$$x_{12} \leqslant 4; \; x_{13} \leqslant 2; \; x_{14} \leqslant 8; \; x_{23} \leqslant 7; \; x_{25} \leqslant 3; \; x_{34} \leqslant 2;$$
$$x_{35} \leqslant 4; \; x_{45} \leqslant 6; \; x_{46} \leqslant 5; \; x_{56} \leqslant 7$$
$$x_{ij} \geqslant 0$$

El problema que resulta es un problema lineal en programación entera, con diez variables y dieciséis restricciones.

Gráficamente, una solución es:

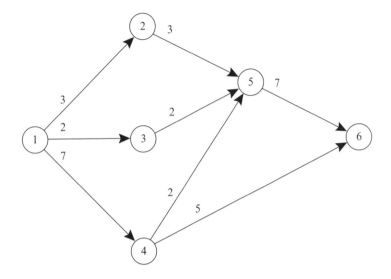

Cuyo flujo total es $F = 12$.

Observamos que en cada vértice la suma de las cantidades entrantes es igual a la suma de las cantidades salientes y que cada flujo no supera la capacidad de dicho arco. El flujo total viene dado por $3 + 2 + 7 = 12$, siendo igual al flujo que llega al vértice 6, comprobando asimismo que no supera la cantidad calculada al comienzo de 12.

16.4. Sean tres empresas de construcción que tienen que suministrar material a cuatro obras en la ciudad. El material que transportan va en cajas y se suministran cajas completas. Las tres empresas, respectivamente, tienen 10, 15 y 12 cajas de dicho material, y las obras necesitan, respectivamente, 7, 13, 8 y 9 cajas. El coste unitario de transporte por caja de cada empresa a cada obra viene dado por la siguiente tabla:

					Oferta
	5	4	3	4	**10**
	1	3	1	2	**15**
	1	6	2	3	**12**
Demanda	**7**	**13**	**8**	**9**	

Se pide: obtener el coste mínimo de transporte, satisfaciendo la oferta y la demanda, así cómo se debe hacer el reparto.

SOLUCIÓN

Este ejercicio es un ejemplo típico de problema de transporte. Se basa en el transporte de un material indivisible desde m centros de oferta (origen del transporte) a n centros de demanda (destino o final del transporte), de forma que el coste de transporte sea mínimo y se satisfaga la oferta y la demanda.

El problema planteado es de programación lineal donde queremos minimizar un coste, que viene dado según las unidades que se repartan a cada una de las obras. Si denominamos x_{ij} al número de unidades que se transportan del centro de oferta i (en nuestro caso, empresas) al centro de demanda j (en nuestro caso, obras), tenemos $4 \times 3 = 12$ variables y la función objetivo es:

Minimizar $\quad 5x_{11} + 4x_{12} + 3x_{13} + 4x_{14} + x_{21} + 3x_{22} + x_{23} + 2x_{24} + x_{31} + 6x_{32} + 2x_{33} + 3x_{34}$

Antes de construir las restricciones, debemos comprobar si en el problema la oferta y la demanda coinciden. En nuestro caso:

$$\text{Oferta} = 10 + 15 + 12 = 37$$
$$\text{Demanda} = 7 + 13 + 8 + 9 = 37$$

Si no coincidiera la suma de la oferta con la suma de la demanda, deberíamos introducir centros de oferta o demanda ficticios, como se verá más adelante. Como en nuestro caso coinciden, no tenemos que introducir ninguna.

Las restricciones del problema vienen dadas de la siguiente forma. Teniendo en cuenta la oferta (es decir, por filas), la suma de las variables debe coincidir con la cantidad que ofertaba cada empresa, en nuestro caso 10, 15 y 12, respectivamente. Así, tenemos tres restricciones:

$$x_{11} + x_{12} + x_{13} + x_{14} = 10$$
$$x_{21} + x_{22} + x_{23} + x_{24} = 15$$
$$x_{31} + x_{32} + x_{33} + x_{34} = 12$$

Por otro lado, teniendo en cuenta la demanda (es decir, por columnas), la suma de las variables debe coincidir con la cantidad que demandaba cada obra, en nuestro caso 7, 13, 8 y 9, respectivamente. Así, tenemos cuatro restricciones:

$$x_{11} + x_{21} + x_{31} = 7$$
$$x_{12} + x_{22} + x_{32} = 13$$
$$x_{13} + x_{23} + x_{33} = 8$$
$$x_{14} + x_{24} + x_{34} = 9$$

Por último, hemos de exigir que todas las variables sean no negativas:

$$x_{ij} \geqslant 0$$

El problema que resulta es un problema de programación lineal, con $4 \times 3 = 12$ variables y $4 + 3 = 7$ restricciones. En general, tendrá $m \times n$ variables y $m + n$ restricciones.

Por tanto, el problema a resolver es:

Minimizar $\quad 5x_{11} + 4x_{12} + 3x_{13} + 4x_{14} + x_{21} + 3x_{22} + x_{23} + 2x_{24} + x_{31} + 6x_{32} + 2x_{33} + 3x_{34}$

$$
\begin{aligned}
\text{s. a} \quad x_{11} + x_{12} + x_{13} + x_{14} &= 10 \\
x_{21} + x_{22} + x_{23} + x_{24} &= 15 \\
x_{31} + x_{32} + x_{33} + x_{34} &= 12 \\
x_{11} + x_{21} + x_{31} &= 7 \\
x_{12} + x_{22} + x_{32} &= 13 \\
x_{13} + x_{23} + x_{33} &= 8 \\
x_{14} + x_{24} + x_{34} &= 9 \\
x_{ij} &\geqslant 0
\end{aligned}
$$

cuya solución es: $x_{12} = 10$, $x_{22} = 3$, $x_{23} = 8$, $x_{24} = 4$, $x_{31} = 7$, $x_{34} = 5$.

Podemos comprobar fácilmente que esta solución satisface la oferta y la demanda planteada, situando la solución en la tabla de costes (la hemos escrito entre paréntesis al lado de su coste correspondiente):

								Oferta
5		4	*(10)*	7		4		**10**
1		3	*(3)*	13	*(8)*	2	*(4)*	**15**
1	*(7)*	6		8		3	*(5)*	**12**
Demanda		**7**		**13**		**9**	**9**	

Por filas, comprobamos que la solución suma, respectivamente, 10, 15 y 12, así como por columnas coincide con la demanda, esto es, 7, 13, 8 y 9.

Por último, el coste total correspondiente a la solución dada se obtiene multiplicando las unidades transportadas por el coste correspondiente. En nuestro caso:

$$(4 \times 10) + (3 \times 3) + (1 \times 8) + (2 \times 4) + (1 \times 7) + (3 \times 5) = 87$$

16.5. Sean cuatro fábricas de sillas que suministran a tres tiendas en la ciudad. Las fábricas tienen un stock de 3, 5, 6 y 7 (en cientos de unidades) respectivamente y las tiendas necesitan, respectivamente, 10, 2 y 6 (en cientos de unidades).

El coste unitario de transporte viene dado por la siguiente tabla:

			Oferta
6	4	7	**3**
5	2	6	**5**
4	6	3	**6**
6	4	2	**7**
Demanda 10	**2**	**6**	

Se pide: plantear el problema de transporte que minimiza el coste, satisfaciendo la oferta y la demanda, así como se debe hacer el reparto.

SOLUCIÓN

En este problema de transporte la oferta no es igual a la demanda, ya que:

$$3 + 5 + 6 + 7 = 21 \quad \text{(oferta)}$$
$$10 + 2 + 6 = 18 \quad \text{(demanda)}$$

Como en este caso el problema plantea una oferta mayor que de la demanda existente, hemos de introducir un centro de demanda «ficticio» de forma que demande la cantidad sobrante, en este caso, $21 - 18 = 3$. El coste de transporte para este centro ficticio será cero:

6	4	7	0
5	2	6	0
4	6	3	0
6	4	2	0

La función objetivo (los costes que son nulos no los escribimos), resulta:

Min $6x_{11} + 4x_{12} + 7x_{13} + 5x_{21} + 2x_{22} + 6x_{23} + 4x_{31} + 6x_{32} + 3x_{33} + 6x_{41} + 4x_{42} + 2x_{43}$

Las restricciones que vienen de la oferta son:

$$x_{11} + x_{12} + x_{13} + x_{14} = 3$$
$$x_{21} + x_{22} + x_{23} + x_{24} = 5$$
$$x_{31} + x_{32} + x_{33} + x_{34} = 6$$
$$x_{41} + x_{42} + x_{43} + x_{44} = 7$$

Y las de la demanda:

$$x_{11} + x_{21} + x_{31} + x_{41} = 10$$
$$x_{12} + x_{22} + x_{32} + x_{42} = 2$$
$$x_{13} + x_{23} + x_{33} + x_{43} = 6$$
$$x_{14} + x_{24} + x_{34} + x_{44} = 3$$

donde la última fila es la restricción correspondiente al centro de oferta ficticio. Por último, hemos de exigir que todas las variables sean no negativas:

$$x_{ij} \geqslant 0$$

El problema que resulta es un problema de programación lineal, con $4 \times 4 = 16$ variables y $4 + 4 = 8$ restricciones:

Min $6x_{11} + 4x_{12} + 7x_{13} + 5x_{21} + 2x_{22} + 6x_{23} + 4x_{31} + 6x_{32} + 3x_{33} + 6x_{41} + 4x_{42} + 2x_{43}$

$$\text{s. a } \quad x_{11} + x_{12} + x_{13} + x_{14} = 3$$
$$x_{21} + x_{22} + x_{23} + x_{24} = 5$$
$$x_{31} + x_{32} + x_{33} + x_{34} = 6$$
$$x_{41} + x_{42} + x_{43} + x_{44} = 7$$
$$x_{11} + x_{21} + x_{31} + x_{41} = 10$$
$$x_{12} + x_{22} + x_{32} + x_{42} = 2$$
$$x_{13} + x_{23} + x_{33} + x_{43} = 6$$
$$x_{14} + x_{24} + x_{34} + x_{44} = 3$$
$$x_{ij} \geqslant 0$$

cuya solución es: $x_{11} = 1$, $x_{14} = 2$, $x_{21} = 3$, $x_{22} = 2$, $x_{31} = 6$, $x_{43} = 6$, $x_{44} = 1$.

Escribiendo, igual que en el ejercicio anterior, la solución obtenida entre paréntesis al lado de su coste correspondiente:

								Oferta
6	*(1)*	4		7		0	*(2)*	3
5	*(3)*	2	*(2)*	6		0		5
4	*(6)*	6		3		0		6
6		4		2	*(6)*	0	*(1)*	7
Demanda	**10**		**2**		**6**		**3**	

Podemos comprobar que, por filas, satisface la oferta (3, 5, 6 y 7, respectivamente), así como por columnas satisface la demanda (10, 2, 6 y 3, respectivamente).

No debemos olvidar que en este problema hemos tenido que incluir una columna de demanda ficticia para resolver el problema. Así, podemos concluir que la primera fábrica de sillas, que tenía 300 unidades, sólo repartirá 100 a la primera tienda, puesto que las otras 200 van a la cuarta tienda, que era ficticia. De igual forma, la cuarta fábrica tenía 700 unidades y sólo reparte 600 a la tienda tercera, ya que las otras 100 van a parar a la cuarta tienda, que era ficticia.

Por último, el coste total correspondiente a la solución dada se obtiene multiplicando las unidades transportadas por el coste correspondiente. En nuestro caso:

$$(6 \times 1) + (5 \times 3) + (2 \times 2) + (4 \times 6) + (2 \times 6) = 61$$

16.6. Si en problema anterior suponemos que el stock de las fábricas es el mismo (3, 5, 6 y 7) y las tiendas necesitan, respectivamente, 10, 2 y 14 unidades, ¿cómo planteamos el nuevo problema?

¿Cuál es su solución?

SOLUCIÓN

En este problema de transporte, la oferta no es igual a la demanda, ya que:

$$3 + 5 + 6 + 7 = 21 \quad \text{(oferta)}$$
$$10 + 2 + 14 = 26 \quad \text{(demanda)}$$

A diferencia del ejercicio anterior, lo que ocurre ahora es que la demanda es mayor que la oferta. Para plantear el problema, hemos de introducir un centro de oferta «ficticio» de forma que oferte la cantidad que falta, en este caso $26 - 21 = 5$. El coste de transporte para este centro ficticio será cero, quedando la tabla de costes:

			Oferta
6	4	7	**3**
5	2	6	**5**
4	6	3	**6**
6	4	2	**7**
0	0	0	**5**
Demanda			
10	**2**	**14**	

La función objetivo no varía:

$$\text{Min} \quad 6x_{11} + 4x_{12} + 7x_{13} + 5x_{21} + 2x_{22} + 6x_{23} + 4x_{31} + 6x_{32} + 3x_{33} + 6x_{41} + 4x_{42} + 2x_{43}$$

Las restricciones que planteamos a través de los centros de oferta son:

$$x_{11} + x_{12} + x_{13} = 3$$
$$x_{21} + x_{22} + x_{23} = 5$$
$$x_{31} + x_{32} + x_{33} = 6$$
$$x_{41} + x_{42} + x_{43} = 7$$
$$x_{51} + x_{52} + x_{53} = 5$$

donde la última restricción se corresponde al centro de oferta ficticio.

Por otra parte, las restricciones correspondientes a la demanda:

$$x_{11} + x_{21} + x_{31} + x_{41} + x_{51} = 10$$
$$x_{12} + x_{22} + x_{32} + x_{42} + x_{52} = 2$$
$$x_{13} + x_{23} + x_{33} + x_{43} + x_{53} = 14$$

Por último, hemos de exigir que todas las variables sean no negativas:

$$x_{ij} \geqslant 0$$

El problema que resulta es un problema de programación lineal, con $5 \times 3 = 15$ variables y $5 + 3 = 8$ restricciones:

$$\text{Min} \quad 6x_{11} + 4x_{12} + 7x_{13} + 5x_{21} + 2x_{22} + 6x_{23} + 4x_{31} + 6x_{32} + 3x_{33} + 6x_{41} + 4x_{42} + 2x_{43}$$

$$\text{s. a} \qquad x_{11} + x_{12} + x_{13} = 3$$
$$x_{21} + x_{22} + x_{23} = 5$$
$$x_{31} + x_{32} + x_{33} = 6$$
$$x_{41} + x_{42} + x_{43} = 7$$
$$x_{51} + x_{52} + x_{53} = 5$$
$$x_{11} + x_{21} + x_{31} + x_{41} + x_{51} = 10$$
$$x_{12} + x_{22} + x_{32} + x_{42} + x_{52} = 2$$
$$x_{13} + x_{23} + x_{33} + x_{43} + x_{53} = 14$$
$$x_{ij} \geqslant 0$$

cuya solución es: $x_{11} = 3$, $x_{21} = 3$, $x_{22} = 2$, $x_{33} = 6$, $x_{43} = 7$, $x_{51} = 4$, $x_{53} = 1$.
Escribiendo la solución en la tabla de costes (entre paréntesis):

						Oferta
6	*(3)*	4		7		**3**
5	*(3)*	2	*(2)*	6		**5**
4		6		3	*(6)*	**6**
6		4		2	*(7)*	**7**
0	*(4)*	0		0	*(1)*	**5**
Demanda		**10**		**2**	**14**	

Podemos comprobar que, por filas, satisface la oferta (3, 5, 6, 7 y 5 respectivamente), así como por columnas satisface la demanda (10, 2 y 14 respectivamente).

Como en este caso hemos introducido una fábrica nueva ofertando 500 unidades, estas unidades realmente no se reparten. Por tanto, las tiendas que reciban de esta fábrica no reciben esa cantidad. Así, la tienda primera, que necesitaba 1.000 unidades, sólo recibe 600, pues 400 venían de la fábrica ficticia. De igual forma, la tercera tienda, que quería 1.400 unidades, sólo recibe 1.300, ya que 100 eran de la fábrica ficticia.

Por último, el coste total correspondiente a la solución dada se obtiene multiplicando las unidades transportadas por el coste correspondiente. En nuestro caso:

$$(6 \times 3) + (5 \times 3) + (2 \times 2) + (3 \times 6) + (2 \times 7) = 69$$

16.7. Supongamos que en una empresa se van a impartir tres cursos. Hay cinco trabajadores candidatos a dichos cursos; según la capacidad de cada uno de ellos para cada curso, el coste de impartir cada curso a cada trabajador viene recogido en la siguiente tabla:

	T1	T2	T3	T4	T5
C1	2	1	4	7	6
C2	4	6	5	2	3
C3	1	5	7	6	2

El objetivo de la empresa es minimizar el coste de impartir dichos cursos; plantee el problema que se propone y comente la solución.

SOLUCIÓN

Este ejercicio es un ejemplo típico de problema de asignación. En este tipo de problemas tenemos una serie de tareas, cursos, etc., para repartir entre varios candidatos; el objetivo es asignar una tarea y sólo una a cada candidato, de forma que minimicemos el coste del reparto.

Los problemas de asignación son un caso particular del problema de transporte donde la oferta y la demanda es «1» en ambas partes. En este problemas por tanto, si la matriz de costes no es cuadrada (como ocurre en este caso), la oferta y la demanda no coinciden y hemos de introducir centros de oferta o demanda ficticios. A diferencia con el problema de transporte, tenemos que introducir tantos centros de oferta o demanda como necesitemos «de uno en uno»; esto es, no podemos añadir un centro con una oferta (o demanda) de dos unidades, pues estamos en un problema de asignación. Las variables aquí son binarias, pues sólo pueden tomar el valor 0 o 1. El problema en general tendrá $n \times n$ variables y $2n$ restricciones.

Teniendo en cuenta este hecho, en nuestro ejemplo necesitamos dos cursos ficticios, es decir, dos filas de costes que aparecerán con coste cero:

2	1	4	7	6
4	6	5	2	3
1	5	7	6	2
0	0	0	0	0
0	0	0	0	0

Como la matriz ya es cuadrada (la oferta coincide con la demanda), podemos plantear el problema.

La función objetivo vuelve a ser minimizar el coste:

Minimizar $2x_{11} + x_{12} + 4x_{13} + 7x_{14} + 6x_{15} + 4x_{21} + 6x_{22} + 5x_{23} + 2x_{24} + 3x_{25} + x_{31} + 5x_{32} + 7x_{33} + 6x_{34} + 2x_{35}$

En cuanto a las restricciones, a igual que en ejercicios anteriores, hemos de construir cinco restricciones atendiendo a la oferta (por filas):

$$x_{11} + x_{12} + x_{13} + x_{14} + x_{15} = 1$$
$$x_{21} + x_{22} + x_{23} + x_{24} + x_{25} = 1$$
$$x_{31} + x_{32} + x_{33} + x_{34} + x_{35} = 1$$
$$x_{41} + x_{42} + x_{43} + x_{44} + x_{45} = 1$$
$$x_{51} + x_{52} + x_{53} + x_{54} + x_{55} = 1$$

Y teniendo en cuenta la demanda (por columnas) tenemos otras cinco restricciones:

$$x_{11} + x_{21} + x_{31} + x_{41} + x_{51} = 1$$
$$x_{12} + x_{22} + x_{32} + x_{42} + x_{52} = 1$$
$$x_{13} + x_{23} + x_{33} + x_{43} + x_{53} = 1$$
$$x_{14} + x_{24} + x_{34} + x_{44} + x_{54} = 1$$
$$x_{15} + x_{25} + x_{35} + x_{45} + x_{55} = 1$$

Como siempre, hemos de exigir que todas las variables sean no negativas:

$$x_{ij} \geq 0$$

El problema que resulta es un problema de programación lineal, con $5 \times 5 = 25$ variables y $5 + 5 = 10$ restricciones:

Minimizar $2x_{11} + x_{12} + 4x_{13} + 7x_{14} + 6x_{15} + 4x_{21} + 6x_{22} + 5x_{23} + 2x_{24} + 3x_{25} + x_{31} + 5x_{32} + 7x_{33} + 6x_{34} + 2x_{35}$

s. a $x_{11} + x_{12} + x_{13} + x_{14} + x_{15} = 1$
$x_{21} + x_{22} + x_{23} + x_{24} + x_{25} = 1$
$x_{31} + x_{32} + x_{33} + x_{34} + x_{35} = 1$

$$x_{41} + x_{42} + x_{43} + x_{44} + x_{45} = 1$$
$$x_{51} + x_{52} + x_{53} + x_{54} + x_{55} = 1$$
$$x_{11} + x_{21} + x_{31} + x_{41} + x_{51} = 1$$
$$x_{12} + x_{22} + x_{32} + x_{42} + x_{52} = 1$$
$$x_{13} + x_{23} + x_{33} + x_{43} + x_{53} = 1$$
$$x_{14} + x_{24} + x_{34} + x_{44} + x_{54} = 1$$
$$x_{15} + x_{25} + x_{35} + x_{45} + x_{55} = 1$$
$$x_{ij} \geqslant 0$$

cuya solución es: $x_{12} = 1$, $x_{24} = 1$, $x_{31} = 1$, $x_{43} = 1$, $x_{55} = 1$.

Escribiendo este dato en la tabla de costes:

2		1	*(1)*	4		7		6	
4		6		5		2	*(1)*	3	
1	*(1)*	5		7		6		2	
0		0		0	*(1)*	0		0	
0		0		0		0		0	*(1)*

Según el reparto, observamos que el primer curso se le da al trabajador 2; el segundo curso al trabajador 4, y el tercero curso al trabajador 1. Los trabajadores 3 y 5 se quedan sin curso, pues son los que han sido asignados a los cursos ficticios.

El coste de impartir dichos cursos por la empresa es:

$$(1 \times 1) + (2 \times 1) + (1 \times 1) = 4$$

Programación multiobjetivo

- Determinación de la frontera eficiente: 17.1, 17.2, 17.3, 17.4
- Método de la ponderación: 17.4, 17.5
- Programación por metas: 17.6, 17.7, 17.8

En esta lección abordamos la programación multiobjetivo. Aquí vemos una parte de la programación matemática que estudia la resolución de problemas donde aparecen varios objetivos que optimizar, cuestión que en Economía es usual (maximización de beneficios, minimización de costes, etc.). Nos centraremos en el estudio de problemas donde todas las funciones que intervienen son lineales, y mostraremos algunas de las técnicas existentes para su resolución. Puesto que los problemas que se construyen suelen ser de gran dimensión en el número de variables, se han resuelto con ayuda de un programa de ordenador.

17.1. Dado el problema:

$$\text{Maximizar} \quad \vec{F}(x, y) = (x + y, -x + y)$$
$$\text{s. a} \quad 1 \leqslant x \leqslant 2$$
$$0 \leqslant y \leqslant 2$$

Determine su frontera eficiente.

SOLUCIÓN

Hasta el momento, hemos tratado problemas de optimización con un solo objetivo; en este problema, que es multiobjetivo, para determinar la frontera eficiente procedemos de la siguiente forma:

1. Determinamos los vértices del conjunto de oportunidades.
2. Evaluamos dichos vértices en la función vectorial objetivo.
3. Dibujamos el espacio de objetivos, eliminando las soluciones dominadas.

492

Dibujemos el conjunto de oportunidades y determinemos sus vértices:

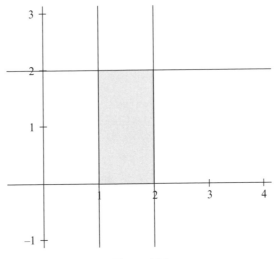

Figura 17.1

Nos basamos en la siguiente definición:

Solución eficiente (Óptimo de Pareto): No existe una solución alternativa que mejore uno de los objetivos sin que empeore, al menos, otro objetivo.

Calculamos la siguiente tabla:

Vértices Conjunto de oportunidades	Evaluación Función vectorial	Resultados Espacio de objetivos	Carácter
$(1,0)$	$\vec{F}(1,0)$	$(1,-1)$	Dominada
$(2,0)$	$\vec{F}(2,0)$	$(2,-2)$	Dominada
$(1,2)$	$\vec{F}(1,2)$	$(3,1)$	**Eficiente**
$(2,2)$	$\vec{F}(2,2)$	$(4,0)$	**Eficiente**

Por tanto, los puntos $(1,2)$ y $(2,2)$ son soluciones eficientes, ya que no pueden ser mejoradas por ninguna otra.

Ahora veamos esto gráficamente. Para ello, representamos los vértices correspondientes al espacio de objetivos.

Observamos que todos los puntos que están sobre la frontera que delimitan los vértices $(3,1)$ y $(4,0)$ dominan a todos los restantes del conjunto.

A este conjunto de puntos los denominamos *frontera eficiente:*

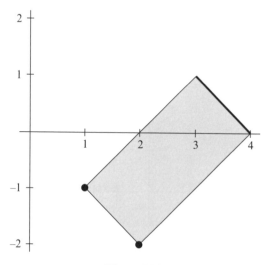

Figura 17.2

Por tanto, los puntos eficientes son $(1,2)$ y $(2,2)$, a partir de los cuales hemos obtenido la frontera eficiente.

17.2. Dado el problema:

$$\text{Maximizar} \quad \vec{F}(x,y) = (x+y, x-y)$$
$$\text{s. a} \quad x+y \leq 3$$
$$x \geq 1$$
$$y \geq 0$$

Determine su frontera eficiente.

SOLUCIÓN

Igual que en el ejercicio anterior, procedemos de la siguiente forma:

1. Determinamos los vértices del conjunto de oportunidades.
2. Evaluamos dichos vértices en la función vectorial objetivo.
3. Dibujamos el espacio de objetivos, eliminando las soluciones dominadas.

Dibujemos el conjunto de oportunidades y determinemos sus vértices:

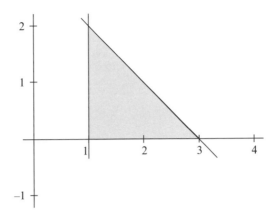

Figura 17.3

Calculamos la tabla:

Vértices Conjunto de oportunidades	Evaluación Función vectorial	Resultados Espacio de objetivos	Carácter
$(1,0)$	$\vec{F}(1,0)$	$(1,1)$	Dominada
$(3,0)$	$\vec{F}(3,0)$	$(3,3)$	**Eficiente**
$(1,2)$	$\vec{F}(1,2)$	$(3,-1)$	Dominada

En este problema la *frontera eficiente* es sólo el punto $(3,3)$. Esto lo podemos observar en la siguiente gráfica:

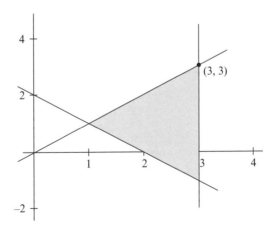

Figura 17.4

17.3. Dado el problema:

Maximizar $f_1(x_1, x_2) = 5x_1 + 2x_2$, Minimizar $f_2(x_1, x_2) = 2x_1 - x_2$

s. a $3x_1 + x_2 \geqslant 6$; $3x_1 - 2x_2 \geqslant -3$

$\quad\quad x_1 + x_2 \leqslant 9$; $2x_1 - x_2 \leqslant 6$

$\quad\quad x_1 - x_2 \leqslant 2$

$\quad\quad x_1, x_2 \geqslant 0$

Determine su frontera eficiente.

SOLUCIÓN

Cuando la función vectorial objetivo atiende a dos criterios, lo primero que tenemos que hacer es pasar los dos a máximo (o a mínimo).

Por tanto, pasamos al siguiente problema:

Maximizar $(5x_1 + 2x_2, -2x_1 + x_2)$

s. a $3x_1 + x_2 \geqslant 6$; $3x_1 - 2x_2 \geqslant -3$

$\quad\quad x_1 + x_2 \leqslant 9$; $2x_1 - x_2 \leqslant 6$

$\quad\quad x_1 - x_2 \leqslant 2$

$\quad\quad x_1, x_2 \geqslant 0$

Dibujemos el conjunto de oportunidades y determinemos sus vértices:

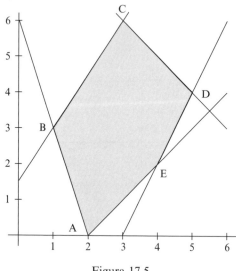

Figura 17.5

Calculamos la tabla:

Vértices Conjunto de oportunidades	Evaluación Función vectorial	Resultados Espacio de objetivos	Carácter
A: $(2,0)$	$\vec{F}(2,0)$	$A' = (10, -4)$	Dominada
B: $(1,3)$	$\vec{F}(1,3)$	$B' = (11,1)$	**Eficiente**
C: $(3,6)$	$\vec{F}(3,6)$	$C' = (27,0)$	**Eficiente**
D: $(5,4)$	$\vec{F}(5,4)$	$D' = (33,-6)$	**Eficiente**
E: $(4,2)$	$\vec{F}(4,2)$	$E' = (24,-6)$	Dominada

En este problema la *frontera eficiente* es la frontera delimitada por los vértices B', C' y D', que dibujamos en la siguiente gráfica:

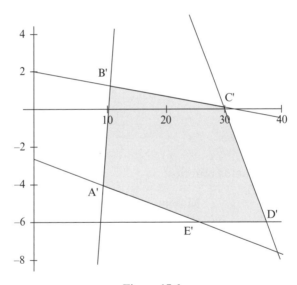

Figura 17.6

17.4. Una empresa produce un bien A empleando dos factores productivos F_1 y F_2 en cantidades x e y, respectivamente. La función de beneficios es:

$$B = 3x + 4y$$

Por limitaciones de la capacidad de almacenaje, no se pueden emplear más de cinco unidades en total de ambos factores, y por las características del proceso de producción hay que emplear al menos una unidad de F_2 y, además, la suma de la cantidad utilizada de F_1 y el doble de la cantidad utilizada de F_2 no puede exceder de ocho unidades.

Los objetivos de la empresa son maximizar los beneficios y minimizar la contaminación causada por el proceso de producción, la cual se ha estimado también dando lugar a la función:

$$C = 2x + 3y$$

Se pide:

a) Obtenga, mediante el método de la ponderación, las soluciones eficientes del problema multiobjetivo.
b) Señale su frontera eficiente.

SOLUCIÓN

a) El problema a resolver sería:

$$\text{Maximizar } 3x + 4y, \text{ Minimizar } 2x + 3y$$

$$\text{s. a } x + y \leq 5$$
$$y \geq 1$$
$$x + 2y \leq 8$$
$$x, y \geq 0$$

Igualamos criterios:

$$\text{Maximizar } 3x + 4y, \text{ Minimizar } -2x - 3y$$

$$\text{s. a } x + y \leq 5$$
$$y \geq 1$$
$$x + 2y \leq 8$$
$$x, y \geq 0$$

En un problema de programación multiobjetivo *el método de la ponderación* se basa en la construcción de un problema monoobjetivo asociado mediante la escalarización de la función vectorial objetivo. Se define una única función objetivo escalar mediante la suma ponderada de las funciones objetivo de partida, de tal forma que a cada f_i se le asocia un peso o ponderación λ_i.

Así, a partir del problema multiobjetivo:

$$\text{Optimizar } [f_1(x), ..., f_p(x)]$$
$$\text{s. a } x \in X$$

Construimos el siguiente problema monoobjetivo:

$$\text{Maximizar} \quad \sum_{i=1}^{p} \lambda_i f_i(x)$$

$$\text{s. a} \quad x \in X$$

donde las ponderaciones verifican:

$$\sum_{i=1}^{p} \lambda_i = 1, \quad \lambda_i \geqslant 0, \quad i = 1,...,p$$

Los pesos o ponderaciones λ_i tienen una triple misión:

— De cálculo.
— Informan sobre la importancia relativa que se le asigna a cada objetivo f_i.
— Eliminan las unidades de medida.

Se demuestra que, para cada vector de pesos λ, se obtiene, al menos, un punto extremo eficiente (óptimo de Pareto). Por tanto, variando los pesos, se puede generar todo el conjunto eficiente.

Este método garantiza que las soluciones obtenidas serán eficientes, siempre y cuando los pesos λ_i elegidos sean no negativos.

En particular, si tenemos un problema con dos objetivos (bicriterio), el problema queda:

$$\text{Maximizar} \quad \lambda_1 f_1(x) + \lambda_2 f_2(x)$$

$$\text{s. a} \quad x \in X$$

sabiendo que $\lambda_1 + \lambda_2 = 1$, y, por tanto, $\lambda_1 = 1 - \lambda_2$, al escalarizar la función objetivo resulta:

$$\text{Maximizar} \quad (1 - \lambda_2) f_1(x) + \lambda_2 f_2(x)$$

$$\text{s. a} \quad x \in X$$

donde λ_2 es un parámetro que se mueve en el intervalo $[0, 1]$.

Aplicando este resumen teórico a nuestro problema, los problemas que tendríamos que resolver son de la forma:

$$\text{Maximizar} \quad \lambda(3x + 4y) + (1 - \lambda)(-2x - 3y)$$

$$\begin{aligned}
\text{s. a} \quad & x + y \leqslant 5 \\
& y \geqslant 1 \\
& x + 2y \leqslant 8 \\
& x, y \geqslant 0
\end{aligned}$$

Aquí tenemos que resolver los problemas resultantes, dando valores a λ, cumpliendo que $0 \leqslant \lambda \leqslant 1$.

Una forma de hacerlo es tomar una partición del intervalo $[0, 1]$, dando valores a λ, por ejemplo, con un salto de 0,1. Así, resolvemos para $\lambda = 0$, $\lambda = 0.1$, $\lambda = 0.2$, ..., etc., generando once problemas. Esta forma de proceder se puede cambiar y hacer la partición más fina, con más valores intermedios, si consideramos que puede haber más soluciones que no hemos obtenido con la primera partición.

En la siguiente tabla recogemos los resultados obtenidos tras la realización de once problemas:

Ponderación λ	Solución
0	$(0, 1)$
0.1	$(0, 1)$
0.2	$(0, 1)$
0.3	$(0, 1)$
0.4	$(0, 1)$
0.5	$(4, 1)$
0.6	$(2, 3)$
0.7	$(2, 3)$
0.8	$(2, 3)$
0.9	$(2, 3)$
1	$(2, 3)$

Por tanto, las soluciones eficientes del problema multiobjetivo son:

$$(0, 1), \ (4, 1) \ \text{y} \ (2, 3).$$

b) Para obtener la frontera eficiente procedemos igual que en los problemas anteriores. Así, el conjunto de oportunidades del problema es:

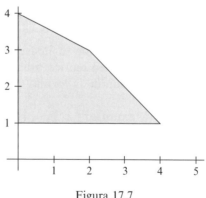

Figura 17.7

Vértices Conjunto de oportunidades	Evaluación Función vectorial	Resultados Espacio de objetivos	Carácter
$(0, 1)$	$\vec{F}(0, 1)$	$(4, -3)$	**Eficiente**
$(4, 1)$	$\vec{F}(4, 1)$	$(16, -11)$	**Eficiente**
$(2, 3)$	$\vec{F}(2, 3)$	$(18, -13)$	**Eficiente**
$(0, 4)$	$\vec{F}(0, 4)$	$(16, -12)$	Dominada

En este problema, la *frontera eficiente* es la frontera delimitada por los vértices $(4, -3)$, $(16, -11)$ y $(18, -13)$.

Gráficamente:

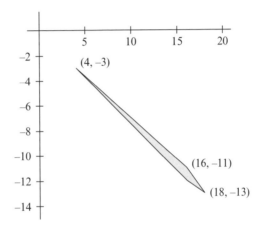

Figura 17.8

17.5. Una compañía del sector automovilístico posee dos plantas para producir un mismo modelo de coches, la planta en Málaga (x) y la planta en Sevilla (y).

El beneficio obtenido es: $B = 2x + 5y$
La producción total será: $Q = x + y$

Los objetivos de la compañía son:

— Maximizar los beneficios.
— Maximizar la producción.

Matemáticas para la economía y la empresa

Las restricciones técnicas son:

$$2x + y \leqslant 95 \qquad 40 \leqslant x + 2y \leqslant 55$$
$$5 \leqslant x \leqslant 40 \qquad 0 \leqslant y \leqslant 20$$

Obtenga las soluciones eficientes del problema por el método de la ponderación.

SOLUCIÓN

El problema a resolver es:

$$\text{Maximizar} \quad 2x + 5y, \quad \text{Maximizar} \quad x + y$$
$$\begin{aligned}
\text{s. a} \quad 2x + \ y &\leqslant 95 \\
5 \leqslant \ x &\leqslant 40 \\
40 \leqslant x + 2y &\leqslant 55 \\
0 \leqslant \ y &\leqslant 20 \\
x, y &\geqslant 0
\end{aligned}$$

Escalarizando el problema, tenemos:

$$\text{Maximizar} \quad \lambda(2x + 5y) + (1 - \lambda)(x + y)$$
$$\begin{aligned}
\text{s. a} \quad 2x + \ y &\leqslant 95 \\
5 \leqslant \ x &\leqslant 40 \\
40 \leqslant x + 2y &\leqslant 55 \\
0 \leqslant \ y &\leqslant 20 \\
x, y &\geqslant 0
\end{aligned}$$

La siguiente tabla, obtenida tras la realización de once problemas, nos da:

Ponderación λ	Solución
0	$(40, 15/2)$
0.1	$(40, 15/2)$
0.2	$(40, 15/2)$

502

© Ediciones Pirámide

Ponderación λ	Solución
0.3	(40, 15/2)
0.4	(40, 15/2)
0.5	(15, 20)
0.6	(15, 20)
0.7	(15, 20)
0.8	(15, 20)
0.9	(15, 20)
1	(15, 20)

Por tanto, las soluciones eficientes del problema multiobjetivo son:

$$(40, 15/2), \quad (15, 20)$$

17.6. Si en el ejercicio anterior la compañía desea, en primer lugar, que el beneficio supere las 125 unidades y, en segundo lugar, que la producción supere las 45 unidades, ¿es posible encontrar una solución en estas condiciones? En caso contrario, ¿qué ocurriría si la compañía acepta relajar su nivel de aspiración en cuanto a la producción?

Solución

Para la resolución de este problema tenemos que aplicar la programación por metas; pasamos a dar un brevísimo resumen de dicha técnica.

Programación por metas

De nuevo, partimos del problema general de programación multiobjetivo:

$$\text{Optimizar} \quad [f_1(x), ..., f_p(x)]$$
$$\text{s. a} \quad x \in X \qquad [1]$$

La programación por metas da un nuevo paso en la toma de decisiones multicriterio. Determina soluciones satisfactorias, que son aquellas que se ajustan más a sus preferencias. Olvida la filosofía optimizadora de la programación multiobjetivo para acoger el concepto de satisfacción de objetivos, de forma que obtenemos soluciones satisfactorias.

Método a seguir

1.º El decisor establece los objetivos que se pretenden optimizar (de máximo y/o de mínimo), los cuales ya se han formulado en el problema general multiobjetivo.
2.º El decisor asigna a cada objetivo un valor u_i, denominado *nivel de aspiración,* y que es la cantidad que se desea alcanzar como mínimo, o bien la cantidad que no se desea superar.
3.º Se determinan las metas: expresión matemática de los niveles de aspiración de cada objetivo.

   • Si el objetivo es de maximizar, la meta será: $f_i(x) \geq u_i$
   • Si el objetivo es de minimizar, la meta será: $f_j(x) \leq u_j$
   • Si deseamos un valor exacto de nuestro objetivo, la meta será: $f_k(x) = u_k$

4.º Solución satisfactoria: es la que, siendo admisible, satisface todas las metas del decisor.
5.º Variables de desviación: se introducen las variables de desviación negativa y positiva para convertir las desigualdades en igualdades. Por tanto, la meta transformada será:

$$f_i(x) + n_i - p_i = u_i$$

En la estructura de la meta transformada, al menos una de las variables de desviación tendrá valor cero, ya que un nivel de aspiración no puede ser sobrepasado y a la vez quedar incompleto.

Veamos qué ocurre según el tipo de meta propuesto:

— Para $f_i(x) \geq u_i$
La nueva restricción es:

$$f_i(x) + n_i - p_i = u_i$$

Cuando resolvemos, si $n_i = 0$, la solución obtenida es satisfactoria, ya que se ha verificado o satisfecho la meta.
— Para $f_j(x) \leq u_j$
La nueva restricción es:

$$f_j(x) + n_j - p_j = u_j$$

Cuando resolvemos, si $p_j = 0$, la solución obtenida es satisfactoria, ya que se ha verificado o satisfecho la meta.

— Para $f_k(x) = u_k$

En este caso, si $n_k + p_k = 0 \Rightarrow n_k = p_k = 0$, la solución obtenida es satisfactoria, ya que se ha verificado o satisfecho la meta.

Por tanto, a partir del problema general de programación multiobjetivo [1], pasamos al problema general [2] de programación por metas:

$$\text{Minimizar} \quad (n_i, p_j, n_k + p_k)$$

$$\text{s. a} \quad x \in X$$
$$f_i(x) + n_i - p_i = u_i$$
$$f_j(x) + n_j - p_j = u_j \qquad [2]$$
$$f_k(x) + n_k - p_k = u_k$$
$$n_i, p_i, n_j, p_j, n_k, p_k \geqslant 0$$

donde nuestra nueva función objetivo es minimizar las variables de desviación no deseadas (función de logro), apareciendo dos bloques de restricciones:

— Restricciones duras: son las restricciones técnicas del problema original [1] y que, en ningún caso, podrán ser violadas.
— Restricciones blandas o metas, ya que pueden ser violadas: los términos independientes de estas restricciones, los niveles de aspiración, no se consideran valores rígidos que no se puedan sobrepasar, sino umbrales que el decisor pretende satisfacer en la medida de lo posible y, en caso de no ser alcanzables, quedarse lo más cercano a su consecución.

Este tipo de problemas se puede resolver de distintas formas. Nos vamos a centrar en el denominado programación por metas lexicográficas, que explicamos brevemente a continuación.

Programación por metas lexicográficas

En este enfoque, el decisor asigna niveles de prioridad a la consecución de las metas, de forma que hasta que la primera de ellas no se ha conseguido, no se pasa a satisfacer la siguiente.

La idea de minimizar lexicográficamente las variables de desviación no deseadas se escribe matemáticamente:

$$\text{Lex Min} \quad (n_i, p_j, n_k + p_k)$$

Esto nos conduce a trabajar con una nueva ordenación, distinta al orden de Pareto, y que definimos a continuación.

El orden lexicográfico implica la resolución de tantos problemas de programación matemática como niveles de prioridad haya establecido el decisor, además de un nivel inicial, donde se detecta si existen o no puntos factibles en el problema:

Nivel 0: Determinar si existen puntos admisibles en el conjunto de oportunidades.

Nivel 1: Minimizar las variables de desviación no deseadas del primer nivel de prioridad:

$$\text{Min} \quad n_i$$
$$\text{s. a} \quad x \in X$$
$$f_i(x) + n_i - p_i = u_i$$
$$n_i, p_i \geqslant 0$$

Si la solución es $n_i = 0$, la solución x^* satisface la primera meta y pasamos al siguiente nivel de prioridad.

Si $n_i > 0$, la meta no se ha satisfecho. Fin del problema: el método para en la solución obtenida, x^*, que sería la más cercana al cumplimiento de la meta.

Nivel 2: Minimizar las variables de desviación no deseadas del segundo nivel de prioridad:

$$\text{Min} \quad p_j$$
$$\text{s. a} \quad x \in X$$
$$f_i(x) + n_i - p_i = u_i$$
$$n_i = 0$$
$$f_j(x) + n_j - p_j = u_j$$
$$n_i, p_i, n_j, p_j \geqslant 0$$

donde, manteniendo la meta del primer nivel de prioridad, queremos satisfacer la meta del segundo. Para conseguir el cumplimiento de la meta del primer nivel, introducimos dos restricciones de igualdad que conjuntamente garantizan dicho cumplimiento:

$$\left.\begin{array}{r} f_i(x) + n_i - p_i = u_i \\ n_i = 0 \end{array}\right\} \qquad f_i(x) \geqslant u_i$$

Al resolver el problema planteado en este segundo nivel de prioridad puede ocurrir:

— Si la solución es $p_j = 0$, la solución x^* satisface la meta del segundo nivel. Pasamos al siguiente nivel de prioridad.
— Si $p_j > 0$, la meta no se ha satisfecho. Fin del problema: el método en la solución obtenida, x^*, sería una solución que satisface la primera meta y, al mismo tiempo, es la más cercana al cumplimiento de la segunda meta.

Nivel 3: Minimizar las variables de desviación no deseadas del tercer nivel de prioridad:

$$\text{Minimizar} \quad n_k + p_k$$

$$\text{s. a} \quad x \in X$$
$$f_i(x) + n_i - p_i = u_i$$
$$n_i = 0$$
$$f_j(x) + n_j - p_j = u_j$$
$$p_j = 0$$
$$f_k(x) + n_k - p_k = u_k$$
$$n_i, p_i, n_j, p_j, n_k, p_k \geqslant 0$$

donde, manteniendo las metas del primer y segundo nivel de prioridad, queremos satisfacer la meta del tercero. Por eso, exigimos que n_k y p_k sean cero.

Al resolver el problema planteado en este tercer y último nivel de prioridad puede ocurrir:

— Si la solución es $n_k = p_k = 0$, la solución x^* satisface la meta del tercer nivel y todas las metas establecidas por el decisor (se han conseguido hacer cero todas las variables de desviación no deseadas); por tanto, estamos ante una solución satisfactoria.
— Si n_k o $p_k > 0$, la meta no se ha satisfecho. Fin del problema: la solución obtenida, x^*, sería una solución que satisface la primera y segunda meta y, al mismo tiempo, es la más cercana al cumplimiento de la tercera meta. La solución final sería no satisfactoria, pero es la que más se acercaría a las preferencias del decisor.

En nuestro problema:

— Primera meta y primer nivel de prioridad: $2x + 5y \geqslant 125$
— Variables de desviación: $2x + 5y + n_1 - p_1 = 125$. Entonces: **Min** n_1
— Segunda meta y segundo nivel de prioridad: $x + y \geqslant 45$
— Variables de desviación: $x + y + n_2 - p_2 = 45$. Entonces: **Min** n_2

En este caso, por tanto, resulta:

$$\text{Lex Min} \quad (n_1, n_2)$$

Nivel 0: Ya sabemos que hay puntos factibles, pues se resolvió en el ejercicio anterior.

Nivel 1:

$$\text{Minimizar} \quad n_1$$

$$\text{s. a} \qquad 2x + y \leq 95$$
$$5 \leq x \leq 40$$
$$40 \leq x + 2y \leq 55$$
$$0 \leq y \leq 20$$
$$2x + 5y + n_1 - p_1 = 125$$
$$x, y, n_1, p_1 \geq 0$$

La solución de este problema lineal es:

$$x = \frac{25}{2}, \quad y = 20, \quad n_1 = 0, \quad p_1 = 0$$

que nos proporciona la solución $(12.5, 20)$ y que satisface la meta correspondiente al primer nivel de prioridad, ya que n_1 vale 0.

Pasemos al segundo nivel. Puesto que el segundo objetivo también es de máximo, el problema a resolver es:

Nivel 2:

$$\text{Minimizar} \quad n_2$$

$$\text{s. a} \qquad 2x + y \leq 95$$
$$5 \leq x \leq 40$$
$$40 \leq x + 2y \leq 55$$
$$0 \leq y \leq 20$$
$$2x + 5y + n_1 - p_1 = 125$$
$$n_1 = 0$$
$$x + y + n_2 - p_2 = 45$$
$$x, y, n_1, p_1, n_2, p_2 \geq 0$$

La solución a este problema lineal es:

$$x = 25, \quad y = 15, \quad n_1 = 0, \quad p_1 = 0, \quad n_2 = 5, \quad p_2 = 0$$

que nos proporciona la solución $(25, 15)$, la cual no es satisfactoria, ya que la variable de desviación no deseada n_2 es distinta de 0 (en concreto vale 5).

A continuación, vamos a relajar el nivel de aspiración de la meta del segundo nivel de prioridad (ahora está en 45), precisamente, en el valor del nivel de incumplimiento que es $n_2 = 5$.

Por tanto, si el decisor está dispuesto a aceptar que el nivel de producción supere ahora, al menos, un nivel de 40 unidades (de 45 bajamos 40), el problema queda:

Nivel 2 (relajado):

$$\text{Minimizar} \quad n_2$$

$$\begin{aligned}
\text{s. a} \quad & 2x + y \leqslant 95 \\
& 5 \leqslant x \leqslant 40 \\
& 40 \leqslant x + 2y \leqslant 55 \\
& 0 \leqslant y \leqslant 20 \\
& 2x + 5y + n_1 - p_1 = 125 \\
& n_1 = 0 \\
& x + y + n_2 - p_2 = 40 \\
& x, y, n_1, p_1, n_2, p_2 \geqslant 0
\end{aligned}$$

La solución a este problema lineal es:

$$x = 25, \quad y = 15, \quad n_1 = 0, \quad p_1 = 0, \quad n_2 = 0, \quad p_2 = 0$$

que nos proporciona la solución $(25, 15)$, la cual ahora sí es satisfactoria, ya que la variable de desviación no deseada n_2 es 0.

17.7. Una empresa se dedica a la fabricación de dos productos A y B. Por cada unidad producida del producto A, se obtiene un beneficio de 10 euros y un coste de mano de obra de 6 euros. Para el producto B, el beneficio es de 8 euros y el coste de la mano de obra de 4 euros. Sus objetivos son maximizar el beneficio y minimizar el coste de mano de obra.

La empresa presenta las siguientes restricciones:

1. Cada unidad del producto A necesita una hora para su fabricación, y cada unidad del producto B dos horas, siendo el tiempo disponible al día de diez horas.

---

2. Por condiciones de la empresa, se deben fabricar, al menos, tres unidades diarias del producto A y al menos tres unidades del producto B.

Si la empresa se plantea:

1.º Obtener un beneficio que supere, como mínimo, los 60 euros diarios.

2.º El coste de la mano de obra no debe sobrepasar el nivel presupuestado de 20 euros diarios.

¿Es posible encontrar una solución satisfactoria? En caso de no ser posible, ajuste las metas para obtener una.

SOLUCIÓN

El problema multiobjetivo que se genera es:

$$\text{Maximizar} \quad 10x + 8y, \quad \text{Minimizar} \quad 6x + 4y$$

$$\text{s. a} \quad x + 2y \leqslant 10$$
$$x \geqslant 3$$
$$y \geqslant 3$$
$$x, y \geqslant 0$$

— Primera meta y primer nivel de prioridad: $10x + 8y \geqslant 60$
— Variables de desviación: $10x + 8y + n_1 - p_1 = 60$. Entonces: **Min n_1**
— Segunda meta y segundo nivel de prioridad: $6x + 4y \leqslant 20$
— Variables de desviación: $6x + 4y + n_2 - p_2 = 20$. Entonces: **Min p_2**

$$\text{Lex Min} \quad (n_1, p_2)$$

Nivel 0: Se puede comprobar fácilmente que el conjunto de oportunidades es distinto del vacío, por ejemplo, gráficamente.

Nivel 1:

$$\text{Minimizar} \quad n_1$$

$$\text{s. a} \quad x + 2y \leqslant 10$$
$$x \geqslant 3$$
$$y \geqslant 3$$
$$10x + 8y + n_1 - p_1 = 60$$
$$x, y, n_1, p_1 \geqslant 0$$

La solución de este problema lineal es:

$$x = \frac{18}{5}, \quad y = 3, \quad n_1 = 0, \quad p_1 = 0$$

que nos proporciona la solución $(18/5, 3)$ y que satisface la meta correspondiente al primer nivel de prioridad, ya que n_1 vale 0.

Pasemos al segundo nivel. Puesto que el segundo objetivo es de mínimo, el problema a resolver es:

Nivel 2:

$$\text{Minimizar} \quad p_2$$

$$\begin{aligned}
\text{s. a} \quad & x + 2y \leqslant 10 \\
& x \geqslant 3 \\
& y \geqslant 3 \\
& 10x + 8y + n_1 - p_1 = 60 \\
& n_1 = 0 \\
& 6x + 4y + n_2 - p_2 = 20 \\
& x, y, n_1, p_1, n_2, p_2 \geqslant 0
\end{aligned}$$

La solución a este problema lineal es:

$$x = \frac{10}{3}, \quad y = \frac{10}{3}, \quad n_1 = 0, \quad p_1 = 0, \quad n_2 = 0, \quad p_2 = \frac{40}{3}$$

que nos proporciona la solución $(10/3, 10/3)$, la cual no es satisfactoria, ya que la variable de desviación no deseada p_2 es distinta de 0 (vale $40/3$).

A continuación, vamos a relajar el nivel de aspiración de la meta del segundo nivel de prioridad (ahora está en 20). Como el valor del nivel de incumplimiento es $p_2 = 40/3$, el decisor tendrá que subir, en este caso, la meta al siguiente valor:

$$20 + 40/3 = 100/3$$

El nuevo problema sería:

Nivel 2 (relajado):

$$\text{Minimizar} \quad p_2$$

$$\begin{aligned}
\text{s. a} \quad & x + 2y \leqslant 10 \\
& x \geqslant 3 \\
& y \geqslant 3 \\
& 10x + 8y + n_1 - p_1 = 60 \\
& n_1 = 0 \\
& 6x + 4y + n_2 - p_2 = 100/3 \\
& x, y, n_1, p_1, n_2, p_2 \geqslant 0
\end{aligned}$$

La solución a este problema lineal es:

$$x = \frac{10}{3}, \quad y = \frac{10}{3}, \quad n_1 = 0, \quad p_1 = 0, \quad n_2 = 0, \quad p_2 = 0$$

que nos proporciona la solución $(10/3, 10/3)$, la cual ahora sí es satisfactoria, ya que la variable de desviación no deseada p_2 es 0.

17.8. Resuelva el siguiente problema:

$$\text{Maximizar} \quad x + y, \quad \text{Minimizar} \quad 2x + 3y$$
$$\text{s. a} \quad 2x + 5y \leqslant 3$$
$$4x - 2y \leqslant 2$$
$$x, y \geqslant 0$$

donde nos plantean las siguientes metas:

— Para el primer objetivo, que verifique: $x + y \geqslant 1$.
— Para el segundo objetivo, que verifique: $2x + 3y \leqslant 2$.

SOLUCIÓN

El problema multiobjetivo que se genera es:

$$\text{Maximizar} \quad x + y, \quad \text{Minimizar} \quad 2x + 3y$$
$$\text{s. a} \quad 2x + 5y \leqslant 3$$
$$4x - 2y \leqslant 2$$
$$x, y \geqslant 0$$

— Primera meta y primer nivel de prioridad: $x + y \geqslant 1$
— Variables de desviación: $x + y + n_1 - p_1 = 1$. Entonces: **Min n_1**
— Segunda meta y segundo nivel de prioridad: $2x + 3y \leqslant 2$
— Variables de desviación: $2x + 3y + n_2 - p_2 = 2$. Entonces: **Min p_2**

$$\text{Lex Min} \quad (n_1, p_2)$$

Nivel 0: Se puede comprobar que el conjunto de oportunidades es distinto del vacío realizando su gráfica.

Nivel 1:

$$\text{Minimizar} \quad n_1$$

$$\text{s. a} \quad \begin{aligned} 2x + 5y &\leqslant 3 \\ 4x - 2y &\leqslant 2 \\ x + y + n_1 - p_1 &= 1 \\ x, y, n_1, p_1 &\geqslant 0 \end{aligned}$$

La solución de este problema lineal es:

$$x = \frac{2}{3}, \quad y = \frac{1}{3}, \quad n_1 = 0, \quad p_1 = 0$$

que nos proporciona la solución $(2/3, 1/3)$ y que satisface la meta correspondiente al primer nivel de prioridad, ya que n_1 vale 0.

Pasemos al segundo nivel. Puesto que el segundo objetivo es de mínimo, el problema a resolver es:

Nivel 2:

$$\text{Minimizar} \quad p_2$$

$$\text{s. a} \quad \begin{aligned} 2x + 5y &\leqslant 3 \\ 4x - 2y &\leqslant 2 \\ x + y + n_1 - p_1 &= 1 \\ n_1 &= 0 \\ 2x + 3y + n_2 - p_2 &= 2 \\ x, y, n_1, p_1, n_2, p_2 &\geqslant 0 \end{aligned}$$

La solución a este problema lineal es:

$$x = \frac{2}{3}, \quad y = \frac{1}{3}, \quad n_1 = 0, \quad n_2 = 0, \quad p_1 = 0, \quad p_2 = \frac{1}{3}$$

que nos proporciona la solución $(2/3, 1/3)$, la cual no es satisfactoria con las metas planteadas, ya que la variable de desviación no deseada p_2 es distinta de 0 (en concreto vale $1/3$).

A continuación, vamos a relajar el nivel de aspiración de la meta del segundo nivel de prioridad (ahora está en 2), como el valor del nivel de incumplimiento que es $p_2 = 1/3$.

El decisor tendrá que subir, en este caso, la meta a:

$$2 + \frac{1}{3} = \frac{7}{3}$$

El nuevo problema es:

Nivel 2 (relajado):

$$\text{Minimizar} \quad p_2$$

$$\begin{array}{rl}
\text{s. a} & 2x + 5y \leqslant 3 \\
& 4x - 2y \leqslant 2 \\
& x + y + n_1 - p_1 = 1 \\
& n_1 = 0 \\
& 2x + 3y + n_2 - p_2 = 7/3 \\
& x, y, n_1, p_1, n_2, p_2 \geqslant 0
\end{array}$$

La solución a este problema lineal es:

$$x = \frac{2}{3}, \quad y = \frac{1}{3}, \quad n_1 = 0, \quad n_2 = 0, \quad p_1 = 0, \quad p_2 = 0$$

que nos proporciona la solución $(2/3, 1/3)$, la cual ahora sí es satisfactoria con la meta relajada, ya que la variable de desviación no deseada p_2 es 0.

Bibliografía

Arrow, K. J. e Intriligator, M. D. (1981). *Handbook of Mathematical Economics*. Amsterdam: North Holland.

Caballero, R., Gómez, T., González, M., Muñoz, M. M., Rey, L. y Ruiz, F. (1997). *Programación matemática para economistas*. Málaga: Universidad de Málaga/Manuales.

Caballero, R., González, A. y Triguero, F. (1992). *Métodos matemáticos para la economía*. Madrid: McGraw-Hill.

Caballero, R., Calderón, S., Galache, T. P., González, A. C., Rey, M.ª L. y Ruiz, F. (2000). *Matemáticas aplicadas a la economía y a la empresa. 434 ejercicios resueltos y comentados*. Madrid: Pirámide.

Castillo, F. (1987). *Análisis matemático II*. Madrid: Alhambra Universidad.

Doran, J. y Hernández, E. (1999). *Las matemáticas en la vida cotidiana*. Madrid: Addison-Wesley/Universidad Autónoma de Madrid.

Fedriani Martel, E. y Melgar Hiraldo, M. C. (2010). *Matemáticas para el éxito empresarial*. Madrid: Pirámide.

Martín, Q. (2003). *Investigación operativa*. Madrid: Pearson Educación.

Mochón, F. (1990). *Economía. Teoría y política*. Madrid: McGraw-Hill.

Mochón, F. y Pajuelo, A. (1990). *Microeconomía*. Madrid: McGraw-Hill.

Peña, D. (1987). *Estadística. Modelos y métodos*. Madrid: Alianza Editorial.

Soto Torres, M. D. (2007). *Métodos de optimización*. Madrid: Delta Publicaciones.

Spivak, M. (1983). *Calculus. Cálculo infinitesimal*. Barcelona: Reverté.

Sydsaeter, K. y Hammond, P. J. (1996). *Matemáticas para el análisis económico*. Madrid: Prentice Hall.

TÍTULOS RELACIONADOS

ANÁLISIS DEL ENTORNO ECONÓMICO DE LA EMPRESA, *R. Garrido Yserte, J. J. De Lucio Fernández, E. Mañas Alcón y M.ª L. Peinado Gracia.*

ANÁLISIS Y TENDENCIAS DEL TURISMO, *E. Uriel Jiménez y R. Hernández Martín (coords.)*

COOPERACIÓN Y DESARROLLO. Hacia una agenda comprehensiva para el desarrollo, *A. Costas Comesaña y G. Cairó i Céspedes (coords.).*

CRECIMIENTO Y POLÍTICAS DE INNOVACIÓN. La experiencia en Europa y América Latina, *T. Mancha Navarro y D. Sotelsek Salem.*

CURSO DE ESTRUCTURA ECONÓMICA ESPAÑOLA, *A. Rallo Romero, J. Guzmán Cuevas y F. J. Santos Cumplido (coords.).*

DESARROLLO DE REDES E INNOVACIÓN. Lecciones sobre desarrollo endógeno, *A. Vázquez Barquero.*

ECONOMÍA DE LA EDUCACIÓN, *J. L. Moreno Becerra.*

ECONOMÍA DE LA SALUD, *A. Hidalgo Vega, I. Corugedo de las Cuevas y J. Del Llano Señarís.*

ECONOMÍA DEL CONOCIMIENTO Y LA INNOVACIÓN. Nuevas aproximaciones a una relación compleja, *C. Cañibano Sánchez, M.ª I. Encinar del Pozo y F. F. Muñoz Pérez (coords.).*

EL COMERCIO EXTERIOR DE ESPAÑA. Teoría y práctica, *M. P. Sánchez Muñoz y N. Laguna Molina.*

EL TRABAJO EN UN MUNDO GLOBALIZADO, *S. M. Ruesga Benito y G. Fujii (coords.)*

EMPRESA Y MEDIO AMBIENTE. Políticas de gestión ambiental, *G. Durán Romero.*

ENTORNO ECONÓMICO. Instrumentos para su análisis, *J. Serrano Pérez (dir.), G. Durán Romero y J. Guimón de Ros.*

EVALUACIÓN AMBIENTAL Y DESARROLLO SOSTENIBLE, *A. Erias Rey y J. M. Álvarez-Campana Gallo.*

INNOVACIÓN Y GESTIÓN DE NUEVOS PRODUCTOS, *A. P. Fernández del Hoyo.*

INTERNCIONALIZACIÓN Y COMPETITIVIDAD EN LA ECONOMÍA ESPAÑOLA. Factores relevantes para la empresa, *A. Hernández García.*

LA MEDICIÓN DE LA EFICIENCIA Y LA PRODUCTIVIDAD, *A. Álvarez Pinilla (coord.).*

LOGÍSTICA DE ALMACENAJE. Diseño y gestión de almacenes y plataformas logísticas *world class warehousing, A. Errasti (coord.).*

MANUAL DE ECONOMÍA DE LA EDUCACIÓN. Teoría y casos prácticos, *G. Lassibille y M.ª L. Navarro Gómez.*

MANUAL DE ECONOMÍA MUNDIAL, *M.ª Maesso Corral y R. González Blanco.*

MATEMÁTICAS PARA LA ECONOMÍA Y LA EMPRESA, *S. Calderón Montero y M. L. Rey Borrego.*

MÉTODOS DE TRABAJO. Casos prácticos, *M. Martín López, E. Robles Rábago, F. J. González Domínguez y J. M. Crespo Pérez.*

Si lo desea, en nuestra página web puede consultar el catálogo completo o descargarlo:

www.edicionespiramide.es